书山有路勤为径,优质资源伴你行
注册世纪波学院会员,享精品图书增值服务

纳税筹划
实战101例

第2版

翟继光 项国·著

电子工业出版社
Publishing House of Electronics Industry
北京·BEIJING

未经许可，不得以任何方式复制或抄袭本书之部分或全部内容。
版权所有，侵权必究。

图书在版编目（CIP）数据

纳税筹划实战 101 例 / 翟继光，项国著. —2 版. —北京：电子工业出版社，2022.6
ISBN 978-7-121-43621-5

Ⅰ. ①纳… Ⅱ. ①翟… ②项… Ⅲ. ①税收筹划 Ⅳ. ①F810.423

中国版本图书馆 CIP 数据核字（2022）第 094450 号

责任编辑：杨洪军
印　　刷：三河市双峰印刷装订有限公司
装　　订：三河市双峰印刷装订有限公司
出版发行：电子工业出版社
　　　　　北京市海淀区万寿路 173 信箱　邮编 100036
开　　本：787×1092　1/16　印张：21.25　字数：476 千字
版　　次：2020 年 6 月第 1 版
　　　　　2022 年 6 月第 2 版
印　　次：2022 年 6 月第 1 次印刷
定　　价：108.00 元

凡所购买电子工业出版社图书有缺损问题，请向购买书店调换。若书店售缺，请与本社发行部联系，联系及邮购电话：(010) 88254888，88258888。
质量投诉请发邮件至 zlts@phei.com.cn，盗版侵权举报请发邮件至 dbqq@phei.com.cn。
本书咨询联系方式：(010) 88254199，sjb@phei.com.cn。

前　言

纳税筹划是在法律允许的范围内，或者至少在法律不禁止的范围内，通过对纳税人生产经营活动的一些调整和安排，最大限度地减轻税收负担的行为。纳税筹划是纳税人的一项基本权利，是国家应当鼓励的行为。可以说，税收是对纳税人财产权的一种合法剥夺，纳税人必然会采取各种方法予以应对；纳税筹划是纳税人的一种合法应对手段，而偷税、抗税、逃税等则属于非法应对手段。既然纳税人有这种需求，国家与其让纳税人采取非法的应对手段，不如引导纳税人采取合法的应对手段。

纳税筹划不仅对纳税人有利，对国家也是有利的。纳税人有了合法的减轻税负的手段，就不会采取或者较少地采取非法手段减轻税负，这对国家是有利的。纳税筹划的基本手段是充分运用国家出台的各项税收优惠政策。国家之所以出台这些税收优惠政策，正是为了让纳税人从事该政策所鼓励的行为，如果纳税人不进行纳税筹划，对国家的税收优惠政策视而不见，那么，国家出台税收优惠政策就达不到其预先设定的目标了。可见，纳税筹划是国家顺利推进税收优惠政策所必不可少的条件。纳税筹划也会利用税法的一些漏洞，通过避税等手段获取一些国家本来不想让纳税人获得的利益，表面看来，这种纳税筹划对国家不利，但实际不然。纳税人的种种纳税筹划方案暴露了国家税法的漏洞，这本身就是对国家税收立法的完善所做出的重要贡献，如果纳税人不进行纳税筹划，怎么能凸显出这么多的税法漏洞呢？税法漏洞不凸显出来，如何能够通过税收立法来完善相关的法律制度呢？发达国家的纳税筹划非常成熟，其税法制度也非常完善和庞杂，二者有没有必然的联系呢？我们认为是有的，正因为其纳税筹划非常成熟，税法的各种漏洞暴露无遗，国家才能采取应对纳税筹划的方案，使得税法制度越来越完善，越来越庞杂。税法制度的完善和庞杂又使得纳税人逃避税收负担比较困难，必须由专业人士从事纳税筹划，由此推动了纳税筹划作为一门产业的兴旺和发达。

我国还有很多人对纳税筹划存在错误的认识，包括纳税人和税务机关的工作人员。其实，纳税筹划是构建和谐的税收征纳关系所必不可少的润滑剂。与发达国家相比，我国的纳税筹划产业并不发达，但我国的偷税行为远比发达国家普遍。如果国家能够大力推行纳税筹划产业，相信我国纳税人的偷税行为会大量减少。当然，我们一直强调纳税筹划是在法律允许的范围内的活动，有些人以纳税筹划为幌子，进行税收违法行为，这是真正的纳税筹划专业人士所反对的。纳税筹划靠的是专家对税法的理解，靠的是专家的智慧，而不是靠非法的手段。

本书与一般的纳税筹划书籍相比具有如下特点：第一，重点突出。本书并不是对所有税种的筹划均进行面面俱到阐述的教材，而是针对重点税种、重点经营环节，阐述实用性较强的纳税筹划方法与技巧的书籍。第二，实战性强。本书的纳税筹划方案全部是从现实生活中来的，而且可以直接应用到现实生活中去，具有非常强的实用性。第三，简洁明了。本书的纳税筹划重在方法的阐述和操作步骤的介绍，不深究相应的理论基础，主要的方法均通过典型的案例予以讲解，让具有基础税收知识的读者一看就懂。第四，合法权威。本书介绍的纳税筹划方案完全是在法律允许的范围内进行的，纳税人按照本书介绍的方法进行纳税筹划，不会涉及违反法律规定的问题，更不会涉及违法犯罪问题。

本书分为九章，除第一章介绍纳税筹划基本概念、基本原则与技巧以外，其余八章均是纳税筹划的实战案例。第二章阐述企业所得税纳税筹划实战案例，包括17个案例：大公司与个人独资/合伙企业税负对比、小公司与个人独资/合伙企业税负对比、存在亏损时选择分公司、享受优惠时选择子公司、投资国家扶持地区、利用创业投资抵免优惠、利用残疾员工加计扣除优惠、利用小型微利企业税收优惠、利用固定资产加速折旧优惠、利用亏损结转弥补制度、利用公益捐赠扣除、将超标利息转为其他支出、增加负债融资比例、利用核定征收企业所得税、先分配股息再转让股权、利用股权投资融资及利用预付款与违约金进行融资。

第三章阐述增值税纳税筹划实战案例，包括16个案例：一般纳税人转变为小规模纳税人、一般纳税人选择简易计税方法、将实物折扣转变为价格折扣、分立农产品公司增加进项税额、利用小微企业免征增值税优惠、利用近亲属赠与住房免征增值税优惠、利用持有满两年转让住房免征增值税优惠、利用退役士兵税收优惠、利用个人买卖金融商品免征增值税优惠、利用残疾人提供服务免征增值税优惠、利用学生勤工俭学免征增值税优惠、利用生活性服务业增值税加计抵减优惠、利用资产重组免征增值税优惠、将资产转让变为股权转让、巧妙转化服务性质降低税率及用机器替代人的劳动。

第四章阐述个人所得税纳税筹划实战案例，包括33个案例：充分利用企业年金与职业年金优惠、充分利用商业健康保险优惠、灵活运用子女教育专项附加扣除、灵活运用大病医疗专项附加扣除、灵活运用赡养老人专项附加扣除、充分利用短期非居民个人税收优惠、充分利用短期居民个人税收优惠、充分利用外籍人员免税补贴、非居民个人平均发放工资、将工资适当转化为职工福利、充分利用公益慈善事业捐赠、充分利用年终奖单独计税、充分利用股票期权所得单独计税、综合利用年终奖与股票期权所得单独计税、多次预缴劳务报酬、转移劳务报酬成本、将部分劳务报酬分散至他人、将劳务报酬转变为公司经营所得、多次取得特许权使用费所得、在低收入年度取得稿酬所得、个体工商户充分利用各项扣除、增加合伙企业的合伙人、合伙人平均分配合伙企业利润、利用满五唯一免税优惠转让住房、近亲属利用免个税优惠赠与住房、利用财产转让核定征税、利用不动产投资分期纳税优惠、设置双层公司利用股息免税、利用股权代持实现股权转让目的、拍卖物品选择核定征税、利用上市公司股息差别化优惠、增加财产租赁所得次数及利用公司取得财产租赁所得。

第五章阐述土地增值税、房产税、契税纳税筹划实战案例，包括 10 个案例：降低销售价格享受免征土地增值税优惠、增加扣除项目享受免征土地增值税优惠、将代收费用计入房价降低增值率、巧选利息核算方法增加扣除金额、利用企业改制重组土地增值税优惠、适当推迟土地增值税清算时间、转换房产税计税方式、将不动产出租变为投资、利用房产交换契税优惠及利用企业改制契税优惠。

第六章阐述不动产投资综合纳税筹划实战案例，包括 3 个案例：上市公司不动产收购筹划、企业名下土地分块投资筹划及个人投资商铺筹划。

第七章阐述公司股权架构纳税筹划实战案例，包括 4 个案例：上市前股权架构与未来限售股减持筹划、企业集团内部利润转移、利用小微企业转让个人持有的股权及利用借款取得公司未分配利润。

第八章阐述企业重组清算纳税筹划实战案例，包括 7 个案例：兼并亏损企业利用未扣除坏账损失、企业债务重组选择特殊税务处理、企业资产收购选择特殊税务处理、企业股权收购选择特殊税务处理、企业合并选择特殊税务处理、企业分立选择特殊税务处理及合理选择企业的清算日期。

第九章阐述企业海外投资纳税筹划实战案例，包括 11 个案例：外国企业选择是否设立机构场所、利用境外投资者以分配利润直接投资免税、利用国际避税港转移利润、利用境外不同组织形式的税收待遇、避免在境外构成常设机构、将利润保留境外规避预提所得税、巧用不同国家之间的税收优惠、利用出口贸易将境外投资利润转移出境、利用税收饶让抵免制度、利用外国公司转移所得来源地及通过"香港—卢森堡"投资享受税收优惠。

本书与《新税法下企业纳税筹划（第 7 版）》为姊妹篇，《新税法下企业纳税筹划（第 7 版）》对纳税筹划的阐述更全面，而本书中的案例更加经典，更具有实战应用价值。本书适宜作为广大纳税筹划从业人员以及企业财务人员的工作参考书，也适宜作为高等院校税收、税法、会计、审计等相关专业的教材。

本书使用的法律法规和相关规范性文件的效力，截止时间为 2022 年 4 月 30 日。虽然作者进行了大量的调研，收集了大量的资料，研读了大量的法律文件和相关论著，但书中仍难免有错误和疏漏之处，恳请广大读者和学界专家批评指正，以便再版时予以修正。

翟继光　项国

目 录

第一章　纳税筹划基本概念、基本原则与技巧 1
第一节　纳税筹划基本概念 1
第二节　纳税筹划的基本原则与技巧 5

第二章　企业所得税纳税筹划实战案例 13
案例 001：大公司与个人独资/合伙企业税负对比 13
案例 002：小公司与个人独资/合伙企业税负对比 16
案例 003：存在亏损时选择分公司 18
案例 004：享受优惠时选择子公司 19
案例 005：投资国家扶持地区 22
案例 006：利用创业投资抵免优惠 27
案例 007：利用残疾员工加计扣除优惠 33
案例 008：利用小型微利企业税收优惠 40
案例 009：利用固定资产加速折旧优惠 42
案例 010：利用亏损结转弥补制度 47
案例 011：利用公益捐赠扣除 50
案例 012：将超标利息转为其他支出 57
案例 013：增加负债融资比例 63
案例 014：利用核定征收企业所得税 65

案例015：先分配股息再转让股权 70
　　案例016：利用股权投资融资 72
　　案例017：利用预付款与违约金进行融资 73

第三章　增值税纳税筹划实战案例 77

　　案例018：一般纳税人转变为小规模纳税人 77
　　案例019：一般纳税人选择简易计税方法 82
　　案例020：将实物折扣转变为价格折扣 86
　　案例021：分立农产品公司增加进项税额 88
　　案例022：利用小微企业免征增值税优惠 92
　　案例023：利用近亲属赠与住房免征增值税优惠 94
　　案例024：利用持有满两年转让住房免征增值税优惠 98
　　案例025：利用退役士兵税收优惠 100
　　案例026：利用个人买卖金融商品免征增值税优惠 104
　　案例027：利用残疾人提供服务免征增值税优惠 111
　　案例028：利用学生勤工俭学免征增值税优惠 117
　　案例029：利用生活性服务业增值税加计抵减优惠 122
　　案例030：利用资产重组免征增值税优惠 132
　　案例031：将资产转让变为股权转让 133
　　案例032：巧妙转化服务性质降低税率 135
　　案例033：用机器替代人的劳动 147

第四章　个人所得税纳税筹划实战案例 149

　　案例034：充分利用企业年金与职业年金优惠 149
　　案例035：充分利用商业健康保险优惠 152
　　案例036：灵活运用子女教育专项附加扣除 154
　　案例037：灵活运用大病医疗专项附加扣除 155
　　案例038：灵活运用赡养老人专项附加扣除 157
　　案例039：充分利用短期非居民个人税收优惠 159
　　案例040：充分利用短期居民个人税收优惠 160

- 案例 041： 充分利用外籍人员免税补贴 162
- 案例 042： 非居民个人平均发放工资 165
- 案例 043： 将工资适当转化为职工福利 166
- 案例 044： 充分利用公益慈善事业捐赠 169
- 案例 045： 充分利用年终奖单独计税 171
- 案例 046： 充分利用股票期权所得单独计税 174
- 案例 047： 综合利用年终奖与股票期权所得单独计税 176
- 案例 048： 多次预缴劳务报酬 178
- 案例 049： 转移劳务报酬成本 180
- 案例 050： 将部分劳务报酬分散至他人 181
- 案例 051： 将劳务报酬转变为公司经营所得 183
- 案例 052： 多次取得特许权使用费所得 184
- 案例 053： 在低收入年度取得稿酬所得 185
- 案例 054： 个体工商户充分利用各项扣除 186
- 案例 055： 增加合伙企业的合伙人 192
- 案例 056： 合伙人平均分配合伙企业利润 193
- 案例 057： 利用满五唯一免税优惠转让住房 194
- 案例 058： 近亲属利用免个税优惠赠与住房 195
- 案例 059： 利用财产转让核定征税 199
- 案例 060： 利用不动产投资分期纳税优惠 201
- 案例 061： 设置双层公司利用股息免税 203
- 案例 062： 利用股权代持实现股权转让目的 204
- 案例 063： 拍卖物品选择核定征税 206
- 案例 064： 利用上市公司股息差别化优惠 208
- 案例 065： 增加财产租赁所得次数 212
- 案例 066： 利用公司取得财产租赁所得 213

第五章　土地增值税、房产税、契税纳税筹划实战案例 216

- 案例 067： 降低销售价格享受免征土地增值税优惠 216

案例 068：增加扣除项目享受免征土地增值税优惠 ... 218
案例 069：将代收费用计入房价降低增值率 ... 220
案例 070：巧选利息核算方法增加扣除金额 ... 221
案例 071：利用企业改制重组土地增值税优惠 ... 223
案例 072：适当推迟土地增值税清算时间 ... 225
案例 073：转换房产税计税方式 ... 229
案例 074：将不动产出租变为投资 ... 233
案例 075：利用房产交换契税优惠 ... 234
案例 076：利用企业改制契税优惠 ... 237

第六章 不动产投资综合纳税筹划实战案例 ... 239

案例 077：上市公司不动产收购筹划 ... 239
案例 078：企业名下土地分块投资筹划 ... 260
案例 079：个人投资商铺筹划 ... 271

第七章 公司股权架构纳税筹划实战案例 ... 277

案例 080：上市前股权架构与未来限售股减持筹划 ... 277
案例 081：企业集团内部利润转移 ... 282
案例 082：利用小微企业转让个人持有的股权 ... 286
案例 083：利用借款取得公司未分配利润 ... 287

第八章 企业重组清算纳税筹划实战案例 ... 289

案例 084：兼并亏损企业利用未扣除坏账损失 ... 289
案例 085：企业债务重组选择特殊税务处理 ... 293
案例 086：企业资产收购选择特殊税务处理 ... 295
案例 087：企业股权收购选择特殊税务处理 ... 297
案例 088：企业合并选择特殊税务处理 ... 299
案例 089：企业分立选择特殊税务处理 ... 301
案例 090：合理选择企业的清算日期 ... 303

第九章　企业海外投资纳税筹划实战案例 305

案例 091：外国企业选择是否设立机构场所 305

案例 092：利用境外投资者以分配利润直接投资免税 307

案例 093：利用国际避税港转移利润 309

案例 094：利用境外不同组织形式的税收待遇 313

案例 095：避免在境外构成常设机构 314

案例 096：将利润保留境外规避预提所得税 316

案例 097：巧用不同国家之间的税收优惠 318

案例 098：利用出口贸易将境外投资利润转移出境 320

案例 099：利用税收饶让抵免制度 321

案例 100：利用外国公司转移所得来源地 323

案例 101：通过"香港—卢森堡"投资享受税收优惠 324

第一章
纳税筹划基本概念、基本原则与技巧

第一节 纳税筹划基本概念

一、纳税筹划的概念与特征

纳税筹划有广义和狭义之分,狭义的纳税筹划是指在法律允许的范围内,或者至少在法律不禁止的范围内,通过对纳税人生产经营活动的一些调整和安排,最大限度地减轻纳税人的税收负担的行为。广义的纳税筹划是指纳税人通过对生产经营活动的调整和安排,达到减轻税收负担的行为。广义的纳税筹划并不强调在法律允许的范围内或者法律不禁止的范围内,即使法律所禁止的行为,只要纳税人能够达到减轻税收负担的目的并且没有因此被追究法律责任就属于纳税筹划。

狭义的纳税筹划有如下几个基本特征:

第一,合法性。纳税筹划的行为是法律所鼓励的行为或者是法律所不禁止的行为,这些行为都可以概括为合法行为。违法的行为是应当受到法律惩处的行为,即使事实上没有受到法律惩处,也不是纳税筹划行为,只能算作侥幸逃脱法律制裁的违法行为。

第二,筹划性。纳税筹划的行为是经过纳税人对生产经营活动的事先安排和调整的行为,纳税筹划不仅要看结果,还要看行为,即纳税人是否进行了筹划。如果纳税人在进行生产经营时根本就没有考虑到税收负担的问题,也没有就税收负担进行任何安排和调整,即使其生产经营的结果达到了最低的税收负担,也不能称为纳税筹划。

第三,减税性。纳税筹划是减轻纳税人税收负担的行为,通过纳税筹划必须对纳税人的税收负担有所减轻,或者已经达到了最低的税收负担,否则不能称为纳税筹划。

第四，整体性。纳税筹划是一种整体性的行为，即应当对纳税人所承担的所有税收负担以及纳税人生产经营的整个过程进行筹划和考虑，而不能仅仅针对某个单独的税种，或者仅仅针对某个单独的环节。

二、偷税的定义与构成要件

偷税是比较典型的税收违法行为，但目前学界和实务界并没有形成一个公认的定义。在实定法上，判断偷税的基本依据是《中华人民共和国税收征收管理法》（以下简称《税收征管法》）第六十三条的规定："纳税人伪造、变造、隐匿、擅自销毁账簿、记账凭证，或者在账簿上多列支出或者不列、少列收入，或者经税务机关通知申报而拒不申报或者进行虚假的纳税申报，不缴或者少缴应纳税款的，是偷税。"从法律的规定可以看出，偷税的本质特征是在纳税义务产生以后，通过各种违法的行为，减轻纳税义务或者拒不履行纳税义务。无论是"伪造、变造、隐匿、擅自销毁账簿、记账凭证""在账簿上多列支出或者不列、少列收入"，还是"经税务机关通知申报而拒不申报或者进行虚假的纳税申报"，这些行为本身都是违法的行为，这些行为本身并不能对其本来应当承担的纳税义务产生影响，但是，这些行为在事实上可以达到减轻纳税义务甚至不履行纳税义务的结果。因此，偷税的本质特征在于纳税义务产生以后通过违法行为减轻纳税义务。

从偷税的本质特征可以看出，偷税具有以下三个构成要件：

第一，纳税义务已经产生。纳税义务已经产生是偷税的第一个构成要件，如果纳税义务尚未产生，无论纳税人采取什么行为都不可能构成偷税。而纳税义务是否产生则应当根据相关法律法规所规定的纳税义务的构成要件是否满足来判断，一旦其符合某税种的构成要件，则其纳税义务就已经产生，其以后所采取的各种行为，均不能导致纳税义务不产生。

第二，实施了特定违法行为。纳税义务发生以后，纳税人必须实施了税法所明确规定的特定违法行为，即"伪造、变造、隐匿、擅自销毁账簿、记账凭证""在账簿上多列支出或者不列、少列收入""经税务机关通知申报而拒不申报或者进行虚假的纳税申报"。除上述三种行为以外，纳税人实施其他任何行为（无论是合法的，还是非法的）均不能构成偷税。

第三，客观上造成了少缴或者不缴税款的结果。偷税属于结果犯，必须造成了少缴或者不缴税款的结果才能构成偷税，否则，即使纳税人实施了上述三种特定违法行为，也只能按其他违法行为来认定，而不能认定为偷税。至于偷税结果何时产生，税法并没有明确规定。但从一般税法理论来看，纳税义务产生以后，纳税人必须在税法规定的期限内进行纳税申报并缴纳税款。在纳税人缴纳税款以后，就完成了整个纳税行为。如果此时纳税人所缴纳的税款少于根据税法规定所应当缴纳的税款，就应当认定造成了少缴税款的结果。同样，如果在税法规定的纳税期限届满以后，纳税人仍然没有缴纳税款，则应当认定造成了不缴税款的结果。

2009年2月28日第十一届全国人民代表大会常务委员会第七次会议通过的《中华人民共和国刑法修正案（七）》[以下简称《刑法修正案（七）》]取消了"偷税罪"，将其修改为"逃税罪"："纳税人采取欺骗、隐瞒手段进行虚假纳税申报或者不申报，逃避缴纳税款数额较大并且占应纳税额百分之十以上的，处三年以下有期徒刑或者拘役，并处罚金；数额巨大并且占应纳税额百分之三十以上的，处三年以上七年以下有期徒刑，并处罚金。扣缴义务人采取前款所列手段，不缴或者少缴已扣、已收税款，数额较大的，依照前款的规定处罚。对多次实施前两款行为，未经处理的，按照累计数额计算。有第一款行为，经税务机关依法下达追缴通知后，补缴应纳税款，缴纳滞纳金，已受行政处罚的，不予追究刑事责任；但是，五年内因逃避缴纳税款受过刑事处罚或者被税务机关给予二次以上行政处罚的除外。"

未来的《税收征管法》也会仿照《刑法修正案（七）》的规定，将"偷税"修改为"逃税"，具体界定方式基本相同，即行为要件为"采取欺骗、隐瞒手段进行虚假纳税申报或者不申报"，结果要件为"逃避缴纳税款"。

三、避税的定义与构成要件

避税与偷税相比是一个含义更加不明确的范畴，学界、实务界以及相关法律法规都没有对避税进行明确的界定。一般认为，避税是指纳税者通过对经营活动的不适当的安排，从而能够利用税法的不完善之处来规避税法所规定的纳税义务或较高纳税义务的行为。目前，关于避税的最典型的形式就是关联企业的转让定价行为，也就是《税收征管法》第三十六条所规定的"企业或者外国企业在中国境内设立的从事生产、经营的机构、场所与其关联企业之间的业务往来……不按照独立企业之间的业务往来收取或者支付价款、费用，而减少其应纳税的收入或者所得额的"行为。与偷税的概念结合起来看，避税的本质特征应当是在纳税义务产生之前所进行的能够减轻纳税义务或者避免纳税义务产生的一系列行为。

从上述避税的本质特征可以看出，避税的构成要件包括以下三个：

第一，纳税义务尚未产生。避税必须是在纳税义务产生之前就进行相关的安排，一旦纳税义务产生，纳税人所能做的只能是按照税法的规定履行自己应当履行的义务，任何减轻自己纳税义务的行为（除合法减免税以外），均有可能构成偷税，而不可能属于避税。而在纳税义务产生之前，纳税人无论进行什么行为，均不会构成偷税行为。

第二，通过不为法律所明确禁止的行为对其交易进行安排。无论在纳税义务产生前还是产生后，纳税人均不能从事法律所明确禁止的行为，这是法治的一般要求，无须论证。但是，除法律所明确禁止的行为以外，纳税人可以从事任何行为，即"法无禁止均可行"。

无论纳税人出于什么目的从事这种行为，也无论纳税人所从事的这种行为有多么不可理解，只要不是法律所明确禁止的行为，纳税人都可以实施。

第三，导致纳税义务不产生或者减轻纳税义务。纳税人所从事的行为必须导致纳税义务不产生或者减轻纳税义务，才属于避税。如果纳税人所从事的行为没有导致上述结果，而是导致相同的纳税义务或者产生了更多的纳税义务，则该行为不能属于避税。

四、偷税、避税以及纳税筹划的联系与区别

（一）偷税与避税的联系

第一，实施不符合一般经营原则的行为。无论是偷税还是避税，都必须通过实施一定的行为来完成，而该行为往往不符合一般的经营原则，即如果排除税收因素考虑，具有正常理性的人都会认为纳税人的行为不正常。如果纳税人根据正常的市场交易规则和法律的规定来安排自己的行为，即使造成了减轻税收负担的结果，也不属于偷税或者避税。

第二，造成减轻税收负担的结果。无论是偷税还是避税，都要造成减轻税收负担的结果，即实际所缴纳的税款少于没有进行相关的安排之前所应当缴纳的税款。如果没有达到这一结果，则不能构成偷税和避税行为。

（二）偷税与避税的区别

第一，实施行为的合法性不同。为实现偷税目的所进行的行为必须是税法所明确禁止的三种行为，除此以外的任何行为，无论是合法的还是非法的均不能构成偷税。而为实现避税目的所进行的行为必须是非法律所明确禁止的行为，这里的"法律"并不限于税法，包括所有的法律。简单地说，为达偷税目的的行为是特定的违法行为，而为达避税目的的行为是不特定的不违法行为（包括合法行为，但不限于合法行为）。

第二，实施行为的时间点不同。为实现偷税目的所实施的行为必须是在纳税义务产生以后实施的，而为实现避税目的所实施的行为必须是在纳税义务产生之前实施的。在纳税义务产生之前有可能通过不违法的行为减轻税收负担，但是在纳税义务产生以后，除合法减免税以外，不可能通过不违法的行为减轻税收负担。

第三，法律责任不同。正因为偷税和避税行为具有上述不同，因此，其危害性也存在较大差异。偷税行为危害性大，避税行为危害性相对小。对于偷税行为，除追缴税款以外，还应当加收滞纳金，同时还应当进行处罚（一般为罚款），情节严重构成犯罪的，还要追究刑事责任。而对于避税行为，一般仅调整应纳税额，并不加收滞纳金，更不能进行处罚，也不可能追究刑事责任。因为纳税人所从事的行为是不违法的，如果对纳税人不违法的行为进行处罚，就违反了"罪刑法定"和"处罚法定"的基本原则。

（三）纳税筹划与偷税、避税的联系与区别

狭义的纳税筹划包括税法鼓励的合法行为以及避税行为，不包括偷税行为；广义的纳税筹划则包括事实上没有被发现的偷税行为，事实上被发现的偷税行为并不属于纳税筹划，因为这种行为不仅没有减轻税收负担，反而增加了税收负担以及其他法律责任。

五、纳税筹划的法律风险及其防范

就狭义的纳税筹划而言，其法律风险比较小。狭义的纳税筹划行为中的税法鼓励的合法行为没有任何法律风险，狭义纳税筹划中的避税行为有一些法律风险，但并不大。避税行为的法律风险就是一旦被税务机关认定符合税法规定的避税行为，就会被按照公平交易原则进行调整；避税行为如果没有构成税法明确规定不允许的行为，如转让定价，低于正常交易价格销售商品等，就不能被税务机关调整，也就不存在法律风险。

广义纳税筹划中的事实上没有被发现的偷税行为具有较大的法律风险，因为其本身是一种违法行为，随时有被发现的可能。防范纳税筹划的法律风险的基本方法就是运用狭义纳税筹划的方法，在法律允许的范围内进行纳税筹划。

第二节 纳税筹划的基本原则与技巧

一、纳税筹划的基本原则

纳税筹划应当遵循四个基本原则：合法性、筹划性、减税性和整体性。

（一）合法性原则

纳税筹划是一种合法的行为，因此，首先应当遵循合法性原则。所谓合法性，这里包括两个方面的内容，第一是既符合法律的文字规定，也符合法律的本意，是法律所鼓励的行为；第二是虽然并不符合法律的本意，但并不违反法律的文字规定，虽然不是法律所鼓励的行为，但也不是法律所禁止的行为。

纳税筹划的第一个步骤就是认真了解税法的相关规定，只有了解了税法的规定，才能确保在法律允许的范围内进行纳税筹划。纳税筹划不能曲解法律，更不能违反法律的明确规定。至于法律的本意，由于本意很难确定，而且也没有一个明确的标准，因此，纳税筹划可以在一定程度上违反法律的本意。

为了遵守合法性的要求，纳税筹划应当充分利用税法所规定的各种优惠政策，一般而言，税法规定了优惠政策，就是希望纳税人从事优惠政策所鼓励的行为。纳税人通过从事该行为而享受该优惠政策，从而减轻税收负担是合法的行为，而且是税法鼓励的行为，这样的行为纳税人可以放心从事。当然，享受税收优惠政策往往需要具备一定的条件，纳税人应当努力使自身具备这些条件，而不能通过虚假的手段伪造条件，从而骗取税收优惠政策，这就是违法行为了。

税法本身还有一些漏洞，也就是说，对于某些行为是否应当征税，法律没有明确规定，根据税收法定原则的要求，既然税法没有明确规定该行为应当纳税，该行为就不应当纳税。纳税人从事这些行为虽然并不一定符合法律的本意，但并没有违反法律的明确规定，纳税人的这种行为仍可以归入纳税筹划的范畴。

（二）筹划性原则

纳税筹划是一种以筹划为前提的行为，因此，纳税筹划应当遵循筹划性的原则。所谓筹划性，就是要对自己的生产经营状况进行调整和安排。这种调整和安排包括地域上的调整和安排，也包括产业和行业上的调整和安排，还包括具体生产经营过程的调整和安排。这种调整和安排的目的是能够满足税收优惠政策所规定的条件，或者满足低税率所规定的条件，或者能够最大限度地减轻税法所确认的交易额、经营额或者收入额。

这种筹划行为应当在纳税义务产生之前进行，如果纳税义务已经产生，这种筹划行为的空间就非常小，几乎没有筹划的可能性。所有的筹划行为都应当在纳税义务尚未产生之时进行。因为纳税义务的产生和确定是纳税人所从事的生产经营状况在税法上所产生的必然结果，一旦生产经营状况改变了，纳税义务也可能随着改变，如果生产经营状况没有发生改变，除非税法改变了，否则，纳税义务是不会发生改变的。在纳税义务产生并且确定以后再进行筹划并且也减轻了税收负担，这种行为往往是偷税行为。

（三）减税性原则

纳税筹划是一种减轻税收负担的行为，因此，纳税筹划必须遵循减税性的原则。所谓减税性，就是减轻税收负担直至税收负担最轻。如果纳税人从事了某种事先的安排和调整，但并没有降低其税收负担，而且此时税收负担也没有达到最轻的状态，这种行为就不能属于纳税筹划，如果一定要归入纳税筹划的范畴，也是一种失败的纳税筹划。

纳税筹划的目的性很明确，就是减轻税收负担。减轻税收负担有多种具体表现，应纳税额的减少是一种表现，推迟了纳税的时间也是一种表现。

（四）整体性原则

纳税筹划是对纳税人的整体税收负担的一种筹划和减轻，因此，应当遵循整体性原则。整体性原则有两个具体要求，一是要从税收负担的整体出发，不能仅仅着眼于一两种税，一种税收负担减轻了，同时另一种税收负担又增加了，增减相抵以后如果整体税收负担并未降低，就不是成功的纳税筹划；二是要从纳税人生产经营的整个过程出发，不能仅仅着

眼于某一个过程或者某一个阶段，在生产经营的某一个过程或者某一个阶段减轻了税收负担，但是在另一个过程或者另一个阶段又增加了税收负担，增减以后如果整个过程的税收负担并未降低，就不是成功的纳税筹划。

当然，在具体设计纳税筹划方案时可以一个税种一个税种地考虑，也可以一个阶段一个阶段地研究。但最终做出纳税筹划方案时，必须从整体的税收负担，从整个的生产经营过程出发。有时，即使某个税种的税收负担增加了，或者某个阶段的税收负担增加了，同样有可能是一个成功的纳税筹划方案，因为纳税筹划着眼的是整体，而非部分。

二、纳税筹划的社会环境

纳税筹划的社会环境是指进行纳税筹划所必须具备的基本社会条件。纳税筹划并不是在任何条件和环境下都可以进行的。我国在很长一段时间内没有纳税筹划，也不知道什么是纳税筹划，而发达国家已经在很长一段时期内实践着纳税筹划并已将其发展为一项非常有前途的产业，这种截然相反的状况与是否具备纳税筹划的社会环境具有很大关系。不具备纳税筹划的社会环境就无法进行纳税筹划，也不容许有纳税筹划的存在；而一旦具备了纳税筹划的社会环境，纳税筹划就会如雨后春笋般冒出来，这同样是不以个别人的主观意志为转移的。因此，探讨纳税筹划的社会环境是研究纳税筹划的一个非常重要的基本理论问题。纳税筹划的社会环境主要包括两个方面：税收法治的完善和纳税人权利的保护。

（一）税收法治的完善

税收法治是实现了税收法律主义以及依法治税的一种状态。税收法治完善的基本前提条件是税收立法的完善。税收法治的完善之所以是纳税筹划的社会环境，是因为纳税筹划是在法律所允许的范围内进行的筹划活动，如果没有完备的法律，则一方面无法确定自己所进行的筹划是否处于法律所允许的范围内，也就无法区分自己的行为是纳税筹划还是违法避税甚至偷税；另一方面税法不健全，纳税人往往通过钻法律的漏洞来达到减轻税收负担的效果，而没有必要进行耗费精力、人力、物力的纳税筹划行为。

纳税筹划首先在税收法治比较完善的国家兴起，也在某种程度上验证了这一观点。我国在很长一段时间没有出现纳税筹划，甚至没有人提出纳税筹划，与我国税收法治建设的水平不高有很大关系。目前我国正在加紧进行税收法治建设，依法治税的口号也提出了许多年，这样，客观上就为纳税筹划提供了一个发展的空间。可以相信，在未来二十年，我国的税收法治建设将提高到一个较高水平，因此，纳税筹划的发展前景也是非常乐观的。

（二）纳税人权利的保护

纳税人权利保护也是纳税筹划的社会环境，因为，纳税筹划本身就是纳税人的基本权利——"税负从轻权"的基本体现。税收是国家依据法律的规定对具备法定税收要素的人

所进行的强制征收。税收不是捐款,纳税人没有缴纳多于法律所规定的纳税义务的必要。纳税人在法律所允许的范围内选择税负最轻的行为是纳税人的基本权利,也是"法不禁止即可为"原则的基本要求。如果对纳税人权利都不承认或者不予重视,那么作为纳税人权利之一的纳税筹划权当然得不到保障。世界纳税筹划比较发达的国家都是纳税人权利保护比较完善的国家,而纳税人权利保护比较完善的国家也都是纳税筹划比较发达的国家。

我国的纳税筹划之所以姗姗来迟,其中一个很大的原因就是不重视纳税人权利保护。目前仍有人没有从纳税人权利的角度来认识纳税筹划,把纳税筹划认定为纳税人投机取巧、与国家争利益的行为,这是不利于纳税筹划事业发展的。纳税筹划作为纳税人的一项基本权利,应当得到法律的保护,应当得到整个社会的鼓励与支持。我国纳税人权利保护的水平在不断提高,因此,纳税筹划也必将在纳税人行使自己权利的过程中不断发展壮大。

三、纳税筹划的基本技巧

(一)利用税收优惠减轻税收负担

利用税收优惠减轻税收负担是最重要的纳税筹划技巧。由于税收优惠本身都有一定的前提条件,而纳税人并不一定具备这些条件,因此,利用税收优惠的重点不在于利用税收优惠本身,而在于满足前提条件。纳税筹划也主要是在满足享受税收优惠的前提条件下进行安排与策划的。

享受税收优惠的条件之一是纳税人规模的大小与组织形式,如小型微利企业的税收优惠。对此,纳税人在成立之初便可进行筹划,按照相关条件来设立企业即可。

纳税人所处的行业与地域也是享受很多税收优惠的条件之一,对此,可以通过集团经营的方式,在相关行业和地域设立子公司,将集团其他成员的利润向享受优惠的子公司转移,从而使得其他行业和地域的子公司也间接享受了相关税收优惠。

还有一些税收优惠的条件非常宽松,每个纳税人都可以利用,如年终奖可以单独计算的税收优惠、专项附加扣除的税收优惠等,对于这种税收优惠,纳税人就应当积极利用。如果因为自身不知道或者未申请等而导致未享受相关税收优惠,就非常可惜了。

我国的税收优惠政策非常多,变化也非常快,每年都有大量的税收优惠政策出台。为及时、充分享受这些税收优惠政策,纳税人必须经常关注我国税收政策的变动,最简单便捷的方法便是经常学习,从纳税筹划专家那里学习最新的税收优惠政策及筹划方法。

(二)利用征税范围变为非纳税人

每一种税都有自身的征税范围,凡不在征税范围内的行为和事物均不需要纳税。因此,利用征税范围制度,通过变换经济行为的方式将其变为征税范围以外的行为就是常见的纳税筹划技巧。

目前，这一技巧主要利用非上市公司股权转让仅缴纳印花税和所得税的制度。我国现行的大多数交易都在增值税的征税范围之内，但股权转让是不征增值税的。因此，将大多数货物交易、无形资产交易和不动产交易转化为股权转让就是常见的纳税筹划方式。另外，股权转让也不征契税，但不动产交易需要缴纳契税。因此，将不动产装入公司之中，通过转让公司股权的方式来规避契税也是常见的纳税筹划方式。

存在争议的是利用股权转让规避土地增值税。虽然股权转让本身不涉及土地增值税，但将不动产装入公司，通过转让公司股权的方式来规避土地增值税受到了税务机关的挑战。《国家税务总局关于以转让股权名义转让房地产行为征收土地增值税问题的批复》（国税函〔2000〕687号）规定："鉴于深圳市能源集团有限公司和深圳能源投资股份有限公司一次性共同转让深圳能源（钦州）实业有限公司100%的股权，并且这些以股权形式表现的资产主要是土地使用权、地上建筑物及附着物，经研究，对此应按土地增值税的规定征税。"该文件是国家税务总局对广西壮族自治区地方税务局关于深圳市能源集团有限公司和深圳能源投资股份有限公司一次性共同转让深圳能源（钦州）实业有限公司100%的股权是否缴纳土地增值税的答复，对该个案具有法律效力。在实务中，全国各地许多税务机关依照该文件，对以股权方式转让房地产的行为征收土地增值税。

纳税筹划并不讨论税收制度本身的合理与否，仅仅研究如何采取措施应对并防止不利的税收负担。从纳税筹划的角度出发，对于征税税务机关在实务中的做法，可以采取两种应对策略：一是提高非不动产所占比重，如果股权转让的价值所对应的资产不仅仅是不动产，还有一定比例的其他资产，税务机关就难以运用国税函〔2000〕687号文件来征收土地增值税；二是分多次转让股权，第一次转让80%，间隔一段时间再转让剩余的20%，或者仅仅转让99%的股权，剩余1%的股权采取代持的方式，永远不转让，这样，税务机关也难以运用国税函〔2000〕687号文件来征收土地增值税。

（三）变换税目降低适用税率

税目是对征税对象的具体化，是为了便于征管而对征税对象进行的细化。不同的税目，适用的税率是不同的，因此，同一经济行为在适当改变形式后，将适用的税目从高税率税目变更为低税率税目，也是一种常见的纳税筹划技巧。

我国目前开征的18个税种中，明确规定了不同税目且具有纳税筹划空间的税种主要包括个人所得税、增值税、印花税和消费税。从更广的角度来看，也可以在不同税种之间进行转换，如个人所得税与企业所得税，在一定条件下就可以互相转化。

例如，甲公司利用自身的设备与技术帮助其他企业实现排放废气达标。在适用增值税税率时，甲公司就可以适用三种税率，开具三种税率的发票。一是销售设备，因为有的企业只需要安装一个设备即可达标，此时，甲公司仅仅是对外销售设备，按照销售货物税目，适用 13%的增值税税率。二是安装加销售设备，有的企业自身不具备安装条件，需要甲公司提供安装服务，此时，甲公司就可以按照建筑劳务税目（按照服务），适用 9%的增值税税率。三是有的企业需要进行全面改造和技术服务，设备和安装只是其中的一部分，此时，甲公司就可以按照现代服务税目（研发和技术服务），适用 6%的增值税税率。甲公司在最初投标时的报价是按照 6%的税率计算成本的，但中标后，被服务的企业往往要求甲公司按照 13%的税率开具增值税专用发票，由此就导致甲公司的利润大大降低。为此，建议甲公司未来的报价按照不含税价格来计算，无论对方要求开具多少税率的增值税专用发票，其增值税负担均由对方承担，这样就不会出现因报价适用税率与最终开票时的税率不同而给甲公司带来额外的税收负担了。

（四）利用核定征税等征管制度

税务机关征税的主要方法包括据实征收与核定征收，《税收征管法》第三十五条规定："纳税人有下列情形之一的，税务机关有权核定其应纳税额：（一）依照法律、行政法规的规定可以不设置账簿的；（二）依照法律、行政法规的规定应当设置账簿但未设置的；（三）擅自销毁账簿或者拒不提供纳税资料的；（四）虽设置账簿，但账目混乱或者成本资料、收入凭证、费用凭证残缺不全，难以查账的；（五）发生纳税义务，未按照规定的期限办理纳税申报，经税务机关责令限期申报，逾期仍不申报的；（六）纳税人申报的计税依据明显偏低，又无正当理由的。税务机关核定应纳税额的具体程序和方法由国务院税务主管部门规定。"

一般而言，核定征收的税收负担低于据实征收，因此，在具备相应条件时，纳税人应积极争取核定征收。除《税收征管法》第三十五条的规定外，也有一些规范性文件明确规定了核定征收制度，有的还作为一种税收优惠。例如，国家税务总局 2019 年 10 月 26 日发布的《国家税务总局关于跨境电子商务综合试验区零售出口企业所得税核定征收有关问题的公告》（国家税务总局公告 2019 年第 36 号）就是为支持跨境电子商务健康发展，推动外贸模式创新而出台的税收优惠政策。

目前，通过核定征税而进行纳税筹划主要应用于个人所得税、企业所得税和土地增值税领域。个人所得税领域的核定征税政策主要由各地税务局出台，如《国家税务总局青海省税务局关于调整个人所得税核定征收率的公告》（国家税务总局青海省税务局公告 2019 年第 3 号）规定："青海省范围内核定征收个人所得税的个体工商户和个人独资（合伙）企业，按 0.4%的核定征收率征收个人所得税。"

《国家税务总局天津市税务局关于经营所得核定征收个人所得税有关问题的公告》（国家税务总局天津市税务局公告 2018 年第 30 号）规定如下：

自 2019 年 1 月 1 日起，经营所得核定征收纳税人的范围为：天津市范围内，具有下

列情形之一的个体工商户业主、个人独资企业投资人、合伙企业个人合伙人以及从事其他生产、经营活动的个人（以下简称纳税人）：

（1）依照法律、行政法规的规定可以不设置账簿的；

（2）依照法律、行政法规的规定应当设置但未设置账簿的；

（3）擅自销毁账簿或者拒不提供纳税资料的；

（4）虽设置账簿，但账目混乱或者成本资料、收入凭证、费用凭证残缺不全，难以查账的；

（5）发生纳税义务，未按照规定的期限办理纳税申报，经税务机关责令限期申报，逾期仍不申报的；

（6）申报的计税依据明显偏低，又无正当理由的。

对增值税一般纳税人及国务院税务主管部门明确的特殊行业、特殊类型的纳税人，原则上不得采取定期定额、事先核定应税所得率等方式征收个人所得税。

核定征收个人所得税方式包括定期定额征收、核定应税所得率征收。规模较小，达不到《个体工商户建账管理暂行办法》规定设置账簿标准的个体工商户、个人独资企业、合伙企业，可以采用定期定额征收方式。

（1）采用定期定额征收方式的，其应纳税额的计算公式如下：

$$应纳税额=核定收入总额\times核定征收率$$

核定收入总额为不含增值税收入额。

（2）核定征收率标准按《个人所得税核定征收率表》（见表1-1）执行。

表1-1　个人所得税核定征收率表（按月）

序号	月度经营收入	个人所得税征收率
1	收入在3万元（含）以下的部分	核定征收率为0%
2	收入在3万元至5万元（含）之间	超过3万元以上的部分，按0.5%的核定征收率征收个人所得税
3	收入在5万元至10万元（含）之间	超过3万元以上的部分，按0.8%的核定征收率征收个人所得税
4	收入在10万元以上	超过3万元以上的部分，按1.4%的核定征收率征收个人所得税

按季申报的纳税人按照月度征收率表换算为季度征收率表。

不符合查账征收个人所得税条件且不符合上述定期定额征收条件的纳税人，可采用应税所得率征收方式。

（1）实行核定应税所得率征收个人所得税的，应纳税所得额的计算公式如下：

$$应纳税所得额=收入总额\times应税所得率$$

应纳税额=应纳税所得额×个人所得税税率−速算扣除数

（2）应税所得率的标准按《个人所得税核定应税所得率表》（见表1-2）执行。

表1-2 个人所得税核定应税所得率表

行 业	应税所得率
工业、交通运输业、商业	5%
建筑业、房地产业	7%
饮食业	7%
娱乐业	20%
其他行业	10%～30%

（3）经营多业的，无论其经营项目是否单独核算，均应根据其主营项目确定其适用的应税所得率。

税务机关对符合核定征收条件的纳税人，依职权确定一种核定征收方式，核定征收方式一经确定，一个纳税年度内不得随意变更。

除对代开货物运输业发票的个体工商户、个人独资企业和合伙企业依照《国家税务总局关于代开货物运输业发票个人所得税预征率问题的公告》（国家税务总局公告2011年第44号）规定按开票金额的1.5%预征个人所得税外，其他纳税人代开发票时不再预征"经营所得"个人所得税。

定期定额户发票开具金额或税控收款机记录数据超过定额的经营额、所得额，或具有在税务机关核定定额的经营地点以外从事经营活动所应缴纳的税款的，应当向税务机关办理纳税申报。

定期定额户在定额执行期结束后三个月内，应当以该期每月（季）实际发生的经营额、所得额向税务机关申报，申报额超过定额的，按申报额缴纳税款；申报额低于定额的，按定额缴纳税款。

需要注意的是，针对部分纳税人通过核定征税来避税的现象，《财政部 税务总局关于权益性投资经营所得个人所得税征收管理的公告》（财政部 税务总局公告2021年第41号）规定：自2022年1月1日起，持有股权、股票、合伙企业财产份额等权益性投资的个人独资企业、合伙企业（以下简称独资合伙企业），一律适用查账征收方式计征个人所得税。独资合伙企业应自持有上述权益性投资之日起30日内，主动向税务机关报送持有权益性投资的情况；本公告实施前独资合伙企业已持有权益性投资的，应当在2022年1月30日前向税务机关报送持有权益性投资的情况。税务机关接到核定征收独资合伙企业报送持有权益性投资情况的，调整其征收方式为查账征收。各级财政、税务部门应做好服务辅导工作，积极引导独资合伙企业建立健全账簿，完善会计核算和财务管理制度，如实申报纳税。独资合伙企业未如实报送持有权益性投资情况的，依据税收征收管理法相关规定处理。

第二章
企业所得税纳税筹划实战案例

案例 001：大公司与个人独资/合伙企业税负对比

一、客户基本情况（客户基本方案）

赵先生经营一家网店，2019年1月1日《中华人民共和国电子商务法》施行后，要求网店进行企业登记并向网站提交营业执照。赵先生计划设立甲公司（一人有限责任公司）来经营该家网店。预计甲公司每年销售收入为5 000万元，利润总额为500万元，假设无纳税调整事项。税后利润全部分配给赵先生。

二、客户方案纳税金额计算

甲公司需要缴纳企业所得税：500×25%=125（万元）。税后利润：500-125=375（万元）。税后利润全部分配，赵先生需要缴纳个人所得税：375×20%=75（万元），获得税后净利润：375-75=300（万元）。综合税负：(125+75)÷500=40%。

简明法律依据

（1）《中华人民共和国企业所得税法》（2007年3月16日第十届全国人民代表大会第五次会议通过，根据2017年2月24日第十二届全国人民代表大会常务委员会第二十六次会议《关于修改〈中华人民共和国企业所得税法〉的决定》第一次修正，根据2018年12月29日第十三届全国人民代表大会常务委员会第七次会议《关于修改〈中华人民共和国电力法〉等四部法律的决定》第二次修正，以下简称《企业所得税法》）；

（2）《中华人民共和国个人所得税法》（1980年9月10日第五届全国人民代表大会第

三次会议通过，根据1993年10月31日第八届全国人民代表大会常务委员会第四次会议《关于修改〈中华人民共和国个人所得税法〉的决定》第一次修正，根据1999年8月30日第九届全国人民代表大会常务委员会第十一次会议《关于修改〈中华人民共和国个人所得税法〉的决定》第二次修正，根据2005年10月27日第十届全国人民代表大会常务委员会第十八次会议《关于修改〈中华人民共和国个人所得税法〉的决定》第三次修正，根据2007年6月29日第十届全国人民代表大会常务委员会第二十八次会议《关于修改〈中华人民共和国个人所得税法〉的决定》第四次修正，根据2007年12月29日第十届全国人民代表大会常务委员会第三十一次会议《关于修改〈中华人民共和国个人所得税法〉的决定》第五次修正，根据2011年6月30日第十一届全国人民代表大会常务委员会第二十一次会议《关于修改〈中华人民共和国个人所得税法〉的决定》第六次修正，根据2018年8月31日第十三届全国人民代表大会常务委员会第五次会议《关于修改〈中华人民共和国个人所得税法〉的决定》第七次修正，以下简称《个人所得税法》)；

（3）《中华人民共和国电子商务法》（2018年8月31日第十三届全国人民代表大会常务委员会第五次会议通过，以下简称《电子商务法》）。

三、纳税筹划方案纳税金额计算

建议赵先生设立个人独资企业，个人独资企业本身并不缴纳所得税，其取得的利润总额由投资人按照"经营所得"缴纳个人所得税，具体适用税率见表2-1。

表2-1 经营所得个人所得税税率表

级 数	全年应纳税所得额	税率（%）	速算扣除数
1	不超过30 000元的部分	5	0
2	超过30 000元至90 000元的部分	10	1 500
3	超过90 000元至300 000元的部分	20	10 500
4	超过300 000元至500 000元的部分	30	40 500
5	超过500 000元的部分	35	65 500

如设立乙个人独资企业，乙企业本身不需要缴纳所得税，赵先生需要缴纳个人所得税：500×35%–6.55=168.45（万元），税后净利润：500–168.45=331.55（万元）。综合税负：168.45÷500=33.69%。

通过纳税筹划，提高税后利润：331.55–300=31.55（万元）。

简明法律依据

（1）《企业所得税法》；

（2）《个人所得税法》。

四、本案例涉及的主要税收制度

（一）企业所得税

《企业所得税法》第一条规定：在中华人民共和国境内，企业和其他取得收入的组织（以下统称企业）为企业所得税的纳税人，依照本法的规定缴纳企业所得税。个人独资企业、合伙企业不适用本法。

《企业所得税法》第四条规定：企业所得税的税率为25%。

《企业所得税法》第二十二条规定：企业的应纳税所得额乘以适用税率，减除依照本法关于税收优惠的规定减免和抵免的税额后的余额，为应纳税额。

（二）个人所得税

《个人所得税法》第二条规定：下列各项个人所得，应当缴纳个人所得税……（五）经营所得……

《个人所得税法》第三条规定：个人所得税的税率……（二）经营所得，适用百分之五至百分之三十五的超额累进税率（税率表附后）……

《个人所得税法》第六条规定：应纳税所得额的计算……（三）经营所得，以每一纳税年度的收入总额减除成本、费用以及损失后的余额，为应纳税所得额。

（三）电子商务相关法律制度

《电子商务法》第二条规定：中华人民共和国境内的电子商务活动，适用本法。本法所称电子商务，是指通过互联网等信息网络销售商品或者提供服务的经营活动。法律、行政法规对销售商品或者提供服务有规定的，适用其规定。金融类产品和服务，利用信息网络提供新闻信息、音视频节目、出版以及文化产品等内容方面的服务，不适用本法。

《电子商务法》第九条规定：本法所称电子商务经营者，是指通过互联网等信息网络从事销售商品或者提供服务的经营活动的自然人、法人和非法人组织，包括电子商务平台经营者、平台内经营者以及通过自建网站、其他网络服务销售商品或者提供服务的电子商务经营者。本法所称电子商务平台经营者，是指在电子商务中为交易双方或者多方提供网络经营场所、交易撮合、信息发布等服务，供交易双方或者多方独立开展交易活动的法人或者非法人组织。本法所称平台内经营者，是指通过电子商务平台销售商品或者提供服务的电子商务经营者。

《电子商务法》第十条规定：电子商务经营者应当依法办理市场主体登记。但是，个人销售自产农副产品、家庭手工业产品，个人利用自己的技能从事依法无须取得许可的便民劳务活动和零星小额交易活动，以及依照法律、行政法规不需要进行登记的除外。

《电子商务法》第十一条规定：电子商务经营者应当依法履行纳税义务，并依法享受

税收优惠。依照前条规定不需要办理市场主体登记的电子商务经营者在首次纳税义务发生后，应当依照税收征收管理法律、行政法规的规定申请办理税务登记，并如实申报纳税。

案例 002：小公司与个人独资/合伙企业税负对比

一、客户基本情况（客户基本方案）

李女士响应政府号召返乡创业，在某小学附近开办了"小饭桌"，性质为个人独资企业（以下简称甲企业）。每年可以取得利润总额 100 万元，假设无纳税调整事项。2022 年度，李女士准备继续以个人独资企业的形式来经营"小饭桌"。

二、客户方案纳税金额计算

甲企业本身不需要缴纳所得税，李女士需要缴纳个人所得税：$100 \times 35\% - 6.55 = 28.45$（万元）。

简明法律依据

（1）《企业所得税法》；

（2）《个人所得税法》；

（3）《中华人民共和国企业所得税法实施条例》（2007 年 12 月 6 日国务院令第 512 号发布，根据 2019 年 4 月 23 日国务院令第 714 号《国务院关于修改部分行政法规的决定》修正，以下简称《企业所得税法实施条例》）。

三、纳税筹划方案纳税金额计算

建议李女士设立乙公司（一人有限责任公司）来经营"小饭桌"，同时将乙公司取得的利润保留在公司层面继续扩大经营。自 2021 年度起，小型微利企业，利润总额（应纳税所得额）不超过 100 万元的，企业所得税的实际税率仅 2.5%。乙公司需要缴纳企业所得税：$100 \times 12.5\% \times 20\% = 2.5$（万元）。

通过纳税筹划，每年节税：$28.45 - 2.5 = 25.95$（万元）。

简明法律依据

（1）《个人所得税法》；

（2）《企业所得税法》；

（3）《财政部 税务总局关于实施小微企业普惠性税收减免政策的通知》（财税〔2019〕13 号）。

（4）《财政部 税务总局关于实施小微企业和个体工商户所得税优惠政策的公告》（财

政部 税务总局公告2021年第12号）；

（5）《国家税务总局关于落实支持小型微利企业和个体工商户发展所得税优惠政策有关事项的公告》（国家税务总局公告2021年第8号）；

（6）《财政部 税务总局关于进一步实施小微企业所得税优惠政策的公告》（财政部 税务总局公告2022年第13号）。

四、本案例涉及的主要税收制度

（一）个人独资企业纳税制度

《企业所得税法》第一条规定：在中华人民共和国境内，企业和其他取得收入的组织（以下统称企业）为企业所得税的纳税人，依照本法的规定缴纳企业所得税。个人独资企业、合伙企业不适用本法。

《企业所得税法实施条例》第二条规定：企业所得税法第一条所称个人独资企业、合伙企业，是指依照中国法律、行政法规成立的个人独资企业、合伙企业。

（二）小型微利企业税收优惠制度

根据《财政部 税务总局关于实施小微企业普惠性税收减免政策的通知》（财税〔2019〕13号）有关规定，小型微利企业的税收优惠政策主要是：

自2019年1月1日至2021年12月31日，对小型微利企业年应纳税所得额不超过100万元的部分，减按25%计入应纳税所得额，按20%的税率缴纳企业所得税；对年应纳税所得额超过100万元但不超过300万元的部分，减按50%计入应纳税所得额，按20%的税率缴纳企业所得税。

上述小型微利企业是指从事国家非限制和禁止行业且同时符合年度应纳税所得额不超过300万元、从业人数不超过300人、资产总额不超过5 000万元三个条件的企业。

从业人数，包括与企业建立劳动关系的职工人数和企业接受的劳务派遣用工人数。所称从业人数和资产总额指标，应按企业全年的季度平均值确定。具体计算公式如下：

$$季度平均值=（季初值+季末值）\div 2$$

$$全年季度平均值=全年各季度平均值之和\div 4$$

年度中间开业或者终止经营活动的，以其实际经营期作为一个纳税年度确定上述相关指标。

根据《财政部 税务总局关于实施小微企业和个体工商户所得税优惠政策的公告》（财政部 税务总局公告2021年第12号）的规定：自2021年1月1日至2022年12月31日，对小型微利企业年应纳税所得额不超过100万元的部分，在《财政部 税务总局关于实施小微企业普惠性税收减免政策的通知》（财税〔2019〕13号）第二条规定的优惠政策基础上，再减半征收企业所得税。

根据《国家税务总局关于落实支持小型微利企业和个体工商户发展所得税优惠政策有关事项的公告》（国家税务总局公告2021年第8号）的规定：对小型微利企业年应纳税所得额不超过100万元的部分，减按12.5%计入应纳税所得额，按20%的税率缴纳企业所得税。小型微利企业享受上述政策时涉及的具体征管问题，按照《国家税务总局关于实施小型微利企业普惠性所得税减免政策有关问题的公告》（2019年第2号）相关规定执行。

根据《财政部 税务总局关于进一步实施小微企业所得税优惠政策的公告》（财政部 税务总局公告2022年第13号）的规定，自2022年1月1日至2024年12月31日，对小型微利企业年应纳税所得额超过100万元但不超过300万元的部分，减按25%计入应纳税所得额，按20%的税率缴纳企业所得税。

案例003：存在亏损时选择分公司

一、客户基本情况（客户基本方案）

总部位于西安的甲公司准备在北京设立一分支机构，原计划设立全资子公司（以下简称乙公司）。预计乙公司从2022年度至2025年度的应纳税所得额分别为–1 000万元、–500万元、1 000万元和2 000万元。

二、客户方案纳税金额计算

母子公司属于独立的纳税主体，分别缴纳企业所得税。子公司的亏损只能由子公司用未来的利润弥补，不能结转至母公司弥补。乙公司2022年度至2024年度均不需要缴纳企业所得税。2025年度，需要缴纳企业所得税：（2 000–500）×25%=375（万元）。

简明法律依据

（1）《企业所得税法》；
（2）《企业所得税法实施条例》。

三、纳税筹划方案纳税金额计算

建议客户设立分公司（以下简称丙公司），总分公司在《企业所得税法》上被视为一个纳税主体，汇总缴纳企业所得税，分公司的亏损就是总公司的亏损，可以直接抵减总公司以及其他分公司当年度的利润。

与客户选择的方案相比，2022年度甲公司（含丙公司）可以少纳企业所得税：1 000×25%=250（万元）。2023年度可以少纳企业所得税：500×25%=125（万元）。2024年度需

要缴纳企业所得税：1 000×25%=250（万元）。2025 年度需要缴纳企业所得税：2 000×25%=500（万元）。四年合计缴纳企业所得税：250+500–250–125=375（万元）。

本方案与客户选择的方案在纳税总额上是相同的，但是取得了货币的时间价值，减轻了甲公司前两年的现金支出压力。同时，最大限度避免了分支机构亏损的浪费。如果乙公司在 2024 年度和 2025 年度仍然巨额亏损，乙公司可能破产或者解散。此时，乙公司产生的几千万元亏损就浪费了。如果设置分公司丙公司，虽然丙公司也可能产生几千万元的亏损，但这些亏损均能抵减甲公司的利润，减轻了丙公司亏损给甲公司带来的损失。因此，在分支机构预计会产生亏损时，应选择分公司的形式从事相应经营。

简明法律依据
（1）《企业所得税法》；
（2）《企业所得税法实施条例》。

四、本案例涉及的主要税收制度

（一）分公司、子公司纳税制度

《企业所得税法》第五十条规定：居民企业在中国境内设立不具有法人资格的营业机构的，应当汇总计算并缴纳企业所得税。

《企业所得税法实施条例》第一百二十五条规定：企业汇总计算并缴纳企业所得税时，应当统一核算应纳税所得额，具体办法由国务院财政、税务主管部门另行制定。

《企业所得税法》第五十二条规定：除国务院另有规定外，企业之间不得合并缴纳企业所得税。

（二）亏损结转制度

《企业所得税法》第十八条规定：企业纳税年度发生的亏损，准予向以后年度结转，用以后年度的所得弥补，但结转年限最长不得超过五年。

案例 004：享受优惠时选择子公司

一、客户基本情况（客户基本方案）

甲公司是某市一家小有名气的餐饮企业，已经在该市设立 5 家分店（采取分公司的形式），计划 2022 年度在外省增开 5 家分店，合计达到 10 家分店。每家分店的年度利润总额约 100 万元。

二、客户方案纳税金额计算

分店在法律形式上属于分公司，需要与总公司汇总纳税。该10家分店每年合计缴纳企业所得税：100×10×25%=250（万元）。

简明法律依据

（1）《企业所得税法》；

（2）《企业所得税法实施条例》；

（3）《跨地区经营汇总纳税企业所得税征收管理办法》（国家税务总局公告2012年第57号）。

三、纳税筹划方案纳税金额计算

由于该客户的每家分店均满足小型微利企业的条件，如果设置为子公司（可称为连锁店），可以分别享受小型微利企业的税收优惠。在子公司模式下，该10家连锁店每年合计缴纳企业所得税：100×12.5%×20%×10=25（万元）。

通过纳税筹划，每年节税：250–25=225（万元）。

简明法律依据

（1）《企业所得税法》；

（2）《企业所得税法实施条例》；

（3）《财政部 税务总局关于实施小微企业普惠性税收减免政策的通知》（财税〔2019〕13号）；

（4）《财政部 税务总局关于实施小微企业和个体工商户所得税优惠政策的公告》（财政部 税务总局公告2021年第12号）；

（5）《财政部 税务总局关于进一步实施小微企业所得税优惠政策的公告》（财政部 税务总局公告2022年第13号）。

四、本案例涉及的主要税收制度

《国家税务总局关于印发〈跨地区经营汇总纳税企业所得税征收管理办法〉的公告》（国家税务总局公告2012年第57号）规定：

居民企业在中国境内跨地区（跨省、自治区、直辖市和计划单列市，下同）设立不具有法人资格分支机构的，该居民企业为跨地区经营汇总纳税企业（以下简称汇总纳税企业），除另有规定外，其企业所得税征收管理适用本办法。

汇总纳税企业实行"统一计算、分级管理、就地预缴、汇总清算、财政调库"的企业所得税征收管理办法：

统一计算，是指总机构统一计算包括汇总纳税企业所属各个不具有法人资格分支机构在内的全部应纳税所得额、应纳税额。

分级管理，是指总机构、分支机构所在地的主管税务机关都有对当地机构进行企业所得税管理的责任，总机构和分支机构应分别接受机构所在地主管税务机关的管理。

就地预缴，是指总机构、分支机构应按本办法的规定，分月或分季分别向所在地主管税务机关申报预缴企业所得税。

汇总清算，是指在年度终了后，总机构统一计算汇总纳税企业的年度应纳税所得额、应纳所得税额，抵减总机构、分支机构当年已就地分期预缴的企业所得税款后，多退少补。

财政调库，是指财政部定期将缴入中央国库的汇总纳税企业所得税待分配收入，按照核定的系数调整至地方国库。

总机构和具有主体生产经营职能的二级分支机构，就地分摊缴纳企业所得税。二级分支机构，是指汇总纳税企业依法设立并领取非法人营业执照（登记证书），并且总机构对其财务、业务、人员等直接进行统一核算和管理的分支机构。

以下二级分支机构不就地分摊缴纳企业所得税：

（1）不具有主体生产经营职能且在当地不缴纳增值税、营业税的产品售后服务、内部研发、仓储等汇总纳税企业内部辅助性的二级分支机构，不就地分摊缴纳企业所得税。

（2）上年度认定为小型微利企业的，其二级分支机构不就地分摊缴纳企业所得税。

（3）新设立的二级分支机构，设立当年不就地分摊缴纳企业所得税。

（4）当年撤销的二级分支机构，自办理注销税务登记之日所属企业所得税预缴期间起，不就地分摊缴纳企业所得税。

（5）汇总纳税企业在中国境外设立的不具有法人资格的二级分支机构，不就地分摊缴纳企业所得税。

汇总纳税企业按照《企业所得税法》规定汇总计算的企业所得税，包括预缴税款和汇算清缴应缴应退税款，50%在各分支机构间分摊，各分支机构根据分摊税款就地办理缴库或退库；50%由总机构分摊缴纳，其中25%就地办理缴库或退库，25%就地全额缴入中央国库或退库。

企业所得税分月或者分季预缴，由总机构所在地主管税务机关具体核定。汇总纳税企业应根据当期实际利润额，按照规定的预缴分摊方法计算总机构和分支机构的企业所得税预缴额，分别由总机构和分支机构就地预缴；在规定期限内按实际利润额预缴有困难的，也可以按照上一年度应纳税所得额的 1/12 或 1/4，按照规定的预缴分摊方法计算总机构和分支机构的企业所得税预缴额，分别由总机构和分支机构就地预缴。预缴方法一经确定，当年度不得变更。

总机构应将本期企业应纳所得税额的 50%部分，在每月或季度终了后 15 日内就地申

报预缴。总机构应将本期企业应纳所得税额的另外 50%部分，按照各分支机构应分摊的比例，在各分支机构之间进行分摊，并及时通知到各分支机构；各分支机构应在每月或季度终了之日起 15 日内，就其分摊的所得税额就地申报预缴。分支机构未按税款分配数额预缴所得税造成少缴税款的，主管税务机关应按照《征收管理法》的有关规定对其处罚，并将处罚结果通知总机构所在地主管税务机关。

汇总纳税企业预缴申报时，总机构除报送企业所得税预缴申报表和企业当期财务报表外，还应报送汇总纳税企业分支机构所得税分配表和各分支机构上一年度的年度财务报表（或年度财务状况和营业收支情况）；分支机构除报送企业所得税预缴申报表（只填列部分项目）外，还应报送经总机构所在地主管税务机关受理的汇总纳税企业分支机构所得税分配表。在一个纳税年度内，各分支机构上一年度的年度财务报表（或年度财务状况和营业收支情况）原则上只需要报送一次。

总机构按以下公式计算分摊税款：

总机构分摊税款=汇总纳税企业当期应纳所得税额×50%

分支机构按以下公式计算分摊税款：

所有分支机构分摊税款总额=汇总纳税企业当期应纳所得税额×50%

某分支机构分摊税款=所有分支机构分摊税款总额×该分支机构分摊比例

总机构应按照上年度分支机构的营业收入、职工薪酬和资产总额三个因素计算各分支机构分摊所得税款的比例；三级及以下分支机构，其营业收入、职工薪酬和资产总额统一计入二级分支机构；三因素的权重依次为 0.35、0.35、0.30。

计算公式如下：

某分支机构分摊比例=（该分支机构营业收入/各分支机构营业收入之和）×0.35+（该分支机构职工薪酬/各分支机构职工薪酬之和）×0.35+（该分支机构资产总额/各分支机构资产总额之和）×0.30

分支机构分摊比例按上述方法一经确定后，除出现规定情形外，当年不作调整。

案例 005：投资国家扶持地区

一、客户基本情况（客户基本方案）

甲影视公司设立在天津，2022 年度计划投资拍摄 10 部电影，预计该 10 部电影的利润总额为 10 亿元。不考虑利润分配后的个人所得税，仅考虑企业所得税。

二、客户方案纳税金额计算

甲影视公司 2022 年度需要缴纳企业所得税：10×25%=2.5（亿元）。

📞 简明法律依据

（1）《企业所得税法》；

（2）《企业所得税法实施条例》。

三、纳税筹划方案纳税金额计算

建议客户到霍尔果斯（或者新疆其他困难地区）设立一家子公司——乙影视公司，由乙影视公司投资拍摄该 10 部电影，税后利润全部分配至甲影视公司。根据霍尔果斯的税收优惠政策，乙影视公司 2022 年度取得的利润免纳企业所得税，税后利润为 10 亿元，可以分配股息至甲影视公司。甲影视公司从子公司取得股息，免纳企业所得税。

通过纳税筹划，节税：2.5–0=2.5（亿元）。

📞 简明法律依据

（1）《企业所得税法》；

（2）《企业所得税法实施条例》；

（3）《财政部 国家税务总局关于新疆困难地区新办企业所得税优惠政策的通知》（财税〔2011〕53 号）；

（4）《财政部 国家税务总局关于新疆喀什、霍尔果斯两个特殊经济开发区企业所得税优惠政策的通知》（财税〔2011〕112 号）；

（5）《财政部 国家税务总局 海关总署关于深入实施西部大开发战略有关税收政策问题的通知》（财税〔2011〕58 号）；

（6）《国家税务总局关于深入实施西部大开发战略有关企业所得税问题的公告》（国家税务总局公告 2012 年第 12 号）；

（7）《财政部 海关总署 国家税务总局关于赣州市执行西部大开发税收政策问题的通知》（财税〔2013〕4 号）。

（8）《财政部 税务总局关于新疆困难地区及喀什、霍尔果斯两个特殊经济开发区新办企业所得税优惠政策的通知》（财税〔2021〕27 号）。

（9）《财政部 税务总局 国家发展改革委关于延续西部大开发企业所得税政策的公告》（财政部公告 2020 年第 23 号）。

四、本案例涉及的主要税收制度

（一）新疆困难地区新办企业所得税优惠

《财政部 国家税务总局关于新疆困难地区新办企业所得税优惠政策的通知》（财税〔2011〕53号）规定：

2010年1月1日至2020年12月31日，对在新疆困难地区新办的属于《新疆困难地区重点鼓励发展产业企业所得税优惠目录》（以下简称《目录》）范围内的企业，自取得第一笔生产经营收入所属纳税年度起，第一年至第二年免征企业所得税，第三年至第五年减半征收企业所得税。

新疆困难地区包括南疆三地州、其他国家扶贫开发重点县和边境县市。属于《目录》范围内的企业是指以《目录》中规定的产业项目为主营业务，其主营业务收入占企业收入总额70%以上的企业。第一笔生产经营收入，是指新疆困难地区重点鼓励发展产业项目已建成并投入运营后所取得的第一笔收入。

（二）新疆喀什、霍尔果斯两个特殊经济开发区企业所得税优惠

《财政部 国家税务总局关于新疆喀什、霍尔果斯两个特殊经济开发区企业所得税优惠政策的通知》（财税〔2011〕112号）规定：

2010年1月1日至2020年12月31日，对在新疆喀什、霍尔果斯两个特殊经济开发区内新办的属于《目录》范围内的企业，自取得第一笔生产经营收入所属纳税年度起，五年内免征企业所得税。第一笔生产经营收入，是指产业项目已建成并投入运营后所取得的第一笔收入。属于《目录》范围内的企业是指以《目录》中规定的产业项目为主营业务，其主营业务收入占企业收入总额70%以上的企业。

《财政部 税务总局关于新疆困难地区及喀什、霍尔果斯两个特殊经济开发区新办企业所得税优惠政策的通知》（财税〔2021〕27号）规定：2021年1月1日至2030年12月31日，对在新疆困难地区新办的属于《新疆困难地区重点鼓励发展产业企业所得税优惠目录》范围内的企业，自取得第一笔生产经营收入所属纳税年度起，第一年至第二年免征企业所得税，第三年至第五年减半征收企业所得税；对在新疆喀什、霍尔果斯两个特殊经济开发区内新办的属于上述目录范围内的企业，自取得第一笔生产经营收入所属纳税年度起，五年内免征企业所得税。

（三）西部大开发税收优惠

《财政部 国家税务总局 海关总署关于深入实施西部大开发战略有关税收政策问题的通知》（财税〔2011〕58号）规定：

对西部地区内资鼓励类产业、外商投资鼓励类产业及优势产业的项目在投资总额内进

口的自用设备,在政策规定范围内免征关税。

自2011年1月1日至2020年12月31日,对设在西部地区的鼓励类产业企业减按15%的税率征收企业所得税。

上述鼓励类产业企业是指以《西部地区鼓励类产业目录》中规定的产业项目为主营业务,并且其主营业务收入占企业收入总额70%以上的企业。《西部地区鼓励类产业目录》另行发布。

对西部地区2010年12月31日前新办的、根据《财政部 国家税务总局 海关总署关于西部大开发税收优惠政策问题的通知》(财税〔2001〕202号)第二条第三款规定可以享受企业所得税"两免三减半"优惠的交通、电力、水利、邮政、广播电视企业,其享受的企业所得税"两免三减半"优惠可以继续享受到期满为止。

上述所称西部地区包括重庆市、四川省、贵州省、云南省、西藏自治区、陕西省、甘肃省、宁夏回族自治区、青海省、新疆维吾尔自治区、新疆生产建设兵团、内蒙古自治区和广西壮族自治区。湖南省湘西土家族苗族自治州、湖北省恩施土家族苗族自治州、吉林省延边朝鲜族自治州,可以比照西部地区的税收政策执行。

《国家税务总局关于深入实施西部大开发战略有关企业所得税问题的公告》(国家税务总局公告2012年第12号)规定:

自2011年1月1日至2020年12月31日,对设在西部地区以《西部地区鼓励类产业目录》中规定的产业项目为主营业务,并且其当年度主营业务收入占企业收入总额70%以上的企业,经企业申请,主管税务机关审核确认后,可减按15%税率缴纳企业所得税。上述所称收入总额,是指《企业所得税法》第六条规定的收入总额。

企业应当在年度汇算清缴前向主管税务机关提出书面申请并附送相关资料。第一年须报主管税务机关审核确认,第二年及以后年度实行备案管理。各省、自治区、直辖市和计划单列市税务机关可结合本地实际制定具体审核、备案管理办法,并报国家税务总局(所得税司)备案。

凡对企业主营业务是否属于《西部地区鼓励类产业目录》难以界定的,税务机关应要求企业提供省级(含副省级)政府有关行政主管部门或其授权的下一级行政主管部门出具的证明文件。

企业主营业务属于《西部地区鼓励类产业目录》范围的,经主管税务机关确认,可按照15%税率预缴企业所得税。年度汇算清缴时,其当年度主营业务收入占企业总收入的比例达不到规定标准的,应按税法规定的税率计算申报并进行汇算清缴。

在《西部地区鼓励类产业目录》公布前,企业符合《产业结构调整指导目录(2005年版)》《产业结构调整指导目录(2011年版)》《外商投资产业指导目录(2007年修订)》《中西部地区优势产业目录(2008年修订)》范围的,经税务机关确认后,其企业所得税可

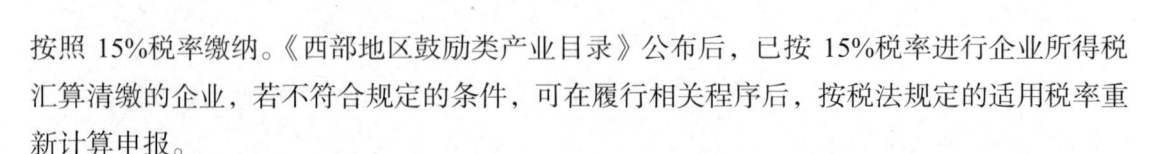

按照 15%税率缴纳。《西部地区鼓励类产业目录》公布后，已按 15%税率进行企业所得税汇算清缴的企业，若不符合规定的条件，可在履行相关程序后，按税法规定的适用税率重新计算申报。

2010 年 12 月 31 日前新办的交通、电力、水利、邮政、广播电视企业，凡已经按照《国家税务总局关于落实西部大开发有关税收政策具体实施意见的通知》（国税发〔2002〕47 号）第二条第二款规定，取得税务机关审核批准的，其享受的企业所得税"两免三减半"优惠可以继续享受到期满为止；凡符合享受原西部大开发税收优惠规定条件，但由于尚未取得收入或尚未进入获利年度等，2010 年 12 月 31 日前尚未按照国税发〔2002〕47 号第二条规定完成税务机关审核确认手续的，可按照上述规定，履行相关手续后享受原税收优惠。

根据《财政部 国家税务总局关于执行企业所得税优惠政策若干问题的通知》（财税〔2009〕69 号）第一条及第二条的规定，企业既符合西部大开发 15%优惠税率条件，又符合《企业所得税法》及其实施条例和国务院规定的各项税收优惠条件的，可以同时享受。在涉及定期减免税的减半期内，可以按照企业适用税率计算的应纳税额减半征税。

《财政部 海关总署 国家税务总局关于赣州市执行西部大开发税收政策问题的通知》（财税〔2013〕4 号）规定：

对赣州市内资鼓励类产业、外商投资鼓励类产业及优势产业的项目在投资总额内进口的自用设备，在政策规定范围内免征关税。

自 2012 年 1 月 1 日至 2020 年 12 月 31 日，对设在赣州市的鼓励类产业的内资企业和外商投资企业减按 15%的税率征收企业所得税。

鼓励类产业的内资企业是指以《产业结构调整指导目录》中规定的鼓励类产业项目为主营业务，并且其主营业务收入占企业收入总额 70%以上的企业。

鼓励类产业的外商投资企业是指以《外商投资产业指导目录》中规定的鼓励类项目和《中西部地区外商投资优势产业目录》中规定的江西省产业项目为主营业务，并且其主营业务收入占企业收入总额 70%以上的企业。

《财政部 税务总局 国家发展改革委关于延续西部大开发企业所得税政策的公告》（财政部公告 2020 年第 23 号）规定：

自 2021 年 1 月 1 日至 2030 年 12 月 31 日，对设在西部地区的鼓励类产业企业减按 15%的税率征收企业所得税。鼓励类产业企业是指以《西部地区鼓励类产业目录》中规定的产业项目为主营业务，且其主营业务收入占企业收入总额 60%以上的企业。

《西部地区鼓励类产业目录》由发展改革委牵头制定。该目录在 2030 年 12 月 31 日前修订的，自修订版实施之日起按新版本执行。

税务机关在后续管理中，不能准确判定企业主营业务是否属于国家鼓励类产业项目

时，可提请发展改革等相关部门出具意见。对不符合税收优惠政策规定条件的，由税务机关按税收征收管理法及有关规定进行相应处理。具体办法由省级发展改革、税务部门另行制定。

西部地区包括内蒙古自治区、广西壮族自治区、重庆市、四川省、贵州省、云南省、西藏自治区、陕西省、甘肃省、青海省、宁夏回族自治区、新疆维吾尔自治区和新疆生产建设兵团。湖南省湘西土家族苗族自治州、湖北省恩施土家族苗族自治州、吉林省延边朝鲜族自治州和江西省赣州市，可以比照西部地区的企业所得税政策执行。

案例006：利用创业投资抵免优惠

一、客户基本情况（客户基本方案）

甲公司为创业投资企业，适用25%的企业所得税税率，计划在2022年2月底前对外股权投资10亿元，相关部门提出两套方案，方案一是一家成熟的大型高新技术企业，方案二是一家初创期中型科技型企业，两个方案的投资收益率大体相当。假设甲公司每年利润总额为10亿元。

二、客户方案纳税金额计算

如投资第一套方案，甲公司每年需要缴纳企业所得税：10×25%=2.5（亿元）。

简明法律依据

（1）《企业所得税法》；

（2）《企业所得税法实施条例》。

三、纳税筹划方案纳税金额计算

建议甲公司选择第二套方案，该套方案可以为甲公司创造可抵扣应纳税所得额=10×70%=7（亿元），未来可以减少应纳税额1.75亿元。同时建议甲公司在2021年12月完成相关投资，这样可以在2023年度享受该项优惠，如果在2022年1月投资，则需推迟至2024年度才能开始享受该项优惠。如甲公司在2021年12月完成相关投资，则甲公司2022年度需要缴纳企业所得税：10×25%=2.5（亿元）。2023年度需要缴纳企业所得税：（10-10×70%）×25%=0.75（亿元）。

通过纳税筹划，节税：2.5-0.75=1.75（亿元）。

甲公司投资满2年后即可撤出，再选择其他初创期中型科技型企业进行投资，这样，该10亿元的投资每2年可以为企业创造7亿元的抵扣额，相当于每年3.5亿元的抵扣额，即每年节税 8 750 万元。

> 📖 简明法律依据

（1）《企业所得税法》；

（2）《企业所得税法实施条例》；

（3）《财政部 国家税务总局关于将国家自主创新示范区有关税收试点政策推广到全国范围实施的通知》（财税〔2015〕116 号）；

（4）《国家税务总局关于有限合伙制创业投资企业法人合伙人企业所得税有关问题的公告》（国家税务总局公告 2015 年第 81 号）；

（5）《财政部 国家税务总局关于创业投资企业和天使投资个人有关税收政策的通知》（财税〔2018〕55 号）；

（6）《财政部 税务总局关于实施小微企业普惠性税收减免政策的通知》（财税〔2019〕13 号）；

（7）《创业投资企业管理暂行办法》（国家发展和改革委员会令第 39 号）。

四、本案例涉及的主要税收制度

（一）创业投资抵免税收优惠基本制度

《企业所得税法》第三十一条规定：创业投资企业从事国家需要重点扶持和鼓励的创业投资，可以按投资额的一定比例抵扣应纳税所得额。

《企业所得税法实施条例》第九十七条规定：企业所得税法第三十一条所称抵扣应纳税所得额，是指创业投资企业采取股权投资方式投资于未上市的中小高新技术企业 2 年以上的，可以按照其投资额的 70%在股权持有满 2 年的当年抵扣该创业投资企业的应纳税所得额；当年不足抵扣的，可以在以后纳税年度结转抵扣。

（二）有限合伙制创业投资企业抵免税收优惠

《财政部 国家税务总局关于将国家自主创新示范区有关税收试点政策推广到全国范围实施的通知》（财税〔2015〕116 号）规定：

自 2015 年 10 月 1 日起，全国范围内的有限合伙制创业投资企业采取股权投资方式投资于未上市的中小高新技术企业满 2 年（24 个月）的，该有限合伙制创业投资企业的法人合伙人可按照其对未上市中小高新技术企业投资额的 70%抵扣该法人合伙人从该有限合伙制创业投资企业分得的应纳税所得额，当年不足抵扣的，可以在以后纳税年度结转抵扣。

有限合伙制创业投资企业的法人合伙人对未上市中小高新技术企业的投资额，按照有限合伙制创业投资企业对中小高新技术企业的投资额和合伙协议约定的法人合伙人占有限合伙制创业投资企业的出资比例计算确定。

《国家税务总局关于有限合伙制创业投资企业法人合伙人企业所得税有关问题的公告》（国家税务总局公告2015年第81号）规定：

有限合伙制创业投资企业是指依照《中华人民共和国合伙企业法》、《创业投资企业管理暂行办法》（国家发展和改革委员会令第39号）和《外商投资创业投资企业管理规定》（外经贸部、科技部、工商总局、税务总局、外汇局令2003年第2号）设立的专门从事创业投资活动的有限合伙企业。

有限合伙制创业投资企业的法人合伙人，是指依照《企业所得税法》及其实施条例以及相关规定，实行查账征收企业所得税的居民企业。

有限合伙制创业投资企业采取股权投资方式投资于未上市的中小高新技术企业满2年（24个月，下同）的，其法人合伙人可按照对未上市中小高新技术企业投资额的70%抵扣该法人合伙人从该有限合伙制创业投资企业分得的应纳税所得额，当年不足抵扣的，可以在以后纳税年度结转抵扣。所称满2年是指自2015年10月1日起，有限合伙制创业投资企业投资于未上市中小高新技术企业的实缴投资满2年，同时，法人合伙人对该有限合伙制创业投资企业的实缴出资也应满2年。

如果法人合伙人投资于多个符合条件的有限合伙制创业投资企业，可合并计算其可抵扣的投资额和应分得的应纳税所得额。当年不足抵扣的，可结转以后纳税年度继续抵扣；当年抵扣后有结余的，应按照《企业所得税法》的规定计算缴纳企业所得税。

有限合伙制创业投资企业的法人合伙人对未上市中小高新技术企业的投资额，按照有限合伙制创业投资企业对中小高新技术企业的投资额和合伙协议约定的法人合伙人占有限合伙制创业投资企业的出资比例计算确定。其中，有限合伙制创业投资企业对中小高新技术企业的投资额按实缴投资额计算；法人合伙人占有限合伙制创业投资企业的出资比例按法人合伙人对有限合伙制创业投资企业的实缴出资额占该有限合伙制创业投资企业的全部实缴出资额的比例计算。

有限合伙制创业投资企业应纳税所得额的确定及分配，按照《财政部 国家税务总局关于合伙企业合伙人所得税问题的通知》（财税〔2008〕159号）相关规定执行。

有限合伙制创业投资企业法人合伙人符合享受优惠条件的，应在符合条件的年度终了后3个月内向其主管税务机关报送《有限合伙制创业投资企业法人合伙人应纳税所得额分配情况明细表》。

法人合伙人向其所在地主管税务机关备案享受投资抵扣应纳税所得额时，应提交《法人合伙人应纳税所得额抵扣情况明细表》以及有限合伙制创业投资企业所在地主管税务机关受理后的《有限合伙制创业投资企业法人合伙人应纳税所得额分配情况明细表》，同时将《国家税务总局关于实施创业投资企业所得税优惠问题的通知》（国税发〔2009〕87号）规定报送的备案资料留存备查。

（三）初创科技型企业投资抵免税收优惠

《财政部 国家税务总局关于创业投资企业和天使投资个人有关税收政策的通知》（财税〔2018〕55号）规定：

公司制创业投资企业采取股权投资方式直接投资于种子期、初创期科技型企业（以下简称初创科技型企业）满2年（24个月，下同）的，可以按照投资额的70%在股权持有满2年的当年抵扣该公司制创业投资企业的应纳税所得额；当年不足抵扣的，可以在以后纳税年度结转抵扣。

有限合伙制创业投资企业（以下简称合伙创投企业）采取股权投资方式直接投资于初创科技型企业满2年的，该合伙创投企业的合伙人分别按以下方式处理：

法人合伙人可以按照对初创科技型企业投资额的70%抵扣法人合伙人从合伙创投企业分得的所得；当年不足抵扣的，可以在以后纳税年度结转抵扣。

初创科技型企业，应同时符合以下条件：在中国境内（不包括港、澳、台地区）注册成立、实行查账征收的居民企业；接受投资时，从业人数不超过200人，其中具有大学本科以上学历的从业人数不低于30%；资产总额和年销售收入均不超过3 000万元；接受投资时设立时间不超过5年（60个月）；接受投资时以及接受投资后2年内未在境内外证券交易所上市；接受投资当年及下一纳税年度，研发费用总额占成本费用支出的比例不低于20%。

享受上述税收政策的创业投资企业，应同时符合以下条件：在中国境内（不含港、澳、台地区）注册成立、实行查账征收的居民企业或合伙创投企业，并且不属于被投资初创科技型企业的发起人；符合《创业投资企业管理暂行办法》（国家发展和改革委员会令第39号）规定或者《私募投资基金监督管理暂行办法》（证监会令第105号）关于创业投资基金的特别规定，按照上述规定完成备案且规范运作；投资后2年内，创业投资企业及其关联方持有被投资初创科技型企业的股权比例合计应低于50%。

《财政部 税务总局关于实施小微企业普惠性税收减免政策的通知》（财税〔2019〕13号）将上述关于初创科技型企业条件中的"从业人数不超过200人"调整为"从业人数不超过300人"，"资产总额和年销售收入均不超过3 000万元"调整为"资产总额和年销售收入均不超过5 000万元"。

（四）创业投资企业相关制度

《创业投资企业管理暂行办法》（国家发展和改革委员会令第39号）规定：

创业投资企业，系指在中华人民共和国境内注册设立的主要从事创业投资的企业组织。创业投资，系指向创业企业进行股权投资，以期所投资创业企业发育成熟或相对成熟后主要通过股权转让获得资本增值收益的投资方式。创业企业，系指在中华人民共和国境

内注册设立的处于创建或重建过程中的成长性企业,但不含已经在公开市场上市的企业。

国家对创业投资企业实行备案管理。凡遵照规定完成备案程序的创业投资企业,应当接受创业投资企业管理部门的监管,投资运作符合有关规定的可享受政策扶持。未遵照规定完成备案程序的创业投资企业,不受创业投资企业管理部门的监管,不享受政策扶持。

创业投资企业的备案管理部门分国务院管理部门和省级(含副省级城市)管理部门两级。国务院管理部门为国家发展和改革委员会;省级(含副省级城市)管理部门由同级人民政府确定,报国务院管理部门备案后履行相应的备案管理职责,并在创业投资企业备案管理业务上接受国务院管理部门的指导。

外商投资创业投资企业适用《外商投资创业投资企业管理规定》。依法设立的外商投资创业投资企业,投资运作符合相关条件,可以享受给予创业投资企业的相关政策扶持。

创业投资企业可以以有限责任公司、股份有限公司或法律规定的其他企业组织形式设立。以公司形式设立的创业投资企业,可以委托其他创业投资企业、创业投资管理顾问企业作为管理顾问机构,负责其投资管理业务。委托人和代理人的法律关系适用《中华人民共和国民法通则》《中华人民共和国合同法》等有关法律法规。

申请设立创业投资企业和创业投资管理顾问企业,依法直接到工商行政管理部门注册登记。

在国家工商行政管理部门注册登记的创业投资企业,向国务院管理部门申请备案。在省级及省级以下工商行政管理部门注册登记的创业投资企业,向所在地省级(含副省级城市)管理部门申请备案。

创业投资企业向管理部门备案应当具备下列条件:

(1)已在工商行政管理部门办理注册登记。

(2)经营范围符合规定。

(3)实收资本不低于3 000万元人民币,或者首期实收资本不低于1 000万元人民币且全体投资者承诺在注册后的5年内补足不低于3 000万元人民币实收资本。

(4)投资者不得超过200人。其中,以有限责任公司形式设立创业投资企业的,投资者人数不得超过50人。单个投资者对创业投资企业的投资不得低于100万元人民币。所有投资者应当以货币形式出资。

(5)有至少3名具备2年以上创业投资或相关业务经验的高级管理人员承担投资管理责任。委托其他创业投资企业、创业投资管理顾问企业作为管理顾问机构负责其投资管理业务的,管理顾问机构必须有至少3名具备2年以上创业投资或相关业务经验的高级管理人员对其承担投资管理责任。"高级管理人员",系指担任副经理及以上职务或相当职务的管理人员。

创业投资企业向管理部门备案时,应当提交下列文件:

（1）公司章程等规范创业投资企业组织程序和行为的法律文件。

（2）工商登记文件与营业执照的复印件。

（3）投资者名单、承诺出资额和已缴出资额的证明。

（4）高级管理人员名单、简历。

由管理顾问机构受托其投资管理业务的，还应提交下列文件：

（1）管理顾问机构的公司章程等规范其组织程序和行为的法律文件。

（2）管理顾问机构的工商登记文件与营业执照的复印件。

（3）管理顾问机构的高级管理人员名单、简历。

（4）委托管理协议。

管理部门在收到创业投资企业的备案申请后，应当在5个工作日内，审查备案申请文件是否齐全，并决定是否受理其备案申请。在受理创业投资企业的备案申请后，应当在20个工作日内，审查申请人是否符合备案条件，并向其发出"已予备案"或"不予备案"的书面通知。对"不予备案"的，应当在书面通知中说明理由。

创业投资企业的经营范围限于：

（1）创业投资业务。

（2）代理其他创业投资企业等机构或个人的创业投资业务。

（3）创业投资咨询业务。

（4）为创业企业提供创业管理服务业务。

（5）参与设立创业投资企业与创业投资管理顾问机构。

创业投资企业不得从事担保业务和房地产业务，但是购买自用房地产除外。

创业投资企业可以以全额资产对外投资。其中，对企业的投资，仅限于未上市企业。但是所投资的未上市企业上市后，创业投资企业所持股份的未转让部分及其配售部分不在此限。其他资金只能存放银行、购买国债或其他固定收益类的证券。

经与被投资企业签订投资协议，创业投资企业可以以股权和优先股、可转换优先股等准股权方式对未上市企业进行投资。创业投资企业对单个企业的投资不得超过创业投资企业总资产的20%。

创业投资企业应当在章程、委托管理协议等法律文件中，明确管理运营费用或管理顾问机构的管理顾问费用的计提方式，建立管理成本约束机制。创业投资企业可以从已实现投资收益中提取一定比例作为对管理人员或管理顾问机构的业绩报酬，建立业绩激励机制。创业投资企业可以事先确定有限的存续期限，但是最短不得短于7年。创业投资企业可以在法律规定的范围内通过债权融资方式增强投资能力。创业投资企业应当按照国家有关企业财务会计制度的规定，建立健全内部财务管理制度和会计核算办法。

国家与地方政府可以设立创业投资引导基金，通过参股和提供融资担保等方式扶持创业投资企业的设立与发展。国家运用税收优惠政策扶持创业投资企业发展并引导其增加对中小企业特别是中小高新技术企业的投资。创业投资企业可以通过股权上市转让、股权协议转让、被投资企业回购等途径，实现投资退出。国家有关部门应当积极推进多层次资本市场体系建设，完善创业投资企业的投资退出机制。

管理部门已予备案的创业投资企业及其管理顾问机构，应当遵循相关规定进行投资运作，并接受管理部门的监管。

管理部门已予备案的创业投资企业及其管理顾问机构，应当在每个会计年度结束后的 4 个月内向管理部门提交经注册会计师审计的年度财务报告与业务报告，并及时报告投资运作过程中的重大事件。

重大事件，系指：

（1）修改公司章程等重要法律文件。

（2）增减资本。

（3）分立与合并。

（4）高级管理人员或管理顾问机构变更。

（5）清算与结业。

管理部门应当在每个会计年度结束后的 5 个月内，对创业投资企业及其管理顾问机构是否遵守第二、第三章各条款规定，进行年度检查。在必要时，可在第二、第三章相关条款规定的范围内，对其投资运作进行不定期检查。对未遵守相关规定进行投资运作的，管理部门应当责令其在 30 个工作日内改正；未改正的，应当取消备案，并在自取消备案之日起的 3 年内不予受理其重新备案申请。

省级（含副省级城市）管理部门应当及时向国务院管理部门报告所辖地区创业投资企业的备案情况，并于每个会计年度结束后的 6 个月内报告已纳入备案管理范围的创业投资企业的投资运作情况。

国务院管理部门应当加强对省级（含副省级城市）管理部门的指导。对未履行管理职责或管理不善的，应当建议其改正；造成不良后果的，应当建议其追究相关管理人员的失职责任。

案例 007：利用残疾员工加计扣除优惠

一、客户基本情况（客户基本方案）

甲公司现有员工 5 000 人，2022 年度计划新招用员工 200 人，预计支付工资总额 1 000 万元。目前，甲公司尚未招用残疾员工，全体员工年平均工资为 6 万元。

二、客户方案纳税金额计算

甲公司 2022 年支付的工资可以抵减企业所得税：1 000×25%=250（万元）。甲公司应按其职工总数的 1.5%招用残疾员工，否则应按员工平均工资缴纳残疾人就业保障金：5 200×1.5%×6=468（万元）。

> 简明法律依据

（1）《企业所得税法》；

（2）《企业所得税法实施条例》；

（3）《财政部 国家税务总局 中国残疾人联合会关于印发〈残疾人就业保障金征收使用管理办法〉的通知》（财税〔2015〕72 号）；

（4）《财政部关于调整残疾人就业保障金征收政策的公告》（财政部公告 2019 年第 98 号）。

三、纳税筹划方案纳税金额计算

建议甲公司在新招用的员工中，招录 78 名残疾员工，假设该 78 名残疾员工支付工资总额 390 万元。根据税法规定，支付给残疾员工的工资可以享受加计扣除 100%的税收优惠。2022 年度，甲公司支付的工资可以抵减企业所得税：(1 000+390×100%)×25%=347.5（万元）。同时，甲公司还可以免交 468 万元的残疾人就业保障金。

通过纳税筹划，甲公司每年节约税费：347.5–250+468=565.5（万元）。

与雇佣残疾员工工资加计扣除政策类似的研发费用加计扣除政策也值得符合条件的企业采纳。

> 简明法律依据

（1）《企业所得税法》；

（2）《企业所得税法实施条例》；

（3）《财政部 国家税务总局关于安置残疾人员就业有关企业所得税优惠政策问题的通知》（财税〔2009〕70 号）；

（4）《残疾人就业保障金征收使用管理办法》（财税〔2015〕72 号）；

（5）《财政部 国家税务总局 科技部关于完善研究开发费用税前加计扣除政策的通知》（财税〔2015〕119 号）；

（6）《国家税务总局关于研发费用税前加计扣除归集范围有关问题的公告》（国家税务总局公告 2017 年第 40 号）；

（7）《财政部 税务总局 科技部关于提高研究开发费用税前加计扣除比例的通知》（财税〔2018〕99 号）；

（8）《财政部 税务总局 科技部关于进一步提高科技型中小企业研发费用税前加计扣除比例的公告》（财政部 税务总局 科技部公告2022年第16号）。

四、本案例涉及的主要税收制度

（一）残疾人工资加计扣除基本制度

《企业所得税法》第三十条规定：企业的下列支出，可以在计算应纳税所得额时加计扣除……（二）安置残疾人员及国家鼓励安置的其他就业人员所支付的工资。

《企业所得税法实施条例》第九十六条规定：企业所得税法第三十条第（二）项所称企业安置残疾人员所支付的工资的加计扣除，是指企业安置残疾人员的，在按照支付给残疾职工工资据实扣除的基础上，按照支付给残疾职工工资的100%加计扣除。残疾人员的范围适用《中华人民共和国残疾人保障法》的有关规定。

《财政部 国家税务总局关于安置残疾人员就业有关企业所得税优惠政策问题的通知》（财税〔2009〕70号）规定：

企业安置残疾人员的，在按照支付给残疾职工工资据实扣除的基础上，可以在计算应纳税所得额时按照支付给残疾职工工资的100%加计扣除。

企业就支付给残疾职工的工资，在进行企业所得税预缴申报时，允许据实计算扣除；在年度终了进行企业所得税年度申报和汇算清缴时，再依照规定计算加计扣除。

残疾人员的范围适用《中华人民共和国残疾人保障法》的有关规定。企业享受安置残疾职工工资100%加计扣除应同时具备如下条件：

（1）依法与安置的每位残疾人签订了1年以上（含1年）的劳动合同或服务协议，并且安置的每位残疾人在企业实际上岗工作。

（2）为安置的每位残疾人按月足额缴纳了企业所在区县人民政府根据国家政策规定的基本养老保险、基本医疗保险、失业保险和工伤保险等社会保险。

（3）定期通过银行等金融机构向安置的每位残疾人实际支付了不低于企业所在区县适用的经省级人民政府批准的最低工资标准的工资。

（4）具备安置残疾人上岗工作的基本设施。

企业应在年度终了进行企业所得税年度申报和汇算清缴时，向主管税务机关报送规定的相关资料、已安置残疾职工名单及其《中华人民共和国残疾人证》或《中华人民共和国残疾军人证（1级至8级）》复印件和主管税务机关要求提供的其他资料，办理享受企业所得税加计扣除优惠的备案手续。

在企业汇算清缴结束后，主管税务机关在对企业进行日常管理、纳税评估和纳税检查时，应对安置残疾人员企业所得税加计扣除优惠的情况进行核实。

（二）残疾人就业保障金制度

《残疾人就业保障金征收使用管理办法》（财税〔2015〕72号）第四条规定：本办法所称残疾人，是指持有《中华人民共和国残疾人证》上注明属于视力残疾、听力残疾、言语残疾、肢体残疾、智力残疾、精神残疾和多重残疾的人员，或者持有《中华人民共和国残疾军人证》（1级至8级）的人员。

《残疾人就业保障金征收使用管理办法》（财税〔2015〕72号）第六条规定：用人单位安排残疾人就业的比例不得低于本单位在职职工总数的1.5%。具体比例由各省、自治区、直辖市人民政府根据本地区的实际情况规定。用人单位安排残疾人就业达不到其所在地省、自治区、直辖市人民政府规定比例的，应当缴纳保障金。

《残疾人就业保障金征收使用管理办法》（财税〔2015〕72号）第七条规定：用人单位将残疾人录用为在编人员或依法与就业年龄段内的残疾人签订1年以上（含1年）劳动合同（服务协议），并且实际支付的工资不低于当地最低工资标准，并足额缴纳社会保险费的，方可计入用人单位所安排的残疾人就业人数。用人单位安排1名持有《中华人民共和国残疾人证》（1级至2级）或《中华人民共和国残疾军人证》（1级至3级）的人员就业的，按照安排2名残疾人就业计算。用人单位跨地区招用残疾人的，应当计入所安排的残疾人就业人数。

《残疾人就业保障金征收使用管理办法》（财税〔2015〕72号）第八条规定：保障金按上年用人单位安排残疾人就业未达到规定比例的差额人数和本单位在职职工年平均工资之积计算缴纳。计算公式如下：

保障金年缴纳额=（上年用人单位在职职工人数×所在地省、自治区、直辖市人民政府规定的安排残疾人就业比例-上年用人单位实际安排的残疾人就业人数）×上年用人单位在职职工年平均工资

用人单位在职职工，是指用人单位在编人员或依法与用人单位签订1年以上（含1年）劳动合同（服务协议）的人员。季节性用工应当折算为年平均用工人数。以劳务派遣用工的，计入派遣单位在职职工人数。用人单位安排残疾人就业未达到规定比例的差额人数，以公式计算结果为准，可以不是整数。上年用人单位在职职工年平均工资，按用人单位上年在职职工工资总额除以用人单位在职职工人数计算。

《财政部关于调整残疾人就业保障金征收政策的公告》（财政部公告2019年第98号）规定：

自2020年1月1日起，残疾人就业保障金征收标准上限，按照当地社会平均工资2倍执行。当地社会平均工资按照所在地城镇非私营单位就业人员平均工资和城镇私营单位就业人员平均工资加权计算。

用人单位依法以劳务派遣方式接受残疾人在本单位就业的,由派遣单位和接受单位通过签订协议的方式协商一致后,将残疾人数计入其中一方的实际安排残疾人就业人数和在职职工人数,不得重复计算。

自 2020 年 1 月 1 日起至 2022 年 12 月 31 日,对残疾人就业保障金实行分档减缴政策。其中:用人单位安排残疾人就业比例达到 1%(含)以上,但未达到所在地省、自治区、直辖市人民政府规定比例的,按规定应缴费额的 50% 缴纳残疾人就业保障金;用人单位安排残疾人就业比例在 1% 以下的,按规定应缴费额的 90% 缴纳残疾人就业保障金。

自 2020 年 1 月 1 日起至 2022 年 12 月 31 日,在职职工人数在 30 人(含)以下的企业,暂免征收残疾人就业保障金。

(三)研发费用加计扣除制度

《企业所得税法》第三十条规定,企业的下列支出,可以在计算应纳税所得额时加计扣除:(一)开发新技术、新产品、新工艺发生的研究开发费用……

《企业所得税法实施条例》第九十五条规定:企业所得税法第三十条第(一)项所称研究开发费用的加计扣除,是指企业为开发新技术、新产品、新工艺发生的研究开发费用,未形成无形资产计入当期损益的,在按照规定据实扣除的基础上,按照研究开发费用的 50% 加计扣除;形成无形资产的,按照无形资产成本的 150% 摊销。

《财政部 国家税务总局 科技部关于完善研究开发费用税前加计扣除政策的通知》(财税〔2015〕119 号)规定:

研发活动,是指企业为获得科学与技术新知识,创造性运用科学技术新知识,或实质性改进技术、产品(服务)、工艺而持续进行的具有明确目标的系统性活动。企业开展研发活动中实际发生的研发费用,未形成无形资产计入当期损益的,在按规定据实扣除的基础上,按照本年度实际发生额的 50%,从本年度应纳税所得额中扣除;形成无形资产的,按照无形资产成本的 150% 在税前摊销。研发费用的具体范围包括:

(1)人员人工费用。

(2)直接投入费用。

(3)折旧费用。

(4)无形资产摊销。

(5)新产品设计费、新工艺规程制定费、新药研制的临床试验费、勘探开发技术的现场试验费。

(6)其他相关费用。

(7)财政部和国家税务总局规定的其他费用。

下列活动不适用税前加计扣除政策:

（1）企业产品（服务）的常规性升级。

（2）对某项科研成果的直接应用，如直接采用公开的新工艺、材料、装置、产品、服务或知识等。

（3）企业在商品化后为顾客提供的技术支持活动。

（4）对现存产品、服务、技术、材料或工艺流程进行的重复或简单改变。

（5）市场调查研究、效率调查或管理研究。

（6）作为工业（服务）流程环节或常规的质量控制、测试分析、维修维护。

（7）社会科学、艺术或人文学方面的研究。

《国家税务总局关于研发费用税前加计扣除归集范围有关问题的公告》（国家税务总局公告2017年第40号）规定：

人员人工费用，指直接从事研发活动人员的工资薪金、基本养老保险费、基本医疗保险费、失业保险费、工伤保险费、生育保险费和住房公积金，以及外聘研发人员的劳务费用。

直接从事研发活动人员包括研究人员、技术人员、辅助人员。研究人员是指主要从事研究开发项目的专业人员；技术人员是指具有工程技术、自然科学和生命科学中一个或一个以上领域的技术知识和经验，在研究人员指导下参与研发工作的人员；辅助人员是指参与研究开发活动的技工。外聘研发人员是指与本企业或劳务派遣企业签订劳务用工协议（合同）和临时聘用的研究人员、技术人员、辅助人员。接受劳务派遣的企业按照协议（合同）约定支付给劳务派遣企业，并且由劳务派遣企业实际支付给外聘研发人员的工资薪金等费用，属于外聘研发人员的劳务费用。

工资薪金包括按规定可以在税前扣除的对研发人员股权激励的支出。直接从事研发活动的人员、外聘研发人员同时从事非研发活动的，企业应对其人员活动情况做必要记录，并将其实际发生的相关费用按实际工时占比等合理方法在研发费用和生产经营费用间分配，未分配的不得加计扣除。

直接投入费用，指研发活动直接消耗的材料、燃料和动力费用；用于中间试验和产品试制的模具、工艺装备开发及制造费，不构成固定资产的样品、样机及一般测试手段购置费，试制产品的检验费；用于研发活动的仪器、设备的运行维护、调整、检验、维修等费用，以及通过经营租赁方式租入的用于研发活动的仪器、设备租赁费。

以经营租赁方式租入的用于研发活动的仪器、设备，同时用于非研发活动的，企业应对其仪器设备使用情况做必要记录，并将其实际发生的租赁费按实际工时占比等合理方法在研发费用和生产经营费用间分配，未分配的不得加计扣除。

企业研发活动直接形成产品或作为组成部分形成的产品对外销售的，研发费用中对应的材料费用不得加计扣除。产品销售与对应的材料费用发生在不同纳税年度且材料费用已计入研发费用的，可在销售当年以对应的材料费用发生额直接冲减当年的研发费用，不足冲减的，结转以后年度继续冲减。

折旧费用，指用于研发活动的仪器、设备的折旧费。用于研发活动的仪器、设备，同时用于非研发活动的，企业应对其仪器设备使用情况做必要记录，并将其实际发生的折旧费按实际工时占比等合理方法在研发费用和生产经营费用间分配，未分配的不得加计扣除。企业用于研发活动的仪器、设备，符合税法规定且选择加速折旧优惠政策的，在享受研发费用税前加计扣除政策时，就税前扣除的折旧部分计算加计扣除。

无形资产摊销费用，指用于研发活动的软件、专利权、非专利技术（包括许可证、专有技术、设计和计算方法等）的摊销费用。用于研发活动的无形资产，同时用于非研发活动的，企业应对其无形资产使用情况做必要记录，并将其实际发生的摊销费按实际工时占比等合理方法在研发费用和生产经营费用间分配，未分配的不得加计扣除。用于研发活动的无形资产，符合税法规定且选择缩短摊销年限的，在享受研发费用税前加计扣除政策时，就税前扣除的摊销部分计算加计扣除。

新产品设计费、新工艺规程制定费、新药研制的临床试验费、勘探开发技术的现场试验费，指企业在新产品设计、新工艺规程制定、新药研制的临床试验、勘探开发技术的现场试验过程中发生的与开展该项活动有关的各类费用。

其他相关费用，指与研发活动直接相关的其他费用，如技术图书资料费、资料翻译费、专家咨询费、高新科技研发保险费，研发成果的检索、分析、评议、论证、鉴定、评审、评估、验收费用，知识产权的申请费、注册费、代理费，差旅费、会议费，职工福利费、补充养老保险费、补充医疗保险费。此类费用总额不得超过可加计扣除研发费用总额的10%。

企业取得的政府补助，会计处理时采用直接冲减研发费用方法且税务处理时未将其确认为应税收入的，应按冲减后的余额计算加计扣除金额。企业取得研发过程中形成的下脚料、残次品、中间试制品等特殊收入，在计算确认收入当年的加计扣除研发费用时，应从已归集研发费用中扣减该特殊收入，不足扣减的，加计扣除研发费用按零计算。企业开展研发活动中实际发生的研发费用形成无形资产的，其资本化的时点与会计处理保持一致。失败的研发活动所发生的研发费用可享受税前加计扣除政策。

《财政部 税务总局 科技部关于提高研究开发费用税前加计扣除比例的通知》（财税〔2018〕99号）规定：企业开展研发活动中实际发生的研发费用，未形成无形资产计入当期损益的，在按规定据实扣除的基础上，在2018年1月1日至2020年12月31日期间，再按照实际发生额的75%在税前加计扣除；形成无形资产的，在上述期间按照无形资产成本的175%在税前摊销。

《财政部 税务总局 科技部关于进一步提高科技型中小企业研发费用税前加计扣除比

例的公告》（财政部 税务总局 科技部公告 2022 年第 16 号）规定：科技型中小企业开展研发活动中实际发生的研发费用，未形成无形资产计入当期损益的，在按规定据实扣除的基础上，自 2022 年 1 月 1 日起，再按照实际发生额的 100%在税前加计扣除；形成无形资产的，自 2022 年 1 月 1 日起，按照无形资产成本的 200%在税前摊销。

科技型中小企业条件和管理办法按照《科技部 财政部 国家税务总局关于印发〈科技型中小企业评价办法〉的通知》（国科发政〔2017〕115 号）执行。

科技型中小企业享受研发费用税前加计扣除政策的其他政策口径和管理要求，按照《财政部 国家税务总局 科技部关于完善研究开发费用税前加计扣除政策的通知》（财税〔2015〕119 号）、《财政部 税务总局 科技部关于企业委托境外研究开发费用税前加计扣除有关政策问题的通知》（财税〔2018〕64 号）等文件相关规定执行。

案例 008：利用小型微利企业税收优惠

一、客户基本情况（客户基本方案）

甲公司预计 2022 年度应纳税所得额为 320 万元，目前甲公司的员工总数为 10 人，资产总额为 1 000 万元。

二、客户方案纳税金额计算

甲公司 2022 年度的应纳税所得额超过了小型微利企业的标准，应按标准税率缴纳企业所得税。甲公司 2022 年度应当缴纳企业所得税：320×25%=80（万元）。

简明法律依据

（1）《企业所得税法》；

（2）《企业所得税法实施条例》；

（3）《财政部 税务总局关于实施小微企业普惠性税收减免政策的通知》（财税〔2019〕13 号）；

（4）《国家税务总局关于实施小型微利企业普惠性所得税减免政策有关问题的公告》（国家税务总局公告 2019 年第 2 号）；

（5）《财政部 税务总局关于实施小微企业和个体工商户所得税优惠政策的公告》（财政部 税务总局公告 2021 年第 12 号）；

（6）《财政部 税务总局关于进一步实施小微企业所得税优惠政策的公告》（财政部 税务总局公告 2022 年第 13 号）。

三、纳税筹划方案纳税金额计算

建议甲公司在 2022 年度适当增加固定资产投资或者提高部分管理人员的工资、年终奖，使得 2022 年度的应纳税所得额控制在 300 万元以内。甲公司因此可以享受小型微利企业的税收优惠。甲公司 2022 年度应当缴纳企业所得税：100×12.5%×20%+（300–100）×25%×20%=12.5（万元）。

通过纳税筹划，甲公司 2022 年度节税：80–12.5=67.5（万元）。

📖 简明法律依据

（1）《企业所得税法》；

（2）《企业所得税法实施条例》；

（3）《财政部 税务总局关于实施小微企业普惠性税收减免政策的通知》（财税〔2019〕13 号）；

（4）《国家税务总局关于实施小型微利企业普惠性所得税减免政策有关问题的公告》（国家税务总局公告 2019 年第 2 号）。

（5）《财政部 税务总局关于实施小微企业和个体工商户所得税优惠政策的公告》（财政部 税务总局公告 2021 年第 12 号）；

（6）《财政部 税务总局关于进一步实施小微企业所得税优惠政策的公告》（财政部 税务总局公告 2022 年第 13 号）。

四、本案例涉及的主要税收制度

《企业所得税法》第二十八条规定：符合条件的小型微利企业，减按 20% 的税率征收企业所得税。

《国家税务总局关于实施小型微利企业普惠性所得税减免政策有关问题的公告》（国家税务总局公告 2019 年第 2 号）规定：

自 2019 年 1 月 1 日至 2021 年 12 月 31 日，对小型微利企业年应纳税所得额不超过 100 万元的部分，减按 25% 计入应纳税所得额，按 20% 的税率缴纳企业所得税；对年应纳税所得额超过 100 万元但不超过 300 万元的部分，减按 50% 计入应纳税所得额，按 20% 的税率缴纳企业所得税。小型微利企业无论按查账征收方式或核定征收方式缴纳企业所得税，均可享受上述优惠政策。

上述所称小型微利企业是指从事国家非限制和禁止行业，并且同时符合年度应纳税所得额不超过 300 万元、从业人数不超过 300 人、资产总额不超过 5 000 万元三个条件的企业。

小型微利企业所得税统一实行按季度预缴。预缴企业所得税时，小型微利企业的资产总额、从业人数、年度应纳税所得额指标,暂按当年度截至本期申报所属期末的情况进行判断。其中,资产总额、从业人数指标比照"全年季度平均值"的计算公式,计算截至本期申报所属期末的季度平均值;年度应纳税所得额指标暂按截至本期申报所属期末不超过300万元的标准判断。

原不符合小型微利企业条件的企业,在年度中间预缴企业所得税时,按规定判断符合小型微利企业条件的,应按照截至本期申报所属期末累计情况计算享受小型微利企业所得税减免政策。当年度此前期间因不符合小型微利企业条件而多预缴的企业所得税税款,可在以后季度应预缴的企业所得税税款中抵减。按月度预缴企业所得税的企业,在当年度4月、7月、10月预缴申报时,如果按照规定判断符合小型微利企业条件的,下一个预缴申报期起调整为按季度预缴申报,一经调整,当年度内不再变更。

小型微利企业在预缴和汇算清缴企业所得税时,通过填写纳税申报表相关内容,即可享受小型微利企业所得税减免政策。实行核定应纳所得税额征收的企业,根据小型微利企业所得税减免政策规定需要调减定额的,由主管税务机关按照程序调整,并及时将调整情况告知企业。企业预缴企业所得税时已享受小型微利企业所得税减免政策,汇算清缴企业所得税时不符合规定条件的,应当按照规定补缴企业所得税税款。

《财政部 税务总局关于实施小微企业和个体工商户所得税优惠政策的公告》(财政部 税务总局公告2021年第12号)规定:自2021年1月1日至2022年12月31日,对小型微利企业年应纳税所得额不超过100万元的部分,在《财政部 税务总局关于实施小微企业普惠性税收减免政策的通知》(财税〔2019〕13号)第二条规定的优惠政策基础上,再减半征收企业所得税。

《财政部 税务总局关于进一步实施小微企业所得税优惠政策的公告》(财政部 税务总局公告2022年第13号)规定:自2022年1月1日至2024年12月31日,对小型微利企业年应纳税所得额超过100万元但不超过300万元的部分,减按25%计入应纳税所得额,按20%的税率缴纳企业所得税。

案例009:利用固定资产加速折旧优惠

一、客户基本情况(客户基本方案)

甲公司属于制造业小型微利企业,2022年度购进两台机器,每台价值100万元。甲公司计划按税法规定的10年折旧年限进行折旧,即每年提取20万元折旧。预计2022年度实现利润总额300万元。

二、客户方案纳税金额计算

甲公司 2022 年度应缴纳企业所得税：100×12.5%×20%+（300–100）×25%×20%=12.5（万元）。

👉 **简明法律依据**

（1）《企业所得税法》；

（2）《企业所得税法实施条例》；

（3）《财政部 税务总局关于实施小微企业普惠性税收减免政策的通知》（财税〔2019〕13号）。

（4）《财政部 税务总局关于实施小微企业和个体工商户所得税优惠政策的公告》（财政部 税务总局公告2021年第12号）。

三、纳税筹划方案纳税金额计算

建议甲公司享受固定资产加速折旧的优惠，将 200 万元一次性计入当期成本费用，由此，甲公司 2022 年度可以增加税前扣除：200–20=180（万元）。甲公司应纳税所得额将降低为：300–180=120（万元）。甲公司 2022 年度应缴纳企业所得税：100×12.5%×20%+（120–100）×25%×20%=3.5（万元）。

通过纳税筹划，甲公司 2022 年度降低企业所得税负担：12.5–3.5=9（万元）。

👉 **简明法律依据**

（1）《企业所得税法》；

（2）《企业所得税法实施条例》；

（3）《财政部 税务总局关于实施小微企业普惠性税收减免政策的通知》（财税〔2019〕13号）；

（4）《国家税务总局关于企业固定资产加速折旧所得税处理有关问题的通知》（国税发〔2009〕81号）；

（5）《财政部 国家税务总局关于完善固定资产加速折旧企业所得税政策的通知》（财税〔2014〕75号）；

（6）《财政部 国家税务总局关于进一步完善固定资产加速折旧企业所得税政策的通知》（财税〔2015〕106号）；

（7）《财政部 税务总局关于扩大固定资产加速折旧优惠政策适用范围的公告》（财政部 税务总局公告2019年第66号）；

（8）《财政部 税务总局关于支持新型冠状病毒感染的肺炎疫情防控有关税收政策的公告》（财政部 税务总局公告2020年第8号）；

(9)《财政部 税务总局关于中小微企业设备器具所得税税前扣除有关政策的公告》(财政部 税务总局公告 2022 年第 12 号)。

四、本案例涉及的主要税收制度

《企业所得税法》第三十二条规定：企业的固定资产由于技术进步等原因，确需加速折旧的，可以缩短折旧年限或者采取加速折旧的方法。

《企业所得税法实施条例》第九十八条规定，企业所得税法第三十二条所称可以采取缩短折旧年限或者采取加速折旧的方法的固定资产，包括：（一）由于技术进步，产品更新换代较快的固定资产；（二）常年处于强震动、高腐蚀状态的固定资产。采取缩短折旧年限方法的，最低折旧年限不得低于本条例第六十条规定折旧年限的60%；采取加速折旧方法的，可以采取双倍余额递减法或者年数总和法。

《国家税务总局关于企业固定资产加速折旧所得税处理有关问题的通知》（国税发〔2009〕81号）规定：

企业拥有并用于生产经营的主要或关键的固定资产，由于以下原因确需加速折旧的，可以缩短折旧年限或者采取加速折旧的方法：由于技术进步，产品更新换代较快的；常年处于强震动、高腐蚀状态的。

企业拥有并使用的固定资产符合规定的，可按以下情况分别处理：

（1）企业过去没有使用过与该项固定资产功能相同或类似的固定资产，但有充分的证据证明该固定资产的预计使用年限短于《企业所得税法实施条例》规定的计算折旧最低年限的，企业可根据该固定资产的预计使用年限和相关规定，对该固定资产采取缩短折旧年限或者加速折旧的方法。

（2）企业在原有的固定资产未达到《企业所得税法实施条例》规定的最低折旧年限前，使用功能相同或类似的新固定资产替代旧固定资产的，企业可根据旧固定资产的实际使用年限和相关规定，对新替代的固定资产采取缩短折旧年限或者加速折旧的方法。

企业采取缩短折旧年限方法的，对其购置的新固定资产，最低折旧年限不得低于《企业所得税法实施条例》第六十条规定的折旧年限的60%；若为购置已使用过的固定资产，其最低折旧年限不得低于《企业所得税法实施条例》规定的最低折旧年限减去已使用年限后剩余年限的60%。最低折旧年限一经确定，一般不得变更。

企业拥有并使用符合规定条件的固定资产采取加速折旧方法的，可以采用双倍余额递减法或者年数总和法。加速折旧方法一经确定，一般不得变更。

（1）双倍余额递减法，是指在不考虑固定资产预计净残值的情况下，根据每期期初固定资产原值减去累计折旧后的金额和双倍的直线法折旧率计算固定资产折旧的一种方法。应用这种方法计算折旧额时，由于每年年初固定资产净值没有减去预计净残值，所以在计

算固定资产折旧额时,应在其折旧年限到期前的两年期间,将固定资产净值减去预计净残值后的余额平均摊销。计算公式如下:

$$年折旧率=2\div预计使用寿命(年)\times100\%$$

$$月折旧率=年折旧率\div12$$

$$月折旧额=月初固定资产账面净值\times月折旧率$$

(2)年数总和法,又称年限合计法,是指将固定资产的原值减去预计净残值后的余额,乘以一个以固定资产尚可使用寿命为分子、以预计使用寿命逐年数字之和为分母的逐年递减的分数计算每年的折旧额。计算公式如下:

$$年折旧率=尚可使用年限\div预计使用寿命的年数总和\times100\%$$

$$月折旧率=年折旧率\div12$$

$$月折旧额=(固定资产原值-预计净残值)\times月折旧率$$

对于采取缩短折旧年限的固定资产,足额计提折旧后继续使用而未进行处置(包括报废等情形)超过 12 个月的,今后对其更新替代、改造改建后形成的功能相同或者类似的固定资产,不得再采取缩短折旧年限的方法。

对于企业采取缩短折旧年限或者采取加速折旧方法的,主管税务机关应设立相应的税收管理台账,并加强监督,实施跟踪管理。对发现不符合《企业所得税法实施条例》第九十八条及相关规定的,主管税务机关要及时责令企业进行纳税调整。

《财政部 国家税务总局关于完善固定资产加速折旧企业所得税政策的通知》(财税〔2014〕75 号)规定:

对生物药品制造业,专用设备制造业,铁路、船舶、航空航天和其他运输设备制造业,计算机、通信和其他电子设备制造业,仪器仪表制造业,信息传输、软件和信息技术服务业 6 个行业的企业 2014 年 1 月 1 日后新购进的固定资产,可缩短折旧年限或采取加速折旧的方法。

对上述 6 个行业的小型微利企业 2014 年 1 月 1 日后新购进的研发和生产经营共用的仪器、设备,单位价值不超过 100 万元的,允许一次性计入当期成本费用在计算应纳税所得额时扣除,不再分年度计算折旧;单位价值超过 100 万元的,可缩短折旧年限或采取加速折旧的方法。

对所有行业企业 2014 年 1 月 1 日后新购进的专门用于研发的仪器、设备,单位价值不超过 100 万元的,允许一次性计入当期成本费用在计算应纳税所得额时扣除,不再分年度计算折旧;单位价值超过 100 万元的,可缩短折旧年限或采取加速折旧的方法。

对所有行业企业持有的单位价值不超过 5 000 元的固定资产,允许一次性计入当期成本费用在计算应纳税所得额时扣除,不再分年度计算折旧。

企业按规定缩短折旧年限的,最低折旧年限不得低于《企业所得税法实施条例》第六十条规定折旧年限的60%；采取加速折旧方法的，可采取双倍余额递减法或者年数总和法。

《财政部 国家税务总局关于进一步完善固定资产加速折旧企业所得税政策的通知》（财税〔2015〕106号）规定：

对轻工、纺织、机械、汽车4个领域重点行业的企业2015年1月1日后新购进的固定资产，可由企业选择缩短折旧年限或采取加速折旧的方法。

对上述行业的小型微利企业2015年1月1日后新购进的研发和生产经营共用的仪器、设备，单位价值不超过100万元的，允许一次性计入当期成本费用在计算应纳税所得额时扣除，不再分年度计算折旧；单位价值超过100万元的，可由企业选择缩短折旧年限或采取加速折旧的方法。

《财政部 税务总局关于扩大固定资产加速折旧优惠政策适用范围的公告》（财政部 税务总局公告2019年第66号）规定：

自2019年1月1日起，适用《财政部 国家税务总局关于完善固定资产加速折旧企业所得税政策的通知》（财税〔2014〕75号）和《财政部 国家税务总局关于进一步完善固定资产加速折旧企业所得税政策的通知》（财税〔2015〕106号）规定固定资产加速折旧优惠的行业范围，扩大至全部制造业领域。制造业按照国家统计局《国民经济行业分类和代码（GB/T 4754—2017）》确定。今后国家有关部门更新国民经济行业分类和代码，从其规定。

《财政部 税务总局关于支持新型冠状病毒感染的肺炎疫情防控有关税收政策的公告》（财政部 税务总局公告2020年第8号）规定：自2020年1月1日起，对疫情防控重点保障物资生产企业为扩大产能新购置的相关设备，允许一次性计入当期成本费用在企业所得税税前扣除。

《财政部 税务总局关于中小微企业设备器具所得税税前扣除有关政策的公告》（财政部 税务总局公告2022年第12号）规定：中小微企业在2022年1月1日至2022年12月31日期间新购置的设备、器具，单位价值在500万元以上的，按照单位价值的一定比例自愿选择在企业所得税税前扣除。其中，企业所得税法实施条例规定最低折旧年限为3年的设备器具，单位价值的100%可在当年一次性税前扣除；最低折旧年限为4年、5年、10年的，单位价值的50%可在当年一次性税前扣除，其余50%按规定在剩余年度计算折旧进行税前扣除。企业选择适用上述政策当年不足扣除形成的亏损，可在以后5个纳税年度结转弥补，享受其他延长亏损结转年限政策的企业可按现行规定执行。

中小微企业是指从事国家非限制和禁止行业，且符合以下条件的企业：

（1）信息传输业、建筑业、租赁和商务服务业：从业人员2000人以下，或营业收入10亿元以下或资产总额12亿元以下；

（2）房地产开发经营：营业收入20亿元以下或资产总额1亿元以下；

（3）其他行业：从业人员1000人以下或营业收入4亿元以下。

设备、器具，是指除房屋、建筑物以外的固定资产；所称从业人数，包括与企业建立劳动关系的职工人数和企业接受的劳务派遣用工人数。

从业人数和资产总额指标，应按企业全年的季度平均值确定。具体计算公式如下：

$$季度平均值=（季初值+季末值）÷2$$

$$全年季度平均值=全年各季度平均值之和÷4$$

年度中间开业或者终止经营活动的，以其实际经营期作为一个纳税年度确定上述相关指标。

中小微企业可按季（月）在预缴申报时享受上述政策。

中小微企业可根据自身生产经营核算需要自行选择享受上述政策，当年度未选择享受的，以后年度不得再变更享受。

案例 010：利用亏损结转弥补制度

一、客户基本情况（客户基本方案）

2022 年度，甲公司在办理完 2021 年度企业所得税汇算清缴时，发现 2017 年度有 200 万元亏损尚未弥补，预计甲公司 2022 年度的利润总额为 0，2023 年度的利润总额为 600 万元，假设无纳税调整事项。

二、客户方案纳税金额计算

甲公司 2022 年度的利润总额为 0，不需要缴纳企业所得税。税法规定，企业的亏损可以用以后年度的盈利弥补，但最长不能超过 5 年（高新技术企业和科技型中小企业最长不能超过 10 年）。甲公司 2017 年度的 200 万元亏损将过期作废。甲公司 2023 年度需要缴纳企业所得税：600×25%=150（万元）。

📞 简明法律依据

（1）《企业所得税法》；

（2）《企业所得税法实施条例》；

（3）《财政部 税务总局关于延长高新技术企业和科技型中小企业亏损结转年限的通知》（财税〔2018〕76 号）。

三、纳税筹划方案纳税金额计算

建议甲公司在 2022 年度采取措施提高利润总额，如提前确认部分收入，推迟固定资产的购置，减少原材料的采购，将部分高管、员工的工资、年终奖推迟到 2023 年度发放等，将甲公司 2022 年度的利润总额提高至 200 万元。该 200 万元可以弥补 2017 年度的亏损，弥补亏损之后的应纳税所得额为 0，不需要缴纳企业所得税。由于甲公司 2022 年度的利润总额增加了 200 万元，甲公司 2023 年度的利润总额因此将减少至 400 万元。甲公司 2023 年度需要缴纳企业所得税：400×25%=100（万元）。

如甲公司能申请成为高新技术企业或者科技型中小企业，其亏损结转的期限将延长至 10 年，也就不需要在 2022 年度采取措施提高利润总额，按原定方案开展生产经营活动即可。

通过纳税筹划，甲公司节税：150-100=50（万元）。

简明法律依据

（1）《企业所得税法》；

（2）《企业所得税法实施条例》；

（3）《国家税务总局关于贯彻落实企业所得税法若干税收问题的通知》（国税函〔2010〕79 号）；

（4）《国家税务总局关于查增应纳税所得额弥补以前年度亏损处理问题的公告》（国家税务总局公告 2010 年第 20 号）；

（5）《财政部 税务总局关于延长高新技术企业和科技型中小企业亏损结转年限的通知》（财税〔2018〕76 号）；

（6）《国家税务总局关于延长高新技术企业和科技型中小企业亏损结转弥补年限有关企业所得税处理问题的公告》（国家税务总局公告 2018 年第 45 号）；

（7）《财政部 税务总局关于支持新型冠状病毒感染的肺炎疫情防控有关税收政策的公告》（财政部 税务总局公告 2020 年第 8 号）。

四、本案例涉及的主要税收制度

《企业所得税法》第十八条规定：企业纳税年度发生的亏损，准予向以后年度结转，用以后年度的所得弥补，但结转年限最长不得超过五年。

《国家税务总局关于贯彻落实企业所得税法若干税收问题的通知》（国税函〔2010〕79 号）规定：企业自开始生产经营的年度，为开始计算企业损益的年度。企业从事生产经营之前进行筹办活动期间发生筹办费用支出，不得计算为当期的亏损，应按照《国家税务总局关于企业所得税若干税务事项衔接问题的通知》（国税函〔2009〕98 号）第九条规定执行。

《国家税务总局关于查增应纳税所得额弥补以前年度亏损处理问题的公告》（国家税务总局公告 2010 年第 20 号）规定：税务机关对企业以前年度纳税情况进行检查时调增的应纳税所得额，凡企业以前年度发生亏损且该亏损属于企业所得税法规定允许弥补的，应允

许调增的应纳税所得额弥补该亏损。弥补该亏损后仍有余额的，按照企业所得税法规定计算缴纳企业所得税。对检查调增的应纳税所得额应根据其情节，依照《税收征管法》有关规定进行处理或处罚。

《财政部 税务总局关于延长高新技术企业和科技型中小企业亏损结转年限的通知》（财税〔2018〕76号）规定：

自2018年1月1日起，当年具备高新技术企业或科技型中小企业资格（以下统称资格）的企业，其具备资格年度之前5个年度发生的尚未弥补完的亏损，准予结转以后年度弥补，最长结转年限由5年延长至10年。

上述所称高新技术企业，是指按照《科技部 财政部 国家税务总局关于修订印发〈高新技术企业认定管理办法〉的通知》（国科发火〔2016〕32号）规定认定的高新技术企业；所称科技型中小企业，是指按照《科技部 财政部 国家税务总局关于印发〈科技型中小企业评价办法〉的通知》（国科发政〔2017〕115号）规定取得科技型中小企业登记编号的企业。

《国家税务总局关于延长高新技术企业和科技型中小企业亏损结转弥补年限有关企业所得税处理问题的公告》（国家税务总局公告2018年第45号）规定：

《财政部 税务总局关于延长高新技术企业和科技型中小企业亏损结转年限的通知》（财税〔2018〕76号，以下简称《通知》）第一条所称当年具备高新技术企业或科技型中小企业资格（以下统称资格）的企业，其具备资格年度之前5个年度发生的尚未弥补完的亏损，是指当年具备资格的企业，其前5个年度无论是否具备资格，所发生的尚未弥补完的亏损。2018年具备资格的企业，无论2013年至2017年是否具备资格，其2013年至2017年发生的尚未弥补完的亏损，均准予结转以后年度弥补，最长结转年限为10年。2018年以后年度具备资格的企业，依此类推，进行亏损结转弥补税务处理。

高新技术企业按照其取得的高新技术企业证书注明的有效期所属年度，确定其具备资格的年度。科技型中小企业按照其取得的科技型中小企业入库登记编号注明的年度，确定其具备资格的年度。

企业发生符合特殊性税务处理规定的合并或分立重组事项的，其尚未弥补完的亏损，按照《财政部 国家税务总局关于企业重组业务企业所得税处理若干问题的通知》（财税〔2009〕59号）和本公告有关规定进行税务处理：①合并企业承继被合并企业尚未弥补完的亏损的结转年限，按照被合并企业的亏损结转年限确定；②分立企业承继被分立企业尚未弥补完的亏损的结转年限，按照被分立企业的亏损结转年限确定；③合并企业或分立企业具备资格的，其承继被合并企业或被分立企业尚未弥补完的亏损的结转年限，按照《通知》第一条处理。

符合规定延长亏损结转弥补年限条件的企业，在企业所得税预缴和汇算清缴时，自行计算亏损结转弥补年限，并填写相关纳税申报表。

《财政部 税务总局关于支持新型冠状病毒感染的肺炎疫情防控有关税收政策的公告》（财政部 税务总局公告2020年第8号）规定：受疫情影响较大的困难行业企业2020年度发生的亏损，最长结转年限由5年延长至8年。困难行业企业，包括交通运输、餐饮、住宿、旅游（旅行社及相关服务、游览景区管理两类）四大类，具体判断标准按照现行《国民经济行业分类》执行。困难行业企业2020年度主营业务收入须占收入总额（剔除不征税收入和投资收益）的50%以上。

案例011：利用公益捐赠扣除

一、客户基本情况（客户基本方案）

甲公司2022年度预计可以实现利润总额1 000万元，企业所得税税率为25%，假设无纳税调整事项。甲公司为提高其产品知名度及竞争力，树立良好的社会形象，决定向有关单位捐赠200万元。甲公司提出两套方案。第一套方案：进行非公益性捐赠或不通过我国境内公益性社会组织或者县级以上人民政府及其部门做公益性捐赠；第二套方案：通过我国境内公益性社会组织或者县级以上人民政府及其部门进行公益性捐赠，并且在当年全部捐赠。

二、客户方案纳税金额计算

第一套方案不符合税法规定的公益性捐赠扣除条件，捐赠额不能在税前扣除。甲公司2022年度应当缴纳企业所得税：1 000×25%=250（万元）。

第二套方案，捐赠额在法定扣除限额内的部分可以据实扣除，超过的部分只能结转以后年度扣除。甲公司2022年度应当缴纳企业所得税：(1 000–1 000×12%)×25%=220（万元）。

▶ 简明法律依据

（1）《企业所得税法》；

（2）《企业所得税法实施条例》。

三、纳税筹划方案纳税金额计算

为了最大限度地将捐赠支出予以扣除，甲公司可以将该捐赠分两次进行，2022年年底一次捐赠100万元，2023年度再捐赠100万元。这样，该200万元的捐赠支出同样可以在计算应纳税所得额时予以全部扣除，且减少了2022年度的现金支出。

2019—2022 年，该企业也可以选择向目标脱贫地区进行扶贫捐赠，该类捐赠没有扣除限额，也不考虑捐赠当年是否有会计利润，均可以据实扣除。

简明法律依据

（1）《企业所得税法》；

（2）《企业所得税法实施条例》；

（3）《财政部 税务总局关于公益性捐赠支出企业所得税税前结转扣除有关政策的通知》（财税〔2018〕15 号）；

（4）《财政部 税务总局 民政部关于公益性捐赠税前扣除资格有关问题的补充通知》（财税〔2018〕110 号）；

（5）《财政部 税务总局 国务院扶贫办关于企业扶贫捐赠所得税税前扣除政策的公告》（财政部 税务总局 国务院扶贫办公告 2019 年第 49 号）；

（6）《财政部 税务总局 民政部关于公益性捐赠税前扣除有关事项的公告》（财政部 税务总局 民政部公告 2020 年第 27 号）；

（7）《财政部 税务总局关于通过公益性群众团体的公益性捐赠税前扣除有关事项的公告》（财政部 税务总局公告 2021 年第 20 号）。

四、本案例涉及的主要税收制度

（一）公益性捐赠扣除基本制度

《企业所得税法》第九条规定：企业发生的公益性捐赠支出，在年度利润总额 12% 以内的部分，准予在计算应纳税所得额时扣除；超过年度利润总额 12% 的部分，准予结转以后三年内在计算应纳税所得额时扣除。

《企业所得税法实施条例》第五十一条规定：企业所得税法第九条所称公益性捐赠，是指企业通过公益性社会组织或者县级以上人民政府及其部门，用于符合法律规定的慈善活动、公益事业的捐赠。

《企业所得税法实施条例》第五十二条规定，本条例第五十一条所称公益性社会组织，是指同时符合下列条件的慈善组织以及其他社会组织：（一）依法登记，具有法人资格；（二）以发展公益事业为宗旨且不以营利为目的；（三）全部资产及其增值为该法人所有；（四）收益和营运结余主要用于符合该法人设立目的的事业；（五）终止后的剩余财产不归属任何个人或者营利组织；（六）不经营与其设立目的无关的业务；（七）有健全的财务会计制度；（八）捐赠者不以任何形式参与该法人财产的分配；（九）国务院财政、税务主管部门会同国务院民政部门等登记管理部门规定的其他条件。

《企业所得税法实施条例》第五十三条规定：企业当年发生以及以前年度结转的公益性捐赠支出，不超过年度利润总额 12% 的部分，准予扣除。年度利润总额，是指企业依照国家统一会计制度的规定计算的年度会计利润。

（二）临时公益性捐赠扣除制度

《财政部 税务总局 国务院扶贫办关于企业扶贫捐赠所得税税前扣除政策的公告》（财政部 税务总局 国务院扶贫办公告2019年第49号）规定：

自2019年1月1日至2022年12月31日，企业通过公益性社会组织或者县级（含县级）以上人民政府及其组成部门和直属机构，用于目标脱贫地区的扶贫捐赠支出，准予在计算企业所得税应纳税所得额时据实扣除。在政策执行期限内，目标脱贫地区实现脱贫的，可继续适用上述政策。

"目标脱贫地区"包括832个国家扶贫开发工作重点县、集中连片特困地区县（新疆阿克苏地区6县1市享受片区政策）和建档立卡贫困村。

企业同时发生扶贫捐赠支出和其他公益性捐赠支出，在计算公益性捐赠支出年度扣除限额时，符合上述条件的扶贫捐赠支出不计算在内。

（三）企业公益性捐赠扣除操作制度

《财政部 税务总局关于公益性捐赠支出企业所得税税前结转扣除有关政策的通知》（财税〔2018〕15号）规定：

自2017年1月1日起，企业通过公益性社会组织或者县级（含县级）以上人民政府及其组成部门和直属机构，用于慈善活动、公益事业的捐赠支出，在年度利润总额12%以内的部分，准予在计算应纳税所得额时扣除；超过年度利润总额12%的部分，准予结转以后三年内在计算应纳税所得额时扣除。公益性社会组织，应当依法取得公益性捐赠税前扣除资格。年度利润总额，是指企业依照国家统一会计制度的规定计算的大于零的数额。

企业当年发生及以前年度结转的公益性捐赠支出，准予在当年税前扣除的部分，不能超过企业当年年度利润总额的12%。

企业发生的公益性捐赠支出未在当年税前扣除的部分，准予向以后年度结转扣除，但结转年限自捐赠发生年度的次年起计算最长不得超过三年。

企业在对公益性捐赠支出计算扣除时，应先扣除以前年度结转的捐赠支出，再扣除当年发生的捐赠支出。

《财政部 税务总局 民政部关于公益性捐赠税前扣除资格有关问题的补充通知》（财税〔2018〕110号）规定：《财政部 国家税务总局 民政部关于公益性捐赠税前扣除有关问题的通知》（财税〔2008〕160号）和《财政部 国家税务总局关于通过公益性群众团体的公益性捐赠税前扣除有关问题的通知》（财税〔2009〕124号）中的"行政处罚"，是指税务机关和登记管理机关给予的行政处罚（警告或单次1万元以下罚款除外）。

《财政部 税务总局 民政部关于公益性捐赠税前扣除有关事项的公告》（财政部 税务

总局 民政部公告2020年第27号）规定：

自2020年1月1日起，企业或个人通过公益性社会组织、县级以上人民政府及其部门等国家机关，用于符合法律规定的公益慈善事业捐赠支出，准予按税法规定在计算应纳税所得额时扣除。

上述所称公益慈善事业，应当符合《中华人民共和国公益事业捐赠法》第三条对公益事业范围的规定或者《中华人民共和国慈善法》第三条对慈善活动范围的规定。

上述所称公益性社会组织，包括依法设立或登记并按规定条件和程序取得公益性捐赠税前扣除资格的慈善组织、其他社会组织和群众团体。公益性群众团体的公益性捐赠税前扣除资格确认及管理按照现行规定执行。依法登记的慈善组织和其他社会组织的公益性捐赠税前扣除资格确认及管理按本规定执行。

在民政部门依法登记的慈善组织和其他社会组织（以下统称社会组织），取得公益性捐赠税前扣除资格应当同时符合以下规定：

（1）符合《企业所得税法实施条例》第五十二条第一项到第八项规定的条件。

（2）每年应当在3月31日前按要求向登记管理机关报送经审计的上年度专项信息报告。报告应当包括财务收支和资产负债总体情况、开展募捐和接受捐赠情况、公益慈善事业支出及管理费用情况［包括以下第（3）（4）项规定的比例情况］等内容。首次确认公益性捐赠税前扣除资格的，应当报送经审计的前两个年度的专项信息报告。

（3）具有公开募捐资格的社会组织，前两年度每年用于公益慈善事业的支出占上年总收入的比例均不得低于70%。计算该支出比例时，可以用前三年收入平均数代替上年总收入。不具有公开募捐资格的社会组织，前两年度每年用于公益慈善事业的支出占上年末净资产的比例均不得低于8%。计算该比例时，可以用前三年年末净资产平均数代替上年末净资产。

（4）具有公开募捐资格的社会组织，前两年度每年支出的管理费用占当年总支出的比例均不得高于10%。不具有公开募捐资格的社会组织，前两年每年支出的管理费用占当年总支出的比例均不得高于12%。

（5）具有非营利组织免税资格，且免税资格在有效期内。

（6）前两年度未受到登记管理机关行政处罚（警告除外）。

（7）前两年度未被登记管理机关列入严重违法失信名单。

（8）社会组织评估等级为3A以上（含3A）且该评估结果在确认公益性捐赠税前扣除资格时仍在有效期内。

公益慈善事业支出、管理费用和总收入的标准和范围，按照《民政部 财政部 国家税务总局关于印发〈关于慈善组织开展慈善活动年度支出和管理费用的规定〉的通知》（民发〔2016〕189号）关于慈善活动支出、管理费用和上年总收入的有关规定执行。

按照《中华人民共和国慈善法》新设立或新认定的慈善组织，在其取得非营利组织免税资格的当年，只需要符合上述第（1）（6）（7）项条件即可。

公益性捐赠税前扣除资格的确认按以下规定执行：

（1）在民政部登记注册的社会组织，由民政部结合社会组织公益活动情况和日常监督管理、评估等情况，对社会组织的公益性捐赠税前扣除资格进行核实，提出初步意见。根据民政部初步意见，财政部、税务总局和民政部对照本公告相关规定，联合确定具有公益性捐赠税前扣除资格的社会组织名单，并发布公告。

（2）在省级和省级以下民政部门登记注册的社会组织，由省、自治区、直辖市和计划单列市财政、税务、民政部门参照第（1）项规定执行。

（3）公益性捐赠税前扣除资格的确认对象包括：公益性捐赠税前扣除资格将于当年末到期的公益性社会组织；已被取消公益性捐赠税前扣除资格但又重新符合条件的社会组织；登记设立后尚未取得公益性捐赠税前扣除资格的社会组织。

（4）每年年底前，省级以上财政、税务、民政部门按权限完成公益性捐赠税前扣除资格的确认和名单发布工作，并按第（3）项规定的不同审核对象，分别列示名单及其公益性捐赠税前扣除资格起始时间。

公益性捐赠税前扣除资格在全国范围内有效，有效期为三年。第（3）项规定的第一种情形，其公益性捐赠税前扣除资格自发布名单公告的次年1月1日起算。第（3）项规定的第二种和第三种情形，其公益性捐赠税前扣除资格自发布公告的当年1月1日起算。

公益性社会组织存在以下情形之一的，应当取消其公益性捐赠税前扣除资格：

（1）未按规定时间和要求向登记管理机关报送专项信息报告的；

（2）最近一个年度用于公益慈善事业的支出不符合规定的；

（3）最近一个年度支出的管理费用不符合规定的；

（4）非营利组织免税资格到期后超过六个月未重新获取免税资格的；

（5）受到登记管理机关行政处罚（警告除外）的；

（6）被登记管理机关列入严重违法失信名单的；

（7）社会组织评估等级低于3A或者无评估等级的。

公益性社会组织存在以下情形之一的，应当取消其公益性捐赠税前扣除资格，且取消资格的当年及之后三个年度内不得重新确认资格：

（1）违反规定接受捐赠的，包括附加对捐赠人构成利益回报的条件、以捐赠为名从事营利性活动、利用慈善捐赠宣传烟草制品或法律禁止宣传的产品和事项、接受不符合公益目的或违背社会公德的捐赠等情形；

（2）开展违反组织章程的活动，或者接受的捐赠款项用于组织章程规定用途之外的；

（3）在确定捐赠财产的用途和受益人时，指定特定受益人，且该受益人与捐赠人或公益性社会组织管理人员存在明显利益关系的。

公益性社会组织存在以下情形之一的，应当取消其公益性捐赠税前扣除资格且不得重新确认资格：

（1）从事非法政治活动的；

（2）从事、资助危害国家安全或者社会公共利益活动的。

对应当取消公益性捐赠税前扣除资格的公益性社会组织，由省级以上财政、税务、民政部门核实相关信息后，按权限及时向社会发布取消资格名单公告。自发布公告的次月起，相关公益性社会组织不再具有公益性捐赠税前扣除资格。

公益性社会组织、县级以上人民政府及其部门等国家机关在接受捐赠时，应当按照行政管理级次分别使用由财政部或省、自治区、直辖市财政部门监（印）制的公益事业捐赠票据，并加盖本单位的印章。企业或个人将符合条件的公益性捐赠支出进行税前扣除，应当留存相关票据备查。

公益性社会组织登记成立时的注册资金捐赠人，在该公益性社会组织首次取得公益性捐赠税前扣除资格的当年进行所得税汇算清缴时，可按规定对其注册资金捐赠额进行税前扣除。

除另有规定外，公益性社会组织、县级以上人民政府及其部门等国家机关在接受企业或个人捐赠时，按以下原则确认捐赠额：

（1）接受的货币性资产捐赠，以实际收到的金额确认捐赠额。

（2）接受的非货币性资产捐赠，以其公允价值确认捐赠额。捐赠方在向公益性社会组织、县级以上人民政府及其部门等国家机关捐赠时，应当提供注明捐赠非货币性资产公允价值的证明；不能提供证明的，接受捐赠方不得向其开具捐赠票据。

为方便纳税主体查询，省级以上财政、税务、民政部门应当及时在官方网站上发布具备公益性捐赠税前扣除资格的公益性社会组织名单公告。企业或个人可通过上述渠道查询社会组织公益性捐赠税前扣除资格及有效期。

《财政部 税务总局关于通过公益性群众团体的公益性捐赠税前扣除有关事项的公告》（财政部 税务总局公告 2021 年第 20 号）规定：

自 2021 年 1 月 1 日起，企业或个人通过公益性群众团体用于符合法律规定的公益慈善事业捐赠支出，准予按税法规定在计算应纳税所得额时扣除。

上述所称公益慈善事业，应当符合《中华人民共和国公益事业捐赠法》第二条对公益事业范围的规定或者《中华人民共和国慈善法》第三条对慈善活动范围的规定。

上述所称公益性群众团体，包括依照《社会团体登记管理条例》规定不需进行社团登记的人民团体以及经国务院批准免于登记的社会团体（以下统称群众团体），且按规定条件和程序已经取得公益性捐赠税前扣除资格。

群众团体取得公益性捐赠税前扣除资格应当同时符合以下条件：

（1）符合《企业所得税法实施条例》第五十二条第一项至第八项规定的条件；

（2）县级以上各级机构编制部门直接管理其机构编制；

（3）对接受捐赠的收入以及用捐赠收入进行的支出单独进行核算，且申报前连续三年接受捐赠的总收入中用于公益慈善事业的支出比例不低于70%。

公益性捐赠税前扣除资格的确认按以下规定执行：

（1）由中央机构编制部门直接管理其机构编制的群众团体，向财政部、税务总局报送材料；

（2）由县级以上地方各级机构编制部门直接管理其机构编制的群众团体，向省、自治区、直辖市和计划单列市财政、税务部门报送材料；

（3）对符合条件的公益性群众团体，按照上述管理权限，由财政部、税务总局和省、自治区、直辖市、计划单列市财政、税务部门分别联合公布名单。企业和个人在名单所属年度内向名单内的群众团体进行的公益性捐赠支出，可以按规定进行税前扣除；

（4）公益性捐赠税前扣除资格的确认对象包括：公益性捐赠税前扣除资格将于当年末到期的公益性群众团体；已被取消公益性捐赠税前扣除资格但又重新符合条件的群众团体；尚未取得或资格终止后未取得公益性捐赠税前扣除资格的群众团体。

（5）每年年底前，省级以上财政、税务部门按权限完成公益性捐赠税前扣除资格的确认和名单发布工作，并按第（4）项规定的不同审核对象，分别列示名单及其公益性捐赠税前扣除资格起始时间。

上述规定需报送的材料，应在申报年度6月30日前报送，包括：

（1）申报报告；

（2）县级以上各级党委、政府或机构编制部门印发的"三定"规定；

（3）组织章程；

（4）申报前三个年度的受赠资金来源、使用情况，财务报告，公益活动的明细，注册会计师的审计报告或注册会计师、（注册）税务师、律师的纳税审核报告（或鉴证报告）。

公益性群众团体前三年接受捐赠的总收入中用于公益慈善事业的支出比例低于70%的，应当取消其公益性捐赠税前扣除资格。

公益性群众团体存在以下情形之一的，应当取消其公益性捐赠税前扣除资格，且被取消资格的当年及之后三个年度内不得重新确认资格：

（1）违反规定接受捐赠的，包括附加对捐赠人构成利益回报的条件、以捐赠为名从事营利性活动、利用慈善捐赠宣传烟草制品或法律禁止宣传的产品和事项、接受不符合公益目的或违背社会公德的捐赠等情形；

（2）开展违反组织章程的活动，或者接受的捐赠款项用于组织章程规定用途之外的；

（3）在确定捐赠财产的用途和受益人时，指定特定受益人，且该受益人与捐赠人或公益性群众团体管理人员存在明显利益关系的；

（4）受到行政处罚（警告或单次 1 万元以下罚款除外）的。

对存在条第（1）（2）（3）项情形的公益性群众团体，应对其接受捐赠收入和其他各项收入依法补征企业所得税。

公益性群众团体存在以下情形之一的，应当取消其公益性捐赠税前扣除资格且不得重新确认资格：

（1）从事非法政治活动的；

（2）从事、资助危害国家安全或者社会公共利益活动的。

获得公益性捐赠税前扣除资格的公益性群众团体，应自不符合上述规定条件之一或存在上述规定情形之一之日起 15 日内向主管税务机关报告。对应当取消公益性捐赠税前扣除资格的公益性群众团体，由省级以上财政、税务部门核实相关信息后，按权限及时向社会发布取消资格名单公告。自发布公告的次月起，相关公益性群众团体不再具有公益性捐赠税前扣除资格。

公益性群众团体在接受捐赠时，应按照行政管理级次分别使用由财政部或省、自治区、直辖市财政部门监（印）制的公益事业捐赠票据，并加盖本单位的印章；对个人索取捐赠票据的，应予以开具。企业或个人将符合条件的公益性捐赠支出进行税前扣除，应当留存相关票据备查。

除另有规定外，公益性群众团体在接受企业或个人捐赠时，按以下原则确认捐赠额：

（1）接受的货币性资产捐赠，以实际收到的金额确认捐赠额；

（2）接受的非货币性资产捐赠，以其公允价值确认捐赠额。捐赠方在向公益性群众团体捐赠时，应当提供注明捐赠非货币性资产公允价值的证明；不能提供证明的，接受捐赠方不得向其开具捐赠票据。

为方便纳税主体查询，省级以上财政、税务部门应当及时在官方网站上发布具备公益性捐赠税前扣除资格的公益性群众团体名单公告。企业或个人可通过上述渠道查询群众团体公益性捐赠税前扣除资格及有效期。

案例 012：将超标利息转为其他支出

一、客户基本情况（客户基本方案）

甲公司有职工 1 000 人，人均月工资为 4 000 元。该企业 2022 年度向职工集资人均 10 000 元，年利率为 10%，假设同期、同类银行贷款利率为年利率 6%。计算甲公司应多负担的企业所得税税款以及应代扣代缴的个人所得税税款。

二、客户方案纳税金额计算

根据企业所得税法规定，企业向非金融机构借款的利息支出，不高于按照金融机构同期、同类贷款利率计算的数额以内的部分，准予扣除，超过的部分不能扣除，应当调增应纳税所得额：1 000×1×（10%–6%）=40（万元）。甲公司为此需要多缴纳企业所得税：40×25%=10（万元）。甲公司应当代扣代缴个人所得税：1×10%×20%×1 000=20（万元）。

☛ 简明法律依据

（1）《企业所得税法》；

（2）《企业所得税法实施条例》；

（3）《国家税务总局关于企业向自然人借款的利息支出企业所得税税前扣除问题的通知》（国税函〔2009〕777号）；

（4）《个人所得税法》。

三、纳税筹划方案纳税金额计算

建议甲公司将集资利率降低到6%，这样，每位职工的利息损失：10 000×（10%–6%）=400（元）。甲公司可以通过提高工资待遇的方式来弥补职工在利息上受到的损失，即将400元平均摊入一年的工资中，每月增加工资34元。这样，企业为本次集资所付出的利息与纳税筹划前是一样的，职工实际获得的利息也是一样的。但在这种情况下，企业所支付的集资利息就可以全额扣除了，而人均工资增加34元仍然可以全额扣除，由于职工个人的月工资没有超过《个人所得税法》所规定的扣除额，因此，职工也不需要为此缴纳个人所得税。该纳税筹划可以减少企业所得税10万元。另外，还可以减少企业代扣代缴的个人所得税：1×1 000×（10%–6%）×20%=8（万元）。

通过纳税筹划，甲公司及其员工节税：10+8=18（万元）。

如果将全部利息改为工资发放，就根本不需要代扣代缴利息的个人所得税，而职工工资由于尚未达到5 000元，实际上也不需要缴纳个人所得税。上述纳税筹划方案可以为企业和职工合计节税30万元。

除利息以外，其他具有扣除限额的支出在一定条件下也可以向其他支出转化。

☛ 简明法律依据

（1）《企业所得税法》；

（2）《企业所得税法实施条例》；

（3）《企业所得税税前扣除凭证管理办法》（国家税务总局公告2018年第28号）；

（4）《国家税务总局关于企业所得税应纳税所得额若干税务处理问题的公告》（国家税

务总局公告 2012 年第 15 号）；

（5）《财政部 税务总局关于广告费和业务宣传费支出税前扣除有关事项的公告》（财政部 税务总局公告 2020 年第 43 号）；

（6）《国家税务总局关于贯彻落实企业所得税法若干税收问题的通知》（国税函〔2010〕79 号）；

（7）《个人所得税法》。

四、本案例涉及的主要税收制度

（一）有关利息支出的企业所得税税前扣除规定

《企业所得税法》第八条规定：企业实际发生的与取得收入有关的、合理的支出，包括成本、费用、税金、损失和其他支出，准予在计算应纳税所得额时扣除。

《企业所得税法实施条例》第三十八条规定，企业在生产经营活动中发生的下列利息支出，准予扣除：（一）非金融企业向金融企业借款的利息支出、金融企业的各项存款利息支出和同业拆借利息支出、企业经批准发行债券的利息支出；（二）非金融企业向非金融企业借款的利息支出，不超过按照金融企业同期同类贷款利率计算的数额的部分。

《国家税务总局关于企业向自然人借款的利息支出企业所得税税前扣除问题的通知》（国税函〔2009〕777 号）规定：

企业向股东或其他与企业有关联关系的自然人借款的利息支出，应根据《企业所得税法》第四十六条及《财政部、国家税务总局关于企业关联方利息支出税前扣除标准有关税收政策问题的通知》（财税〔2008〕121 号）规定的条件，计算企业所得税扣除额。

企业向除上述规定以外的内部职工或其他人员借款的利息支出，其借款情况同时符合以下条件的，其利息支出在不超过按照金融企业同期同类贷款利率计算的数额的部分，根据《企业所得税法》第八条和《企业所得税法实施条例》第二十七条规定，准予扣除：①企业与个人之间的借贷是真实、合法、有效的，并且不具有非法集资目的或其他违反法律、法规的行为；②企业与个人之间签订了借款合同。

《国家税务总局关于企业所得税应纳税所得额若干税务处理问题的公告》（国家税务总局公告 2012 年第 15 号）规定：企业通过发行债券、取得贷款、吸收保户储金等方式融资而发生的合理的费用支出，符合资本化条件的，应计入相关资产成本；不符合资本化条件的，应作为财务费用，准予在企业所得税前据实扣除。

（二）有关其他支出的企业所得税税前扣除规定

《企业所得税法实施条例》第四十四条规定：企业发生的符合条件的广告费和业务宣传费支出，除国务院财政、税务主管部门另有规定外，不超过当年销售（营业）收入 15%

的部分，准予扣除；超过部分，准予在以后纳税年度结转扣除。

《财政部 税务总局关于广告费和业务宣传费支出税前扣除有关事项的公告》（财政部 税务总局公告 2020 年第 43 号）规定：

自 2021 年 1 月 1 日起至 2025 年 12 月 31 日，对化妆品制造或销售、医药制造和饮料制造（不含酒类制造）企业发生的广告费和业务宣传费支出，不超过当年销售（营业）收入 30%的部分，准予扣除；超过部分，准予在以后纳税年度结转扣除。

对签订广告费和业务宣传费分摊协议（以下简称分摊协议）的关联企业，其中一方发生的不超过当年销售（营业）收入税前扣除限额比例内的广告费和业务宣传费支出可以在本企业扣除，也可以将其中的部分或全部按照分摊协议归集至另一方扣除。另一方在计算本企业广告费和业务宣传费支出企业所得税税前扣除限额时，可将按照上述办法归集至本企业的广告费和业务宣传费不计算在内。

烟草企业的烟草广告费和业务宣传费支出，一律不得在计算应纳税所得额时扣除。

《企业所得税法实施条例》第四十三条规定：企业发生的与生产经营活动有关的业务招待费支出，按照发生额的 60%扣除，但最高不得超过当年销售（营业）收入的 5‰。

《国家税务总局关于贯彻落实企业所得税法若干税收问题的通知》（国税函〔2010〕79 号）规定：对从事股权投资业务的企业（包括集团公司总部、创业投资企业等），其从被投资企业所分配的股息、红利以及股权转让收入，可以按规定的比例计算业务招待费扣除限额。

（三）企业所得税税前扣除凭证制度

《企业所得税税前扣除凭证管理办法》（国家税务总局公告 2018 年第 28 号）规定：

税前扣除凭证，是指企业在计算企业所得税应纳税所得额时，证明与取得收入有关的、合理的支出实际发生，并据以税前扣除的各类凭证。企业是指《企业所得税法》及其实施条例规定的居民企业和非居民企业。

税前扣除凭证在管理中遵循真实性、合法性、关联性原则。真实性是指税前扣除凭证反映的经济业务真实且支出已经实际发生；合法性是指税前扣除凭证的形式、来源符合国家法律、法规等相关规定；关联性是指税前扣除凭证与其反映的支出相关联且有证明力。

企业发生支出，应取得税前扣除凭证，作为计算企业所得税应纳税所得额时扣除相关支出的依据。企业应在当年度企业所得税法规定的汇算清缴期结束前取得税前扣除凭证。企业应将与税前扣除凭证相关的资料，包括合同协议、支出依据、付款凭证等留存备查，以证实税前扣除凭证的真实性。

税前扣除凭证按照来源分为内部凭证和外部凭证。内部凭证是指企业自制用于成本、费用、损失和其他支出核算的会计原始凭证。内部凭证的填制和使用应当符合国家会计法律、法规等相关规定。外部凭证是指企业发生经营活动和其他事项时，从其他单位、个人取得的用于证明其支出发生的凭证，包括但不限于发票（包括纸质发票和电子发票）、财政票据、完税凭证、收款凭证、分割单等。

企业在境内发生的支出项目属于增值税应税项目（以下简称应税项目）的，对方为已办理税务登记的增值税纳税人，其支出以发票（包括按照规定由税务机关代开的发票）作为税前扣除凭证；对方为依法无须办理税务登记的单位或者从事小额零星经营业务的个人，其支出以税务机关代开的发票或者收款凭证及内部凭证作为税前扣除凭证，收款凭证应载明收款单位名称、个人姓名及身份证号、支出项目、收款金额等相关信息。小额零星经营业务的判断标准是个人从事应税项目经营业务的销售额不超过增值税相关政策规定的起征点。税务总局对应税项目开具发票另有规定的，以规定的发票或者票据作为税前扣除凭证。

企业在境内发生的支出项目不属于应税项目的，对方为单位的，以对方开具的发票以外的其他外部凭证作为税前扣除凭证；对方为个人的，以内部凭证作为税前扣除凭证。企业在境内发生的支出项目虽不属于应税项目，但按税务总局规定可以开具发票的，可以发票作为税前扣除凭证。

企业从境外购进货物或者劳务发生的支出，以对方开具的发票或者具有发票性质的收款凭证、相关税费缴纳凭证作为税前扣除凭证。

企业取得私自印制、伪造、变造、作废、开票方非法取得、虚开、填写不规范等不符合规定的发票（以下简称不合规发票），以及取得不符合国家法律、法规等相关规定的其他外部凭证（以下简称不合规其他外部凭证），不得作为税前扣除凭证。

企业应当取得而未取得发票、其他外部凭证或者取得不合规发票、不合规其他外部凭证的，若支出真实且已实际发生，应当在当年度汇算清缴期结束前，要求对方补开、换开发票、其他外部凭证。补开、换开后的发票、其他外部凭证符合规定的，可以作为税前扣除凭证。

企业在补开、换开发票、其他外部凭证过程中，由于对方注销、撤销、依法被吊销营业执照、被税务机关认定为非正常户等特殊原因无法补开、换开发票、其他外部凭证的，可凭以下资料证实支出真实性后，其支出允许税前扣除：

（1）无法补开、换开发票、其他外部凭证原因的证明资料（包括工商注销、机构撤销、列入非正常经营户、破产公告等证明资料）；

（2）相关业务活动的合同或者协议；

（3）采用非现金方式支付的付款凭证；

（4）货物运输的证明资料；

（5）货物入库、出库内部凭证；

(6)企业会计核算记录以及其他资料。

上述第(1)项至第(3)项为必备资料。

汇算清缴期结束后,税务机关发现企业应当取得而未取得发票、其他外部凭证或者取得不合规发票、不合规其他外部凭证并且告知企业的,企业应当自被告知之日起60日内补开、换开符合规定的发票、其他外部凭证。其中,由于对方特殊原因无法补开、换开发票、其他外部凭证的,企业应当按照规定,自被告知之日起60日内提供可以证实其支出真实性的相关资料。企业在规定的期限未能补开、换开符合规定的发票、其他外部凭证,并且未能按照规定提供相关资料证实其支出真实性的,相应支出不得在发生年度税前扣除。

除另有规定外,企业以前年度应当取得而未取得发票、其他外部凭证,并且相应支出在该年度没有税前扣除的,在以后年度取得符合规定的发票、其他外部凭证或者按照本办法第十四条规定提供可以证实其支出真实性的相关资料,相应支出可以追补至该支出发生年度税前扣除,但追补年限不得超过五年。

企业与其他企业(包括关联企业)、个人在境内共同接受应纳增值税劳务(以下简称应税劳务)发生的支出,采取分摊方式的,应当按照独立交易原则进行分摊,企业以发票和分割单作为税前扣除凭证,共同接受应税劳务的其他企业以企业开具的分割单作为税前扣除凭证。企业与其他企业、个人在境内共同接受非应税劳务发生的支出,采取分摊方式的,企业以发票外的其他外部凭证和分割单作为税前扣除凭证,共同接受非应税劳务的其他企业以企业开具的分割单作为税前扣除凭证。

企业租用(包括企业作为单一承租方租用)办公、生产用房等资产发生的水、电、燃气、冷气、暖气、通信线路、有线电视、网络等费用,出租方作为应税项目开具发票的,企业以发票作为税前扣除凭证;出租方采取分摊方式的,企业以出租方开具的其他外部凭证作为税前扣除凭证。

(四)个人所得税相关制度

《个人所得税法》第二条规定:下列各项个人所得,应当缴纳个人所得税……(六)利息、股息、红利所得……

第三条规定:个人所得税的税率……(三)利息、股息、红利所得,财产租赁所得,财产转让所得和偶然所得,适用比例税率,税率为百分之二十。

第六条规定:应纳税所得额的计算……(六)利息、股息、红利所得和偶然所得,以每次收入额为应纳税所得额。

案例 013：增加负债融资比例

一、客户基本情况（客户基本方案）

甲公司计划投资 1 000 万元用于一项新产品的生产，在专业人员的指导下制订了三个方案。假设三个方案的债务利率均为 10%，企业所得税税率为 25%，那么，其权益资本收益率见表 2-2。

表 2-2　权益资本收益率

项　　目	方案 A 0∶1 000	方案 B 200∶800	方案 C 600∶400
息税前利润（万元）	300	300	300
利率（%）	10	10	10
税前利润（万元）	300	280	240
纳税额（25%）	75	70	60
税后利润（万元）	225	210	180
权益资本收益率（%）	22.5	26.25	45

表头合并：债务资本∶权益资本

二、客户方案纳税金额计算

如果选择方案 A，1 000 万元的资本全部由甲公司及其股东负担，息税前利润为 300 万元；因为不涉及负债利息，税前利润（利润总额）为 300 万元，应当缴纳企业所得税：300×25%=75（万元）。税后利润：300−75=225（万元）。权益资本收益率：225÷1 000=22.5%。

在三个方案中，方案 A 的权益资本收益率是最低的。

☞ **简明法律依据**

（1）《企业所得税法》；

（2）《企业所得税法实施条例》。

三、纳税筹划方案纳税金额计算

如果选择方案 B，1 000 万元的资本中，权益资本为 800 万元、债务资本为 200 万元，息税前利润仍然为 300 万元；因为要支付 20 万元的利息，税前利润（利润总额）为 280 万元，应当缴纳企业所得税：280×25%=70（万元）。税后利润：280−70=210（万元）。权益资本收益率：210÷800=26.25%。

方案 B 的权益资本收益率比方案 A 提高了 3.75 个百分点。

如果选择方案 C，1 000 万元的资本中，权益资本为 400 万元、债务资本为 600 万元，息税前利润仍然为 300 万元；因为要支付 60 万元的利息，税前利润（利润总额）为 240 万元，应当缴纳企业所得税：240×25%=60（万元）。税后利润：240-60=180（万元）。权益资本收益率：180÷400=45%。

方案 C 的权益资本收益率达到了方案 A 的 2 倍。

由以上 A、B、C 三种方案的对比可以看出，在息税前利润和贷款利率不变的条件下，随着企业负债比例的提高，权益资本的收益率在不断增加。其主要原因是利息可以税前扣除，股息只能税后支付，税前扣除的利息起到了节税的作用。

简明法律依据

（1）《企业所得税法》；

（2）《企业所得税法实施条例》；

（3）《国家税务总局关于企业投资者投资未到位而发生的利息支出企业所得税前扣除问题的批复》（国税函〔2009〕312 号）；

（4）《国家税务总局关于企业所得税若干问题的公告》（国家税务总局公告 2011 年第 34 号）。

四、本案例涉及的主要税收制度

《企业所得税法》第十条规定：在计算应纳税所得额时，下列支出不得扣除：（一）向投资者支付的股息、红利等权益性投资收益款项……

《企业所得税法实施条例》第三十八条规定，企业在生产经营活动中发生的下列利息支出，准予扣除：（一）非金融企业向金融企业借款的利息支出、金融企业的各项存款利息支出和同业拆借利息支出、企业经批准发行债券的利息支出；（二）非金融企业向非金融企业借款的利息支出，不超过按照金融企业同期同类贷款利率计算的数额的部分。

《国家税务总局关于企业投资者投资未到位而发生的利息支出企业所得税前扣除问题的批复》（国税函〔2009〕312 号）规定：

关于企业由于投资者投资未到位而发生的利息支出扣除问题，根据《企业所得税法实施条例》第二十七条规定，凡企业投资者在规定期限内未缴足其应缴资本额的，该企业对外借款所发生的利息，相当于投资者实缴资本额与在规定期限内应缴资本额的差额应计付的利息，其不属于企业合理的支出，应由企业投资者负担，不得在计算企业应纳税所得额时扣除。

具体计算不得扣除的利息，应以企业一个年度内每一账面实收资本与借款余额保持不变的期间作为一个计算期，每一计算期内不得扣除的借款利息按该期间借款利息发生额乘以该期间企业未缴足的注册资本占借款总额的比例计算，公式为：

企业每一计算期不得扣除的借款利息=该期间借款利息额×该期间未缴足注册资本额÷该期间借款额

企业一个年度内不得扣除的借款利息总额为该年度内每一计算期不得扣除的借款利息额之和。

《国家税务总局关于企业所得税若干问题的公告》（国家税务总局公告 2011 年第 34 号）规定：根据《企业所得税法实施条例》第三十八条规定，非金融企业向非金融企业借款的利息支出，不超过按照金融企业同期同类贷款利率计算的数额的部分，准予税前扣除。鉴于目前我国对金融企业利率要求的具体情况，企业在按照合同要求首次支付利息并进行税前扣除时，应提供"金融企业的同期同类贷款利率情况说明"，以证明其利息支出的合理性。

"金融企业的同期同类贷款利率情况说明"中，应包括在签订该借款合同当时，本省任何一家金融企业提供同期同类贷款利率情况。该金融企业应为经政府有关部门批准成立的可以从事贷款业务的企业，包括银行、财务公司、信托公司等金融机构。"同期同类贷款利率"是指在贷款期限、贷款金额、贷款担保以及企业信誉等条件基本相同下，金融企业提供贷款的利率。既可以是金融企业公布的同期同类平均利率，也可以是金融企业对某些企业提供的实际贷款利率。

案例 014：利用核定征收企业所得税

一、客户基本情况（客户基本方案）

甲公司为设立在跨境电子商务综合试验区内的跨境电子商务零售出口企业，预计 2022 年度将实现营业收入 20 000 万元，利润总额 2 000 万元。

二、客户方案纳税金额计算

甲公司应缴纳企业所得税：2 000×25%=500（万元）。

简明法律依据

（1）《企业所得税法》；
（2）《企业所得税法实施条例》。

三、纳税筹划方案纳税金额计算

建议甲公司向主管税务机关申请核定征收企业所得税，2022 年度应缴纳企业所得税：20 000×4%×25%=200（万元）。

通过纳税筹划，甲公司每年减轻所得税负担：500−200=300（万元）。

📖 简明法律依据

（1）《企业所得税法》；

（2）《企业所得税法实施条例》；

（3）《企业所得税核定征收办法（试行）》（国税发〔2008〕30号）；

（4）《国家税务总局关于企业所得税核定征收若干问题的通知》（国税函〔2009〕377号）；

（5）《国家税务总局关于修订企业所得税2个规范性文件的公告》（国家税务总局公告2016年第88号）；

（6）《国家税务总局关于企业所得税核定征收有关问题的公告》（国家税务总局公告2012年第27号）；

（7）《国家税务总局关于跨境电子商务综合试验区零售出口企业所得税核定征收有关问题的公告》（国家税务总局公告2019年第36号）。

四、本案例涉及的主要税收制度

（一）核定征收企业所得税基本制度

《企业所得税核定征收办法（试行）》（国税发〔2008〕30号）规定：

居民企业纳税人具有下列情形之一的，核定征收企业所得税：

（1）依照法律、行政法规的规定可以不设置账簿的；

（2）依照法律、行政法规的规定应当设置但未设置账簿的；

（3）擅自销毁账簿或者拒不提供纳税资料的；

（4）虽设置账簿，但账目混乱或者成本资料、收入凭证、费用凭证残缺不全，难以查账的；

（5）发生纳税义务，未按照规定的期限办理纳税申报，经税务机关责令限期申报，逾期仍不申报的；

（6）申报的计税依据明显偏低，又无正当理由的。

特殊行业、特殊类型的纳税人和一定规模以上的纳税人不适用上述办法。

税务机关应根据纳税人具体情况，对核定征收企业所得税的纳税人，核定应税所得率或者核定应纳所得税额。

具有下列情形之一的，核定其应税所得率：

（1）能正确核算（查实）收入总额，但不能正确核算（查实）成本费用总额的；

（2）能正确核算（查实）成本费用总额，但不能正确核算（查实）收入总额的；

（3）通过合理方法，能计算和推定纳税人收入总额或成本费用总额的。

纳税人不属于以上情形的，核定其应纳所得税额。

税务机关采用下列方法核定征收企业所得税：

（1）参照当地同类行业或者类似行业中经营规模和收入水平相近的纳税人的税负水平核定；

（2）按照应税收入额或成本费用支出额定率核定；

（3）按照耗用的原材料、燃料、动力等推算或测算核定；

（4）按照其他合理方法核定。

采用上述所列一种方法不足以正确核定应纳税所得额或应纳税额的，可以同时采用两种以上的方法核定。采用两种以上方法测算的应纳税额不一致时，可按测算的应纳税额从高核定。

采用应税所得率方式核定征收企业所得税的，应纳所得税额计算公式如下：

应纳所得税额＝应纳税所得额×适用税率

应纳税所得额＝应税收入额×应税所得率

或　　应纳税所得额＝成本（费用）支出额/（1−应税所得率）×应税所得率

实行应税所得率方式核定征收企业所得税的纳税人，经营多业的，无论其经营项目是否单独核算，均由税务机关根据其主营项目确定适用的应税所得率。主营项目应为纳税人所有经营项目中，收入总额或者成本（费用）支出额或者耗用原材料、燃料、动力数量所占比重最大的项目。

应税所得率按表2-3规定的幅度标准确定。

表2-3　应税所得率表

行　业	应税所得率（%）
农、林、牧、渔业	3～10
制造业	5～15
批发和零售贸易业	4～15
交通运输业	7～15
建筑业	8～20
饮食业	8～25
娱乐业	15～30
其他行业	10～30

纳税人的生产经营范围、主营业务发生重大变化，或者应纳税所得额或应纳税额增减变化达到20%的，应及时向税务机关申报调整已确定的应纳税额或应税所得率。

主管税务机关应及时向纳税人送达《企业所得税核定征收鉴定表》，及时完成对其核定征收企业所得税的鉴定工作。具体程序如下：

（1）纳税人应在收到《企业所得税核定征收鉴定表》后 10 个工作日内，填好该表并报送主管税务机关。《企业所得税核定征收鉴定表》一式三联，主管税务机关和县税务机关各执一联，另一联送达纳税人执行。主管税务机关还可根据实际工作需要，适当增加联次备用。

（2）主管税务机关应在受理《企业所得税核定征收鉴定表》后 20 个工作日内，分类逐户审查核实，提出鉴定意见，并报县税务机关复核、认定。

（3）县税务机关应在收到《企业所得税核定征收鉴定表》后 30 个工作日内，完成复核、认定工作。

纳税人收到《企业所得税核定征收鉴定表》后，未在规定期限内填列、报送的，税务机关视同纳税人已经报送，按上述程序进行复核认定。

税务机关应在每年 6 月底前对上年度实行核定征收企业所得税的纳税人进行重新鉴定。重新鉴定工作完成前，纳税人可暂按上年度的核定征收方式预缴企业所得税；重新鉴定工作完成后，按重新鉴定的结果进行调整。

主管税务机关应当分类逐户公示核定的应纳所得税额或应税所得率。主管税务机关应当按照便于纳税人及社会各界了解、监督的原则确定公示地点、方式。纳税人对税务机关确定的企业所得税征收方式、核定的应纳所得税额或应税所得率有异议的，应当提供合法、有效的相关证据，税务机关经核实认定后调整有异议的事项。

纳税人实行核定应税所得率方式的，按下列规定申报纳税：

（1）主管税务机关根据纳税人应纳税额的大小确定纳税人按月或者按季预缴，年终汇算清缴。预缴方法一经确定，一个纳税年度内不得改变。

（2）纳税人应依照确定的应税所得率计算纳税期间实际应缴纳的税额，进行预缴。按实际数额预缴有困难的，经主管税务机关同意，可按上一年度应纳税额的 1/12 或 1/4 预缴，或者按经主管税务机关认可的其他方法预缴。

（3）纳税人预缴税款或年终进行汇算清缴时，应按规定填写《中华人民共和国企业所得税月（季）度预缴纳税申报表（B 类）》，在规定的纳税申报时限内报送主管税务机关。

纳税人实行核定应纳所得税额方式的，按下列规定申报纳税：

（1）纳税人在应纳所得税额尚未确定之前，可暂按上年度应纳所得税额的 1/12 或 1/4 预缴，或者按经主管税务机关认可的其他方法，按月或按季分期预缴。

（2）在应纳所得税额确定以后，减除当年已预缴的所得税额，余额按剩余月份或季度均分，以此确定以后各月或各季的应纳税额，由纳税人按月或按季填写《中华人民共和国企业所得税月（季）度预缴纳税申报表（B 类）》，在规定的纳税申报期限内进行纳税申报。

（3）纳税人年度终了后，在规定的时限内按照实际经营额或实际应纳税额向税务机关申报纳税。申报额超过核定经营额或应纳税额的，按申报额缴纳税款；申报额低于核定经营额或应纳税额的,按核定经营额或应纳税额缴纳税款。

《国家税务总局关于企业所得税核定征收若干问题的通知》(国税函〔2009〕377号)规定:

国税发〔2008〕30号文件所称"特定纳税人"包括以下类型的企业:

(1)享受《企业所得税法》及其实施条例和国务院规定的一项或几项企业所得税优惠政策的企业(不包括仅享受《企业所得税法》第二十六条规定免税收入优惠政策的企业);

(2)汇总纳税企业;

(3)上市公司;

(4)银行、信用社、小额贷款公司、保险公司、证券公司、期货公司、信托投资公司、金融资产管理公司、融资租赁公司、担保公司、财务公司、典当公司等金融企业;

(5)会计、审计、资产评估、税务、房地产估价、土地估价、工程造价、律师、价格鉴证、公证机构、基层法律服务机构、专利代理、商标代理以及其他经济鉴证类社会中介机构;

(6)国家税务总局规定的其他企业。

对上述规定之外的企业,主管税务机关要严格按照规定的范围和标准确定企业所得税的征收方式,不得违规扩大核定征收企业所得税范围;对其中达不到查账征收条件的企业核定征收企业所得税,并促使其完善会计核算和财务管理,达到查账征收条件后要及时转为查账征收。

国税发〔2008〕30号文件中的"应税收入额"等于收入总额减去不征税收入和免税收入后的余额。用公式表示为:

$$应税收入额=收入总额-不征税收入-免税收入$$

其中,收入总额为企业以货币形式和非货币形式从各种来源取得的收入。

《国家税务总局关于修订企业所得税2个规范性文件的公告》(国家税务总局公告2016年第88号)将《国家税务总局关于企业所得税核定征收若干问题的通知》(国税函〔2009〕377号)第一条第(一)项修订为:享受《企业所得税法》及其实施条例和国务院规定的一项或几项企业所得税优惠政策的企业(不包括仅享受《企业所得税法》第二十六条规定免税收入优惠政策的企业、第二十八条规定的符合条件的小型微利企业)。

《国家税务总局关于企业所得税核定征收有关问题的公告》(国家税务总局公告2012年第27号)规定:

专门从事股权(股票)投资业务的企业,不得核定征收企业所得税。依法按核定应税所得率方式核定征收企业所得税的企业,取得的转让股权(股票)收入等转让财产收入,应全额计入应税收入额,按照主营项目(业务)确定适用的应税所得率计算征税;若主营项目(业务)发生变化,应在当年汇算清缴时,按照变化后的主营项目(业务)重新确定

适用的应税所得率计算征税。

(二) 跨境电子商务综合试验区零售出口企业所得税核定征收制度

《国家税务总局关于跨境电子商务综合试验区零售出口企业所得税核定征收有关问题的公告》（国家税务总局公告 2019 年第 36 号）规定：

自 2020 年 1 月 1 日起，为支持跨境电子商务健康发展，推动外贸模式创新，有效配合《财政部 税务总局 商务部海关总署关于跨境电子商务综合试验区零售出口货物税收政策的通知》（财税〔2018〕103 号）落实工作，跨境电子商务综合试验区（以下简称综试区）内的跨境电子商务零售出口企业（以下简称跨境电商企业）核定征收企业所得税政策如下：

综试区内的跨境电商企业，同时符合下列条件的，试行核定征收企业所得税办法：

（1）在综试区注册，并在注册地跨境电子商务线上综合服务平台登记出口货物日期、名称、计量单位、数量、单价、金额的；

（2）出口货物通过综试区所在地海关办理电子商务出口申报手续的；

（3）出口货物未取得有效进货凭证，其增值税、消费税享受免税政策的。

综试区内核定征收的跨境电商企业应准确核算收入总额，并采用应税所得率方式核定征收企业所得税。应税所得率统一按照 4% 确定。

税务机关应按照有关规定，及时完成综试区跨境电商企业核定征收企业所得税的鉴定工作。

综试区内实行核定征收的跨境电商企业符合小型微利企业优惠政策条件的，可享受小型微利企业所得税优惠政策；其取得的收入属于《企业所得税法》第二十六条规定的免税收入的，可享受免税收入优惠政策。

上述所称综试区，是指经国务院批准的跨境电子商务综合试验区；所称跨境电商企业，是指自建跨境电子商务销售平台或利用第三方跨境电子商务平台开展电子商务出口的企业。

案例 015：先分配股息再转让股权

一、客户基本情况（客户基本方案）

甲公司于 2018 年以银行存款 1 000 万元投资于乙公司（非上市公司），占乙公司股本总额的 70%。乙公司保留盈余不分配。2022 年 1 月，甲公司将其拥有的乙公司 70% 的股权全部转让给丙公司，转让价为人民币 1 210 万元，已知乙公司未分配利润为 500 万元。转让过程中发生的税费为 0.7 万元。

二、客户方案纳税金额计算

甲公司直接转让该股权，可以获得股权转让所得：1 210–1 000–0.7=209.3（万元）。应当缴纳企业所得税：209.3×25%=52.325（万元）。税后净利润：209.3–52.325=156.975（万元）。

☛ **简明法律依据**

（1）《企业所得税法》；

（2）《企业所得税法实施条例》；

（3）《国家税务总局关于贯彻落实企业所得税法若干税收问题的通知》（国税函〔2010〕79号）。

三、纳税筹划方案纳税金额计算

如果甲公司先获得分配的利润，然后再转让股权，则可以减轻税收负担。方案如下：2022年1月，董事会决定将税后利润的30%用于分配，甲公司分得利润105万元。随后，甲公司将其拥有的乙公司70%的股权全部转让给丙公司，转让价为人民币1 100万元。转让过程中发生的税费为0.6万元。在这种方案下，甲公司获得的105万元股息不需要缴纳企业所得税。甲公司获得的股权转让所得：1 100–1 000–0.6=99.4（万元）。应当缴纳企业所得税：99.4×25%=24.85（万元）。税后净利润：105+99.4–24.85=179.55（万元）。

通过纳税筹划，甲公司多获得税后净利润：179.55–156.975=22.575（万元）。

☛ **简明法律依据**

（1）《企业所得税法》；

（2）《企业所得税法实施条例》；

（3）《国家税务总局关于贯彻落实企业所得税法若干税收问题的通知》（国税函〔2010〕79号）。

四、本案例涉及的主要税收制度

《企业所得税法》第二十六条规定：企业的下列收入为免税收入……（二）符合条件的居民企业之间的股息、红利等权益性投资收益；（三）在中国境内设立机构、场所的非居民企业从居民企业取得与该机构、场所有实际联系的股息、红利等权益性投资收益……

《企业所得税法实施条例》第八十三条规定：企业所得税法第二十六条第（二）项所称符合条件的居民企业之间的股息、红利等权益性投资收益，是指居民企业直接投资于其他居民企业取得的投资收益。企业所得税法第二十六条第（二）项和第（三）项所称股息、红利等权益性投资收益，不包括连续持有居民企业公开发行并上市流通的股票不足12个月取得的投资收益。

《国家税务总局关于贯彻落实企业所得税法若干税收问题的通知》（国税函〔2010〕79号）规定：

企业转让股权收入，应于转让协议生效、且完成股权变更手续时，确认收入的实现。转让股权收入扣除为取得该股权所发生的成本后，为股权转让所得。企业在计算股权转让所得时，不得扣除被投资企业未分配利润等股东留存收益中按该项股权所可能分配的金额。

企业权益性投资取得股息、红利等收入，应以被投资企业股东会或股东大会做出利润分配或转股决定的日期，确定收入的实现。

案例 016：利用股权投资融资

一、客户基本情况（客户基本方案）

甲公司有 5 000 万元闲置资金，乙公司缺少短期资金 5 000 万元。甲公司与乙公司计划签订借款协议，借款期限为一年，年利率为 10%。已知银行同期同类贷款利率为 6%。

二、客户方案纳税金额计算

甲、乙两公司面临以下风险：第一，如果甲公司无法开出利息发票，乙公司支付的利息将无法在企业所得税税前扣除，由此导致多缴纳企业所得税：5 000×10%×25%=125（万元）；第二，即使甲公司可以开出利息发票，乙公司支付的利息也无法全部在企业所得税税前扣除，由此导致多缴纳企业所得税：5 000×（10%–6%）×25%=50（万元）。甲公司可以取得净利润：500×（1–25%）=375（万元）。

> 简明法律依据

（1）《企业所得税法》；

（2）《企业所得税法实施条例》；

（3）《企业所得税税前扣除凭证管理办法》（国家税务总局公告 2018 年第 28 号）。

三、纳税筹划方案纳税金额计算

甲公司可以将 5 000 万元投资乙公司，持有乙公司一定比例的股权。持股期间，乙公司向甲公司分红 400 万元，该笔股息免纳企业所得税。持股满一年后，甲公司将乙公司股权转让给乙公司其他股东或者以减资的方式退出，取得股权转让所得 50 万元。甲公司取得净利润：400+50×（1–25%）=437.5（万元）。

通过纳税筹划，乙公司避免多缴纳企业所得税 125 万元或者 50 万元，甲公司增加净利润：437.5–375=62.5（万元）。

简明法律依据

（1）《企业所得税法》；

（2）《企业所得税法实施条例》；

（3）《国家税务总局关于股权分置改革中上市公司取得资产及债务豁免对价收入征免所得税问题的批复》（国税函〔2009〕375号）；

（4）《企业所得税税前扣除凭证管理办法》（国家税务总局公告2018年第28号）。

四、本案例涉及的主要税收制度

《企业所得税法》第十四条规定：企业对外投资期间，投资资产的成本在计算应纳税所得额时不得扣除。

《企业所得税法》第十六条规定：企业转让资产，该项资产的净值，准予在计算应纳税所得额时扣除。

《企业所得税法实施条例》第七十一条规定，企业所得税法第十四条所称投资资产，是指企业对外进行权益性投资和债权性投资形成的资产。企业在转让或者处置投资资产时，投资资产的成本，准予扣除。投资资产按照以下方法确定成本：（一）通过支付现金方式取得的投资资产，以购买价款为成本；（二）通过支付现金以外的方式取得的投资资产，以该资产的公允价值和支付的相关税费为成本。

《国家税务总局关于股权分置改革中上市公司取得资产及债务豁免对价收入征免所得税问题的批复》（国税函〔2009〕375号）规定：股权分置改革中，上市公司因股权分置改革而接受的非流通股股东作为对价注入资产和被非流通股股东豁免债务，上市公司应增加注册资本或资本公积，不征收企业所得税。

案例017：利用预付款与违约金进行融资

一、客户基本情况（客户基本方案）

甲公司有5 000万元闲置资金，乙公司缺少短期资金5 000万元。甲公司与乙公司计划签订借款协议，借款期限一年，年利率为10%。已知银行同期同类贷款利率为6%。

二、客户方案纳税金额计算

甲、乙两公司面临以下风险：第一，如果甲公司无法开出利息发票，乙公司支付的利息将无法在企业所得税税前扣除，由此导致多缴纳企业所得税：5 000×10%×25%=125（万元）；第二，即使甲公司可以开出利息发票，乙公司支付的利息也无法全部在企业所得税税前扣除，由此导致多缴纳企业所得税：5 000×（10%–6%）×25%=50（万元）。甲公司可以取得净利润：500×（1–25%）=375（万元）。

简明法律依据

（1）《企业所得税法》；

（2）《企业所得税法实施条例》；

（3）《企业所得税税前扣除凭证管理办法》（国家税务总局公告2018年第28号）。

三、纳税筹划方案纳税金额计算

甲公司可以与乙公司签订一份委托研发无形资产的协议。根据约定，甲公司向乙公司预付转让无形资产价款 5 000 万元，待乙公司研发成功并交付无形资产时再支付剩余的5 000 万元。研发期限为一年，若乙公司研发失败，乙公司应返还甲公司预付的 5 000 万元价款并支付 500 万元违约金。根据权责发生制，乙公司取得 5 000 万元预付款时无须确认收入。

由于遇到不可克服的困难，导致乙公司无法按期研发成功无形资产。由此导致乙公司在研发协议期满后需要返还甲公司 5 000 万元并支付 500 万元违约金。对乙公司而言，该500 万元违约金是企业生产经营中合理的成本，根据税法规定，允许在企业所得税税前扣除。

简明法律依据

（1）《企业所得税法》；

（2）《企业所得税法实施条例》；

（3）《国家税务总局关于确认企业所得税收入若干问题的通知》（国税函〔2008〕875号）；

（4）《国家税务总局关于贯彻落实企业所得税法若干税收问题的通知》（国税函〔2010〕79号）；

（5）《企业所得税税前扣除凭证管理办法》（国家税务总局公告2018年第28号）。

四、本案例涉及的主要税收制度

《企业所得税法实施条例》第九条规定：企业应纳税所得额的计算，以权责发生制为原则，属于当期的收入和费用，不论款项是否收付，均作为当期的收入和费用；不属于当期的收入和费用，即使款项已经在当期收付，均不作为当期的收入和费用。本条例和国务院财政、税务主管部门另有规定的除外。

《国家税务总局关于确认企业所得税收入若干问题的通知》(国税函〔2008〕875号)的规定：

企业销售商品同时满足下列条件的，应确认收入的实现：

（1）商品销售合同已经签订，企业已将商品所有权相关的主要风险和报酬转移给购货方；

（2）企业对已售出的商品既没有保留通常与所有权相联系的继续管理权，也没有实施有效控制；

（3）收入的金额能够可靠地计量；

（4）已发生或将发生的销售方的成本能够可靠地核算。

符合上款收入确认条件，采取下列商品销售方式的，应按以下规定确认收入实现时间：

（1）销售商品采用托收承付方式的，在办妥托收手续时确认收入。

（2）销售商品采取预收款方式的，在发出商品时确认收入。

（3）销售商品需要安装和检验的，在购买方接受商品以及安装和检验完毕时确认收入。如果安装程序比较简单，可在发出商品时确认收入。

（4）销售商品采用支付手续费方式委托代销的，在收到代销清单时确认收入。

采用售后回购方式销售商品的，销售的商品按售价确认收入，回购的商品作为购进商品处理。有证据表明不符合销售收入确认条件的，如以销售商品方式进行融资，收到的款项应确认为负债，回购价格大于原售价的，差额应在回购期间确认为利息费用。

销售商品以旧换新的，销售商品应当按照销售商品收入确认条件确认收入，回收的商品作为购进商品处理。

企业为促进商品销售而在商品价格上给予的价格扣除属于商业折扣，商品销售涉及商业折扣的，应当按照扣除商业折扣后的金额确定销售商品收入金额。

债权人为鼓励债务人在规定的期限内付款而向债务人提供的债务扣除属于现金折扣，销售商品涉及现金折扣的，应当按扣除现金折扣前的金额确定销售商品收入金额，现金折扣在实际发生时作为财务费用扣除。

企业因售出商品的质量不合格等而在售价上给的减让属于销售折让；企业因售出商品质量、品种不符合要求等而发生的退货属于销售退回。企业已经确认销售收入的售出商品发生销售折让和销售退回，应当在发生当期冲减当期销售商品收入。

企业在各个纳税期末，提供劳务交易的结果能够可靠估计的，应采用完工进度（完工百分比）法确认提供劳务收入。提供劳务交易的结果能够可靠估计，是指同时满足下列条件：收入的金额能够可靠地计量；交易的完工进度能够可靠地确定；交易中已发生和将发生的成本能够可靠地核算。企业提供劳务完工进度的确定，可选用下列方法：已完工作的测量；已提供劳务占劳务总量的比例；发生成本占总成本的比例。

企业应按照从接受劳务方已收或应收的合同或协议价款确定劳务收入总额，根据纳税期末提供劳务收入总额乘以完工进度扣除以前纳税年度累计已确认提供劳务收入后的金额，确认为当期劳务收入；同时，按照提供劳务估计总成本乘以完工进度扣除以前纳税期间累计已确认劳务成本后的金额，结转为当期劳务成本。

下列提供劳务满足收入确认条件的，应按规定确认收入：

（1）安装费。应根据安装完工进度确认收入。安装工作是商品销售附带条件的，安装费在确认商品销售实现时确认收入。

（2）宣传媒介的收费。应在相关的广告或商业行为出现于公众面前时确认收入。广告的制作费，应根据制作广告的完工进度确认收入。

（3）软件费。为特定客户开发软件的收费，应根据开发的完工进度确认收入。

（4）服务费。包含在商品售价内可区分的服务费，在提供服务的期间分期确认收入。

（5）艺术表演、招待宴会和其他特殊活动的收费。在相关活动发生时确认收入。收费涉及几项活动的，预收的款项应合理分配给每项活动，分别确认收入。

（6）会员费。申请入会或加入会员，只允许取得会籍，所有其他服务或商品都要另行收费的，在取得该会员费时确认收入。申请入会或加入会员后，会员在会员期内不再付费就可得到各种服务或商品，或者以低于非会员的价格销售商品或提供服务的，该会员费应在整个受益期内分期确认收入。

（7）特许权费。属于提供设备和其他有形资产的特许权费，在交付资产或转移资产所有权时确认收入；属于提供初始及后续服务的特许权费，在提供服务时确认收入。

（8）劳务费。长期为客户提供重复的劳务收取的劳务费，在相关劳务活动发生时确认收入。

企业以买一赠一等方式组合销售本企业商品的，不属于捐赠，应将总的销售金额按各项商品的公允价值的比例来分摊确认各项的销售收入。

《国家税务总局关于贯彻落实企业所得税法若干税收问题的通知》（国税函〔2010〕79号）规定：

根据《企业所得税法实施条例》第十九条的规定，企业提供固定资产、包装物或者其他有形资产的使用权取得的租金收入，应按交易合同或协议规定的承租人应付租金的日期确认收入的实现。其中，如果交易合同或协议中规定租赁期限跨年度且租金提前一次性支付的，根据《企业所得税法实施条例》第九条规定的收入与费用配比原则，出租人可对上述已确认的收入，在租赁期内，分期均匀计入相关年度收入。

出租方如为在我国境内设有机构场所且采取据实申报缴纳企业所得的非居民企业，也按本条规定执行。

第三章
增值税纳税筹划实战案例

案例018：一般纳税人转变为小规模纳税人

一、客户基本情况（客户基本方案）

2022年度，甲公司年应纳增值税销售额为900万元，会计核算制度也比较健全，符合一般纳税人的条件，属于增值税一般纳税人，适用13%的增值税税率。但是，该公司准予从销项税额中抵扣的进项税额较少，只占销项税额的30%。增值税负担比较重。

二、客户方案纳税金额计算

甲公司每年应纳增值税：900×13%–900×13%×30%=81.9（万元）。

☞ 简明法律依据

（1）《中华人民共和国增值税暂行条例》（1993年12月13日中华人民共和国国务院令第134号公布，2008年11月5日国务院第34次常务会议修订通过，根据2016年2月6日《国务院关于修改部分行政法规的决定》第一次修订，根据2017年11月19日《国务院关于废止〈中华人民共和国营业税暂行条例〉和修改〈中华人民共和国增值税暂行条例〉的决定》第二次修订，以下简称《增值税暂行条例》）；

（2）《中华人民共和国增值税暂行条例实施细则》（2008年12月18日财政部、国家税务总局令第50号公布，根据2011年10月28日《关于修改〈中华人民共和国增值税暂行条例实施细则〉和〈中华人民共和国营业税暂行条例实施细则〉的决定》修订，以财政部令第65号发布，以下简称《增值税暂行条例实施细则》）；

（3）《财政部 税务总局关于调整增值税税率的通知》（财税〔2018〕32号）；

（4）《财政部 税务总局 海关总署关于深化增值税改革有关政策的公告》（财政部 税务总局 海关总署公告2019年第39号）。

三、纳税筹划方案纳税金额计算

由于增值税小规模纳税人可以转化为一般纳税人，而增值税一般纳税人不能转化为小规模纳税人，因此，可以将甲公司注销后，再成立乙公司和丙公司来承接甲公司的业务；或者保留甲公司留作他用，新成立乙公司和丙公司，将甲公司的业务转移给乙公司和丙公司经营。

两家新公司年应税销售额分别为450万元和450万元，并且符合小规模纳税人的其他条件，按照小规模纳税人的征收率征税。在这种情况下，两家公司合计应当缴纳增值税0元。

通过纳税筹划，该公司每年降低增值税负担81.9万元。

简明法律依据

（1）《增值税暂行条例》（1993年12月13日国务院令第134号公布，2008年11月5日国务院第34次常务会议修订通过，根据2016年2月6日《国务院关于修改部分行政法规的决定》第一次修订，根据2017年11月19日《国务院关于废止〈中华人民共和国营业税暂行条例〉和修改〈中华人民共和国增值税暂行条例〉的决定》第二次修订）；

（2）《增值税暂行条例实施细则》（财政部 国家税务总局第50号令，根据2011年10月28日《关于修改〈中华人民共和国增值税暂行条例实施细则〉和〈中华人民共和国营业税暂行条例实施细则〉的决定》修订）；

（3）《财政部 税务总局关于调整增值税税率的通知》（财税〔2018〕32号）；

（4）《财政部 税务总局 海关总署关于深化增值税改革有关政策的公告》（财政部 税务总局 海关总署公告2019年第39号）；

（5）《国家税务总局关于扩大小规模纳税人自行开具增值税专用发票试点范围等事项的公告》（国家税务总局公告2019年第8号）；

（6）《国家税务总局关于增值税发票管理等有关事项的公告》（国家税务总局公告2019年第33号）；

（7）《财政部 税务总局关于支持个体工商户复工复业增值税政策的公告》（财政部 税务总局公告2020年第13号）；

（8）《财政部 税务总局关于延续实施应对疫情部分税费优惠政策的公告》（财政部 税务总局公告2021年第7号）；

（9）《财政部 税务总局关于对增值税小规模纳税人免征增值税的公告》（财政部 税务

总局公告 2022 年第 15 号）；

（10）《国家税务总局关于小规模纳税人免征增值税等征收管理事项的公告》（国家税务总局公告 2022 年第 6 号）。

四、本案例涉及的主要税收制度

（一）增值税一般纳税人制度

《增值税暂行条例》第一条规定：在中华人民共和国境内销售货物或者加工、修理修配劳务（以下简称劳务），销售服务、无形资产、不动产以及进口货物的单位和个人，为增值税的纳税人，应当依照本条例缴纳增值税。

《增值税暂行条例》第二条规定：（一）纳税人销售货物、劳务、有形动产租赁服务或者进口货物，除本条第二项、第四项、第五项另有规定外，税率为17%……

《增值税暂行条例》第四条规定：除本条例第十一条规定外，纳税人销售货物、劳务、服务、无形资产、不动产（以下统称应税销售行为），应纳税额为当期销项税额抵扣当期进项税额后的余额。应纳税额计算公式：应纳税额=当期销项税额−当期进项税额。当期销项税额小于当期进项税额不足抵扣时，其不足部分可以结转下期继续抵扣。

《增值税暂行条例》第五条规定：纳税人发生应税销售行为，按照销售额和本条例第二条规定的税率计算收取的增值税额，为销项税额。销项税额计算公式：销项税额=销售额×税率。

《增值税暂行条例》第六条规定：销售额为纳税人发生应税销售行为收取的全部价款和价外费用，但是不包括收取的销项税额。销售额以人民币计算。纳税人以人民币以外的货币结算销售额的，应当折合成人民币计算。

《财政部 税务总局关于调整增值税税率的通知》（财税〔2018〕32 号）规定：自 2018 年 5 月 1 日起，纳税人发生增值税应税销售行为或者进口货物，原适用 17% 和 11% 税率的，税率分别调整为 16%、10%。

《财政部 税务总局 海关总署关于深化增值税改革有关政策的公告》（财政部 税务总局 海关总署公告 2019 年第 39 号）规定：自 2019 年 4 月 1 日起，增值税一般纳税人（以下统称纳税人）发生增值税应税销售行为或者进口货物，原适用 16% 税率的，税率调整为 13%；原适用 10% 税率的，税率调整为 9%。

（二）增值税小规模纳税人制度

《增值税暂行条例》第十一条规定：小规模纳税人发生应税销售行为，实行按照销售额和征收率计算应纳税额的简易办法，并不得抵扣进项税额。应纳税额计算公式：应纳税额=销售额×征收率。小规模纳税人的标准由国务院财政、税务主管部门规定。

《增值税暂行条例》第十二条规定：小规模纳税人增值税征收率为3%，国务院另有规定的除外。

《增值税暂行条例》第十三条规定：小规模纳税人以外的纳税人应当向主管税务机关办理登记。具体登记办法由国务院税务主管部门制定。小规模纳税人会计核算健全，能够提供准确税务资料的，可以向主管税务机关办理登记，不作为小规模纳税人，依照本条例有关规定计算应纳税额。

《增值税暂行条例实施细则》第三十二条规定：条例第十三条和本细则所称会计核算健全，是指能够按照国家统一的会计制度规定设置账簿，根据合法、有效凭证核算。

《增值税暂行条例实施细则》第三十三条规定：除国家税务总局另有规定外，纳税人一经认定为一般纳税人后，不得转为小规模纳税人。

《财政部 税务总局关于支持个体工商户复工复业增值税政策的公告》（财政部 税务总局公告2020年第13号）规定：自2020年3月1日至5月31日，对湖北省增值税小规模纳税人，适用3%征收率的应税销售收入，免征增值税；适用3%预征率的预缴增值税项目，暂停预缴增值税。除湖北省外，其他省、自治区、直辖市的增值税小规模纳税人，适用3%征收率的应税销售收入，减按1%征收率征收增值税；适用3%预征率的预缴增值税项目，减按1%预征率预缴增值税。

《财政部 税务总局关于延续实施应对疫情部分税费优惠政策的公告》（财政部 税务总局公告2021年第7号）规定：《财政部 税务总局关于支持个体工商户复工复业增值税政策的公告》（财政部 税务总局公告2020年第13号）规定的税收优惠政策，执行期限延长至2021年12月31日。其中，自2021年4月1日至2021年12月31日，湖北省增值税小规模纳税人适用3%征收率的应税销售收入，减按1%征收率征收增值税；适用3%预征率的预缴增值税项目，减按1%预征率预缴增值税。

（三）小规模纳税人试点开具增值税专用发票制度

《国家税务总局关于扩大小规模纳税人自行开具增值税专用发票试点范围等事项的公告》（国家税务总局公告2019年第8号）规定：

自2019年3月1日起，扩大小规模纳税人自行开具增值税专用发票试点范围。将小规模纳税人自行开具增值税专用发票试点范围由住宿业，鉴证咨询业，建筑业，工业，信息传输、软件和信息技术服务业，扩大至租赁和商务服务业，科学研究和技术服务业，居民服务、修理和其他服务业。上述8个行业小规模纳税人（以下统称试点纳税人）发生增值税应税行为，需要开具增值税专用发票的，可以自愿使用增值税发票管理系统自行开具。

试点纳税人销售其取得的不动产，需要开具增值税专用发票的，应当按照有关规定向税务机关申请代开。

试点纳税人应当就开具增值税专用发票的销售额计算增值税应纳税额,并在规定的纳税申报期内向主管税务机关申报缴纳。在填写增值税纳税申报表时,应当将当期开具增值税专用发票的销售额,按照3%和5%的征收率,分别填写在《增值税纳税申报表》(小规模纳税人适用)第2栏和第5栏"税务机关代开的增值税专用发票不含税销售额"的"本期数"相应栏次中。

《国家税务总局关于增值税发票管理等有关事项的公告》(国家税务总局公告2019年第33号)规定:

自2020年2月1日起,增值税小规模纳税人(其他个人除外)发生增值税应税行为,需要开具增值税专用发票的,可以自愿使用增值税发票管理系统自行开具。选择自行开具增值税专用发票的小规模纳税人,税务机关不再为其代开增值税专用发票。

增值税小规模纳税人应当就开具增值税专用发票的销售额计算增值税应纳税额,并在规定的纳税申报期内向主管税务机关申报缴纳。在填写增值税纳税申报表时,应当将当期开具增值税专用发票的销售额,按照3%和5%的征收率,分别填写在《增值税纳税申报表》(小规模纳税人适用)第2栏和第5栏"税务机关代开的增值税专用发票不含税销售额"的"本期数"相应栏次中。

《财政部 税务总局关于对增值税小规模纳税人免征增值税的公告》(财政部 税务总局公告2022年第15号)规定:自2022年4月1日至2022年12月31日,增值税小规模纳税人适用3%征收率的应税销售收入,免征增值税;适用3%预征率的预缴增值税项目,暂停预缴增值税。

《国家税务总局关于小规模纳税人免征增值税等征收管理事项的公告》(国家税务总局公告2022年第6号)规定:增值税小规模纳税人适用3%征收率应税销售收入免征增值税的,应按规定开具免税普通发票。纳税人选择放弃免税并开具增值税专用发票的,应开具征收率为3%的增值税专用发票。

增值税小规模纳税人取得应税销售收入,纳税义务发生时间在2022年3月31日前,已按3%或者1%征收率开具增值税发票,发生销售折让、中止或者退回等情形需要开具红字发票的,应按照对应征收率开具红字发票;开票有误需要重新开具的,应按照对应征收率开具红字发票,再重新开具正确的蓝字发票。

增值税小规模纳税人发生增值税应税销售行为,合计月销售额未超过15万元(以1个季度为1个纳税期的,季度销售额未超过45万元,下同)的,免征增值税的销售额等项目应当填写在《增值税及附加税费申报表(小规模纳税人适用)》"小微企业免税销售额"或者"未达起征点销售额"相关栏次。合计月销售额超过15万元的,免征增值税的全部销售额等项目应当填写在《增值税及附加税费申报表(小规模纳税人适用)》"其他免税销售额"栏次及《增值税减免税申报明细表》对应栏次。

此前已按照《财政部 税务总局关于统一增值税小规模纳税人标准的通知》（财税〔2018〕33号）第二条、《国家税务总局关于小规模纳税人免征增值税政策有关征管问题的公告》（2019年第4号）第五条、《国家税务总局关于明确二手车经销等若干增值税征管问题的公告》（2020年第9号）第六条规定转登记的纳税人，根据《国家税务总局关于统一小规模纳税人标准等若干增值税问题的公告》（2018年第18号）相关规定计入"应交税费——待抵扣进项税额"科目核算、截至2022年3月31日的余额，在2022年度可分别计入固定资产、无形资产、投资资产、存货等相关科目，按规定在企业所得税或个人所得税税前扣除，对此前已税前扣除的折旧、摊销不再调整；对无法划分的部分，在2022年度可一次性在企业所得税或个人所得税税前扣除。

已经使用金税盘、税控盘等税控专用设备开具增值税发票的小规模纳税人，可以继续使用现有设备开具发票，也可以自愿向税务机关免费换领税务UKey开具发票。

案例019：一般纳税人选择简易计税方法

一、客户基本情况（客户基本方案）

甲公司为经过认定的动漫企业，除开发动漫产品外，还为其他企业的动漫产品提供形象设计、动画设计等服务，偶尔也会转让动漫版权。甲公司为增值税一般纳税人，适用税率为6%，由于进项税额较少，增值税税收负担率为4.8%。甲公司预计2022年度的不含税销售额为5 000万元。

二、客户方案纳税金额计算

如保持现状，甲公司2022年度需要缴纳增值税：5 000×4.8%=240（万元）。

简明法律依据

（1）《增值税暂行条例》；

（2）《增值税暂行条例实施细则》；

（3）《财政部 国家税务总局关于全面推开营业税改征增值税试点的通知》（财税〔2016〕36号）。

三、纳税筹划方案纳税金额计算

建议甲公司选择简易计税方法，按照3%的征收率计算缴纳增值税：5 000×3%=150（万元）。

通过纳税筹划，甲公司每年降低增值税负担：240-150=90（万元）。

> 简明法律依据

（1）《增值税暂行条例》；

（2）《增值税暂行条例实施细则》；

（3）《财政部 国家税务总局关于全面推开营业税改征增值税试点的通知》（财税〔2016〕36号）；

（4）《增值税一般纳税人登记管理办法》（国家税务总局令第43号）；

（5）《国家税务总局 财政部 海关总署关于在综合保税区推广增值税一般纳税人资格试点的公告》（国家税务总局公告2019年第29号）。

四、本案例涉及的主要税收制度

（一）一般纳税人选择简易计税方法制度

《财政部 国家税务总局关于全面推开营业税改征增值税试点的通知》（财税〔2016〕36号）附件2《营业税改征增值税试点有关事项的规定》规定，一般纳税人发生下列应税行为可以选择适用简易计税方法计税：

（1）公共交通运输服务。公共交通运输服务，包括轮客渡、公交客运、地铁、城市轻轨、出租车、长途客运、班车。班车，是指按固定路线、固定时间运营并在固定站点停靠的运送旅客的陆路运输服务。

（2）经认定的动漫企业为开发动漫产品提供的动漫脚本编撰、形象设计、背景设计、动画设计、分镜、动画制作、摄制、描线、上色、画面合成、配音、配乐、音效合成、剪辑、字幕制作、压缩转码（面向网络动漫、手机动漫格式适配）服务，以及在境内转让动漫版权（包括动漫品牌、形象或者内容的授权及再授权）。

动漫企业和自主开发、生产动漫产品的认定标准和认定程序，按照《文化部 财政部 国家税务总局关于印发〈动漫企业认定管理办法（试行）〉的通知》（文市发〔2008〕51号）的规定执行。

（3）电影放映服务、仓储服务、装卸搬运服务、收派服务和文化体育服务。

（4）以纳入营改增试点之日前取得的有形动产为标的物提供的经营租赁服务。

（5）在纳入营改增试点之日前签订的尚未执行完毕的有形动产租赁合同。

其他可以利用的选择适用简易计税方法的税收优惠政策还包括：《财政部 税务总局关于明确国有农用地出租等增值税政策的公告》（财政部 税务总局公告2020年第2号）规定，房地产开发企业中的一般纳税人购入未完工的房地产老项目继续开发后，以自己名义立项销售的不动产，属于房地产老项目，可以选择适用简易计税方法按照5%的征收率计算缴纳增值税。

（二）一般纳税人的认定

一般纳税人，是指年应税销售额超过财政部、国家税务总局规定的小规模纳税人标准的企业和企业性单位。

自 2015 年 3 月 30 日起，增值税一般纳税人资格实行登记制，登记事项由增值税纳税人向其主管税务机关办理。

《增值税一般纳税人登记管理办法》（国家税务总局令第 43 号）规定：

下列纳税人不办理一般纳税人登记：

（1）按照规定，选择按照小规模纳税人纳税的；

（2）年应税销售额超过规定标准的其他个人。

纳税人自一般纳税人生效之日起，按照增值税一般计税方法计算应纳税额，并可以按照规定领用增值税专用发票，财政部、国家税务总局另有规定的除外。生效之日，是指纳税人办理登记的当月 1 日或者次月 1 日，由纳税人在办理登记手续时自行选择。

纳税人登记为一般纳税人后，不得转为小规模纳税人，国家税务总局另有规定的除外。

有下列情形之一者，应按销售额依照增值税税率计算应纳税额，不得抵扣进项税额，也不得使用增值税专用发票：

（1）一般纳税人会计核算不健全，或者不能够提供准确税务资料的；

（2）除年应税销售额超过小规模纳税人标准的其他个人、非企业性单位、不经常发生应税行为的企业，可选择按小规模纳税人纳税外，纳税人销售额超过小规模纳税人标准，未申请办理一般纳税人认定手续的。

《国家税务总局 财政部 海关总署关于在综合保税区推广增值税一般纳税人资格试点的公告》（国家税务总局公告 2019 年第 29 号）规定，自 2019 年 8 月 8 日起，综合保税区增值税一般纳税人资格试点（以下简称一般纳税人资格试点）实行备案管理。符合下列条件的综合保税区，由所在地省级税务、财政部门和直属海关将一般纳税人资格试点实施方案（包括综合保税区名称、企业申请需求、政策实施准备条件等情况）向国家税务总局、财政部和海关总署备案后，可以开展一般纳税人资格试点：

（1）综合保税区内企业确有开展一般纳税人资格试点的需求；

（2）所在地市（地）级人民政府牵头建立了综合保税区行政管理机构、税务、海关等部门协同推进试点的工作机制；

（3）综合保税区主管税务机关和海关建立了一般纳税人资格试点工作相关的联合监管和信息共享机制；

（4）综合保税区主管税务机关具备在综合保税区开展工作的条件，明确专门机构或人员负责纳税服务、税收征管等相关工作。

综合保税区完成备案后,区内符合增值税一般纳税人登记管理有关规定的企业,可自愿向综合保税区所在地主管税务机关、海关申请成为试点企业,并按规定向主管税务机关办理增值税一般纳税人资格登记。

试点企业自增值税一般纳税人资格生效之日起,适用下列税收政策:

第一,试点企业进口自用设备(包括机器设备、基建物资和办公用品)时,暂免征收进口关税和进口环节增值税、消费税(以下简称进口税收)。

上述暂免进口税收按照该进口自用设备海关监管年限平均分摊到各个年度,每年年终对本年暂免的进口税收按照当年内外销比例进行划分,对外销比例部分执行试点企业所在海关特殊监管区域的税收政策,对内销比例部分比照执行海关特殊监管区域外(以下简称区外)税收政策补征税款。

第二,除进口自用设备外,购买的下列货物适用保税政策:

(1)从境外购买并进入试点区域的货物;

(2)从海关特殊监管区域(试点区域除外)或海关保税监管场所购买并进入试点区域的保税货物;

(3)从试点区域内非试点企业购买的保税货物;

(4)从试点区域内其他试点企业购买的未经加工的保税货物。

第三,销售的下列货物,向主管税务机关申报缴纳增值税、消费税:

(1)向境内区外销售的货物;

(2)向保税区、不具备退税功能的保税监管场所销售的货物(未经加工的保税货物除外);

(3)向试点区域内其他试点企业销售的货物(未经加工的保税货物除外)。

试点企业销售上述货物中含有保税货物的,按照保税货物进入海关特殊监管区域时的状态向海关申报缴纳进口税收,并按照规定补缴缓税利息。

第四,向海关特殊监管区域或者海关保税监管场所销售的未经加工的保税货物,继续适用保税政策。

第五,销售的下列货物(未经加工的保税货物除外),适用出口退(免)税政策,主管税务机关凭海关提供的与之对应的出口货物报关单电子数据审核办理试点企业申报的出口退(免)税。

(1)离境出口的货物;

(2)向海关特殊监管区域(试点区域、保税区除外)或海关保税监管场所(不具备退税功能的保税监管场所除外)销售的货物;

(3)向试点区域内非试点企业销售的货物。

第六,未经加工的保税货物离境出口实行增值税、消费税免税政策。

第七，除财政部、海关总署、国家税务总局另有规定外，试点企业适用区外关税、增值税、消费税的法律、法规等现行规定。

区外销售给试点企业的加工贸易货物，继续按现行税收政策执行；销售给试点企业的其他货物（包括水、蒸汽、电力、燃气）不再适用出口退税政策，按照规定缴纳增值税、消费税。

案例 020：将实物折扣转变为价格折扣

一、客户基本情况（客户基本方案）

甲公司销售一批商品，共 1 万件，每件不含税价格为 100 元。根据双方协商，计划采取实物折扣的方式，即在 100 件商品的基础上赠送 10 件商品，实际赠送 1 000 件商品。该商品适用的增值税税率为 13%。

二、客户方案纳税金额计算

根据增值税法规定，赠送货物按照视同销售处理。甲公司按照实物折扣的方式销售后，实际收取不含税价款：10 000×100=100（万元），收取增值税销项税额：10 000×100×13%=13（万元），需要自己承担销项税额：0.1×100×13%=1.3（万元）。

☛ 简明法律依据

（1）《增值税暂行条例》；

（2）《增值税暂行条例实施细则》；

（3）《财政部 税务总局关于调整增值税税率的通知》（财税〔2018〕32 号）；

（4）《财政部 税务总局 海关总署关于深化增值税改革有关政策的公告》（财政部 税务总局 海关总署公告 2019 年第 39 号）。

三、纳税筹划方案纳税金额计算

建议甲公司将这种实物折扣在开发票时变成价格折扣，即按照出售 1.1 万件商品计算，商品不含税价格总额为 110 万元，打折以后的不含税价格为 100 万元。这样，该公司就可以收取 100 万元的价款，同时收取增值税销项税额：100×13%=13（万元），不用自己负担增值税。

通过纳税筹划，甲公司该笔销售业务减轻增值税负担 1.3 万元。

☛ 简明法律依据

（1）《增值税暂行条例》；

（2）《增值税暂行条例实施细则》；

（3）《财政部 税务总局关于调整增值税税率的通知》（财税〔2018〕32号）；

（4）《财政部 税务总局 海关总署关于深化增值税改革有关政策的公告》（财政部 税务总局 海关总署公告2019年第39号）；

（5）《国家税务总局关于印发〈增值税若干具体问题的规定〉的通知》（国税发〔1993〕154号）；

（6）《国家税务总局关于折扣额抵减增值税应税销售额问题通知》（国税函〔2010〕56号）。

四、本案例涉及的主要税收制度

（一）赠与视同销售的增值税制度

《增值税暂行条例实施细则》第四条规定，单位或者个体工商户的下列行为，视同销售货物：（一）将货物交付其他单位或者个人代销；（二）销售代销货物；（三）设有两个以上机构并实行统一核算的纳税人，将货物从一个机构移送其他机构用于销售，但相关机构设在同一县（市）的除外；（四）将自产或者委托加工的货物用于非增值税应税项目；（五）将自产、委托加工的货物用于集体福利或者个人消费；（六）将自产、委托加工或者购进的货物作为投资，提供给其他单位或者个体工商户；（七）将自产、委托加工或者购进的货物分配给股东或者投资者；（八）将自产、委托加工或者购进的货物无偿赠送其他单位或者个人。

《增值税暂行条例实施细则》第十六条规定，纳税人有条例第七条所称价格明显偏低并无正当理由或者有本细则第四条所列视同销售货物行为而无销售额者，按下列顺序确定销售额：（一）按纳税人最近时期同类货物的平均销售价格确定；（二）按其他纳税人最近时期同类货物的平均销售价格确定；（三）按组成计税价格确定。组成计税价格的公式为：组成计税价格=成本×（1+成本利润率）。属于应征消费税的货物，其组成计税价格中应加计消费税额。公式中的成本是指：销售自产货物的为实际生产成本，销售外购货物的为实际采购成本。公式中的成本利润率由国家税务总局确定。

（二）价格折扣的增值税制度

《国家税务总局关于印发〈增值税若干具体问题的规定〉的通知》（国税发〔1993〕154号）规定：纳税人采取折扣方式销售货物，如果销售额和折扣额在同一张发票上分别注明的，可按折扣后的销售额征收增值税；如果将折扣额另开发票，不论其在财务上如何处理，均不得从销售额中减除折扣额。

《国家税务总局关于折扣额抵减增值税应税销售额问题通知》（国税函〔2010〕56号）

规定：纳税人采取折扣方式销售货物，销售额和折扣额在同一张发票上分别注明是指销售额和折扣额在同一张发票上的"金额"栏分别注明的，可按折扣后的销售额征收增值税。未在同一张发票"金额"栏注明折扣额，而仅在发票的"备注"栏注明折扣额的，折扣额不得从销售额中减除。

案例021：分立农产品公司增加进项税额

一、客户基本情况（客户基本方案）

甲奶制品公司（以下简称甲公司）主要生产流程为：饲养奶牛生产牛奶，将产出的新鲜牛奶加工制成奶制品，再将奶制品销售给各大商业公司，或者直接通过销售网络销售给消费者。奶制品适用的增值税税率为13%，进项税额主要由两部分组成：一是向农民个人收购的草料部分可以抵扣10%的进项税额；二是公司水费、电费和修理用配件等按规定可以抵扣进项税额。与销项税额相比，这两部分进项税额数额较小，致使公司的增值税税负较高。假设2022年度甲公司从农民手中收购的草料不含税金额为900万元，允许抵扣的进项税额为90万元，其他水费、电费、修理用配件等进项税额为80万元，全年奶制品不含税销售收入为5 000万元。

二、客户方案纳税金额计算

甲公司应纳增值税：5 000×13%–（90+80）=480（万元）。

简明法律依据

（1）《增值税暂行条例》；
（2）《增值税暂行条例实施细则》；
（3）《财政部 税务总局关于调整增值税税率的通知》（财税〔2018〕32号）；
（4）《财政部 税务总局 海关总署关于深化增值税改革有关政策的公告》（财政部 税务总局 海关总署公告2019年第39号）。

三、纳税筹划方案纳税金额计算

建议甲公司将整个生产流程分成饲养奶牛和奶制品加工两部分，由甲公司的股东新设一家公司，或者由甲公司设立一家全资子公司——乙公司，负责饲养奶牛，生产新鲜牛奶。由甲公司专门负责奶制品加工。纳税筹划之后，假定乙公司销售给甲公司的鲜奶售价为3 600万元，其他条件不变。乙公司生产销售初级农产品，可以享受免纳增值税的优惠。甲公司应纳增值税：5 000×13%–3 600×10%–80=210（万元）。

通过纳税筹划，甲公司减轻增值税负担：480–210=270（万元）。

▶ 简明法律依据

（1）《增值税暂行条例》；

（2）《增值税暂行条例实施细则》；

（3）《财政部 税务总局关于调整增值税税率的通知》（财税〔2018〕32号）；

（4）《财政部 税务总局 海关总署关于深化增值税改革有关政策的公告》（财政部 税务总局 海关总署公告2019年第39号）；

（5）《国家税务总局关于在部分行业试行农产品增值税进项税额核定扣除办法有关问题的公告》（国家税务总局公告2012年第35号）。

四、本案例涉及的主要税收制度

（一）增值税进项税额抵扣制度

《增值税暂行条例》第八条规定，纳税人购进货物、劳务、服务、无形资产、不动产支付或者负担的增值税额，为进项税额。下列进项税额准予从销项税额中抵扣：（一）从销售方取得的增值税专用发票上注明的增值税额。（二）从海关取得的海关进口增值税专用缴款书上注明的增值税额。（三）购进农产品，除取得增值税专用发票或者海关进口增值税专用缴款书外，按照农产品收购发票或者销售发票上注明的农产品买价和11%的扣除率计算的进项税额，国务院另有规定的除外。进项税额计算公式：进项税额=买价×扣除率。（四）自境外单位或者个人购进劳务、服务、无形资产或者境内的不动产，从税务机关或者扣缴义务人取得的代扣代缴税款的完税凭证上注明的增值税额。准予抵扣的项目和扣除率的调整，由国务院决定。

《财政部 税务总局关于调整增值税税率的通知》（财税〔2018〕32号）规定：自2018年5月1日起，纳税人购进农产品，原适用11%扣除率的，扣除率调整为10%。纳税人购进用于生产销售或委托加工16%税率货物的农产品，按照12%的扣除率计算进项税额。

《财政部 税务总局 海关总署关于深化增值税改革有关政策的公告》（财政部 税务总局 海关总署公告2019年第39号）规定：自2019年4月1日起，纳税人购进农产品，原适用10%扣除率的，扣除率调整为9%。纳税人购进用于生产或者委托加工13%税率货物的农产品，按照10%的扣除率计算进项税额。

（二）增值税免税优惠制度

《增值税暂行条例》第十五条规定，下列项目免征增值税：（一）农业生产者销售的自产农产品；（二）避孕药品和用具；（三）古旧图书；（四）直接用于科学研究、科学试验和教学的进口仪器、设备；（五）外国政府、国际组织无偿援助的进口物资和设备；（六）

由残疾人的组织直接进口供残疾人专用的物品;(七)销售的自己使用过的物品。除前款规定外,增值税的免税、减税项目由国务院规定。任何地区、部门均不得规定免税、减税项目。

《增值税暂行条例》第十六条规定:纳税人兼营免税、减税项目的,应当分别核算免税、减税项目的销售额;未分别核算销售额的,不得免税、减税。

《增值税暂行条例实施细则》第三十五条规定,条例第十五条规定的部分免税项目的范围,限定如下:(一)第一款第(一)项所称农业,是指种植业、养殖业、林业、牧业、水产业。农业生产者,包括从事农业生产的单位和个人。农产品,是指初级农产品,具体范围由财政部、国家税务总局确定。(二)第一款第(三)项所称古旧图书,是指向社会收购的古书和旧书。(三)第一款第(七)项所称自己使用过的物品,是指其他个人自己使用过的物品。

(三)农产品进项税额核定扣除制度

《国家税务总局关于在部分行业试行农产品增值税进项税额核定扣除办法有关问题的公告》(国家税务总局公告2012年第35号)规定:自2012年7月1日起,以购进农产品为原料生产销售液体乳及乳制品、酒及酒精、植物油的增值税一般纳税人,纳入农产品增值税进项税额核定扣除试点范围,其购进农产品无论是否用于生产上述产品,增值税进项税额均按照《农产品增值税进项税额核定扣除试点实施办法》的规定抵扣。试点纳税人以购进农产品为原料生产货物的,农产品增值税进项税额核定的方法包括投入产出法、成本法和参照法。

《农产品增值税进项税额核定扣除试点实施办法》规定:

试点纳税人购进农产品不再凭增值税扣税凭证抵扣增值税进项税额,购进除农产品以外的货物、应税劳务和应税服务,增值税进项税额仍按现行有关规定抵扣。

试点纳税人以购进农产品为原料生产货物的,农产品增值税进项税额可按照以下方法核定:

(1)投入产出法。参照国家标准、行业标准(包括行业公认标准和行业平均耗用值)确定销售单位数量货物耗用外购农产品的数量(以下称农产品单耗数量)。

当期允许抵扣农产品增值税进项税额依据农产品单耗数量、当期销售货物数量、农产品平均购买单价(含税,下同)和农产品增值税进项税额扣除率(以下简称扣除率)计算。

公式为:

当期允许抵扣农产品增值税进项税额=当期农产品耗用数量×农产品平均购买单价×扣除率÷(1+扣除率)

当期农产品耗用数量=当期销售货物数量（不含采购除农产品以外的半成品生产的货物数量）×农产品单耗数量

对以单一农产品原料生产多种货物或者多种农产品原料生产多种货物的，在核算当期农产品耗用数量和平均购买单价时，应依据合理的方法归集和分配。

平均购买单价是指购买农产品期末平均买价，不包括买价之外单独支付的运费和入库前的整理费用。期末平均买价计算公式：

期末平均买价=（期初库存农产品数量×期初平均买价+当期购进农产品数量×当期买价）÷（期初库存农产品数量+当期购进农产品数量）

（2）成本法。依据试点纳税人年度会计核算资料，计算确定耗用农产品的外购金额占生产成本的比例（以下称农产品耗用率）。当期允许抵扣农产品增值税进项税额依据当期主营业务成本、农产品耗用率以及扣除率计算。公式为：

当期允许抵扣农产品增值税进项税额=当期主营业务成本×农产品耗用率×扣除率÷（1+扣除率）

农产品耗用率=上年投入生产的农产品外购金额÷上年生产成本

农产品外购金额（含税）不包括不构成货物实体的农产品（包括包装物、辅助材料、燃料、低值易耗品等）和在购进农产品之外单独支付的运费、入库前的整理费用。

对以单一农产品原料生产多种货物或者多种农产品原料生产多种货物的，在核算当期主营业务成本以及核定农产品耗用率时，试点纳税人应依据合理的方法进行归集和分配。

农产品耗用率由试点纳税人向主管税务机关申请核定。

年度终了，主管税务机关应根据试点纳税人本年实际对当年已抵扣的农产品增值税进项税额进行纳税调整，重新核定当年的农产品耗用率，并作为下一年度的农产品耗用率。

（3）参照法。新办的试点纳税人或者试点纳税人新增产品的，试点纳税人可参照所属行业或者生产结构相近的其他试点纳税人确定农产品单耗数量或者农产品耗用率。次年，试点纳税人向主管税务机关申请核定当期的农产品单耗数量或者农产品耗用率，并据此计算确定当年允许抵扣的农产品增值税进项税额，同时对上一年增值税进项税额进行调整。核定的进项税额超过实际抵扣增值税进项税额的，其差额部分可以结转下期继续抵扣；核定的进项税额低于实际抵扣增值税进项税额的，其差额部分应按现行增值税的有关规定将进项税额做转出处理。

试点纳税人购进农产品直接销售的，农产品增值税进项税额按照以下方法核定扣除：

当期允许抵扣农产品增值税进项税额=当期销售农产品数量÷（1−损耗率）×农产品平均购买单价×13%÷（1+13%）

损耗率=损耗数量/购进数量

试点纳税人购进农产品用于生产经营且不构成货物实体的（包括包装物、辅助材料、燃料、低值易耗品等），增值税进项税额按照以下方法核定扣除：

当期允许抵扣农产品增值税进项税额=当期耗用农产品数量×
农产品平均购买单价×13%÷（1+13%）

农产品单耗数量、农产品耗用率和损耗率统称为农产品增值税进项税额扣除标准。

案例 022：利用小微企业免征增值税优惠

一、客户基本情况（客户基本方案）

甲公司为增值税小规模纳税人，2022 年第一季度含税销售额为 45.5 万元左右。由于不符合小微企业免增值税的条件，该季度应依法缴纳增值税。

二、客户方案纳税金额计算

甲公司该季度含税销售额为 45.5 万元，则其不含税销售额为：45.5÷（1+1%）=45.05（万元），由于超过了 45 万元的优惠标准，因此，该季度应当依法缴纳增值税：45.5÷（1+1%）×1%=0.45（万元）。

> 简明法律依据

（1）《增值税暂行条例》；

（2）《增值税暂行条例实施细则》；

（3）《财政部 税务总局关于实施小微企业普惠性税收减免政策的通知》（财税〔2019〕13 号）；

（4）《财政部 税务总局关于明确增值税小规模纳税人免征增值税政策的公告》（财政部 税务总局公告 2021 年第 11 号）。

三、纳税筹划方案纳税金额计算

建议甲公司通过合理控制该季度销售额以及发票开具等方式，将该季度含税销售额控制在 45.45 万元以内，其余金额推迟至 2022 年第二季度开票。由于该季度的含税销售额为 45.45 万元，即不含税销售额为：45.45÷（1+1%）=45（万元），没有超过 45 万元，可以享受免征增值税的优惠。

通过纳税筹划，甲公司减轻增值税负担 0.45 万元。

> 简明法律依据

（1）《增值税暂行条例》；

（2）《增值税暂行条例实施细则》；

（3）《财政部 税务总局关于实施小微企业普惠性税收减免政策的通知》（财税〔2019〕13号）；

（4）《国家税务总局关于小规模纳税人免征增值税政策有关征管问题的公告》（国家税务总局公告2019年第4号）；

（5）《财政部 税务总局关于明确增值税小规模纳税人免征增值税政策的公告》（财政部 税务总局公告2021年第11号）；

（6）《财政部 税务总局关于对增值税小规模纳税人免征增值税的公告》（财政部 税务总局公告2022年第15号）。

四、本案例涉及的主要税收制度

《财政部 税务总局关于实施小微企业普惠性税收减免政策的通知》（财税〔2019〕13号）规定：自2019年1月1日至2021年12月31日，对月销售额10万元以下（含本数）的增值税小规模纳税人，免征增值税。

《国家税务总局关于小规模纳税人免征增值税政策有关征管问题的公告》（国家税务总局公告2019年第4号）规定：

自2019年1月1日起，小规模纳税人发生增值税应税销售行为，合计月销售额未超过10万元（以一个季度为一个纳税期的，季度销售额未超过30万元，下同）的，免征增值税。小规模纳税人发生增值税应税销售行为，合计月销售额超过10万元，但扣除本期发生的销售不动产的销售额后未超过10万元的，其销售货物、劳务、服务、无形资产取得的销售额免征增值税。

适用增值税差额征税政策的小规模纳税人，以差额后的销售额确定是否可以享受上述免征增值税政策。《增值税纳税申报表（小规模纳税人适用）》中的"免税销售额"相关栏次，填写差额后的销售额。

按固定期限纳税的小规模纳税人可以选择以一个月或一个季度为纳税期限，一经选择，一个会计年度内不得变更。

《增值税暂行条例实施细则》第九条所称的其他个人，采取一次性收取租金形式出租不动产取得的租金收入，可在对应的租赁期内平均分摊，分摊后的月租金收入未超过10万元的，免征增值税。

按照现行规定应当预缴增值税税款的小规模纳税人，凡在预缴地实现的月销售额未超过10万元的，当期无须预缴税款。

小规模纳税人月销售额未超过10万元的，当期因开具增值税专用发票已经缴纳的税款，在增值税专用发票全部联次追回或者按规定开具红字专用发票后，可以向主管税务机关申请退还。

小规模纳税人 2019 年 1 月销售额未超过 10 万元（以一个季度为一个纳税期的，2019 年第一季度销售额未超过 30 万元），但当期因代开普通发票已经缴纳的税款，可以在办理纳税申报时向主管税务机关申请退还。

小规模纳税人月销售额超过 10 万元的，使用增值税发票管理系统开具增值税普通发票、机动车销售统一发票、增值税电子普通发票。已经使用增值税发票管理系统的小规模纳税人，月销售额未超过 10 万元的，可以继续使用现有税控设备开具发票；已经自行开具增值税专用发票的，可以继续自行开具增值税专用发票，并就开具增值税专用发票的销售额计算缴纳增值税。

《财政部 税务总局关于明确增值税小规模纳税人免征增值税政策的公告》（财政部 税务总局公告 2021 年第 11 号）规定：自 2021 年 4 月 1 日至 2022 年 12 月 31 日，对月销售额 15 万元以下（含本数）的增值税小规模纳税人，免征增值税。

《财政部 税务总局关于对增值税小规模纳税人免征增值税的公告》（财政部 税务总局公告 2022 年第 15 号）规定：自 2022 年 4 月 1 日至 2022 年 12 月 31 日，增值税小规模纳税人适用 3% 征收率的应税销售收入，免征增值税；适用 3% 预征率的预缴增值税项目，暂停预缴增值税。

案例 023：利用近亲属赠与住房免征增值税优惠

一、客户基本情况（客户基本方案）

王女士想为自己的儿子在北京购买一套住房。他们均无北京户籍，且在北京缴纳社保和个人所得税的时间刚满 4 年，因此不具备在北京购买住房的资格。王女士便以其哥哥（具有北京户籍）的名义在北京购房，一年之后，等自己与儿子具备在北京买房资格后再过户到儿子名下。假设所涉住房购买时的价款为 300 万元，过户到王女士儿子名下时的市场价格为 500 万元（含增值税）。

二、客户方案纳税金额计算

该套住房过户时，王女士的哥哥需要缴纳增值税：500÷（1+5%）×5%=23.81（万元），需要缴纳城市维护建设税、教育费附加和地方教育费附加：23.81×（7%+3%+2%）=2.86（万元）；王女士的儿子需要缴纳契税：500÷（1+5%）×3%=14.29（万元），需要缴纳个人所得税：［500÷（1+5%）−14.29］×20%=92.38（万元），合计税收负担：23.81+2.86+14.29+92.38=133.34（万元）。

简明法律依据

（1）《增值税暂行条例》；

（2）《增值税暂行条例实施细则》；

（3）《中华人民共和国契税法》（2020年8月11日第十三届全国人民代表大会常务委员会第二十一次会议通过，以下简称《契税法》）；

（4）《财政部 国家税务总局关于个人无偿受赠房屋有关个人所得税问题的通知》（财税〔2009〕78号）；

（5）《财政部 国家税务总局关于全面推开营业税改征增值税试点的通知》（财税〔2016〕36号）。

三、纳税筹划方案纳税金额计算

建议王女士的哥哥将房产先赠与王女士。由于两人是兄妹关系，根据现行税收政策，可以免征增值税和个人所得税。在过户时，王女士需要缴纳契税：500÷（1+5%）×3%=14.29（万元）。随后，王女士可以再将住房赠与自己的儿子，由于两人是母子关系，根据现行税收政策，可以免征增值税和个人所得税。在过户时，王女士的儿子需要缴纳契税：500÷（1+5%）×3%=14.29（万元）。合计税收负担：14.29+14.29=28.58（万元）。

通过纳税筹划，王女士等人减轻税收负担：133.34–28.58=104.76（万元）。

简明法律依据

（1）《增值税暂行条例》；

（2）《增值税暂行条例实施细则》；

（3）《契税法》；

（4）《财政部 国家税务总局关于个人无偿受赠房屋有关个人所得税问题的通知》（财税〔2009〕78号）；

（5）《财政部 税务总局关于个人取得有关收入适用个人所得税应税所得项目的公告》（财政部 税务总局公告2019年第74号）；

（6）《财政部 国家税务总局关于全面推开营业税改征增值税试点的通知》（财税〔2016〕36号）。

四、本案例涉及的主要税收制度

（一）增值税相关制度

《财政部 国家税务总局关于全面推开营业税改征增值税试点的通知》（财税〔2016〕36号）附件2《营业税改征增值税试点过渡政策的规定》规定：

涉及家庭财产分割的个人无偿转让不动产、土地使用权免征增值税。家庭财产分割，包括下列情形：离婚财产分割；无偿赠与配偶、父母、子女、祖父母、外祖父母、孙子女、外孙子女、兄弟姐妹；无偿赠与对其承担直接抚养或者赡养义务的抚养人或者赡养人；房屋产权所有人死亡，法定继承人、遗嘱继承人或者受遗赠人依法取得房屋产权。

个人将购买不足2年的住房对外销售的，按照5%的征收率全额缴纳增值税；个人将购买2年以上（含2年）的住房对外销售的，免征增值税。上述政策适用于北京市、上海市、广州市和深圳市之外的地区。

个人将购买不足2年的住房对外销售的，按照5%的征收率全额缴纳增值税；个人将购买2年以上（含2年）的非普通住房对外销售的，以销售收入减去购买住房价款后的差额按照5%的征收率缴纳增值税；个人将购买2年以上（含2年）的普通住房对外销售的，免征增值税。上述政策仅适用于北京市、上海市、广州市和深圳市。

办理免税的具体程序、购买房屋的时间、开具发票、非购买形式取得住房行为及其他相关税收管理规定，按照《国务院办公厅转发建设部等部门关于做好稳定住房价格工作意见的通知》（国办发〔2005〕26号）、《国家税务总局 财政部 建设部关于加强房地产税收管理的通知》（国税发〔2005〕89号）和《国家税务总局关于房地产税收政策执行中几个具体问题的通知》（国税发〔2005〕172号）的有关规定执行。

（二）个人所得税相关制度

《财政部 国家税务总局关于个人无偿受赠房屋有关个人所得税问题的通知》（财税〔2009〕78号）规定，以下情形的房屋产权无偿赠与，对当事双方不征收个人所得税：

（1）房屋产权所有人将房屋产权无偿赠与配偶、父母、子女、祖父母、外祖父母、孙子女、外孙子女、兄弟姐妹；

（2）房屋产权所有人将房屋产权无偿赠与对其承担直接抚养或者赡养义务的抚养人或者赡养人；

（3）房屋产权所有人死亡，依法取得房屋产权的法定继承人、遗嘱继承人或者受遗赠人。

除上述规定情形以外，房屋产权所有人将房屋产权无偿赠与他人的，受赠人因无偿受赠房屋取得的受赠所得，按照"经国务院财政部门确定征税的其他所得"项目缴纳个人所得税，税率为20%。

对受赠人无偿受赠房屋计征个人所得税时，其应纳税所得额为房地产赠与合同上标明的赠与房屋价值减除赠与过程中受赠人支付的相关税费后的余额。赠与合同标明的房屋价值明显低于市场价格或房地产赠与合同未标明赠与房屋价值的，税务机关可依据受赠房屋的市场评估价格或采取其他合理方式确定受赠人的应纳税所得额。

《财政部 税务总局关于个人取得有关收入适用个人所得税应税所得项目的公告》（财

政部 税务总局公告 2019 年第 74 号）第二条规定，房屋产权所有人将房屋产权无偿赠与他人的，受赠人因无偿受赠房屋取得的受赠收入，按照"偶然所得"项目计算缴纳个人所得税。按照《财政部 国家税务总局关于个人无偿受赠房屋有关个人所得税问题的通知》（财税〔2009〕78 号）第一条规定，符合以下情形的，对当事双方不征收个人所得税：

（1）房屋产权所有人将房屋产权无偿赠与配偶、父母、子女、祖父母、外祖父母、孙子女、外孙子女、兄弟姐妹；

（2）房屋产权所有人将房屋产权无偿赠与对其承担直接抚养或者赡养义务的抚养人或者赡养人；

（3）房屋产权所有人死亡，依法取得房屋产权的法定继承人、遗嘱继承人或者受遗赠人。

上述所称受赠收入的应纳税所得额按照《财政部 国家税务总局关于个人无偿受赠房屋有关个人所得税问题的通知》（财税〔2009〕78 号）第四条规定计算。

（三）契税相关制度

《契税法》第一条规定：在中华人民共和国境内转移土地、房屋权属，承受的单位和个人为契税的纳税人，应当依照本法规定缴纳契税。

《契税法》第二条规定，本法所称转移土地、房屋权属，是指下列行为：（一）土地使用权出让；（二）土地使用权转让，包括出售、赠与、互换；（三）房屋买卖、赠与、互换。前款第二项土地使用权转让，不包括土地承包经营权和土地经营权的转移。以作价投资（入股）、偿还债务、划转、奖励等方式转移土地、房屋权属的，应当依照本法规定征收契税。

《契税法》第三条规定：契税税率为百分之三至百分之五。契税的具体适用税率，由省、自治区、直辖市人民政府在前款规定的税率幅度内提出，报同级人民代表大会常务委员会决定，并报全国人民代表大会常务委员会和国务院备案。省、自治区、直辖市可以依照前款规定的程序对不同主体、不同地区、不同类型的住房的权属转移确定差别税率。

《契税法》第四条规定，契税的计税依据：（一）土地使用权出让、出售，房屋买卖，为土地、房屋权属转移合同确定的成交价格，包括应交付的货币以及实物、其他经济利益对应的价款；（二）土地使用权互换、房屋互换，为所互换的土地使用权、房屋价格的差额；（三）土地使用权赠与、房屋赠与以及其他没有价格的转移土地、房屋权属行为，为税务机关参照土地使用权出售、房屋买卖的市场价格依法核定的价格。纳税人申报的成交价格、互换价格差额明显偏低且无正当理由的，由税务机关依照《中华人民共和国税收征收管理法》的规定核定。

《契税法》第五条规定：契税的应纳税额按照计税依据乘以具体适用税率计算。

案例 024：利用持有满两年转让住房免征增值税优惠

一、客户基本情况（客户基本方案）

刘先生于 2020 年 8 月 10 日在北京市区购买了一套普通住房并取得了房产证，总价款为 480 万元。2022 年 2 月 10 日，刘先生因急需钱，准备将该套住房以 500 万元的价格转让给他人。仅考虑增值税及其附加，不考虑其他税费。

二、客户方案纳税金额计算

如果此时转让，刘先生需要缴纳增值税：500÷（1+5%）×5%=23.81（万元），需要缴纳城市维护建设税、教育费附加和地方教育费附加：23.81×（7%+3%+2%）=2.86（万元），合计税收负担：23.81+2.86=26.67（万元）。

简明法律依据

（1）《增值税暂行条例》；
（2）《增值税暂行条例实施细则》；
（3）《中华人民共和国城市维护建设税法》（2020 年 8 月 11 日第十三届全国人民代表大会常务委员会第二十一次会议通过，以下简称《城市维护建设税法》）；
（4）《财政部 国家税务总局关于全面推开营业税改征增值税试点的通知》（财税〔2016〕36 号）。

三、纳税筹划方案纳税金额计算

由于刘先生急需钱，此时已经无法等到持有满两年再销售住房了。为了享受满两年免增值税的政策，刘先生可以先实际销售住房，等待满两年后再办理房产过户手续。为了保证购房者的利益并预防刘先生未来再将住房销售给他人或者不办理房产过户手续，双方可以签订一个抵押借款协议。刘先生向购房者借款 500 万元，以该套住房作为抵押，并办理抵押登记。这样，不经过购房者同意，刘先生是不可能再将住房销售给他人的。

同时，刘先生与购房者签订一个购买该套住房的协议，协议约定住房办理过户的日期为 2022 年 8 月 10 日。如果刘先生拖延办理住房过户手续，可以约定每拖延一日支付一定数额的违约金；如果刘先生拒绝办理住房过户手续，可以约定一个比较高的违约金，这样就可以预防刘先生再以高价将住房出售给他人。

通过纳税筹划，刘先生减轻增值税及其附加税费负担 26.67 万元。

简明法律依据

（1）《增值税暂行条例》；

（2）《增值税暂行条例实施细则》；

（3）《城市维护建设税法》；

（4）《国家税务总局关于房地产税收政策执行中几个具体问题的通知》（国税发〔2005〕172号）；

《财政部 国家税务总局关于全面推开营业税改征增值税试点的通知》（财税〔2016〕36号）。

四、本案例涉及的主要税收制度

（一）城市维护建设税相关制度

《城市维护建设税法》第一条规定：在中华人民共和国境内缴纳增值税、消费税的单位和个人，为城市维护建设税的纳税人，应当依照本法规定缴纳城市维护建设税。

《城市维护建设税法》第二条规定：城市维护建设税以纳税人依法实际缴纳的增值税、消费税税额为计税依据。城市维护建设税的计税依据应当按照规定扣除期末留抵退税退还的增值税税额。城市维护建设税计税依据的具体确定办法，由国务院依据本法和有关税收法律、行政法规规定，报全国人民代表大会常务委员会备案。

《城市维护建设税法》第三条规定：对进口货物或者境外单位和个人向境内销售劳务、服务、无形资产缴纳的增值税、消费税税额，不征收城市维护建设税。

《城市维护建设税法》第四条规定，城市维护建设税税率如下：（一）纳税人所在地在市区的，税率为百分之七；（二）纳税人所在地在县城、镇的，税率为百分之五；（三）纳税人所在地不在市区、县城或者镇的，税率为百分之一。前款所称纳税人所在地，是指纳税人住所地或者与纳税人生产经营活动相关的其他地点，具体地点由省、自治区、直辖市确定。

（二）住房购买时间的判断标准

《国家税务总局关于房地产税收政策执行中几个具体问题的通知》（国税发〔2005〕172号）第三条规定：纳税人申报时，同时出具房屋产权证和契税完税证明且二者所注明的时间不一致的，按照"孰先"的原则确定购买房屋的时间。即房屋产权证上注明的时间早于契税完税证明上注明的时间的，以房屋产权证明的时间为购买房屋的时间；契税完税证明上注明的时间早于房屋产权证上注明的时间的，以契税完税证明上注明的时间为购买房屋的时间。

案例 025：利用退役士兵税收优惠

一、客户基本情况（客户基本方案）

赵先生是自主就业退役士兵，原计划创办一家运输公司——甲公司，预计年销售额为 500 万元，按照小规模纳税人纳税，开具增值税专用发票。

二、客户方案纳税金额计算

在现有方案下，甲公司需要缴纳增值税：500×3%=15（万元）。

● 简明法律依据

（1）《增值税暂行条例》；

（2）《增值税暂行条例实施细则》；

（3）《财政部 国家税务总局关于全面推开营业税改征增值税试点的通知》（财税〔2016〕36 号）。

三、纳税筹划方案纳税金额计算

建议赵先生创办个体工商户从事运输服务。根据现有税收优惠，该个体工商户每年可以扣减增值税 1.2 万元，3 年可以扣减增值税 3.6 万元。

通过纳税筹划，赵先生 3 年减轻增值税负担 3.6 万元。

与此类似，重点群体创业就业的相关税收优惠政策也值得企业关注与利用。

● 简明法律依据

（1）《增值税暂行条例》；

（2）《增值税暂行条例实施细则》；

（3）《财政部 国家税务总局关于全面推开营业税改征增值税试点的通知》（财税〔2016〕36 号）；

（4）《财政部 税务总局 退役军人部关于进一步扶持自主就业退役士兵创业就业有关税收政策的通知》（财税〔2019〕21 号）；

（5）《财政部 税务总局 人力资源社会保障部 国务院扶贫办关于进一步支持和促进重点群体创业就业有关税收政策的通知》（财税〔2019〕22 号）；

（6）《财政部 税务总局关于延长部分税收优惠政策执行期限的公告》（财政部 税务总局公告 2022 年第 4 号）。

四、本案例涉及的主要税收制度

（一）退役士兵创业就业税收优惠

《财政部 税务总局 退役军人部关于进一步扶持自主就业退役士兵创业就业有关税收政策的通知》（财税〔2019〕21号）规定：

自2019年1月1日至2021年12月31日，自主就业退役士兵从事个体经营的，自办理个体工商户登记当月起，在3年（36个月，下同）内按每户每年12 000元为限额依次扣减其当年实际应缴纳的增值税、城市维护建设税、教育费附加、地方教育附加和个人所得税。限额标准最高可上浮20%，各省、自治区、直辖市人民政府可根据本地区实际情况在此幅度内确定具体限额标准。

纳税人年度应缴纳税款小于上述扣减限额的，减免税额以其实际缴纳的税款为限；大于上述扣减限额的，以上述扣减限额为限。纳税人的实际经营期不足1年的，应当按月换算其减免税限额。换算公式为：减免税限额=年度减免税限额÷12×实际经营月数。城市维护建设税、教育费附加、地方教育附加的计税依据是享受本项税收优惠政策前的增值税应纳税额。

企业招用自主就业退役士兵，与其签订1年以上期限劳动合同并依法缴纳社会保险费的，自签订劳动合同并缴纳社会保险当月起，在3年内按实际招用人数予以定额依次扣减增值税、城市维护建设税、教育费附加、地方教育附加和企业所得税优惠。定额标准为每人每年6 000元，最高可上浮50%，各省、自治区、直辖市人民政府可根据本地区实际情况在此幅度内确定具体定额标准。

企业按招用人数和签订的劳动合同时间核算企业减免税总额，在核算减免税总额内每月依次扣减增值税、城市维护建设税、教育费附加和地方教育附加。企业实际应缴纳的增值税、城市维护建设税、教育费附加和地方教育附加小于核算减免税总额的，以实际应缴纳的增值税、城市维护建设税、教育费附加和地方教育附加为限；实际应缴纳的增值税、城市维护建设税、教育费附加和地方教育附加大于核算减免税总额的，以核算减免税总额为限。

纳税年度终了，如果企业实际减免的增值税、城市维护建设税、教育费附加和地方教育附加小于核算减免税总额，企业在企业所得税汇算清缴时以差额部分扣减企业所得税。当年扣减不完的，不再结转以后年度扣减。

自主就业退役士兵在企业工作不满1年的，应当按月换算减免税限额。计算公式为：企业核算减免税总额=∑每名自主就业退役士兵本年度在本单位工作月份÷12×具体定额标准。城市维护建设税、教育费附加、地方教育附加的计税依据是享受本项税收优惠政策前的增值税应纳税额。

上述自主就业退役士兵是指依照《退役士兵安置条例》（国务院 中央军委令第608号）的规定退出现役并按自主就业方式安置的退役士兵。上述企业是指属于增值税纳税人或企业所得税纳税人的企业等单位。

自主就业退役士兵从事个体经营的，在享受税收优惠政策进行纳税申报时，注明其退役军人身份，并将《中国人民解放军义务兵退出现役证》《中国人民解放军士官退出现役证》或《中国人民武装警察部队义务兵退出现役证》《中国人民武装警察部队士官退出现役证》留存备查。

企业招用自主就业退役士兵享受税收优惠政策的，将以下资料留存备查：①招用自主就业退役士兵的《中国人民解放军义务兵退出现役证》《中国人民解放军士官退出现役证》或《中国人民武装警察部队义务兵退出现役证》《中国人民武装警察部队士官退出现役证》；②企业与招用自主就业退役士兵签订的劳动合同（副本），为职工缴纳的社会保险费记录；③自主就业退役士兵本年度在企业工作时间表。

企业招用自主就业退役士兵既可以适用上述规定的税收优惠政策，又可以适用其他扶持就业专项税收优惠政策的，企业可以选择适用最优惠的政策，但不得重复享受。

《财政部 税务总局关于延长部分税收优惠政策执行期限的公告》（财政部 税务总局公告2022年第4号）规定：《财政部 税务总局 退役军人部关于进一步扶持自主就业退役士兵创业就业有关税收政策的通知》（财税〔2019〕21号）中规定的税收优惠政策，执行期限延长至2023年12月31日。

（二）重点群体创业就业税收优惠

《财政部 税务总局 人力资源社会保障部 国务院扶贫办关于进一步支持和促进重点群体创业就业有关税收政策的通知》（财税〔2019〕22号）规定：

建档立卡贫困人口、持《就业创业证》（注明"自主创业税收政策"或"毕业年度内自主创业税收政策"）或《就业失业登记证》（注明"自主创业税收政策"）的人员，从事个体经营的，自办理个体工商户登记当月起，在3年（36个月，下同）内按每户每年12 000元为限额依次扣减其当年实际应缴纳的增值税、城市维护建设税、教育费附加、地方教育附加和个人所得税。限额标准最高可上浮20%，各省、自治区、直辖市人民政府可根据本地区实际情况在此幅度内确定具体限额标准。

纳税人年度应缴纳税款小于上述扣减限额的，减免税额以其实际缴纳的税款为限；大于上述扣减限额的，以上述扣减限额为限。

上述人员具体包括：①纳入全国扶贫开发信息系统的建档立卡贫困人口；②在人力资源社会保障部门公共就业服务机构登记失业半年以上的人员；③零就业家庭、享受城市居民最低生活保障家庭劳动年龄内的登记失业人员；④毕业年度内高校毕业生。高校毕业生是指实施高等学历教育的普通高等学校、成人高等学校应届毕业的学生；毕业年度是指毕业所在自然年，即1月1日至12月31日。

企业招用建档立卡贫困人口，以及在人力资源社会保障部门公共就业服务机构登记失业半年以上且持《就业创业证》或《就业失业登记证》（注明"企业吸纳税收政策"）的人员，与其签订1年以上期限劳动合同并依法缴纳社会保险费的，自签订劳动合同并缴纳社会保险当月起，在3年内按实际招用人数予以定额依次扣减增值税、城市维护建设税、教育费附加、地方教育附加和企业所得税优惠。定额标准为每人每年6 000元，最高可上浮30%，各省、自治区、直辖市人民政府可根据本地区实际情况在此幅度内确定具体定额标准。城市维护建设税、教育费附加、地方教育附加的计税依据是享受本项税收优惠政策前的增值税应纳税额。

按上述标准计算的税收扣减额应在企业当年实际应缴纳的增值税、城市维护建设税、教育费附加、地方教育附加和企业所得税税额中扣减，当年扣减不完的，不得结转下年使用。

上述所称企业是指属于增值税纳税人或企业所得税纳税人的企业等单位。

国务院扶贫办在每年1月15日前将建档立卡贫困人口名单及相关信息提供给人力资源社会保障部、税务总局，税务总局将相关信息转发给各省、自治区、直辖市税务部门。人力资源社会保障部门依托全国扶贫开发信息系统核实建档立卡贫困人口身份信息。

企业招用就业人员既可以适用上述规定的税收优惠政策，又可以适用其他扶持就业专项税收优惠政策的，企业可以选择适用最优惠的政策，但不得重复享受。

上述规定的税收政策执行期限为2019年1月1日至2021年12月31日。纳税人在2021年12月31日享受上述规定税收优惠政策未满3年的，可继续享受至3年期满为止。

上述人员，以前年度已享受重点群体创业就业税收优惠政策满3年的，不得再享受上述规定的税收优惠政策；以前年度享受重点群体创业就业税收优惠政策未满3年且符合规定条件的，可按规定享受优惠至3年期满。

各地财政、税务、人力资源社会保障部门、扶贫办要加强领导、周密部署，把大力支持和促进重点群体创业就业工作作为一项重要任务，主动做好政策宣传和解释工作，加强部门间的协调配合，确保政策落实到位。同时，要密切关注税收政策的执行情况，对发现的问题及时逐级向财政部、税务总局、人力资源社会保障部、国务院扶贫办反映。

案例026：利用个人买卖金融商品免征增值税优惠

一、客户基本情况（客户基本方案）

张先生计划成立甲公司，从事外汇、有价证券、非货物期货和其他金融商品买卖业务，预计年应税销售额约1 000万元。仅考虑增值税，不考虑其他税费。

二、客户方案纳税金额计算

甲公司每年需要计算增值税销项税额：1 000×6%=60（万元）。由于金融商品买卖的进项税额很少，因此甲公司每年需要缴纳增值税约60万元。

简明法律依据

（1）《增值税暂行条例》；

（2）《增值税暂行条例实施细则》；

（3）《财政部 国家税务总局关于全面推开营业税改征增值税试点的通知》（财税〔2016〕36号）。

三、纳税筹划方案纳税金额计算

建议张先生创办个体工商户从事上述金融商品买卖业务，这样就可以免纳增值税。通过纳税筹划，张先生每年减轻增值税负担约60万元。

其他一些免增值税的政策也值得纳税人关注与利用。

简明法律依据

（1）《增值税暂行条例》；

（2）《增值税暂行条例实施细则》；

（3）《财政部 国家税务总局关于全面推开营业税改征增值税试点的通知》（财税〔2016〕36号）。

四、本案例涉及的主要税收制度

（一）个人转让金融商品免增值税政策

《财政部 国家税务总局关于全面推开营业税改征增值税试点的通知》（财税〔2016〕36号）附件2《营业税改征增值税试点有关事项的规定》规定：金融商品转让，按照卖出价扣除买入价后的余额为销售额。转让金融商品出现的正负差，按盈亏相抵后的余额为销售额。若相抵后出现负差，可结转下一纳税期与下期转让金融商品销售额相抵，但年末时仍出现负差的，不得转入下一个会计年度。金融商品的买入价，可以选择按照加权平均法或者移动加权平均法进行核算，选择后 36 个月内不得变更。金融商品转让，不得开具增值税专用发票。

《财政部 国家税务总局关于全面推开营业税改征增值税试点的通知》（财税〔2016〕36 号）附件 3《营业税改征增值税试点过渡政策的规定》规定：个人从事金融商品转让业务免征增值税。

（二）其他免增值税政策

《财政部 国家税务总局关于全面推开营业税改征增值税试点的通知》（财税〔2016〕36 号）附件 3《营业税改征增值税试点过渡政策的规定》规定，下列项目免征增值税：

（1）托儿所、幼儿园提供的保育和教育服务。

托儿所、幼儿园，是指经县级以上教育部门审批成立、取得办园许可证的实施 0~6 岁学前教育的机构，包括公办和民办的托儿所、幼儿园、学前班、幼儿班、保育院、幼儿院。

公办托儿所、幼儿园免征增值税的收入是指在省级财政部门和价格主管部门审核报省级人民政府批准的收费标准以内收取的教育费、保育费。

民办托儿所、幼儿园免征增值税的收入是指在报经当地有关部门备案并公示的收费标准范围内收取的教育费、保育费。

超过规定收费标准的收费，以开办实验班、特色班和兴趣班等为由另外收取的费用以及与幼儿入园挂钩的赞助费、支教费等超过规定范围的收入，不属于免征增值税的收入。

（2）养老机构提供的养老服务。

养老机构，是指依照民政部《养老机构设立许可办法》（民政部令第 48 号）设立并依法办理登记的为老年人提供集中居住和照料服务的各类养老机构；养老服务，是指上述养老机构按照民政部《养老机构管理办法》（民政部令第 49 号）的规定，为收住的老年人提供的生活照料、康复护理、精神慰藉、文化娱乐等服务。

（3）残疾人福利机构提供的育养服务。

（4）婚姻介绍服务。

（5）殡葬服务。

殡葬服务，是指收费标准由各地价格主管部门会同有关部门核定，或者实行政府指导价管理的遗体接运（含抬尸、消毒）、遗体整容、遗体防腐、存放（含冷藏）、火化、骨灰寄存、吊唁设施设备租赁、墓穴租赁及管理等服务。

（6）残疾人员本人为社会提供的服务。

（7）医疗机构提供的医疗服务。

医疗机构，是指依据国务院《医疗机构管理条例》（国务院令第 149 号）及卫生部《医疗机构管理条例实施细则》（卫生部令第 35 号）的规定，经登记取得《医疗机构执业许可证》的机构，以及军队、武警部队各级各类医疗机构。具体包括：各级各类医院、门诊部（所）、社区卫生服务中心（站）、急救中心（站）、城乡卫生院、护理院（所）、疗养院、临床检验中心，各级政府及有关部门举办的卫生防疫站（疾病控制中心）、各种专科疾病防治站（所），各级政府举办的妇幼保健所（站）、母婴保健机构、儿童保健机构，各级政府举办的血站（血液中心）等医疗机构。

本项所称的医疗服务，是指医疗机构按照不高于地（市）级以上价格主管部门会同同级卫生主管部门及其他相关部门制定的医疗服务指导价格（包括政府指导价和按照规定由供需双方协商确定的价格等）为就医者提供《全国医疗服务价格项目规范》所列的各项服务，以及医疗机构向社会提供卫生防疫、卫生检疫的服务。

（8）从事学历教育的学校提供的教育服务。

学历教育，是指受教育者经过国家教育考试或者国家规定的其他入学方式，进入国家有关部门批准的学校或者其他教育机构学习，获得国家承认的学历证书的教育形式。具体包括：初等教育——普通小学、成人小学；初级中等教育——普通初中、职业初中、成人初中；高级中等教育——普通高中、成人高中和中等职业学校（包括普通中专、成人中专、职业高中、技工学校）；高等教育——普通本专科、成人本专科、网络本专科、研究生（博士、硕士）、高等教育自学考试、高等教育学历文凭考试。

从事学历教育的学校，包括：普通学校；经地（市）级以上人民政府或者同级政府的教育行政部门批准成立、国家承认其学员学历的各类学校；经省级及以上人力资源社会保障行政部门批准成立的技工学校、高级技工学校；经省级人民政府批准成立的技师学院。上述学校均包括符合规定的从事学历教育的民办学校，但不包括职业培训机构等国家不承认学历的教育机构。

提供教育服务免征增值税的收入，是指对列入规定招生计划的在籍学生提供学历教育服务取得的收入，具体包括经有关部门审核批准并按规定标准收取的学费、住宿费、课本费、作业本费、考试报名费收入，以及学校食堂提供餐饮服务取得的伙食费收入。除此之外的收入，包括学校以各种名义收取的赞助费、择校费等，不属于免征增值税的范围。学校食堂是指依照《学校食堂与学生集体用餐卫生管理规定》（教育部令第 14 号）管理的学校食堂。

（9）学生勤工俭学提供的服务。

（10）农业机耕、排灌、病虫害防治、植物保护、农牧保险以及相关技术培训业务，家禽、牲畜、水生动物的配种和疾病防治。

农业机耕，是指在农业、林业、牧业中使用农业机械进行耕作（包括耕耘、种植、收割、脱粒、植物保护等）的业务；排灌，是指对农田进行灌溉或者排涝的业务；病虫害防

治，是指从事农业、林业、牧业、渔业的病虫害测报和防治的业务；农牧保险，是指为种植业、养殖业、牧业种植和饲养的动植物提供保险的业务；相关技术培训，是指与农业机耕、排灌、病虫害防治、植物保护业务相关以及为使农民获得农牧保险知识的技术培训业务；家禽、牲畜、水生动物的配种和疾病防治业务的免税范围，包括与该项服务有关的提供药品和医疗用具的业务。

（11）纪念馆、博物馆、文化馆、文物保护单位管理机构、美术馆、展览馆、书画院、图书馆在自己的场所提供文化体育服务取得的第一道门票收入。

（12）寺院、宫观、清真寺和教堂举办文化、宗教活动的门票收入。

（13）行政单位之外的其他单位收取的符合规定条件的政府性基金和行政事业性收费。

（14）个人转让著作权。

（15）个人销售自建自用住房。

（16）中国台湾航运公司、航空公司从事海峡两岸海上直航、空中直航业务在大陆取得的运输收入。台湾航运公司，是指取得交通运输部颁发的"台湾海峡两岸间水路运输许可证"且该许可证上注明的公司登记地址在中国台湾地区的航运公司。台湾航空公司，是指取得中国民用航空局颁发的"经营许可"或者依据《海峡两岸空运协议》和《海峡两岸空运补充协议》规定，批准经营两岸旅客、货物和邮件不定期（包机）运输业务且公司登记地址在中国台湾地区的航空公司。

（17）纳税人提供的直接或者间接国际货物运输代理服务。纳税人提供直接或者间接国际货物运输代理服务，向委托方收取的全部国际货物运输代理服务收入，以及向国际运输承运人支付的国际运输费用，必须通过金融机构进行结算。纳税人为大陆与香港、澳门、台湾地区之间的货物运输提供的货物运输代理服务参照国际货物运输代理服务有关规定执行。委托方索取发票的，纳税人应当就国际货物运输代理服务收入向委托方全额开具增值税普通发票。

（18）国家助学贷款利息收入。

（19）国债、地方政府债利息收入。

（20）人民银行对金融机构的贷款利息收入。

（21）住房公积金管理中心用住房公积金在指定的委托银行发放的个人住房贷款利息收入。

（22）外汇管理部门在从事国家外汇储备经营过程中，委托金融机构发放的外汇贷款利息收入。

（23）统借统还业务中，企业集团或企业集团中的核心企业以及集团所属财务公司按不高于支付给金融机构的借款利率水平或者支付的债券票面利率水平，向企业集团或者集团内下属单位收取的利息收入。统借方向资金使用单位收取的利息，高于支付给金融机构借款利率水平或者支付的债券票面利率水平的，应全额缴纳增值税。

统借统还业务，是指企业集团或者企业集团中的核心企业向金融机构借款或对外发行债券取得资金后，将所借资金分拨给下属单位（包括独立核算单位和非独立核算单位，下同），并向下属单位收取用于归还金融机构或债券购买方本息的业务；企业集团向金融机构借款或对外发行债券取得资金后，由集团所属财务公司与企业集团或者集团内下属单位签订统借统还贷款合同并分拨资金，并向企业集团或者集团内下属单位收取本息，再转付企业集团，由企业集团统一归还金融机构或债券购买方的业务。

（24）被撤销金融机构以货物、不动产、无形资产、有价证券、票据等财产清偿债务。被撤销金融机构，是指经人民银行、银监会依法决定撤销的金融机构及其分设于各地的分支机构，包括被依法撤销的商业银行、信托投资公司、财务公司、金融租赁公司、城市信用社和农村信用社。除另有规定外，被撤销金融机构所属、附属企业，不享受被撤销金融机构增值税免税政策。

（25）保险公司开办的一年期以上人身保险产品取得的保费收入。

一年期以上人身保险，是指保险期间为一年期及以上返还本利的人寿保险、养老年金保险，以及保险期间为一年期及以上的健康保险。

人寿保险，是指以人的寿命为保险标的的人身保险。

养老年金保险，是指以养老保障为目的，以被保险人生存为给付保险金条件，并按约定的时间间隔分期给付生存保险金的人身保险。养老年金保险应当同时符合下列条件：保险合同约定给付被保险人生存保险金的年龄不得小于国家规定的退休年龄；相邻两次给付的时间间隔不得超过一年。

健康保险，是指以由于健康原因导致损失为给付保险金条件的人身保险。

（26）下列金融商品转让收入：合格境外投资者（QFII）委托境内公司在我国从事证券买卖业务；香港市场投资者（包括单位和个人）通过沪港通买卖上海证券交易所上市A股；对香港市场投资者（包括单位和个人）通过基金互认买卖内地基金份额；证券投资基金（封闭式证券投资基金，开放式证券投资基金）管理人运用基金买卖股票、债券；个人从事金融商品转让业务。

（27）金融同业往来利息收入。

金融机构与人民银行所发生的资金往来业务，包括人民银行对一般金融机构贷款，以及人民银行对商业银行的再贴现等。

银行联行往来业务。同一银行系统内部不同行、处之间所发生的资金账务往来业务。

金融机构间的资金往来业务是指经人民银行批准，进入全国银行间同业拆借市场的金融机构之间通过全国统一的同业拆借网络进行的短期（一年以下含一年）无担保资金融通行为。

金融机构之间开展的转贴现业务。

金融机构包括：银行（包括人民银行、商业银行、政策性银行）；信用合作社；证券公司；金融租赁公司、证券基金管理公司、财务公司、信托投资公司、证券投资基金；保险公司；其他经人民银行、银保监会、证监会批准成立且经营金融保险业务的机构等。

（28）同时符合下列条件的担保机构从事中小企业信用担保或者再担保业务取得的收入（不含信用评级、咨询、培训等收入）3年内免征增值税：已取得监管部门颁发的融资性担保机构经营许可证，依法登记注册为企（事）业法人，实收资本超过2 000万元；平均年担保费率不超过银行同期贷款基准利率的50%，平均年担保费率=本期担保费收入/（期初担保余额+本期增加担保金额）×100%；连续合规经营2年以上，资金主要用于担保业务，具备健全的内部管理制度和为中小企业提供担保的能力，经营业绩突出，对受保项目具有完善的事前评估、事中监控、事后追偿与处置机制；为中小企业提供的累计担保贷款额占其两年累计担保业务总额的80%以上，单笔800万元以下的累计担保贷款额占其累计担保业务总额的50%以上；对单个受保企业提供的担保余额不超过担保机构实收资本总额的10%，并且平均单笔担保责任金额最多不超过3 000万元人民币；担保责任余额不低于其净资产的3倍，并且代偿率不超过2%。

（29）国家商品储备管理单位及其直属企业承担商品储备任务，从中央或者地方财政取得的利息补贴收入和价差补贴收入。

国家商品储备管理单位及其直属企业，是指接受中央、省、市、县四级政府有关部门（或者政府指定管理单位）委托，承担粮（含大豆）、食用油、棉、糖、肉、盐（限于中央储备）6种商品储备任务，并按有关政策收储、销售上述6种储备商品，取得财政储备经费或者补贴的商品储备企业。利息补贴收入，是指国家商品储备管理单位及其直属企业因承担上述商品储备任务从金融机构贷款，并从中央或者地方财政取得的用于偿还贷款利息的贴息收入。价差补贴收入包括销售价差补贴收入和轮换价差补贴收入。销售价差补贴收入，是指按照中央或者地方政府指令销售上述储备商品时，由于销售收入小于库存成本而从中央或者地方财政获得的全额价差补贴收入。轮换价差补贴收入，是指根据要求定期组织政策性储备商品轮换而从中央或者地方财政取得的商品新陈品质价差补贴收入。

（30）纳税人提供技术转让、技术开发和与之相关的技术咨询、技术服务。

技术转让、技术开发，是指《销售服务、无形资产、不动产注释》中"转让技术""研发服务"范围内的业务活动。技术咨询，是指就特定技术项目提供可行性论证、技术预测、专题技术调查、分析评价报告等业务活动。

与技术转让、技术开发相关的技术咨询、技术服务，是指转让方（或者受托方）根据技术转让或者开发合同的规定，为帮助受让方（或者委托方）掌握所转让（或者委托开发）的技术，而提供的技术咨询、技术服务业务，并且这部分技术咨询、技术服务的价款与

技术转让或者技术开发的价款应当在同一张发票上开具。

试点纳税人申请免征增值税时，须持技术转让、开发的书面合同，到纳税人所在地省级科技主管部门进行认定，并持有关的书面合同和科技主管部门审核意见证明文件报主管税务机关备查。

（31）同时符合下列条件的合同能源管理服务：节能服务公司实施合同能源管理项目相关技术，应当符合中华人民共和国国家质量监督检验检疫总局和国家标准化管理委员会发布的《合同能源管理技术通则》（GB/T 24915—2010）规定的技术要求；节能服务公司与用能企业签订节能效益分享型合同，其合同格式和内容，符合《合同法》和《合同能源管理技术通则》（GB/T 24915—2010）等规定。

（32）政府举办的从事学历教育的高等、中等和初等学校（不含下属单位），举办进修班、培训班取得的全部归该学校所有的收入。全部归该学校所有，是指举办进修班、培训班取得的全部收入进入该学校统一账户，并纳入预算全额上缴财政专户管理，同时由该学校对有关票据进行统一管理和开具。举办进修班、培训班取得的收入进入该学校下属部门自行开设账户的，不予免征增值税。

（33）政府举办的职业学校设立的主要为在校学生提供实习场所、并由学校出资自办、由学校负责经营管理、经营收入归学校所有的企业，从事《销售服务、无形资产或者不动产注释》中"现代服务"（不含融资租赁服务、广告服务和其他现代服务）、"生活服务"（不含文化体育服务、其他生活服务和桑拿、氧吧）业务活动取得的收入。

（34）家政服务企业由员工制家政服务员提供家政服务取得的收入。

家政服务企业，是指在企业营业执照的规定经营范围中包括家政服务内容的企业。

员工制家政服务员，是指同时符合下列3个条件的家政服务员：依法与家政服务企业签订半年及半年以上的劳动合同或者服务协议且在该企业实际上岗工作；家政服务企业为其按月足额缴纳了企业所在地人民政府根据国家政策规定的基本养老保险、基本医疗保险、工伤保险、失业保险等社会保险；对已享受新型农村养老保险和新型农村合作医疗等社会保险或者下岗职工原单位继续为其缴纳社会保险的家政服务员，如果本人书面提出不再缴纳企业所在地人民政府根据国家政策规定的相应的社会保险，并出具其所在乡镇或者原单位开具的已缴纳相关保险的证明，可视同家政服务企业已为其按月足额缴纳了相应的社会保险；家政服务企业通过金融机构向其实际支付不低于企业所在地适用的经省级人民政府批准的最低工资标准的工资。

（35）福利彩票、体育彩票的发行收入。

（36）军队空余房产租赁收入。

（37）为了配合国家住房制度改革，企业、行政事业单位按房改成本价、标准价出售住房取得的收入。

（38）将土地使用权转让给农业生产者用于农业生产。

（39）涉及家庭财产分割的个人无偿转让不动产、土地使用权。家庭财产分割，包括下列情形：离婚财产分割；无偿赠与配偶、父母、子女、祖父母、外祖父母、孙子女、外孙子女、兄弟姐妹；无偿赠与对其承担直接抚养或者赡养义务的抚养人或者赡养人；房屋产权所有人死亡，法定继承人、遗嘱继承人或者受遗赠人依法取得房屋产权。

（40）土地所有者出让土地使用权和土地使用者将土地使用权归还给土地所有者。

（41）县级以上地方人民政府或自然资源行政主管部门出让、转让或收回自然资源使用权（不含土地使用权）。

（42）随军家属就业。

为安置随军家属就业而新开办的企业，自领取税务登记证之日起，其提供的应税服务3年内免征增值税。享受税收优惠政策的企业，随军家属必须占企业总人数的60%（含）以上，并有军（含）以上政治和后勤机关出具的证明。

从事个体经营的随军家属，自办理税务登记事项之日起，其提供的应税服务3年内免征增值税。随军家属必须有师以上政治机关出具的可以表明其身份的证明。

按照上述规定，每一名随军家属可以享受一次免税政策。

（43）军队转业干部就业。

从事个体经营的军队转业干部，自领取税务登记证之日起，其提供的应税服务3年内免征增值税。

为安置自主择业的军队转业干部就业而新开办的企业，凡安置自主择业的军队转业干部占企业总人数60%（含）以上的，自领取税务登记证之日起，其提供的应税服务3年内免征增值税。享受上述优惠政策的自主择业的军队转业干部必须持有师以上部队颁发的转业证件。

案例027：利用残疾人提供服务免征增值税优惠

一、客户基本情况（客户基本方案）

王先生为残疾人员，由于掌握了一门特殊手艺，其提供的服务很受社会欢迎。王先生计划创办甲公司提供生活服务，适用6%的增值税税率，预计2022年含税销售额为600万元，可以抵扣的进项税额为2万元。

二、客户方案纳税金额计算

甲公司2022年应缴纳增值税：600÷（1+6%）×6%-2=31.96（万元）。

简明法律依据

（1）《增值税暂行条例》；

（2）《增值税暂行条例实施细则》；

（3）《财政部 国家税务总局关于全面推开营业税改征增值税试点的通知》（财税〔2016〕36号）。

三、纳税筹划方案纳税金额计算

建议由王先生本人为社会提供服务。假设其年销售额不发生变化，则每年可以少纳增值税31.96万元。

其他一些增值税免税政策也值得纳税人关注与利用。

简明法律依据

（1）《增值税暂行条例》；

（2）《增值税暂行条例实施细则》；

（3）《财政部 国家税务总局关于全面推开营业税改征增值税试点的通知》（财税〔2016〕36号）；

（4）《财政部 税务总局关于印发〈资源综合利用产品和劳务增值税优惠目录〉的通知》（财税〔2015〕78号）；

（5）《财政部 税务总局关于资源综合利用增值税政策的公告》（财政部 税务总局公告2019年第90号）；

（6）《财政部 税务总局关于延续动漫产业增值税政策的通知》（财税〔2018〕38号）；

（7）《财政部 税务总局关于完善资源综合利用增值税政策的公告》（财政部 税务总局公告2021年第40号）。

四、本案例涉及的主要税收制度

《财政部 国家税务总局关于全面推开营业税改征增值税试点的通知》（财税〔2016〕36号）附件3《营业税改征增值税试点过渡政策的规定》规定：残疾人员本人为社会提供的服务免征增值税。

《财政部 税务总局关于印发〈资源综合利用产品和劳务增值税优惠目录〉的通知》（财税〔2015〕78号）规定：

自2015年7月1日起，纳税人销售自产的资源综合利用产品和提供资源综合利用劳务（以下称销售综合利用产品和劳务），可享受增值税即征即退政策。具体综合利用的资源名称、综合利用产品和劳务名称、技术标准和相关条件、退税比例等按照《财政部 税务总局关于印发〈资源综合利用产品和劳务增值税优惠目录〉的通知》（财税〔2015〕78

号）所附《资源综合利用产品和劳务增值税优惠目录》（以下简称《目录》）的相关规定执行。

纳税人从事《目录》所列的资源综合利用项目，其申请享受本通知规定的增值税即征即退政策时，应同时符合下列条件：

（1）属于增值税一般纳税人。

（2）销售综合利用产品和劳务，不属于国家发展和改革委员会《产业结构调整指导目录》中的禁止类、限制类项目。

（3）销售综合利用产品和劳务，不属于环境保护部《环境保护综合名录》中的"高污染、高环境风险"产品或者重污染工艺。

（4）综合利用的资源，属于环境保护部《国家危险废物名录》列明的危险废物的，应当取得省级及以上环境保护部门颁发的《危险废物经营许可证》，并且许可经营范围包括该危险废物的利用。

（5）纳税信用等级不属于税务机关评定的C级或D级。

纳税人在办理退税事宜时，应向主管税务机关提供其符合上述条件的规定以及《目录》规定的技术标准和相关条件的书面声明材料，未提供书面声明材料或者出具虚假材料的，税务机关不得给予退税。

已享受上述增值税即征即退政策的纳税人，自不符合规定条件以及《目录》规定的技术标准和相关条件的次月起，不再享受上述增值税即征即退政策。

已享受上述增值税即征即退政策的纳税人，因违反税收、环境保护的法律法规受到处罚（警告或单次1万元以下罚款除外）的，自处罚决定下达的次月起36个月内，不得享受上述增值税即征即退政策。

纳税人应当单独核算适用增值税即征即退政策的综合利用产品和劳务的销售额和应纳税额。未单独核算的，不得享受上述增值税即征即退政策。

《财政部 税务总局关于资源综合利用增值税政策的公告》（财政部 税务总局公告2019年第90号）规定：

自2019年9月1日起，纳税人销售自产磷石膏资源综合利用产品，可享受增值税即征即退政策，退税比例为70%。

磷石膏资源综合利用产品，包括墙板、砂浆、砌块、水泥添加剂、建筑石膏、α型高强石膏、Ⅱ型无水石膏、嵌缝石膏、黏结石膏、现浇混凝土空心结构用石膏模盒、抹灰石膏、机械喷涂抹灰石膏、土壤调理剂、喷筑墙体石膏、装饰石膏材料、磷石膏制硫酸，并且产品原料40%以上来自磷石膏。

纳税人利用磷石膏生产水泥、水泥熟料，继续按照《财政部 国家税务总局关于印发〈资源综合利用产品和劳务增值税优惠目录〉的通知》（财税〔2015〕78号）附件《资源综

合利用产品和劳务增值税优惠目录》2.2"废渣"项目执行。

自 2019 年 9 月 1 日起,将财税〔2015〕78 号文件附件《资源综合利用产品和劳务增值税优惠目录》3.12"废玻璃"项目退税比例调整为 70%。

《财政部 税务总局关于完善资源综合利用增值税政策的公告》(财政部 税务总局公告 2021 年第 40 号)规定:

从事再生资源回收的增值税一般纳税人销售其收购的再生资源,可以选择适用简易计税方法依照 3%征收率计算缴纳增值税,或适用一般计税方法计算缴纳增值税。

(1)上述所称再生资源,是指在社会生产和生活消费过程中产生的,已经失去原有全部或部分使用价值,经过回收、加工处理,能够使其重新获得使用价值的各种废弃物。其中,加工处理仅限于清洗、挑选、破碎、切割、拆解、打包等改变再生资源密度、湿度、长度、粗细、软硬等物理性状的简单加工。

(2)纳税人选择适用简易计税方法,应符合下列条件之一:从事危险废物收集的纳税人,应符合国家危险废物经营许可证管理办法的要求,取得危险废物经营许可证;从事报废机动车回收的纳税人,应符合国家商务主管部门出台的报废机动车回收管理办法要求,取得报废机动车回收拆解企业资质认定证书;除危险废物、报废机动车外,其他再生资源回收纳税人应符合国家商务主管部门出台的再生资源回收管理办法要求,进行市场主体登记,并在商务部门完成再生资源回收经营者备案。

(3)各级财政、主管部门及其工作人员,存在违法违规给予从事再生资源回收业务的纳税人财政返还、奖补行为的,依法追究相应责任。

除纳税人聘用的员工为本单位或者雇主提供的再生资源回收不征收增值税外,纳税人发生的再生资源回收并销售的业务,均应按照规定征免增值税。

增值税一般纳税人销售自产的资源综合利用产品和提供资源综合利用劳务(以下称销售综合利用产品和劳务),可享受增值税即征即退政策。

综合利用的资源名称、综合利用产品和劳务名称、技术标准和相关条件、退税比例等按照《资源综合利用产品和劳务增值税优惠目录(2022 年版)》(以下简称《目录》)的相关规定执行。

纳税人从事《目录》所列的资源综合利用项目,其申请享受增值税即征即退政策时,应同时符合下列条件:

(1)纳税人在境内收购的再生资源,应按规定从销售方取得增值税发票;适用免税政策的,应按规定从销售方取得增值税普通发票。销售方为依法依规无法申领发票的单位或者从事小额零星经营业务的自然人,应取得销售方开具的收款凭证及收购方内部凭证,或者税务机关代开的发票。上述所称小额零星经营业务是指自然人从事应税项目经营业务的销售额不超过增值税按次起征点的业务。

纳税人从境外收购的再生资源,应按规定取得海关进口增值税专用缴款书,或者从销售方取得具有发票性质的收款凭证、相关税费缴纳凭证。

纳税人应当取得上述发票或凭证而未取得的,该部分再生资源对应产品的销售收入不得适用即征即退规定。

不得适用即征即退规定的销售收入=当期销售综合利用产品和劳务的销售收入×(纳税人应当取得发票或凭证而未取得的购入再生资源成本÷当期购进再生资源的全部成本)。

纳税人应当在当期销售综合利用产品和劳务销售收入中剔除不得适用即征即退政策部分的销售收入后,计算可申请的即征即退税额:

可申请退税额=[(当期销售综合利用产品和劳务的销售收入−不得适用即征即退规定的销售收入)×适用税率−当期即征即退项目的进项税额]×对应的退税比例

各级税务机关要加强发票开具相关管理工作,纳税人应按规定及时开具、取得发票。

(2)纳税人应建立再生资源收购台账,留存备查。台账内容包括再生资源供货方单位名称或个人姓名及身份证号、再生资源名称、数量、价格、结算方式、是否取得增值税发票或符合规定的凭证等。纳税人现有账册、系统能够包括上述内容的,无须单独建立台账。

(3)销售综合利用产品和劳务,不属于发展改革委《产业结构调整指导目录》中的淘汰类、限制类项目。

(4)销售综合利用产品和劳务,不属于生态环境部《环境保护综合名录》中的"高污染、高环境风险"产品或重污染工艺。"高污染、高环境风险"产品,是指在《环境保护综合名录》中标注特性为"GHW/GHF"的产品,但纳税人生产销售的资源综合利用产品满足"GHW/GHF"例外条款规定的技术和条件的除外。

(5)综合利用的资源,属于生态环境部《国家危险废物名录》列明的危险废物的,应当取得省级或市级生态环境部门颁发的"危险废物经营许可证",且许可经营范围包括该危险废物的利用。

(6)纳税信用级别不为C级或D级。

(7)纳税人申请享受即征即退政策时,申请退税税款所属期前6个月(含所属期当期)不得发生下列情形:因违反生态环境保护的法律法规受到行政处罚(警告、通报批评或单次10万元以下罚款、没收违法所得、没收非法财物除外;单次10万元以下含本数,下同);因违反税收法律法规被税务机关处罚(单次10万元以下罚款除外),或发生骗取出口退税、虚开发票的情形。

纳税人在办理退税事宜时,应向主管税务机关提供其符合上述七个条件以及《目录》规定的技术标准和相关条件的书面声明,并在书面声明中如实注明未取得发票或相关凭证以及接受环保、税收处罚等情况。未提供书面声明的,税务机关不得给予退税。

已享受增值税即征即退政策的纳税人，自不符合上述七个条件以及《目录》规定的技术标准和相关条件的当月起，不再享受增值税即征即退政策。

已享受增值税即征即退政策的纳税人，在享受增值税即征即退政策后，出现上述第（7）点规定情形的，自处罚决定做出的当月起6个月内不得享受增值税即征即退政策。如纳税人连续12个月内发生两次以上第（7）点规定的情形，自第二次处罚决定做出的当月起36个月内不得享受增值税即征即退政策。相关处罚决定被依法撤销、变更、确认违法或者确认无效的，符合条件的纳税人可以重新申请办理退税事宜。

各省、自治区、直辖市、计划单列市税务机关应于每年3月底之前在其网站上，将本地区上一年度所有享受增值税即征即退或免税政策的纳税人，按下列项目予以公示：纳税人名称、纳税人识别号、综合利用的资源名称、综合利用产品和劳务名称。各省、自治区、直辖市、计划单列市税务机关在对本地区上一年度享受增值税即征即退或免税政策的纳税人进行公示前，应会同本地区生态环境部门，再次核实纳税人受环保处罚情况。

纳税人从事《目录》2.15"污水处理厂出水、工业排水（矿井水）、生活污水、垃圾处理厂渗透（滤）液等"项目、5.1"垃圾处理、污泥处理处置劳务"、5.2"污水处理劳务"项目，可适用上述规定的增值税即征即退政策，也可选择适用免征增值税政策；一经选定，36个月内不得变更。选择适用免税政策的纳税人，应满足上述有关规定以及《目录》规定的技术标准和相关条件，相关资料留存备查。

按照规定单个所属期退税金额超过500万元的，主管税务机关应在退税完成后30个工作日内，将退税资料送同级财政部门复查，财政部门逐级复查后，由省级财政部门送财政部当地监管局出具最终复查意见。复查工作应于退税后3个月内完成，具体复查程序由财政部当地监管局会同省级财税部门制定。

再生资源回收、利用纳税人应依法履行纳税义务。各级税务机关要加强纳税申报、发票开具、即征即退等事项的管理工作，保障纳税人按规定及时办理相关纳税事项。

上述政策自2022年3月1日起执行。《财政部 国家税务总局关于印发〈资源综合利用产品和劳务增值税优惠目录〉的通知》（财税〔2015〕78号）、《财政部 税务总局关于资源综合利用增值税政策的公告》（财政部 税务总局公告2019年第90号）除"技术标准和相关条件"外同时废止，"技术标准和相关条件"有关规定可继续执行至2022年12月31日止。《目录》所列的资源综合利用项目适用的国家标准、行业标准，如在执行过程中有更新、替换，统一按新的国家标准、行业标准执行。

此前已发生未处理的事项，按上述规定执行。已处理的事项，如执行完毕则不再调整；如纳税人受到环保、税收处罚已停止享受即征即退政策的时间超过6个月但尚未执行完毕的，则自2022年3月起，可重新申请享受即征即退政策；如纳税人受到环保、税收处罚已停止享受即征即退政策的时间未超过6个月，则自6个月期满后的次月起，可重新申请享受即征即退政策。

《财政部 税务总局关于延续动漫产业增值税政策的通知》（财税〔2018〕38号）规定：

自2018年1月1日至2018年4月30日，对动漫企业增值税一般纳税人销售其自主开发生产的动漫软件，按照17%的税率征收增值税后，对其增值税实际税负超过3%的部分，实行即征即退政策。

自2018年5月1日至2020年12月31日，对动漫企业增值税一般纳税人销售其自主开发生产的动漫软件，按照16%的税率征收增值税后，对其增值税实际税负超过3%的部分，实行即征即退政策。

动漫软件出口免征增值税。

案例028：利用学生勤工俭学免征增值税优惠

一、客户基本情况（客户基本方案）

甲公司从各高校聘请了大量本科生和研究生提供教育服务，现经营模式为由甲公司与客户签订合同，甲公司收取费用后向其聘请的学生发放劳务报酬。由于甲公司为营改增一般纳税人，适用税率为6%。甲公司预计2022年度含税销售额为1 000万元，可以抵扣的进项税额为2万元，已知发放给学生的劳务费为700万元。仅考虑增值税，不考虑其他税费。

二、客户方案纳税金额计算

甲公司2022年度需要缴纳增值税：1 000÷（1+6%）×6%-2=54.60（万元）。

简明法律依据

（1）《增值税暂行条例》；

（2）《增值税暂行条例实施细则》；

（3）《财政部 国家税务总局关于全面推开营业税改征增值税试点的通知》（财税〔2016〕36号）。

三、纳税筹划方案纳税金额计算

建议甲公司将上述由本公司提供教育服务的经营模式改为中介服务模式，即由其聘请的学生以勤工俭学的形式直接与客户签订合同，提供教育劳务，原由甲公司向学生发放的劳务报酬由客户直接支付给学生，甲公司以中介服务的身份收取一定的服务费。假设经营效益不发生变化，则甲公司可以取得含税服务费300万元（1 000-700），需要缴纳增值税：

300÷（1+6%）×6%-2=14.98（万元）。

通过纳税筹划，甲公司 2022 年度减轻增值税负担：54.60-14.98=39.62（万元）。

如果甲公司年销售额一直保持在 500 万元以下，也可以考虑以小规模纳税人的身份缴纳增值税，这样实际增值税税负更轻。

其他一些增值税免税政策也值得纳税人关注与利用。

简明法律依据

（1）《增值税暂行条例》；

（2）《增值税暂行条例实施细则》；

（3）《财政部 国家税务总局关于全面推开营业税改征增值税试点的通知》（财税〔2016〕36 号）；

（4）《财政部 税务总局关于延续宣传文化增值税优惠政策的通知》（财税〔2018〕53 号）；

（5）《财政部 税务总局关于继续实施支持文化企业发展增值税政策的通知》（财税〔2019〕17 号）；

（6）《财政部 税务总局 国务院扶贫办关于扶贫货物捐赠免征增值税政策的公告》（财政部 税务总局 国务院扶贫办公告 2019 年第 55 号）；

（7）《财政部 税务总局关于继续执行边销茶增值税政策的公告》（财政部 税务总局公告 2019 年第 83 号）；

（8）《财政部 税务总局关于明确养老机构免征增值税等政策的通知》（财税〔2019〕20 号）；

（9）《财政部 税务总局关于明确国有农用地出租等增值税政策的公告》（财政部 税务总局公告 2020 年第 2 号）；

（10）《财政部 海关总署 税务总局关于防控新型冠状病毒感染的肺炎疫情进口物资免税政策的公告》（财政部公告 2020 年第 6 号）；

（11）《财政部 税务总局关于支持新型冠状病毒感染的肺炎疫情防控有关税收政策的公告》（财政部 税务总局公告 2020 年第 8 号）；

（12）《财政部 税务总局关于继续执行边销茶增值税政策的公告》（财政部 税务总局公告 2021 年第 4 号）；

（13）《财政部 税务总局关于延续实施应对疫情部分税费优惠政策的公告》（财政部 税务总局公告 2021 年第 7 号）；

（14）《财政部 税务总局关于促进服务业领域困难行业纾困发展有关增值税政策的公告》（财政部 税务总局公告 2022 年第 11 号）；

（15）《财政部 税务总局关于快递收派服务免征增值税政策的公告》（财政部 税务总

局公告 2022 年第 18 号）。

四、本案例涉及的主要税收制度

《财政部 国家税务总局关于全面推开营业税改征增值税试点的通知》（财税〔2016〕36 号）附件 3《营业税改征增值税试点过渡政策的规定》规定：学生勤工俭学提供的服务免征增值税。

《财政部 税务总局关于延续宣传文化增值税优惠政策的通知》（财税〔2018〕53 号）规定，自 2018 年 1 月 1 日起至 2020 年 12 月 31 日，执行下列增值税先征后退政策。

对下列出版物在出版环节执行增值税 100%先征后退的政策：

（1）中国共产党和各民主党派的各级组织的机关报纸和机关期刊，各级人大、政协、政府、工会、共青团、妇联、残联、科协的机关报纸和机关期刊，新华社的机关报纸和机关期刊，军事部门的机关报纸和机关期刊。上述各级组织不含其所属部门。机关报纸和机关期刊增值税先征后退范围掌握在一个单位一份报纸和一份期刊以内。

（2）专为少年儿童出版发行的报纸和期刊，中小学的学生课本。

（3）专为老年人出版发行的报纸和期刊。

（4）少数民族文字出版物。

（5）盲文图书和盲文期刊。

（6）经批准在内蒙古、广西、西藏、宁夏、新疆五个自治区内注册的出版单位出版的出版物。

（7）列入《财政部 税务总局关于延续宣传文化增值税优惠政策的通知》附件 1 的图书、报纸和期刊。

对下列出版物在出版环节执行增值税先征后退 50%的政策：

（1）各类图书、期刊、音像制品、电子出版物，但上述规定执行增值税 100%先征后退的出版物除外。

（2）列入《财政部 税务总局关于延续宣传文化增值税优惠政策的通知》附件 2 的报纸。

对下列印刷、制作业务执行增值税 100%先征后退的政策：

（1）对少数民族文字出版物的印刷或制作业务。

（2）列入《财政部 税务总局关于延续宣传文化增值税优惠政策的通知》附件 3 的新疆维吾尔自治区印刷企业的印刷业务。

自 2018 年 1 月 1 日起至 2020 年 12 月 31 日，免征图书批发、零售环节增值税。

自 2018 年 1 月 1 日起至 2020 年 12 月 31 日，对科普单位的门票收入，以及县级及以上党政部门和科协开展科普活动的门票收入免征增值税。

已按软件产品享受增值税退税政策的电子出版物不得再按上述规定申请增值税先征后退政策。

《财政部 税务总局关于继续实施支持文化企业发展增值税政策的通知》（财税〔2019〕17号）规定：自2019年1月1日至2023年12月31日，对电影主管部门（包括中央、省、地市及县级）按照各自职能权限批准从事电影制片、发行、放映的电影集团公司（含成员企业）、电影制片厂及其他电影企业取得的销售电影拷贝（含数字拷贝）收入、转让电影版权（包括转让和许可使用）收入、电影发行收入以及在农村取得的电影放映收入，免征增值税。一般纳税人提供的城市电影放映服务，可以按现行政策规定，选择按照简易计税办法计算缴纳增值税。对广播电视运营服务企业收取的有线数字电视基本收视维护费和农村有线电视基本收视费，免征增值税。

《财政部 税务总局 国务院扶贫办关于扶贫货物捐赠免征增值税政策的公告》（财政部 税务总局 国务院扶贫办公告2019年第55号）规定：自2019年1月1日至2022年12月31日，对单位或者个体工商户将自产、委托加工或购买的货物通过公益性社会组织、县级及以上人民政府及其组成部门和直属机构，或直接无偿捐赠给目标脱贫地区的单位和个人，免征增值税。在政策执行期限内，目标脱贫地区实现脱贫的，可继续适用上述政策。"目标脱贫地区"包括832个国家扶贫开发工作重点县、集中连片特困地区县（新疆阿克苏地区6县1市享受片区政策）和建档立卡贫困村。在2015年1月1日至2018年12月31日期间已发生的符合上述条件的扶贫货物捐赠，可追溯执行上述增值税政策。

《财政部 税务总局关于继续执行边销茶增值税政策的公告》（财政部 税务总局公告2019年第83号）规定：自2019年1月1日起至2020年12月31日，对边销茶生产企业销售自产的边销茶及经销企业销售的边销茶免征增值税。边销茶，是指以黑毛茶、老青茶、红茶末、绿茶为主要原料，经过发酵、蒸制、加压或者压碎、炒制，专门销往边疆少数民族地区的紧压茶、方包茶（马茶）。

《财政部 税务总局关于继续执行边销茶增值税政策的公告》（财政部 税务总局公告2021年第4号）规定：自2021年1月1日起至2023年12月31日，对边销茶生产企业销售自产的边销茶及经销企业销售的边销茶免征增值税。边销茶，是指以黑毛茶、老青茶、红茶末、绿茶为主要原料，经过发酵、蒸制、加压或者压碎、炒制，专门销往边疆少数民族地区的紧压茶。

《财政部 税务总局关于明确养老机构免征增值税等政策的通知》（财税〔2019〕20号）规定：自2019年2月1日至2020年12月31日，对企业集团内单位（含企业集团）之间的资金无偿借贷行为，免征增值税。

《财政部 税务总局关于明确国有农用地出租等增值税政策的公告》（财政部 税务总局公告2020年第2号）规定：纳税人将国有农用地出租给农业生产者用于农业生产，免征增值税。

《财政部 海关总署 税务总局关于防控新型冠状病毒感染的肺炎疫情进口物资免税政策的公告》（财政部公告 2020 年第 6 号）规定：

自 2020 年 1 月 1 日至 3 月 31 日，适度扩大财政部、海关总署和税务总局联合发布的《慈善捐赠物资免征进口税收暂行办法》（财政部 海关总署 国家税务总局公告 2015 年第 102 号）规定的免税进口范围，对捐赠用于疫情防控的进口物资，免征进口关税和进口环节增值税、消费税。

（1）进口物资增加试剂，消毒物品，防护用品，救护车、防疫车、消毒用车、应急指挥车。

（2）免税范围增加国内有关政府部门、企事业单位、社会团体、个人以及来华或在华的外国公民从境外或海关特殊监管区域进口并直接捐赠；境内加工贸易企业捐赠。捐赠物资应直接用于防控疫情且符合前述第（1）项或《慈善捐赠物资免征进口税收暂行办法》规定。

（3）受赠人增加省级民政部门或其指定的单位。省级民政部门将指定的单位名单函告所在地直属海关及省级税务部门。

无明确受赠人的捐赠进口物资，由中国红十字会总会、中华全国妇女联合会、中国残疾人联合会、中华慈善总会、中国初级卫生保健基金会、中国宋庆龄基金会或中国癌症基金会作为受赠人接收。

对卫生健康主管部门组织进口的直接用于防控疫情物资免征关税。进口物资应符合前述第（1）项或《慈善捐赠物资免征进口税收暂行办法》规定。省级财政厅（局）会同省级卫生健康主管部门确定进口单位名单、进口物资清单，函告所在地直属海关及省级税务部门。

本公告项下免税进口物资，已征收的应免税款予以退还。其中，已征税进口且尚未申报增值税进项税额抵扣的，可凭主管税务机关出具的《防控新型冠状病毒感染的肺炎疫情进口物资增值税进项税额未抵扣证明》，向海关申请办理退还已征进口关税和进口环节增值税、消费税手续；已申报增值税进项税额抵扣的，仅向海关申请办理退还已征进口关税和进口环节消费税手续。有关进口单位应在 2020 年 9 月 30 日前向海关办理退税手续。

本公告项下免税进口物资，可按照或比照海关总署公告 2020 年第 17 号，先登记放行，再按规定补办相关手续。

《财政部 税务总局关于支持新型冠状病毒感染的肺炎疫情防控有关税收政策的公告》（财政部 税务总局公告 2020 年第 8 号）规定：

自 2020 年 1 月 1 日起，对纳税人运输疫情防控重点保障物资取得的收入，免征增值税。疫情防控重点保障物资的具体范围，由国家发展和改革委员会、工业和信息化部确定。

对纳税人提供公共交通运输服务、生活服务，以及为居民提供必需生活物资快递收派服务取得的收入，免征增值税。公共交通运输服务的具体范围，按照《营业税改征增值税试点有关事项的规定》（财税〔2016〕36号印发）执行。生活服务、快递收派服务的具体范围，按照《销售服务、无形资产、不动产注释》（财税〔2016〕36号印发）执行。

《财政 税务总局关于延续实施应对疫情部分税费优惠政策的公告》（财政部 税务总局公告2021年第7号）规定：《财政部 税务总局关于支持新型冠状病毒感染的肺炎疫情防控有关税收政策的公告》（财政部 税务总局公告2020年第8号）、《财政部 税务总局关于支持新型冠状病毒感染的肺炎疫情防控有关捐赠税收政策的公告》（财政部 税务总局公告2020年第9号）规定的税收优惠政策凡已经到期的，执行期限延长至2021年3月31日。

《财政部 税务总局关于促进服务业领域困难行业纾困发展有关增值税政策的公告》（财政部 税务总局公告2022年第11号）规定：自2022年1月1日至2022年12月31日，航空和铁路运输企业分支机构暂停预缴增值税。自2022年1月1日至2022年12月31日，对纳税人提供公共交通运输服务取得的收入，免征增值税。公共交通运输服务的具体范围，按照《营业税改征增值税试点有关事项的规定》（财税〔2016〕36号印发）执行。

《财政部 税务总局关于快递收派服务免征增值税政策的公告》（财政部 税务总局公告2022年第18号）规定：自2022年5月1日至2022年12月31日，对纳税人为居民提供必需生活物资快递收派服务取得的收入，免征增值税。快递收派服务的具体范围，按照《销售服务、无形资产、不动产注释》（财税〔2016〕36号印发）执行。

案例029：利用生活性服务业增值税加计抵减优惠

一、客户基本情况（客户基本方案）

甲公司主要从事生活性服务业，2022年度预计实现增值税销项税额5 000万元，预计取得可抵扣进项税额3 000万元。预计甲公司提供生活性服务取得的销售额占全部销售额的比重为49.9%。

二、客户方案纳税金额计算

如果不考虑生活性服务业增值税加计抵减优惠，甲公司2022年度应缴纳增值税：5 000-3 000=2 000（万元）。

☞ 简明法律依据

（1）《增值税暂行条例》；

（2）《增值税暂行条例实施细则》；

（3）《财政部 国家税务总局关于全面推开营业税改征增值税试点的通知》（财税〔2016〕36号）。

三、纳税筹划方案纳税金额计算

建议甲公司将提供生活性服务取得的销售额占全部销售额的比重提高至50%，这样，甲公司就可以享受生活性服务业增值税加计抵减优惠。甲公司2022年度应缴纳增值税：5 000–3 000×（1+15%）=1 550（万元）。

通过纳税筹划，甲公司减轻增值税负担：2 000–1 550=450（万元）。

其他领域的增值税进项税额加计抵减政策以及增值税期末留抵税额退税政策也值得纳税人关注与利用。

简明法律依据

（1）《增值税暂行条例》；

（2）《增值税暂行条例实施细则》；

（3）《财政部 国家税务总局关于全面推开营业税改征增值税试点的通知》（财税〔2016〕36号）；

（4）《财政部 税务总局 海关总署关于深化增值税改革有关政策的公告》（财政部 税务总局 海关总署公告2019年第39号）；

（5）《国家税务总局关于办理增值税期末留抵税额退税有关事项的公告》（国家税务总局公告2019年第20号）；

（6）《财政部 税务总局关于明确生活性服务业增值税加计抵减政策的公告》（财政部 税务总局公告2019年第87号）；

（7）《财政部 税务总局关于支持新型冠状病毒感染的肺炎疫情防控有关税收政策的公告》（财政部 税务总局公告2020年第8号）；

（8）《财政部 税务总局关于促进服务业领域困难行业纾困发展有关增值税政策的公告》（财政部 税务总局公告2022年第11号）；

（9）《财政部 税务总局关于进一步加大增值税期末留抵退税政策实施力度的公告》（财政部 税务总局公告2022年第14号）。

四、本案例涉及的主要税收制度

（一）增值税进项税额加计抵减政策

《财政部 税务总局 海关总署关于深化增值税改革有关政策的公告》（财政部 税务总局 海关总署公告2019年第39号）规定：

自 2019 年 4 月 1 日至 2021 年 12 月 31 日，允许生产、生活性服务业纳税人按照当期可抵扣进项税额加计 10%，抵减应纳税额（以下称加计抵减政策）。生产、生活性服务业纳税人，是指提供邮政服务、电信服务、现代服务、生活服务（以下称四项服务）取得的销售额占全部销售额的比重超过 50%的纳税人。2019 年 3 月 31 日前设立的纳税人，自 2018 年 4 月至 2019 年 3 月期间的销售额（经营期不满 12 个月的，按照实际经营期的销售额）符合上述规定条件的，自 2019 年 4 月 1 日起适用加计抵减政策。2019 年 4 月 1 日后设立的纳税人，自设立之日起 3 个月的销售额符合上述规定条件的，自登记为一般纳税人之日起适用加计抵减政策。纳税人确定适用加计抵减政策后，当年内不再调整，以后年度是否适用，根据上年度销售额计算确定。纳税人可计提但未计提的加计抵减额，可在确定适用加计抵减政策当期一并计提。

纳税人应按照当期可抵扣进项税额的 10%计提当期加计抵减额。按照现行规定不得从销项税额中抵扣的进项税额，不得计提加计抵减额；已计提加计抵减额的进项税额，按规定作进项税额转出的，应在进项税额转出当期，相应调减加计抵减额。计算公式如下：

当期计提加计抵减额=当期可抵扣进项税额×10%

当期可抵减加计抵减额=上期末加计抵减额余额+当期计提加计抵减额−当期调减加计抵减额

纳税人应按照现行规定计算一般计税方法下的应纳税额（以下称抵减前的应纳税额）后，区分以下情形加计抵减：

（1）抵减前的应纳税额等于零的，当期可抵减加计抵减额全部结转下期抵减；

（2）抵减前的应纳税额大于零且大于当期可抵减加计抵减额的，当期可抵减加计抵减额全额从抵减前的应纳税额中抵减；

（3）抵减前的应纳税额大于零且小于或等于当期可抵减加计抵减额的，以当期可抵减加计抵减额抵减应纳税额至零。未抵减完的当期可抵减加计抵减额，结转下期继续抵减。

纳税人出口货物劳务、发生跨境应税行为不适用加计抵减政策，其对应的进项税额不得计提加计抵减额。

纳税人兼营出口货物劳务、发生跨境应税行为且无法划分不得计提加计抵减额的进项税额，按照以下公式计算：

不得计提加计抵减额的进项税额=当期无法划分的全部进项税额×当期出口货物劳务和发生跨境应税行为的销售额÷当期全部销售额

《财政部 税务总局关于明确生活性服务业增值税加计抵减政策的公告》（财政部 税务总局公告 2019 年第 87 号）规定：

2019 年 10 月 1 日至 2021 年 12 月 31 日，允许生活性服务业纳税人按照当期可抵扣进项税额加计 15%，抵减应纳税额（以下称加计抵减 15%政策）。

上述所称生活性服务业纳税人，是指提供生活服务取得的销售额占全部销售额的比重超过 50%的纳税人。生活服务的具体范围按照《销售服务、无形资产、不动产注释》（财税〔2016〕36 号印发）执行。

2019 年 9 月 30 日前设立的纳税人，自 2018 年 10 月至 2019 年 9 月期间的销售额（经营期不满 12 个月的，按照实际经营期的销售额）符合上述规定条件的，自 2019 年 10 月 1 日起适用加计抵减 15% 政策。

2019 年 10 月 1 日后设立的纳税人，自设立之日起 3 个月的销售额符合上述规定条件的，自登记为一般纳税人之日起适用加计抵减 15% 政策。

纳税人确定适用加计抵减 15%政策后，当年内不再调整，以后年度是否适用，根据上年度销售额计算确定。

生活性服务业纳税人应按照当期可抵扣进项税额的 15% 计提当期加计抵减额。按照现行规定不得从销项税额中抵扣的进项税额，不得计提加计抵减额；已按照 15%计提加计抵减额的进项税额，按规定作进项税额转出的，应在进项税额转出当期，相应调减加计抵减额。计算公式如下：

当期计提加计抵减额=当期可抵扣进项税额×15%

当期可抵减加计抵减额=上期末加计抵减额余额+当期计提加计抵减额−当期调减加计抵减额

纳税人适用加计抵减政策的其他有关事项，按照《关于深化增值税改革有关政策的公告》（财政部 税务总局 海关总署公告 2019 年第 39 号）等有关规定执行。

《财政部 税务总局关于促进服务业领域困难行业纾困发展有关增值税政策的公告》（财政部 税务总局公告 2022 年第 11 号）规定：《财政部 税务总局 海关总署关于深化增值税改革有关政策的公告》（财政部 税务总局 海关总署公告 2019 年第 39 号）第七条和《财政部 税务总局关于明确生活性服务业增值税加计抵减政策的公告》（财政部 税务总局公告 2019 年第 87 号）规定的生产、生活性服务业增值税加计抵减政策，执行期限延长至 2022 年 12 月 31 日。

（二）增值税期末留抵税额退税政策

《财政部 税务总局 海关总署关于深化增值税改革有关政策的公告》（财政部税务总局海关总署公告 2019 年第 39 号）规定：

自 2019 年 4 月 1 日起，试行增值税期末留抵税额退税制度。

同时符合以下条件的纳税人，可以向主管税务机关申请退还增量留抵税额：

（1）自 2019 年 4 月税款所属期起，连续六个月（按季纳税的，连续两个季度）增量留抵税额均大于零且第六个月增量留抵税额不低于 50 万元；

（2）纳税信用等级为 A 级或者 B 级；

（3）申请退税前 36 个月未发生骗取留抵退税、出口退税或虚开增值税专用发票情形的；

（4）申请退税前 36 个月未因偷税被税务机关处罚两次及以上的；

（5）自 2019 年 4 月 1 日起未享受即征即退、先征后返（退）政策的。

增量留抵税额，是指与 2019 年 3 月底相比新增加的期末留抵税额。

纳税人当期允许退还的增量留抵税额，按照以下公式计算：

$$允许退还的增量留抵税额=增量留抵税额×进项构成比例×60\%$$

进项构成比例，为 2019 年 4 月至申请退税前一税款所属期内已抵扣的增值税专用发票（含税控机动车销售统一发票）、海关进口增值税专用缴款书、解缴税款完税凭证注明的增值税额占同期全部已抵扣进项税额的比重。

纳税人应在增值税纳税申报期内，向主管税务机关申请退还留抵税额。

纳税人出口货物劳务、发生跨境应税行为，适用免抵退税办法的，办理免抵退税后，仍符合规定条件的，可以申请退还留抵税额；适用免退税办法的，相关进项税额不得用于退还留抵税额。

纳税人取得退还的留抵税额后，应相应调减当期留抵税额。

以虚增进项、虚假申报或其他欺骗手段，骗取留抵退税款的，由税务机关追缴其骗取的退税款，并按照《税收征管法》等有关规定处理。

《国家税务总局关于办理增值税期末留抵税额退税有关事项的公告》（国家税务总局公告 2019 年第 20 号）规定：

自 2019 年 5 月 1 日起，同时符合以下条件（以下称符合留抵退税条件）的纳税人，可以向主管税务机关申请退还增量留抵税额：

（1）自 2019 年 4 月税款所属期起，连续六个月（按季纳税的，连续两个季度）增量留抵税额均大于零且第六个月增量留抵税额不低于 50 万元；

（2）纳税信用等级为 A 级或者 B 级；

（3）申请退税前 36 个月未发生骗取留抵退税、出口退税或虚开增值税专用发票情形的；

（4）申请退税前 36 个月未因偷税被税务机关处罚两次及以上的；

（5）自 2019 年 4 月 1 日起未享受即征即退、先征后返（退）政策的。

增量留抵税额，是指与 2019 年 3 月底相比新增加的期末留抵税额。

纳税人当期允许退还的增量留抵税额，按照以下公式计算：

$$允许退还的增量留抵税额=增量留抵税额×进项构成比例×60\%$$

进项构成比例，为 2019 年 4 月至申请退税前一税款所属期内已抵扣的增值税专用发

票(含税控机动车销售统一发票)、海关进口增值税专用缴款书、解缴税款完税凭证注明的增值税额占同期全部已抵扣进项税额的比重。

纳税人申请办理留抵退税,应于符合留抵退税条件的次月起,在增值税纳税申报期(以下称申报期)内,完成本期增值税纳税申报后,通过电子税务局或办税服务厅提交《退(抵)税申请表》。

纳税人出口货物劳务、发生跨境应税行为,适用免抵退税办法的,可以在同一申报期内,既申报免抵退税又申请办理留抵退税。

申请办理留抵退税的纳税人,出口货物劳务、跨境应税行为适用免抵退税办法的,应当按期申报免抵退税。当期可申报免抵退税的出口销售额为零的,应办理免抵退税零申报。

纳税人既申报免抵退税又申请办理留抵退税的,税务机关应先办理免抵退税。办理免抵退税后,纳税人仍符合留抵退税条件的,再办理留抵退税。

税务机关按照"窗口受理、内部流转、限时办结、窗口出件"的原则办理留抵退税。税务机关对纳税人是否符合留抵退税条件、当期允许退还的增量留抵税额等进行审核确认,并将审核结果告知纳税人。

纳税人在办理留抵退税期间发生下列情形的,按照以下规定确定允许退还的增量留抵税额:

(1)因纳税申报、稽查查补和评估调整等,造成期末留抵税额发生变化的,按最近一期《增值税纳税申报表(一般纳税人适用)》期末留抵税额确定允许退还的增量留抵税额。

(2)纳税人在同一申报期既申报免抵退税又申请办理留抵退税的,或者在纳税人申请办理留抵退税时存在尚未经税务机关核准的免抵退税应退税额的,应待税务机关核准免抵退税应退税额后,按最近一期《增值税纳税申报表(一般纳税人适用)》期末留抵税额,扣减税务机关核准的免抵退税应退税额后的余额确定允许退还的增量留抵税额。税务机关核准的免抵退税应退税额,是指税务机关当期已核准,但纳税人尚未在《增值税纳税申报表(一般纳税人适用)》第15栏"免、抵、退应退税额"中填报的免抵退税应退税额。

(3)纳税人既有增值税欠税,又有期末留抵税额的,按最近一期《增值税纳税申报表(一般纳税人适用)》期末留抵税额,抵减增值税欠税后的余额确定允许退还的增量留抵税额。

在纳税人办理增值税纳税申报和免抵退税申报后、税务机关核准其免抵退税应退税额前,核准其前期留抵退税的,以最近一期《增值税纳税申报表(一般纳税人适用)》期末留抵税额,扣减税务机关核准的留抵退税额后的余额,计算当期免抵退税应退税额和免抵税额。税务机关核准的留抵退税额,是指税务机关当期已核准,但纳税人尚未在《增值税纳税申报表附列资料(二)(本期进项税额明细)》第22栏"上期留抵税额退税"填报的留抵退税额。

纳税人不符合留抵退税条件的,不予留抵退税。税务机关应自受理留抵退税申请之日起10个工作日内完成审核,并向纳税人出具不予留抵退税的《税务事项通知书》。

税务机关在办理留抵退税期间,发现符合留抵退税条件的纳税人存在以下情形,暂停为其办理留抵退税:

(1)存在增值税涉税风险疑点的;

(2)被税务稽查立案且未结案的;

(3)增值税申报比对异常未处理的;

(4)取得增值税异常扣税凭证未处理的;

(5)国家税务总局规定的其他情形。

上述列举的增值税涉税风险疑点等情形已排除,并且相关事项处理完毕后,按以下规定办理:

(1)纳税人仍符合留抵退税条件的,税务机关继续为其办理留抵退税,并自增值税涉税风险疑点等情形排除且相关事项处理完毕之日起5个工作日内完成审核,向纳税人出具准予留抵退税的《税务事项通知书》。

(2)纳税人不再符合留抵退税条件的,不予留抵退税。税务机关应自增值税涉税风险疑点等情形排除且相关事项处理完毕之日起5个工作日内完成审核,向纳税人出具不予留抵退税的《税务事项通知书》。

税务机关对发现的增值税涉税风险疑点进行排查的具体处理时间,由各省(自治区、直辖市和计划单列市)税务局确定。

税务机关对增值税涉税风险疑点进行排查时,发现纳税人涉嫌骗取出口退税、虚开增值税专用发票等增值税重大税收违法行为的,终止为其办理留抵退税,并自做出终止办理留抵退税决定之日起5个工作日内,向纳税人出具终止办理留抵退税的《税务事项通知书》。税务机关对纳税人涉嫌增值税重大税收违法行为核查处理完毕后,纳税人仍符合留抵退税条件的,可按照上述规定重新申请办理留抵退税。

纳税人应在收到税务机关准予留抵退税的《税务事项通知书》当期,以税务机关核准的允许退还的增量留抵税额冲减期末留抵税额,并在办理增值税纳税申报时,相应填写《增值税纳税申报表附列资料(二)(本期进项税额明细)》第22栏"上期留抵税额退税"。

纳税人以虚增进项、虚假申报或其他欺骗手段骗取留抵退税的,由税务机关追缴其骗取的退税款,并按照《税收征管法》等有关规定处理。

《财政部 税务总局关于支持新型冠状病毒感染的肺炎疫情防控有关税收政策的公告》(财政部 税务总局公告2020年第8号)规定:自2020年1月1日起,疫情防控重点保障物资生产企业可以按月向主管税务机关申请全额退还增值税增量留抵税额。增量留抵税额,是指与2019年12月底相比新增加的期末留抵税额。疫情防控重点保障物资生产企业

名单，由省级及以上发展改革部门、工业和信息化部门确定。

《财政部 税务总局关于进一步加大增值税期末留抵退税政策实施力度的公告》（财政部 税务总局公告2022年第14号）规定：

（1）加大小微企业增值税期末留抵退税政策力度，将先进制造业按月全额退还增值税增量留抵税额政策范围扩大至符合条件的小微企业（含个体工商户，下同），并一次性退还小微企业存量留抵税额。

①符合条件的小微企业，可以自2022年4月纳税申报期起向主管税务机关申请退还增量留抵税额。在2022年12月31日前，退税条件按照本公告第三条规定执行。

②符合条件的微型企业，可以自2022年4月纳税申报期起向主管税务机关申请一次性退还存量留抵税额；符合条件的小型企业，可以自2022年5月纳税申报期起向主管税务机关申请一次性退还存量留抵税额。

（2）加大"制造业"、"科学研究和技术服务业"、"电力、热力、燃气及水生产和供应业"、"软件和信息技术服务业"、"生态保护和环境治理业"和"交通运输、仓储和邮政业"（以下称制造业等行业）增值税期末留抵退税政策力度，将先进制造业按月全额退还增值税增量留抵税额政策范围扩大至符合条件的制造业等行业企业（含个体工商户，下同），并一次性退还制造业等行业企业存量留抵税额。

①符合条件的制造业等行业企业，可以自2022年4月纳税申报期起向主管税务机关申请退还增量留抵税额。

②符合条件的制造业等行业中型企业，可以自2022年7月纳税申报期起向主管税务机关申请一次性退还存量留抵税额；符合条件的制造业等行业大型企业，可以自2022年10月纳税申报期起向主管税务机关申请一次性退还存量留抵税额。

（3）适用本公告政策的纳税人需同时符合以下条件：

①纳税信用等级为A级或者B级；

②申请退税前36个月未发生骗取留抵退税、骗取出口退税或虚开增值税专用发票情形；

③申请退税前36个月未因偷税被税务机关处罚两次及以上；

④2019年4月1日起未享受即征即退、先征后返（退）政策。

（4）本公告所称增量留抵税额，区分以下情形确定：

①纳税人获得一次性存量留抵退税前，增量留抵税额为当期期末留抵税额与2019年3月31日相比新增加的留抵税额。

②纳税人获得一次性存量留抵退税后，增量留抵税额为当期期末留抵税额。

（5）本公告所称存量留抵税额，区分以下情形确定：

①纳税人获得一次性存量留抵退税前，当期期末留抵税额大于或等于2019年3月31

日期末留抵税额的,存量留抵税额为2019年3月31日期末留抵税额;当期期末留抵税额小于2019年3月31日期末留抵税额的,存量留抵税额为当期期末留抵税额。

②纳税人获得一次性存量留抵退税后,存量留抵税额为零。

(6)本公告所称中型企业、小型企业和微型企业,按照《中小企业划型标准规定》(工信部联企业〔2011〕300号)和《金融业企业划型标准规定》(银发〔2015〕309号)中的营业收入指标、资产总额指标确定。其中,资产总额指标按照纳税人上一会计年度年末值确定。营业收入指标按照纳税人上一会计年度增值税销售额确定;不满一个会计年度的,按照以下公式计算:

$$增值税销售额(年)=上一会计年度企业实际存续期间增值税销售额/企业实际存续月数\times12$$

本公告所称增值税销售额,包括纳税申报销售额、稽查查补销售额、纳税评估调整销售额。适用增值税差额征税政策的,以差额后的销售额确定。

对于工信部联企业〔2011〕300号和银发〔2015〕309号文件所列行业以外的纳税人,以及工信部联企业〔2011〕300号文件所列行业但未采用营业收入指标或资产总额指标划型确定的纳税人,微型企业标准为增值税销售额(年)100万元以下(不含100万元);小型企业标准为增值税销售额(年)2000万元以下(不含2000万元);中型企业标准为增值税销售额(年)1亿元以下(不含1亿元)。

本公告所称大型企业,是指除上述中型企业、小型企业和微型企业外的其他企业。

(7)本公告所称制造业等行业企业,是指从事《国民经济行业分类》中"制造业"、"科学研究和技术服务业"、"电力、热力、燃气及水生产和供应业"、"软件和信息技术服务业"、"生态保护和环境治理业"和"交通运输、仓储和邮政业"业务相应发生的增值税销售额占全部增值税销售额的比重超过50%的纳税人。

上述销售额比重根据纳税人申请退税前连续12个月的销售额计算确定;申请退税前经营期不满12个月但满3个月的,按照实际经营期的销售额计算确定。

(8)适用本公告政策的纳税人,按照以下公式计算允许退还的留抵税额:

$$允许退还的增量留抵税额=增量留抵税额\times进项构成比例\times100\%$$
$$允许退还的存量留抵税额=存量留抵税额\times进项构成比例\times100\%$$

进项构成比例,为2019年4月至申请退税前一税款所属期已抵扣的增值税专用发票(含带有"增值税专用发票"字样全面数字化的电子发票、税控机动车销售统一发票)、收费公路通行费增值税电子普通发票、海关进口增值税专用缴款书、解缴税款完税凭证注明的增值税额占同期全部已抵扣进项税额的比重。

(9)纳税人出口货物劳务、发生跨境应税行为,适用免抵退税办法的,应先办理免抵退税。免抵退税办理完毕后,仍符合本公告规定条件的,可以申请退还留抵税额;适用免

退税办法的，相关进项税额不得用于退还留抵税额。

（10）纳税人自2019年4月1日起已取得留抵退税款的，不得再申请享受增值税即征即退、先征后返（退）政策。纳税人可以在2022年10月31日前一次性将已取得的留抵退税款全部缴回后，按规定申请享受增值税即征即退、先征后返（退）政策。

纳税人自2019年4月1日起已享受增值税即征即退、先征后返（退）政策的，可以在2022年10月31日前一次性将已退还的增值税即征即退、先征后返（退）税款全部缴回后，按规定申请退还留抵税额。

（11）纳税人可以选择向主管税务机关申请留抵退税，也可以选择结转下期继续抵扣。纳税人应在纳税申报期内，完成当期增值税纳税申报后申请留抵退税。2022年4月至6月的留抵退税申请时间，延长至每月最后一个工作日。

纳税人可以在规定期限内同时申请增量留抵退税和存量留抵退税。同时符合本公告第一条和第二条相关留抵退税政策的纳税人，可任意选择申请适用上述留抵退税政策。

（12）纳税人取得退还的留抵税额后，应相应调减当期留抵税额。

如果发现纳税人存在留抵退税政策适用有误的情形，纳税人应在下个纳税申报期结束前缴回相关留抵退税款。

以虚增进项、虚假申报或其他欺骗手段，骗取留抵退税款的，由税务机关追缴其骗取的退税款，并按照《中华人民共和国税收征收管理法》等有关规定处理。

（13）适用本公告规定留抵退税政策的纳税人办理留抵退税的税收管理事项，继续按照现行规定执行。

（14）除上述纳税人以外的其他纳税人申请退还增量留抵税额的规定，继续按照《财政部 税务总局 海关总署关于深化增值税改革有关政策的公告》（财政部 税务总局 海关总署公告2019年第39号）执行，其中，第八条第三款关于"进项构成比例"的相关规定，按照本公告第八条规定执行。

（15）各级财政和税务部门务必高度重视留抵退税工作，摸清底数、周密筹划、加强宣传、密切协作、统筹推进，并分别于2022年4月30日、6月30日、9月30日、12月31日前，在纳税人自愿申请的基础上，集中退还微型、小型、中型、大型企业存量留抵税额。税务部门结合纳税人留抵退税申请情况，规范高效便捷地为纳税人办理留抵退税。

（16）本公告自2022年4月1日施行。《财政部 税务总局关于明确部分先进制造业增值税期末留抵退税政策的公告》（财政部 税务总局公告2019年第84号）、《财政部 税务总局关于明确国有农用地出租等增值税政策的公告》（财政部 税务总局公告2020年第2号）第六条、《财政部 税务总局关于明确先进制造业增值税期末留抵退税政策的公告》（财政部 税务总局公告2021年第15号）同时废止。

案例 030：利用资产重组免征增值税优惠

一、客户基本情况（客户基本方案）

甲公司准备与乙公司进行资产互换，其中所涉及的不动产、土地使用权转让以及机器设备等转让的不含税销售额约1亿元。其中，适用13%增值税税率的销售额约3 000万元，适用9%增值税税率的销售额约7 000万元。

丙公司计划使用部分不动产、土地使用权、货物等实物出资，成立一家全资子公司，其中所涉及的不动产价值为2 000万元，土地使用权价值为1 000万元，全部适用9%的增值税税率。

二、客户方案纳税金额计算

甲公司与乙公司应计算增值税销项税额：3 000×13%+7 000×9%=1 020（万元）。

丙公司应计算增值税销项税额：（2 000+1 000）×9%=270（万元）。

简明法律依据

（1）《增值税暂行条例》；

（2）《增值税暂行条例实施细则》；

（3）《财政部 税务总局关于调整增值税税率的通知》（财税〔2018〕32号）；

（4）《财政部 税务总局 海关总署关于深化增值税改革有关政策的公告》（财政部 税务总局 海关总署公告2019年第39号）。

三、纳税筹划方案纳税金额计算

建议甲公司和乙公司将简单的资产互换设计为资产置换，不仅将全部实物资产互换，其中所涉及的债权、负债和劳动力也一并互换。这样，其中所涉及的货物转让、不动产转让和土地使用权转让均不征收增值税。通过纳税筹划，减轻增值税负担1 020万元。

建议丙公司在资产重组的框架中，采取公司分立的方式设立一家新公司，将相关资产及债权、债务和人员转移至新设立的公司，可以免纳增值税。通过纳税筹划，减轻增值税负担270万元。

简明法律依据

（1）《增值税暂行条例》；

（2）《增值税暂行条例实施细则》；

（3）《国家税务总局关于纳税人资产重组有关增值税问题的公告》（国家税务总局公告

2011年第13号);

（4）《国家税务总局关于纳税人资产重组有关增值税问题的公告》(国家税务总局公告2013年第66号);

（5）《财政部 国家税务总局关于全面推开营业税改征增值税试点的通知》(财税〔2016〕36号);

（6）《财政部 税务总局关于调整增值税税率的通知》(财税〔2018〕32号);

（7）《财政部 税务总局 海关总署关于深化增值税改革有关政策的公告》(财政部 税务总局 海关总署公告2019年第39号)。

四、本案例涉及的主要税收制度

《国家税务总局关于纳税人资产重组有关增值税问题的公告》(国家税务总局公告2011年第13号)规定：纳税人在资产重组过程中，通过合并、分立、出售、置换等方式，将全部或者部分实物资产以及与其相关联的债权、负债和劳动力一并转让给其他单位和个人，不属于增值税的征税范围，其中涉及的货物转让，不征收增值税。

《国家税务总局关于纳税人资产重组有关增值税问题的公告》(国家税务总局公告2013年第66号)规定：纳税人在资产重组过程中，通过合并、分立、出售、置换等方式，将全部或者部分实物资产以及与其相关联的债权、负债经多次转让后，最终的受让方与劳动力接收方为同一单位和个人的，仍适用《国家税务总局关于纳税人资产重组有关增值税问题的公告》(国家税务总局公告2011年第13号)的相关规定，其中货物的多次转让行为均不征收增值税。资产的出让方需将资产重组方案等文件资料报其主管税务机关。

《财政部 国家税务总局关于全面推开营业税改征增值税试点的通知》(财税〔2016〕36号)附件2《营业税改征增值税试点有关事项的规定》：在资产重组过程中，通过合并、分立、出售、置换等方式，将全部或者部分实物资产以及与其相关联的债权、负债和劳动力一并转让给其他单位和个人，其中涉及的不动产、土地使用权转让行为不征收增值税。

案例031：将资产转让变为股权转让

一、客户基本情况（客户基本方案）

甲公司计划将一些无形资产、不动产和货物转让给乙公司，但该行为并不符合资产重组的定义。经初步核算，上述资产转让中，适用13%增值税税率的销售额约1 000万元，适用9%增值税税率的销售额约2 000万元。

二、客户方案纳税金额计算

甲公司应计算增值税销项税额：1 000×13%+2 000×9%=310（万元）。

> 简明法律依据

（1）《增值税暂行条例》；

（2）《增值税暂行条例实施细则》；

（3）《财政部 税务总局关于调整增值税税率的通知》（财税〔2018〕32号）；

（4）《财政部 税务总局 海关总署关于深化增值税改革有关政策的公告》（财政部 税务总局 海关总署公告2019年第39号）。

三、纳税筹划方案纳税金额计算

建议甲公司将这些计划转让的无形资产、不动产和货物出资设立全资子公司——丙公司，然后将丙公司的股权转让给乙公司，股权转让不征收增值税，由此可以减轻增值税负担310万元。未来，如果乙公司不想保留丙公司，可以通过资产重组与丙公司合并，此时发生的资产转让行为也不征收增值税。

> 简明法律依据

（1）《增值税暂行条例》；

（2）《增值税暂行条例实施细则》；

（3）《国家税务总局关于纳税人资产重组有关增值税问题的公告》（国家税务总局公告2011年第13号）；

（4）《国家税务总局关于纳税人资产重组有关增值税问题的公告》（国家税务总局公告2013年第66号）；

（5）《财政部 国家税务总局关于全面推开营业税改征增值税试点的通知》（财税〔2016〕36号）；

（6）《财政部 税务总局关于调整增值税税率的通知》（财税〔2018〕32号）；

（7）《财政部 税务总局 海关总署关于深化增值税改革有关政策的公告》（财政部 税务总局 海关总署公告2019年第39号）。

四、本案例涉及的主要税收制度

《财政部 国家税务总局关于全面推开营业税改征增值税试点的通知》（财税〔2016〕36号）附件1《营业税改征增值税试点实施办法》第一条规定：在中华人民共和国境内（以下称境内）销售服务、无形资产或者不动产（以下称应税行为）的单位和个人，为增值税纳税人，应当按照本办法缴纳增值税，不缴纳营业税。

第九条规定：应税行为的具体范围，按照本办法所附的《销售服务、无形资产、不动产注释》执行。

《销售服务、无形资产、不动产注释》规定：金融商品转让，是指转让外汇、有价证券、非货物期货和其他金融商品所有权的业务活动。

案例032：巧妙转化服务性质降低税率

一、客户基本情况（客户基本方案）

甲公司因会议与培训需要，每年租用乙培训学校的礼堂若干次，全年含税租金约109万元。原计划签订教室租赁合同，按照不动产租赁服务开具增值税普通发票。仅考虑增值税，不考虑其他税费。

二、客户方案纳税金额计算

按照原计划，乙培训学校需要计算增值税销项税额：109÷（1+9%）×9%=9（万元）。

简明法律依据

（1）《增值税暂行条例》；
（2）《增值税暂行条例实施细则》；
（3）《财政部 国家税务总局关于全面推开营业税改征增值税试点的通知》（财税〔2016〕36号）；
（4）《财政部 税务总局关于调整增值税税率的通知》（财税〔2018〕32号）；
（5）《财政部 税务总局 海关总署关于深化增值税改革有关政策的公告》（财政部 税务总局 海关总署公告2019年第39号）。

三、纳税筹划方案纳税金额计算

建议双方签订培训合同或者会议服务合同，乙培训学校需要计算增值税销项税额：109÷（1+6%）×6%=6.17（万元）。

通过纳税筹划，双方减轻增值税负担：9−6.17=2.83（万元）。

简明法律依据

（1）《增值税暂行条例》；
（2）《增值税暂行条例实施细则》；
（3）《财政部 国家税务总局关于全面推开营业税改征增值税试点的通知》（财税〔2016〕36号）；

（4）《财政部 税务总局关于调整增值税税率的通知》（财税〔2018〕32号）；

（5）《财政部 税务总局 海关总署关于深化增值税改革有关政策的公告》（财政部 税务总局 海关总署公告2019年第39号）；

（6）《国家税务总局关于营业税改征增值税试点期间有关增值税问题的公告》（国家税务总局公告2015年第90号）。

四、本案例涉及的主要税收制度

《增值税暂行条例》第二条规定：……（二）纳税人销售交通运输、邮政、基础电信、建筑、不动产租赁服务，销售不动产，转让土地使用权，销售或者进口下列货物，税率为11%……（三）纳税人销售服务、无形资产，除本条第一项、第二项、第五项另有规定外，税率为6%……

《财政部 国家税务总局关于全面推开营业税改征增值税试点的通知》（财税〔2016〕36号）附件1《营业税改征增值税试点实施办法》附件《销售服务、无形资产、不动产注释》规定：

一）销售服务

销售服务，是指提供交通运输服务、邮政服务、电信服务、建筑服务、金融服务、现代服务、生活服务。

（一）交通运输服务

交通运输服务，是指利用运输工具将货物或者旅客送达目的地，使其空间位置得到转移的业务活动。包括陆路运输服务、水路运输服务、航空运输服务和管道运输服务。

1. 陆路运输服务

陆路运输服务，是指通过陆路（地上或者地下）运送货物或者旅客的运输业务活动，包括铁路运输服务和其他陆路运输服务。

（1）铁路运输服务，是指通过铁路运送货物或者旅客的运输业务活动。

（2）其他陆路运输服务，是指铁路运输以外的陆路运输业务活动。包括公路运输、缆车运输、索道运输、地铁运输、城市轻轨运输等。

出租车公司向使用本公司自有出租车的出租车司机收取的管理费用，按照陆路运输服务缴纳增值税。

2. 水路运输服务

水路运输服务，是指通过江、河、湖、川等天然、人工水道或者海洋航道运送货物或者旅客的运输业务活动。

水路运输的程租、期租业务，属于水路运输服务。

程租业务，是指运输企业为租船人完成某一特定航次的运输任务并收取租赁费的业务。

期租业务，是指运输企业将配备有操作人员的船舶承租给他人使用一定期限，承租期内听候承租方调遣，不论是否经营，均按天向承租方收取租赁费，发生的固定费用均由船东负担的业务。

3. 航空运输服务

航空运输服务，是指通过空中航线运送货物或者旅客的运输业务活动。

航空运输的湿租业务，属于航空运输服务。

湿租业务，是指航空运输企业将配备有机组人员的飞机承租给他人使用一定期限，承租期内听候承租方调遣，不论是否经营，均按一定标准向承租方收取租赁费，发生的固定费用均由承租方承担的业务。

航天运输服务，按照航空运输服务缴纳增值税。

航天运输服务，是指利用火箭等载体将卫星、空间探测器等空间飞行器发射到空间轨道的业务活动。

4. 管道运输服务

管道运输服务，是指通过管道设施输送气体、液体、固体物质的运输业务活动。

无运输工具承运业务，按照交通运输服务缴纳增值税。

无运输工具承运业务，是指经营者以承运人身份与托运人签订运输服务合同，收取运费并承担承运人责任，然后委托实际承运人完成运输服务的经营活动。

（二）邮政服务

邮政服务，是指中国邮政集团公司及其所属邮政企业提供邮件寄递、邮政汇兑和机要通信等邮政基本服务的业务活动。包括邮政普遍服务、邮政特殊服务和其他邮政服务。

1. 邮政普遍服务

邮政普遍服务，是指函件、包裹等邮件寄递，以及邮票发行、报刊发行和邮政汇兑等业务活动。

函件，是指信函、印刷品、邮资封片卡、无名址函件和邮政小包等。

包裹，是指按照封装上的名址递送给特定个人或者单位的独立封装的物品，其重量不超过五十千克，任何一边的尺寸不超过一百五十厘米，长、宽、高合计不超过三百厘米。

2. 邮政特殊服务

邮政特殊服务，是指义务兵平常信函、机要通信、盲人读物和革命烈士遗物的寄递等业务活动。

3. 其他邮政服务

其他邮政服务，是指邮册等邮品销售、邮政代理等业务活动。

（三）电信服务

电信服务，是指利用有线、无线的电磁系统或者光电系统等各种通信网络资源，提供语音通话服务，传送、发射、接收或者应用图像、短信等电子数据和信息的业务活动。包括基础电信服务和增值电信服务。

1. 基础电信服务

基础电信服务，是指利用固网、移动网、卫星、互联网，提供语音通话服务的业务活动，以及出租或者出售带宽、波长等网络元素的业务活动。

2. 增值电信服务

增值电信服务，是指利用固网、移动网、卫星、互联网、有线电视网络，提供短信和彩信服务、电子数据和信息的传输及应用服务、互联网接入服务等业务活动。

卫星电视信号落地转接服务，按照增值电信服务缴纳增值税。

（四）建筑服务

建筑服务，是指各类建筑物、构筑物及其附属设施的建造、修缮、装饰，线路、管道、设备、设施等的安装以及其他工程作业的业务活动。包括工程服务、安装服务、修缮服务、装饰服务和其他建筑服务。

1. 工程服务

工程服务，是指新建、改建各种建筑物、构筑物的工程作业，包括与建筑物相连的各种设备或者支柱、操作平台的安装或者装设工程作业，以及各种窑炉和金属结构工程作业。

2. 安装服务

安装服务，是指生产设备、动力设备、起重设备、运输设备、传动设备、医疗实验设备以及其他各种设备、设施的装配、安置工程作业，包括与被安装设备相连的工作台、梯子、栏杆的装设工程作业，以及被安装设备的绝缘、防腐、保温、油漆等工程作业。

固定电话、有线电视、宽带、水、电、燃气、暖气等经营者向用户收取的安装费、初装费、开户费、扩容费以及类似收费，按照安装服务缴纳增值税。

3. 修缮服务

修缮服务，是指对建筑物、构筑物进行修补、加固、养护、改善，使之恢复原来的使用价值或者延长其使用期限的工程作业。

4. 装饰服务

装饰服务，是指对建筑物、构筑物进行修饰装修，使之美观或者具有特定用途的工程作业。

5. 其他建筑服务

其他建筑服务，是指上列工程作业之外的各种工程作业服务，如钻井（打井）、拆除建筑物或者构筑物、平整土地、园林绿化、疏浚（不包括航道疏浚）、建筑物平移、搭脚手架、爆破、矿山穿孔、表面附着物（包括岩层、土层、沙层等）剥离和清理等工程作业。

（五）金融服务

金融服务，是指经营金融保险的业务活动。包括贷款服务、直接收费金融服务、保险服务和金融商品转让。

1. 贷款服务

贷款，是指将资金贷与他人使用而取得利息收入的业务活动。

各种占用、拆借资金取得的收入，包括金融商品持有期间（含到期）利息（保本收益、报酬、资金占用费、补偿金等）收入、信用卡透支利息收入、买入返售金融商品利息收入、融资融券收取的利息收入，以及融资性售后回租、押汇、罚息、票据贴现、转贷等业务取得的利息及利息性质的收入，按照贷款服务缴纳增值税。

融资性售后回租，是指承租方以融资为目的，将资产出售给从事融资性售后回租业务的企业后，从事融资性售后回租业务的企业将该资产出租给承租方的业务活动。

以货币资金投资收取的固定利润或者保底利润，按照贷款服务缴纳增值税。

2. 直接收费金融服务

直接收费金融服务，是指为货币资金融通及其他金融业务提供相关服务并且收取费用的业务活动。包括提供货币兑换、账户管理、电子银行、信用卡、信用证、财务担保、资产管理、信托管理、基金管理、金融交易场所（平台）管理、资金结算、资金清算、金融支付等服务。

3. 保险服务

保险服务，是指投保人根据合同约定，向保险人支付保险费，保险人对于合同约定的可能发生的事故因其发生所造成的财产损失承担赔偿保险金责任，或者当被保险人死亡、伤残、疾病或者达到合同约定的年龄、期限等条件时承担给付保险金责任的商业保险行为。包括人身保险服务和财产保险服务。

人身保险服务，是指以人的寿命和身体为保险标的的保险业务活动。

财产保险服务，是指以财产及其有关利益为保险标的的保险业务活动。

4. 金融商品转让

金融商品转让，是指转让外汇、有价证券、非货物期货和其他金融商品所有权的业务活动。

其他金融商品转让包括基金、信托、理财产品等各类资产管理产品和各种金融衍生品的转让。

（六）现代服务

现代服务，是指围绕制造业、文化产业、现代物流产业等提供技术性、知识性服务的业务活动。包括研发和技术服务、信息技术服务、文化创意服务、物流辅助服务、租赁服务、鉴证咨询服务、广播影视服务、商务辅助服务和其他现代服务。

1. 研发和技术服务

研发和技术服务，包括研发服务、合同能源管理服务、工程勘察勘探服务、专业技术服务。

（1）研发服务，也称技术开发服务，是指就新技术、新产品、新工艺或者新材料及其系统进行研究与试验开发的业务活动。

（2）合同能源管理服务，是指节能服务公司与用能单位以契约形式约定节能目标，节能服务公司提供必要的服务，用能单位以节能效果支付节能服务公司投入及其合理报酬的业务活动。

（3）工程勘察勘探服务，是指在采矿、工程施工前后，对地形、地质构造、地下资源蕴藏情况进行实地调查的业务活动。

（4）专业技术服务，是指气象服务、地震服务、海洋服务、测绘服务、城市规划、环境与生态监测服务等专项技术服务。

2. 信息技术服务

信息技术服务，是指利用计算机、通信网络等技术对信息进行生产、收集、处理、加工、存储、运输、检索和利用，并提供信息服务的业务活动。包括软件服务、电路设计及测试服务、信息系统服务、业务流程管理服务和信息系统增值服务。

（1）软件服务，是指提供软件开发服务、软件维护服务、软件测试服务的业务活动。

（2）电路设计及测试服务，是指提供集成电路和电子电路产品设计、测试及相关技术支持服务的业务活动。

（3）信息系统服务，是指提供信息系统集成、网络管理、网站内容维护、桌面管理与维护、信息系统应用、基础信息技术管理平台整合、信息技术基础设施管理、数据中心、托管中心、信息安全服务、在线杀毒、虚拟主机等业务活动。包括网站对非自有的网络游戏提供的网络运营服务。

（4）业务流程管理服务，是指依托信息技术提供的人力资源管理、财务经济管理、审计管理、税务管理、物流信息管理、经营信息管理和呼叫中心等服务的活动。

（5）信息系统增值服务，是指利用信息系统资源为用户附加提供的信息技术服务。包括数据处理、分析和整合、数据库管理、数据备份、数据存储、容灾服务、电子商务平台等。

3. 文化创意服务

文化创意服务，包括设计服务、知识产权服务、广告服务和会议展览服务。

（1）设计服务，是指把计划、规划、设想通过文字、语言、图画、声音、视觉等形式传递出来的业务活动。包括工业设计、内部管理设计、业务运作设计、供应链设计、造型设计、服装设计、环境设计、平面设计、包装设计、动漫设计、网游设计、展示设计、网站设计、机械设计、工程设计、广告设计、创意策划、文印晒图等。

（2）知识产权服务，是指处理知识产权事务的业务活动。包括对专利、商标、著作权、软件、集成电路布图设计的登记、鉴定、评估、认证、检索服务。

（3）广告服务，是指利用图书、报纸、杂志、广播、电视、电影、幻灯、路牌、招贴、橱窗、霓虹灯、灯箱、互联网等各种形式为客户的商品、经营服务项目、文体节目或者通告、声明等委托事项进行宣传和提供相关服务的业务活动。包括广告代理和广告的发布、播映、宣传、展示等。

（4）会议展览服务，是指为商品流通、促销、展示、经贸洽谈、民间交流、企业沟通、国际往来等举办或者组织安排的各类展览和会议的业务活动。

4. 物流辅助服务

物流辅助服务，包括航空服务、港口码头服务、货运客运场站服务、打捞救助服务、装卸搬运服务、仓储服务和收派服务。

（1）航空服务，包括航空地面服务和通用航空服务。

航空地面服务，是指航空公司、飞机场、民航管理局、航站等向在境内航行或者在境内机场停留的境内外飞机或者其他飞行器提供的导航等劳务性地面服务的业务活动。包括旅客安全检查服务、停机坪管理服务、机场候机厅管理服务、飞机清洗消毒服务、空中飞行管理服务、飞机起降服务、飞行通信服务、地面信号服务、飞机安全服务、飞机跑道管理服务、空中交通管理服务等。

通用航空服务，是指为专业工作提供飞行服务的业务活动，包括航空摄影、航空培训、航空测量、航空勘探、航空护林、航空吊挂播洒、航空降雨、航空气象探测、航空海洋监测、航空科学实验等。

（2）港口码头服务，是指港务船舶调度服务、船舶通信服务、航道管理服务、航道疏浚服务、灯塔管理服务、航标管理服务、船舶引航服务、理货服务、系解缆服务、停泊和移泊服务、海上船舶溢油清除服务、水上交通管理服务、船只专业清洗消毒检测服务和防止船只漏油服务等为船只提供服务的业务活动。

港口设施经营人收取的港口设施保安费按照港口码头服务缴纳增值税。

（3）货运客运场站服务，是指货运客运场站提供货物配载服务、运输组织服务、中转换乘服务、车辆调度服务、票务服务、货物打包整理、铁路线路使用服务、加挂铁路客车服务、铁路行包专列发送服务、铁路到达和中转服务、铁路车辆编解服务、车辆挂运服务、铁路接触网服务、铁路机车牵引服务等业务活动。

（4）打捞救助服务，是指提供船舶人员救助、船舶财产救助、水上救助和沉船沉物打捞服务的业务活动。

（5）装卸搬运服务，是指使用装卸搬运工具或者人力、畜力将货物在运输工具之间、装卸现场之间或者运输工具与装卸现场之间进行装卸和搬运的业务活动。

（6）仓储服务，是指利用仓库、货场或者其他场所代客贮放、保管货物的业务活动。

（7）收派服务，是指接受寄件人委托，在承诺的时限内完成函件和包裹的收件、分拣、派送服务的业务活动。

收件服务，是指从寄件人收取函件和包裹，并运送到服务提供方同城的集散中心的业务活动。

分拣服务，是指服务提供方在其集散中心对函件和包裹进行归类、分发的业务活动。

派送服务，是指服务提供方从其集散中心将函件和包裹送达同城的收件人的业务活动。

5. 租赁服务

租赁服务，包括融资租赁服务和经营租赁服务。

（1）融资租赁服务，是指具有融资性质和所有权转移特点的租赁活动。即出租人根据承租人所要求的规格、型号、性能等条件购入有形动产或者不动产租赁给承租人，合同期内租赁物所有权属于出租人，承租人只拥有使用权，合同期满付清租金后，承租人有权按照残值购入租赁物，以拥有其所有权。不论出租人是否将租赁物销售给承租人，均属于融资租赁。

按照标的物的不同，融资租赁服务可分为有形动产融资租赁服务和不动产融资租赁服务。

融资性售后回租不按照本税目缴纳增值税。

（2）经营租赁服务，是指在约定时间内将有形动产或者不动产转让他人使用且租赁物

所有权不变更的业务活动。

按照标的物的不同,经营租赁服务可分为有形动产经营租赁服务和不动产经营租赁服务。

将建筑物、构筑物等不动产或者飞机、车辆等有形动产的广告位出租给其他单位或者个人用于发布广告,按照经营租赁服务缴纳增值税。

车辆停放服务、道路通行服务(包括过路费、过桥费、过闸费等)等按照不动产经营租赁服务缴纳增值税。

水路运输的光租业务、航空运输的干租业务,属于经营租赁。

光租业务,是指运输企业将船舶在约定的时间内出租给他人使用,不配备操作人员,不承担运输过程中发生的各项费用,只收取固定租赁费的业务活动。

干租业务,是指航空运输企业将飞机在约定的时间内出租给他人使用,不配备机组人员,不承担运输过程中发生的各项费用,只收取固定租赁费的业务活动。

6. 鉴证咨询服务

鉴证咨询服务,包括认证服务、鉴证服务和咨询服务。

(1)认证服务,是指具有专业资质的单位利用检测、检验、计量等技术,证明产品、服务、管理体系符合相关技术规范、相关技术规范的强制性要求或者标准的业务活动。

(2)鉴证服务,是指具有专业资质的单位受托对相关事项进行鉴证,发表具有证明力的意见的业务活动。包括会计鉴证、税务鉴证、法律鉴证、职业技能鉴定、工程造价鉴证、工程监理、资产评估、环境评估、房地产土地评估、建筑图纸审核、医疗事故鉴定等。

(3)咨询服务,是指提供信息、建议、策划、顾问等服务的活动。包括金融、软件、技术、财务、税收、法律、内部管理、业务运作、流程管理、健康等方面的咨询。

翻译服务和市场调查服务按照咨询服务缴纳增值税。

7. 广播影视服务

广播影视服务,包括广播影视节目(作品)的制作服务、发行服务和播映(含放映,下同)服务。

(1)广播影视节目(作品)制作服务,是指进行专题(特别节目)、专栏、综艺、体育、动画片、广播剧、电视剧、电影等广播影视节目和作品制作的服务。具体包括与广播影视节目和作品相关的策划、采编、拍摄、录音、音视频文字图片素材制作、场景布置、后期的剪辑、翻译(编译)、字幕制作、片头、片尾、片花制作、特效制作、影片修复、编目和确权等业务活动。

(2)广播影视节目(作品)发行服务,是指以分账、买断、委托等方式,向影院、电台、电视台、网站等单位和个人发行广播影视节目(作品)以及转让体育赛事等活动的报道及播映权的业务活动。

（3）广播影视节目（作品）播映服务，是指在影院、剧院、录像厅及其他场所播映广播影视节目（作品），以及通过电台、电视台、卫星通信、互联网、有线电视等无线或者有线装置播映广播影视节目（作品）的业务活动。

8. 商务辅助服务

商务辅助服务，包括企业管理服务、经纪代理服务、人力资源服务、安全保护服务。

（1）企业管理服务，是指提供总部管理、投资与资产管理、市场管理、物业管理、日常综合管理等服务的业务活动。

（2）经纪代理服务，是指各类经纪、中介、代理服务。包括金融代理、知识产权代理、货物运输代理、代理报关、法律代理、房地产中介、职业中介、婚姻中介、代理记账、拍卖等。

货物运输代理服务，是指接受货物收货人、发货人、船舶所有人、船舶承租人或者船舶经营人的委托，以委托人的名义，为委托人办理货物运输、装卸、仓储和船舶进出港口、引航、靠泊等相关手续的业务活动。

代理报关服务，是指接受进出口货物的收、发货人委托，代为办理报关手续的业务活动。

（3）人力资源服务，是指提供公共就业、劳务派遣、人才委托招聘、劳动力外包等服务的业务活动。

（4）安全保护服务，是指提供保护人身安全和财产安全，维护社会治安等的业务活动。包括场所住宅保安、特种保安、安全系统监控以及其他安保服务。

9. 其他现代服务

其他现代服务，是指除研发和技术服务、信息技术服务、文化创意服务、物流辅助服务、租赁服务、鉴证咨询服务、广播影视服务和商务辅助服务以外的现代服务。

（七）生活服务

生活服务，是指为满足城乡居民日常生活需求提供的各类服务活动。包括文化体育服务、教育医疗服务、旅游娱乐服务、餐饮住宿服务、居民日常服务和其他生活服务。

1. 文化体育服务

文化体育服务，包括文化服务和体育服务。

（1）文化服务，是指为满足社会公众文化生活需求提供的各种服务。包括：文艺创作、文艺表演、文化比赛，图书馆的图书和资料借阅，档案馆的档案管理，文物及非物质遗产保护，组织举办宗教活动、科技活动、文化活动，提供游览场所。

（2）体育服务，是指组织举办体育比赛、体育表演、体育活动，以及提供体育训练、体育指导、体育管理的业务活动。

2. 教育医疗服务

教育医疗服务，包括教育服务和医疗服务。

（1）教育服务，是指提供学历教育服务、非学历教育服务、教育辅助服务的业务活动。

学历教育服务，是指根据教育行政管理部门确定或者认可的招生和教学计划组织教学，并颁发相应学历证书的业务活动。包括初等教育、初级中等教育、高级中等教育、高等教育等。

非学历教育服务，包括学前教育、各类培训、演讲、讲座、报告会等。

教育辅助服务，包括教育测评、考试、招生等服务。

（2）医疗服务，是指提供医学检查、诊断、治疗、康复、预防、保健、接生、计划生育、防疫服务等方面的服务，以及与这些服务有关的提供药品、医用材料器具、救护车、病房住宿和伙食的业务。

3. 旅游娱乐服务

旅游娱乐服务，包括旅游服务和娱乐服务。

（1）旅游服务，是指根据旅游者的要求，组织安排交通、游览、住宿、餐饮、购物、文娱、商务等服务的业务活动。

（2）娱乐服务，是指为娱乐活动同时提供场所和服务的业务。

具体包括歌厅、舞厅、夜总会、酒吧、台球、高尔夫球、保龄球、游艺（包括射击、狩猎、跑马、游戏机、蹦极、卡丁车、热气球、动力伞、射箭、飞镖）。

4. 餐饮住宿服务

餐饮住宿服务，包括餐饮服务和住宿服务。

（1）餐饮服务，是指通过同时提供饮食和饮食场所的方式为消费者提供饮食消费服务的业务活动。

（2）住宿服务，是指提供住宿场所及配套服务等的活动。包括宾馆、旅馆、旅社、度假村和其他经营性住宿场所提供的住宿服务。

5. 居民日常服务

居民日常服务，是指主要为满足居民个人及其家庭日常生活需求提供的服务，包括市容市政管理、家政、婚庆、养老、殡葬、照料和护理、救助救济、美容美发、按摩、桑拿、氧吧、足疗、沐浴、洗染、摄影扩印等服务。

6. 其他生活服务

其他生活服务，是指除文化体育服务、教育医疗服务、旅游娱乐服务、餐饮住宿服务和居民日常服务之外的生活服务。

二）销售无形资产

销售无形资产，是指转让无形资产所有权或者使用权的业务活动。无形资产，是指不具实物形态，但能带来经济利益的资产，包括技术、商标、著作权、商誉、自然资源使用权和其他权益性无形资产。

技术，包括专利技术和非专利技术。

自然资源使用权，包括土地使用权、海域使用权、探矿权、采矿权、取水权和其他自然资源使用权。

其他权益性无形资产，包括基础设施资产经营权、公共事业特许权、配额、经营权（包括特许经营权、连锁经营权、其他经营权）、经销权、分销权、代理权、会员权、席位权、网络游戏虚拟道具、域名、名称权、肖像权、冠名权、转会费等。

三）销售不动产

销售不动产，是指转让不动产所有权的业务活动。不动产，是指不能移动或者移动后会引起性质、形状改变的财产，包括建筑物、构筑物等。

建筑物，包括住宅、商业营业用房、办公楼等可供居住、工作或者进行其他活动的建造物。

构筑物，包括道路、桥梁、隧道、水坝等建造物。

转让建筑物有限产权或者永久使用权的，转让在建的建筑物或者构筑物所有权的，以及在转让建筑物或者构筑物时一并转让其所占土地的使用权的，按照销售不动产缴纳增值税。

《国家税务总局关于营业税改征增值税试点期间有关增值税问题的公告》（国家税务总局公告 2015 年第 90 号）规定：

自 2016 年 2 月 1 日起，纳税人通过蜂窝数字移动通信用塔（杆）及配套设施，为电信企业提供的基站天线、馈线及设备环境控制、动环监控、防雷消防、运行维护等塔类站址管理业务，按照"信息技术基础设施管理服务"缴纳增值税。

纳税人通过楼宇、隧道等室内通信分布系统，为电信企业提供的语音通话和移动互联网等无线信号室分系统传输服务，分别按照基础电信服务和增值电信服务缴纳增值税。

案例033：用机器替代人的劳动

一、客户基本情况（客户基本方案）

甲建筑公司人的劳动所占比重较高，增值税负担也较重。由于大量的建筑劳动可以由机器来代替人工，经测算，该部分每年需要负担机器购置租赁等支出约5 000万元（含税），该部分支付的工资与之大体相当。甲建筑公司预计2022年度需要缴纳增值税1 000万元。仅考虑增值税，不考虑其他税费。

二、客户方案纳税金额计算

在现有方案下，甲建筑公司需要缴纳增值税1 000万元，支付员工工资5 000万元。

▶ 简明法律依据

（1）《增值税暂行条例》；

（2）《增值税暂行条例实施细则》；

（3）《财政部 国家税务总局关于全面推开营业税改征增值税试点的通知》（财税〔2016〕36号）；

（4）《财政部 税务总局关于调整增值税税率的通知》（财税〔2018〕32号）；

（5）《财政部 税务总局 海关总署关于深化增值税改革有关政策的公告》（财政部 税务总局 海关总署公告2019年第39号）。

三、纳税筹划方案纳税金额计算

建议甲建筑公司将该部分由人的劳动全部转为机器工作，则可以增加增值税进项税额=5 000÷（1+13%）×13%=575.22（万元）。

通过纳税筹划，甲建筑公司每年减轻增值税负担575.22万元。

▶ 简明法律依据

（1）《增值税暂行条例》；

（2）《增值税暂行条例实施细则》；

（3）《财政部 国家税务总局关于全面推开营业税改征增值税试点的通知》（财税〔2016〕36号）；

（4）《财政部 税务总局关于调整增值税税率的通知》（财税〔2018〕32号）；

（5）《财政部 税务总局 海关总署关于深化增值税改革有关政策的公告》（财政部 税务总局 海关总署公告2019年第39号）。

四、本案例涉及的主要税收制度

《财政部 国家税务总局关于全面推开营业税改征增值税试点的通知》(财税〔2016〕36号)附件1《营业税改征增值税试点实施办法》第一条规定：在中华人民共和国境内（以下称境内）销售服务、无形资产或者不动产（以下称应税行为）的单位和个人，为增值税纳税人，应当按照本办法缴纳增值税，不缴纳营业税。

第九条规定：应税行为的具体范围，按照本办法所附的《销售服务、无形资产、不动产注释》执行。

第四章
个人所得税纳税筹划实战案例

案例 034：充分利用企业年金与职业年金优惠

一、客户基本情况（客户基本方案）

甲公司共有员工 1 万余人，人均年薪 20 万元，人均年个人所得税税前扣除标准为 12 万元。

二、客户方案纳税金额计算

甲公司人均年应纳税所得额为 8 万元，人均年应纳个人所得税：80 000×10%−2 520= 5 480（元）。

> 📖 简明法律依据

（1）《个人所得税法》；

（2）《中华人民共和国个人所得税法实施条例》（1994 年 1 月 28 日国务院令第 142 号发布，根据 2005 年 12 月 19 日《国务院关于修改〈中华人民共和国个人所得税法实施条例〉的决定》第一次修订，根据 2008 年 2 月 18 日《国务院关于修改〈中华人民共和国个人所得税法实施条例〉的决定》第二次修订，根据 2011 年 7 月 19 日《国务院关于修改〈中华人民共和国个人所得税法实施条例〉的决定》第三次修订，2018 年 12 月 18 日国务院令第 707 号第四次修订，以下简称《个人所得税法实施条例》）。

三、纳税筹划方案纳税金额计算

建议甲公司为全体员工设立企业年金，员工人均年缴费 8 000 元（200 000×4%），符合税法规定，可以税前扣除。由此，人均年应纳个人所得税：（80 000–8 000）×10%–2 520=4 680（元）。

通过纳税筹划，甲公司人均年节税：5 480–4 680=800（元）。甲公司全体员工年节税：800×10 000=800（万元）。

> 简明法律依据

（1）《个人所得税法》；

（2）《个人所得税法实施条例》；

（3）《财政部 人力资源社会保障部 国家税务总局关于企业年金 职业年金个人所得税有关问题的通知》（财税〔2013〕103号）；

（4）《财政部 国家税务总局关于个人所得税法修改后有关优惠政策衔接问题的通知》（财税〔2018〕164号）。

四、本案例涉及的主要税收制度

《个人所得税法》第三条规定，个人所得税的税率：（一）综合所得，适用百分之三至百分之四十五的超额累进税率（税率表见表4-1）……

表 4-1 综合所得个人所得税税率表

级　数	全年应纳税所得额	税率（%）	速算扣除数
1	不超过36 000元的部分	3	0
2	超过36 000元至144 000元的部分	10	2 520
3	超过144 000元至300 000元的部分	20	16 920
4	超过300 000元至420 000元的部分	25	31 920
5	超过420 000元至660 000元的部分	30	52 920
6	超过660 000元至960 000元的部分	35	85 920
7	超过960 000元的部分	45	181 920

《个人所得税法》第六条规定，应纳税所得额的计算：（一）居民个人的综合所得，以每一纳税年度的收入额减除费用六万元以及专项扣除、专项附加扣除和依法确定的其他扣除后的余额，为应纳税所得额……本条第一款第一项规定的专项扣除，包括居民个人按照国家规定的范围和标准缴纳的基本养老保险、基本医疗保险、失业保险等社会保险费和住房公积金等；专项附加扣除，包括子女教育、继续教育、大病医疗、住房贷款利息或者住房租金、赡养老人等支出，具体范围、标准和实施步骤由国务院确定，并报全国人民代表大会常务委员会备案。

《个人所得税法实施条例》第十三条规定：个人所得税法第六条第一款第一项所称依法确定的其他扣除，包括个人缴付符合国家规定的企业年金、职业年金，个人购买符合国家规定的商业健康保险、税收递延型商业养老保险的支出，以及国务院规定可以扣除的其他项目。

《财政部 人力资源社会保障部 国家税务总局关于企业年金 职业年金个人所得税有关问题的通知》（财税〔2013〕103号）规定：

企业和事业单位（以下统称单位）根据国家有关政策规定的办法和标准，为在本单位任职或者受雇的全体职工缴付的企业年金或职业年金（以下统称年金）单位缴费部分，在计入个人账户时，个人暂不缴纳个人所得税。

个人根据国家有关政策规定缴付的年金个人缴费部分，在不超过本人缴费工资计税基数的4%标准内的部分，暂从个人当期的应纳税所得额中扣除。

超过上述标准缴付的年金单位缴费和个人缴费部分，应并入个人当期的工资、薪金所得，依法计征个人所得税。税款由建立年金的单位代扣代缴，并向主管税务机关申报解缴。

企业年金个人缴费工资计税基数为本人上一年度月平均工资。月平均工资按国家统计局规定列入工资总额统计的项目计算。月平均工资超过职工工作地所在设区城市上一年度职工月平均工资300%以上的部分，不计入个人缴费工资计税基数。

职业年金个人缴费工资计税基数为职工岗位工资和薪级工资之和。职工岗位工资和薪级工资之和超过职工工作地所在设区城市上一年度职工月平均工资300%以上的部分，不计入个人缴费工资计税基数。

年金基金投资运营收益分配计入个人账户时，个人暂不缴纳个人所得税。

《财政部 国家税务总局关于个人所得税法修改后有关优惠政策衔接问题的通知》（财税〔2018〕164号）规定：

个人达到国家规定的退休年龄，领取的企业年金、职业年金，符合《财政部 人力资源社会保障部 国家税务总局关于企业年金 职业年金个人所得税有关问题的通知》（财税〔2013〕103号）规定的，不并入综合所得，全额单独计算应纳税款。其中按月领取的，适用月度税率表计算纳税；按季领取的，平均分摊计入各月，按每月领取额适用月度税率表计算纳税；按年领取的，适用综合所得税率表计算纳税。

个人因出境定居而一次性领取的年金个人账户资金，或个人死亡后，其指定的受益人或法定继承人一次性领取的年金个人账户余额，适用综合所得税率表计算纳税。对个人除上述特殊原因外一次性领取年金个人账户资金或余额的，适用月度税率表计算纳税。

案例 035：充分利用商业健康保险优惠

一、客户基本情况（客户基本方案）

甲公司共有员工1万余人，人均年薪20万元，人均年个人所得税税前扣除标准为12万元。

二、客户方案纳税金额计算

甲公司人均年应纳税所得额为8万元，人均年应纳个人所得税：80 000×10%–2 520=5 480（元）

📖 简明法律依据

（1）《个人所得税法》；
（2）《个人所得税法实施条例》。

三、纳税筹划方案纳税金额计算

建议甲公司从员工的应发工资中为全体员工统一购买符合税法规定的商业健康保险，员工人均年缴费2 400元，可以税前扣除。由此，人均年应纳个人所得税：（80 000–2 400）×10%–2 520=5 240（元）。

通过纳税筹划，甲公司人均年节税：5 480–5 240=240（元）。甲公司全体员工年节税：240×10 000=240（万元）。

📖 简明法律依据

（1）《个人所得税法》；
（2）《个人所得税法实施条例》；
（3）《财政部 税务总局 保监会关于将商业健康保险个人所得税试点政策推广到全国范围实施的通知》（财税〔2017〕39号）。

四、本案例涉及的主要税收制度

《财政部 税务总局 保监会关于将商业健康保险个人所得税试点政策推广到全国范围实施的通知》（财税〔2017〕39号）规定：

自2017年7月1日起，将商业健康保险个人所得税试点政策推广到全国范围实施。对个人购买符合规定的商业健康保险产品的支出，允许在当年（月）计算应纳税所得额时予以税前扣除，扣除限额为2 400元/年（200元/月）。单位统一为员工购买符合规定的商业健康保险产品的支出,应分别计入员工个人工资薪金,视同个人购买,按上述限额予以扣除。2 400元/年(200元/月)的限额扣除为个人所得税法规定减除费用标准之外的扣除。

适用商业健康保险税收优惠政策的纳税人,是指取得工资薪金所得、连续性劳务报酬所得的个人,以及取得个体工商户生产经营所得、对企事业单位的承包承租经营所得的个体工商户业主、个人独资企业投资者、合伙企业合伙人和承包承租经营者。

符合规定的商业健康保险产品,是指保险公司参照个人税收优惠型健康保险产品指引框架及示范条款开发的、符合下列条件的健康保险产品:

(1)健康保险产品采取具有保障功能并设立有最低保证收益账户的万能险方式,包含医疗保险和个人账户积累两项责任。被保险人个人账户由其所投保的保险公司负责管理维护。

(2)被保险人为16周岁以上、未满法定退休年龄的纳税人群。保险公司不得因被保险人既往病史拒保,并保证续保。

(3)医疗保险保障责任范围包括被保险人医保所在地基本医疗保险基金支付范围内的自付费用及部分基本医疗保险基金支付范围外的费用,费用的报销范围、比例和额度由各保险公司根据具体产品特点自行确定。

(4)同一款健康保险产品,可依据被保险人的不同情况,设置不同的保险金额,具体保险金额下限由保监会规定。

(5)健康保险产品坚持"保本微利"原则,对医疗保险部分的简单赔付率低于规定比例的,保险公司要将实际赔付率与规定比例之间的差额部分返还到被保险人的个人账户。

根据目标人群已有保障项目和保障需求的不同,符合规定的健康保险产品共有三类,分别适用于:①对公费医疗或基本医疗保险报销后个人负担的医疗费用有报销意愿的人群;②对公费医疗或基本医疗保险报销后个人负担的特定大额医疗费用有报销意愿的人群;③未参加公费医疗或基本医疗保险,对个人负担的医疗费用有报销意愿的人群。

符合上述条件的个人税收优惠型健康保险产品,保险公司应按《保险法》规定程序上报保监会审批。

单位统一组织为员工购买或者单位和个人共同负担购买符合规定的商业健康保险产品,单位负担部分应当实名计入个人工资薪金明细清单,视同个人购买,并自购买产品次月起,在不超过200元/月的标准内按月扣除。一年内保费金额超过2 400元的部分,不得税前扣除。以后年度续保时,按上述规定执行。个人自行退保时,应及时告知扣缴单位。个人相关退保信息保险公司应及时传递给税务机关。

取得工资薪金所得或连续性劳务报酬所得的个人,自行购买符合规定的商业健康保险产品的,应当及时向代扣代缴单位提供保单凭证。扣缴单位自个人提交保单凭证的次月起,在不超过200元/月的标准内按月扣除。一年内保费金额超过2 400元的部分,不得税前扣除。以后年度续保时，按上述规定执行。个人自行退保时，应及时告知扣缴义务人。

　　个体工商户业主、企事业单位承包承租经营者、个人独资和合伙企业投资者自行购买符合条件的商业健康保险产品的，在不超过 2 400 元/年的标准内据实扣除。一年内保费金额超过 2 400 元的部分，不得税前扣除。以后年度续保时，按上述规定执行。

案例 036：灵活运用子女教育专项附加扣除

一、客户基本情况（客户基本方案）

　　张先生和张太太有一儿一女，儿子读小学一年级，女儿读小学六年级。2022 年度，张先生的应纳税所得额为 10 万元（尚未考虑子女教育专项附加扣除），张太太的应纳税所得额为 3 万元（尚未考虑子女教育专项附加扣除）。

二、客户方案纳税金额计算

　　如果张先生与张太太因疏忽而忘记申报子女教育专项附加扣除，则 2022 年度，张先生应纳个人所得税：100 000×10%–2 520=7 480（元）；张太太应纳个人所得税：30 000×3%=900（元）。

> **简明法律依据**
>
> （1）《个人所得税法》；
> （2）《个人所得税法实施条例》。

三、纳税筹划方案纳税金额计算

　　如果由张太太申报两个子女的教育专项附加扣除 2.4 万元，则 2022 年度，张先生应纳个人所得税：100 000×10%–2 520=7 480（元）；张太太应纳个人所得税：（30 000–24 000）×3%=180（元）。通过纳税筹划，节税：900–180=720（元）。

　　如果由张先生和张太太各申报一个子女的教育专项附加扣除 1.2 万元，2022 年度，张先生应纳个人所得税：（100 000–12 000）×10%–2 520=6 280（元）；张太太应纳个人所得税：（30 000–12 000）×3%=540（元）。通过纳税筹划，节税：7 480–6 280+900–540=1 560（元）。

　　建议由张先生申报两个子女的教育专项附加扣除 2.4 万元，则 2022 年度，张先生应纳个人所得税：（100 000–24 000）×10%–2 520=5 080（元）；张太太应纳个人所得税：30 000×3%=900（元）。通过纳税筹划，节税：7 480–5 080=2 400（元）。

　　对张先生夫妇而言，2.4 万元的子女教育专项附加扣除抵税的最大额度就是 2 400 元。

简明法律依据

（1）《个人所得税法》；

（2）《个人所得税法实施条例》；

（3）《个人所得税专项附加扣除暂行办法》（国发〔2018〕41号）；

（4）《国务院关于设立3岁以下婴幼儿照护个人所得税专项附加扣除的通知》（国发〔2022〕8号）。

四、本案例涉及的主要税收制度

《个人所得税专项附加扣除暂行办法》（国发〔2018〕41号）规定：

纳税人的子女接受全日制学历教育的相关支出，按照每个子女每月1 000元的标准定额扣除。学历教育包括义务教育（小学、初中教育）、高中阶段教育（普通高中、中等职业、技工教育）、高等教育（大学专科、大学本科、硕士研究生、博士研究生教育）。年满3岁至小学入学前处于学前教育阶段的子女，按上述规定执行。

父母可以选择由其中一方按扣除标准的100%扣除，也可以选择由双方分别按扣除标准的50%扣除，具体扣除方式在一个纳税年度内不能变更。纳税人子女在中国境外接受教育的，纳税人应当留存境外学校录取通知书、留学签证等相关教育的证明资料备查。

《国务院关于设立3岁以下婴幼儿照护个人所得税专项附加扣除的通知》（国发〔2022〕8号）规定：纳税人照护3岁以下婴幼儿子女的相关支出，按照每个婴幼儿每月1000元的标准定额扣除。父母可以选择由其中一方按扣除标准的100%扣除，也可以选择由双方分别按扣除标准的50%扣除，具体扣除方式在一个纳税年度内不能变更。3岁以下婴幼儿照护个人所得税专项附加扣除涉及的保障措施和其他事项，参照《个人所得税专项附加扣除暂行办法》有关规定执行。3岁以下婴幼儿照护个人所得税专项附加扣除自2022年1月1日起实施。

案例037：灵活运用大病医疗专项附加扣除

一、客户基本情况（客户基本方案）

王先生和王太太2022年喜添千金，但因女儿患有先天性疾病，当年花费医疗费100万元，全部自付，王先生和王太太本人当年并未产生自付医疗费。2022年度，张先生的应纳税所得额为10万元（尚未考虑大病医疗专项附加扣除），张太太的应纳税所得额为3万元（尚未考虑大病医疗专项附加扣除）。

二、客户方案纳税金额计算

如果王先生与王太太因疏忽而忘记申报大病医疗专项附加扣除，则2022年度，王先生应纳个人所得税：100 000×10%–2 520=7 480（元）；王太太应纳个人所得税：30 000×3%=900（元）。

☞ 简明法律依据

（1）《个人所得税法》；

（2）《个人所得税法实施条例》。

三、纳税筹划方案纳税金额计算

如果由王太太申报大病医疗专项附加扣除8万元，则2022年度，王先生应纳个人所得税：100 000×10%–2 520=7 480（元）；王太太应纳个人所得税为0。通过纳税筹划，节税900元。

建议由王先生申报大病医疗专项附加扣除8万元，则2022年度，王先生应纳个人所得税：（100 000–80 000）×3%=600（元）；王太太应纳个人所得税：30 000×3%=900（元）。通过纳税筹划，节税：7 480–600=6 880（元）。

对王先生夫妇而言，8万元的大病医疗专项附加扣除抵税的最大额度就是6 880元。

☞ 简明法律依据

（1）《个人所得税法》；

（2）《个人所得税法实施条例》；

（3）《个人所得税专项附加扣除暂行办法》（国发〔2018〕41号）。

四、本案例涉及的主要税收制度

《个人所得税专项附加扣除暂行办法》（国发〔2018〕41号）规定：

在一个纳税年度内，纳税人发生的与基本医保相关的医药费用支出，扣除医保报销后个人负担（医保目录范围内的自付部分）累计超过15 000元的部分，由纳税人在办理年度汇算清缴时，在80 000元限额内据实扣除。

纳税人发生的医药费用支出可以选择由本人或者其配偶扣除；未成年子女发生的医药费用支出可以选择由其父母一方扣除。纳税人及其配偶、未成年子女发生的医药费用支出，按本办法第十一条规定分别计算扣除额。

纳税人应当留存医药服务收费及医保报销相关票据原件（或者复印件）等资料备查。医疗保障部门应当向患者提供在医疗保障信息系统记录的本人年度医药费用信息查询服务。

案例 038：灵活运用赡养老人专项附加扣除

一、客户基本情况（客户基本方案）

秦先生夫妇均年满 60 岁，其三个子女分别为秦一、秦二和秦三。2022 年度，秦一的应纳税所得额为 10 万元，秦二的应纳税所得额为 3 万元，秦三的应纳税所得额为 0，以上数额均未考虑赡养老人专项附加扣除。

二、客户方案纳税金额计算

如果三个子女因疏忽未申报赡养老人专项附加扣除，则 2022 年度，秦一应纳个人所得税：100 000×10%−2 520=7 480（元）；秦二应纳个人所得税=30 000×3%=900（元）；秦三应纳个人所得税为 0。

📖 简明法律依据

（1）《个人所得税法》；
（2）《个人所得税法实施条例》。

三、纳税筹划方案纳税金额计算

如果由秦二一人申报赡养老人专项附加扣除 1.2 万元，则 2022 年度，秦一应纳个人所得税：100 000×10%−2 520=7 480（元）；秦二应纳个人所得税：（30 000−12 000）×3%=540（元）；秦三应纳个人所得税为 0。通过纳税筹划，节税：900−540=360（元）。

如果由秦一一人申报赡养老人专项附加扣除 1.2 万元，则 2022 年度，秦一应纳个人所得税：（100 000−12 000）×10%−2 520=6 280（元）；秦二应纳个人所得税：30 000×3%=900（元）；秦三应纳个人所得税为 0。通过纳税筹划，节税：7 480−6 280=1 200（元）。

建议由秦一和秦二各申报赡养老人专项附加扣除 1.2 万元，则 2022 年度，秦一应纳个人所得税：（100 000−12 000）×10%−2 520=6 280（元）；秦二应纳个人所得税：（30 000−12 000）×3%=540（元）；秦三应纳个人所得税为 0。通过纳税筹划，节税：7 480−6 280+900−540=1 560（元）。

对秦家兄妹三人而言，2.4 万元的赡养老人专项附加扣除抵税的最大额度就是 1 560 元。个人所得税的其他税前扣除政策也值得纳税人关注和利用。

📖 简明法律依据

（1）《个人所得税法》；
（2）《个人所得税法实施条例》；

（3）《个人所得税专项附加扣除暂行办法》（国发〔2018〕41号）；

（4）《财政部 税务总局关于支持新型冠状病毒感染的肺炎疫情防控有关个人所得税政策的公告》（财政部 税务总局公告2020年第10号）；

（5）《财政部 税务总局关于延长部分税收优惠政策执行期限的公告》（财政部 税务总局公告2022年第4号）。

四、本案例涉及的主要税收制度

《个人所得税专项附加扣除暂行办法》（国发〔2018〕41号）规定，纳税人赡养一位及以上被赡养人的赡养支出，统一按照以下标准定额扣除：

（1）纳税人为独生子女的，按照每月2 000元的标准定额扣除；

（2）纳税人为非独生子女的，由其与兄弟姐妹分摊每月2 000元的扣除额度，每人分摊的额度不能超过每月1 000元。可以由赡养人均摊或者约定分摊，也可以由被赡养人指定分摊。约定或者指定分摊的须签订书面分摊协议，指定分摊优先于约定分摊。具体分摊方式和额度在一个纳税年度内不能变更。

上述所称被赡养人是指年满60岁的父母，以及子女均已去世的年满60岁的祖父母、外祖父母。

《财政部 税务总局关于支持新型冠状病毒感染的肺炎疫情防控有关个人所得税政策的公告》（财政部 税务总局公告2020年第10号）规定：

自2020年1月1日起，对参加疫情防治工作的医务人员和防疫工作者按照政府规定标准取得的临时性工作补助和奖金，免征个人所得税。政府规定标准包括各级政府规定的补助和奖金标准。对省级及省级以上人民政府规定的对参与疫情防控人员的临时性工作补助和奖金，比照执行。

单位发给个人用于预防新型冠状病毒感染的肺炎的药品、医疗用品和防护用品等实物（不包括现金），不计入工资、薪金收入，免征个人所得税。

《财政部 税务总局关于延长部分税收优惠政策执行期限的公告》（财政部 税务总局公告2022年第4号）规定：《财政部 税务总局关于支持新型冠状病毒感染的肺炎疫情防控有关个人所得税政策的公告》（财政部 税务总局公告2020年第10号）中规定的税收优惠政策，执行期限延长至2023年12月31日。

案例 039：充分利用短期非居民个人税收优惠

一、客户基本情况（客户基本方案）

李女士为中国香港永久居民，就职于香港甲公司。2022 年度，甲公司计划安排李女士在深圳的代表处工作 180 天（6 个月）。李女士 2022 年度每月工资为 2 万元，6 个月的工资总额为 12 万元，由于其在香港可以享受的各项扣除比较多，税负接近零。

二、客户方案纳税金额计算

如果不进行纳税筹划，李女士来源于中国境内的 6 个月的工资需要在中国纳税。每月应纳个人所得税：（20 000–5 000）×20%–1 410=1 590（元）；6 个月合计应纳个人所得税：1 590×6=9 540（元）。

简明法律依据

（1）《个人所得税法》；
（2）《个人所得税法实施条例》。

三、纳税筹划方案纳税金额计算

建议甲公司选派两位员工轮流到深圳工作，每人工作 90 天，每月工资均为 2 万元。由此可以享受短期非居民个人税收优惠，即该两位员工在深圳工作期间取得的工资，可以在香港纳税（实际税负为零），不需要在深圳缴纳个人所得税。通过纳税筹划，可以为两位员工节税 9 540 元。

简明法律依据

（1）《个人所得税法》；
（2）《个人所得税法实施条例》。

四、本案例涉及的主要税收制度

（一）非居民个人的纳税义务

《个人所得税法》第一条规定：在中国境内无住所又不居住，或者无住所而一个纳税年度内在中国境内居住累计不满一百八十三天的个人，为非居民个人。非居民个人从中国境内取得的所得，依照本法规定缴纳个人所得税。纳税年度，自公历一月一日起至十二月三十一日止。

《个人所得税法》第二条规定，下列各项个人所得，应当缴纳个人所得税：（一）工资、

薪金所得；（二）劳务报酬所得；（三）稿酬所得；（四）特许权使用费所得……非居民个人取得前款第一项至第四项所得，按月或者按次分项计算个人所得税……

《个人所得税法》第六条规定：应纳税所得额的计算……（二）非居民个人的工资、薪金所得，以每月收入额减除费用五千元后的余额为应纳税所得额；劳务报酬所得、稿酬所得、特许权使用费所得，以每次收入额为应纳税所得额……（税率表见表4-2）

表4-2 非居民个人所得税税率表

级数	应纳税所得额	税率（%）	速算扣除数
1	不超过3 000元的部分	3	0
2	超过3 000元至12 000元的部分	10	210
3	超过12 000元至25 000元的部分	20	1 410
4	超过25 000元至35 000元的部分	25	2 660
5	超过35 000元至55 000元的部分	30	4 410
6	超过55 000元至80 000元的部分	35	7 160
7	超过80 000元的部分	45	15 160

（二）短期非居民个人税收优惠

《个人所得税法实施条例》第五条规定：在中国境内无住所的个人，在一个纳税年度内在中国境内居住累计不超过90天的，其来源于中国境内的所得，由境外雇主支付并且不由该雇主在中国境内的机构、场所负担的部分，免予缴纳个人所得税。

案例040：充分利用短期居民个人税收优惠

一、客户基本情况（客户基本方案）

赵先生为中国香港永久居民，在深圳创办了甲公司，每年在中国境内停留时间约360天。自2019年度起，每年境内应纳税所得额约50万元，境外年房租收入120万元。

二、客户方案纳税金额计算

如果不进行筹划，赵先生2019年度至2023年度来自境外的房租收入可以免税。自2024年度起，赵先生来自境外的租金收入需要在中国缴纳个人所得税，每月应纳个人所得税：100 000×（1−20%）×20%=16 000（元）；全年应纳个人所得税：16 000×12=192 000（元）。

如果赵先生在境外已经就该120万元的租金收入缴纳了个人所得税，可以从上述19.2万元的应纳税额中扣除。假设赵先生在境外实际纳税10万元，则赵先生还应在中国境内补税9.2万元。

简明法律依据

（1）《个人所得税法》；

（2）《个人所得税法实施条例》。

三、纳税筹划方案纳税金额计算

建议赵先生在自 2019 年起的每个第六年离境 31 天，则赵先生可以永远保持短期居民个人的身份，其来自境外的每年 120 万元的租金收入可以免于在中国境内纳税，每年可以节税 9.2 万元。

简明法律依据

（1）《个人所得税法》；

（2）《个人所得税法实施条例》。

四、本案例涉及的主要税收制度

（一）外国税收抵免制度

《个人所得税法》第七条规定：居民个人从中国境外取得的所得，可以从其应纳税额中抵免已在境外缴纳的个人所得税税额，但抵免额不得超过该纳税人境外所得依照本法规定计算的应纳税额。

《个人所得税法实施条例》第二十条规定：居民个人从中国境内和境外取得的综合所得、经营所得，应当分别合并计算应纳税额；从中国境内和境外取得的其他所得，应当分别单独计算应纳税额。

《个人所得税法实施条例》第二十一条规定：个人所得税法第七条所称已在境外缴纳的个人所得税税额，是指居民个人来源于中国境外的所得，依照该所得来源国家（地区）的法律应当缴纳并且实际已经缴纳的所得税税额。个人所得税法第七条所称纳税人境外所得依照本法规定计算的应纳税额，是居民个人抵免已在境外缴纳的综合所得、经营所得以及其他所得的所得税税额的限额（以下简称抵免限额）。除国务院财政、税务主管部门另有规定外，来源于中国境外一个国家（地区）的综合所得抵免限额、经营所得抵免限额以及其他所得抵免限额之和，为来源于该国家（地区）所得的抵免限额。居民个人在中国境外一个国家（地区）实际已经缴纳的个人所得税税额，低于依照前款规定计算出的来源于该国家（地区）所得的抵免限额的，应当在中国缴纳差额部分的税款；超过来源于该国家（地区）所得的抵免限额的，其超过部分不得在本纳税年度的应纳税额中抵免，但是可以在以后纳税年度来源于该国家（地区）所得的抵免限额的余额中补扣。补扣期限最长不得超过五年。

《个人所得税法实施条例》第二十二条规定：居民个人申请抵免已在境外缴纳的个人所得税税额，应当提供境外税务机关出具的税款所属年度的有关纳税凭证。

（二）短期居民个人税收优惠

《个人所得税法》第一条规定：在中国境内有住所，或者无住所而一个纳税年度内在中国境内居住累计满一百八十三天的个人，为居民个人。居民个人从中国境内和境外取得的所得，依照本法规定缴纳个人所得税。

《个人所得税法实施条例》第四条规定：在中国境内无住所的个人，在中国境内居住累计满183天的年度连续不满六年的，经向主管税务机关备案，其来源于中国境外且由境外单位或者个人支付的所得，免予缴纳个人所得税；在中国境内居住累计满183天的任一年度中有一次离境超过30天的，其在中国境内居住累计满183天的年度的连续年限重新起算。

案例041：充分利用外籍人员免税补贴

一、客户基本情况（客户基本方案）

孙先生为外籍人士，因工作需要，长期在中国境内居住。2022年度，按税法规定可以享受免税优惠的各项补贴总额为8万元。孙先生（非独生子女）目前可以享受的专项附加扣除为两个子女的教育费和一位老人的赡养费。孙先生原计划选择居民个人的专项附加扣除，其适用的最高税率为20%。

二、客户方案纳税金额计算

如孙先生选择居民个人的专项附加扣除，则扣除总额为：1 000×12×2+1 000×12=36 000（元）。每年最高可以节税：36 000×20%=7 200（元）。

> **简明法律依据**
> （1）《个人所得税法》；
> （2）《个人所得税法实施条例》。

三、纳税筹划方案纳税金额计算

建议孙先生选择免税补贴优惠，则扣除总额为8万元，每年最高可以节税：80 000×20%=16 000（元）。

通过纳税筹划，孙先生每年最高可以节税：16 000–7 200=8 800（元）。

简明法律依据

（1）《个人所得税法》；

（2）《个人所得税法实施条例》；

（3）《财政部 国家税务总局关于个人所得税若干政策问题的通知》（财税〔1994〕020号）；

（4）《国家税务总局关于外籍个人取得有关补贴征免个人所得税执行问题的通知》（国税发〔1997〕54号）；

（5）《财政部 国家税务总局关于外籍个人取得港澳地区住房等补贴征免个人所得税的通知》（财税〔2004〕29号）；

（6）《财政部 税务总局关于个人所得税法修改后有关优惠政策衔接问题的通知》（财税〔2018〕164号）；

（7）《财政部 税务总局关于延续实施外籍个人津补贴等有关个人所得税优惠政策的公告》（财政部 税务总局公告2021年第43号）。

四、本案例涉及的主要税收制度

（一）外籍个人免税补贴制度

《财政部 国家税务总局关于个人所得税若干政策问题的通知》（财税〔1994〕20号）规定，下列所得，暂免征收个人所得税：

（1）外籍个人以非现金形式或实报实销形式取得的住房补贴、伙食补贴、搬迁费、洗衣费。

（2）外籍个人按合理标准取得的境内、外出差补贴。

（3）外籍个人取得的探亲费、语言训练费、子女教育费等，经当地税务机关审核批准为合理的部分。

《国家税务总局关于外籍个人取得有关补贴征免个人所得税执行问题的通知》（国税发〔1997〕54号）规定：

对外籍个人以非现金形式或实报实销形式取得的合理的住房补贴、伙食补贴和洗衣费免征个人所得税，应由纳税人在初次取得上述补贴或上述补贴数额、支付方式发生变化的月份的次月进行工资薪金所得纳税申报时，向主管税务机关提供上述补贴的有效凭证，由主管税务机关核准确认免税。

外籍个人因到中国任职或离职，以实报实销形式取得的搬迁收入免征个人所得税，应由纳税人提供有效凭证，由主管税务机关审核认定，就其合理的部分免税。外商投资企业和外国企业在中国境内的机构、场所，以搬迁费名义每月或定期向其外籍雇员支付的费用，应计入雇员工资薪金所得征收个人所得税。

对外籍个人按合理标准取得的境内、外出差补贴免征个人所得税，应由纳税人提供出差的交通费、住宿费凭证（复印件）或企业安排出差的有关计划，由主管税务机关确认免税。

对外籍个人取得的探亲费免征个人所得税，应由纳税人提供探亲的交通支出凭证（复印件），由主管税务机关审核，对其实际用于本人探亲，并且每年探亲的次数和支付的标准合理的部分给予免税。

对外籍个人取得的语言培训费和子女教育费补贴免征个人所得税，应由纳税人提供在中国境内接受上述教育的支出凭证和期限证明材料，由主管税务机关审核。对其在中国境内接受语言培训以及子女在中国境内接受教育取得的语言培训费和子女教育费补贴，并且在合理数额内的部分免予纳税。

《财政部 国家税务总局关于外籍个人取得港澳地区住房等补贴征免个人所得税的通知》（财税〔2004〕29号）规定：

受雇于我国境内企业的外籍个人（不包括香港、澳门居民个人），由于家庭等原因居住在香港、澳门，每个工作日往返于内地与香港、澳门等地区，由此境内企业（包括其关联企业）给予其在香港或澳门住房、伙食、洗衣、搬迁等非现金形式或实报实销形式的补贴，凡能提供有效凭证的，经主管税务机关审核确认后，可以依照《财政部 国家税务总局关于个人所得税若干政策问题的通知》（财税〔1994〕20号）以及《国管税务总局关于外籍个人取得有关补贴征免个人所得税执行问题的通知》（国税发〔1997〕54号）的规定，免予征收个人所得税。

上述外籍个人就其在香港或澳门进行语言培训、子女教育而取得的费用补贴，凡能提供有效支出凭证等材料的，经主管税务机关审核确认为合理的部分，可以依照上述财税〔1994〕20号通知以及国税发〔1997〕54号通知的规定，免予征收个人所得税。

（二）个人所得税过渡优惠制度

《财政部 税务总局关于个人所得税法修改后有关优惠政策衔接问题的通知》（财税〔2018〕164号）规定：

2019年1月1日至2021年12月31日期间，外籍个人符合居民个人条件的，可以选择享受个人所得税专项附加扣除，也可以选择按照《财政部 国家税务总局关于个人所得税若干政策问题的通知》（财税〔1994〕20号）、《国家税务总局关于外籍个人取得有关补贴征免个人所得税执行问题的通知》（国税发〔1997〕54号）和《财政部 国家税务总局关于外籍个人取得港澳地区住房等补贴征免个人所得税的通知》（财税〔2004〕29号）规定，享受住房补贴、语言训练费、子女教育费等津补贴免税优惠政策，但不得同时享受。外籍个人一经选择，在一个纳税年度内不得变更。

自 2022 年 1 月 1 日起，外籍个人不再享受住房补贴、语言训练费、子女教育费津补贴免税优惠政策，应按规定享受专项附加扣除。

《财政部 税务总局关于延续实施外籍个人津补贴等有关个人所得税优惠政策的公告》（财政部 税务总局公告 2021 年第 43 号）规定：《财政部 税务总局关于个人所得税法修改后有关优惠政策衔接问题的通知》（财税〔2018〕164 号）规定的外籍个人有关津补贴优惠政策、中央企业负责人任期激励单独计税优惠政策，执行期限延长至 2023 年 12 月 31 日。

案例 042：非居民个人平均发放工资

一、客户基本情况（客户基本方案）

刘女士为外籍人士，属于中国非居民个人。因工作需要，每年在中国停留四个月，领取四个月的工资。公司原计划按工作绩效发工资，假设 2022 年领取的四个月工资分别为 3 000 元、6 000 元、4 000 元和 20 000 元，总额为 33 000 元。

二、客户方案纳税金额计算

刘女士 2022 年度在中国应纳个人所得税：（6 000–5 000）×3%+（20 000–5 000）×20%–1 410=1 620（元）。

☛ 简明法律依据

（1）《个人所得税法》；
（2）《个人所得税法实施条例》。

三、纳税筹划方案纳税金额计算

建议刘女士预先估计四个月的工资总额在 3 万元左右，可以先按平均数发放，最后一个月汇总计算。即前三个月工资按照每月 8 000 元发放，第四个月按照 9 000 元（33 000–8 000×3）发放。

刘女士 2022 年度在中国应纳个人所得税：（8 000–5 000）×3%×3+（9 000–5 000）×10%–210=460（元）。

通过纳税筹划，刘女士节税：1 620–460=1 160（元）。

☛ 简明法律依据

（1）《个人所得税法》；
（2）《个人所得税法实施条例》。

四、本案例涉及的主要税收制度

《个人所得税法实施条例》第三条规定，除国务院财政、税务主管部门另有规定外，下列所得，不论支付地点是否在中国境内，均为来源于中国境内的所得：（一）因任职、受雇、履约等在中国境内提供劳务取得的所得；（二）将财产出租给承租人在中国境内使用而取得的所得；（三）许可各种特许权在中国境内使用而取得的所得；（四）转让中国境内的不动产等财产或者在中国境内转让其他财产取得的所得；（五）从中国境内企业、事业单位、其他组织以及居民个人取得的利息、股息、红利所得。

《财政部 税务总局关于境外所得有关个人所得税政策的公告》（财政部 税务总局公告2020年第3号）规定，

下列所得，为来源于中国境外的所得：

（1）因任职、受雇、履约等在中国境外提供劳务取得的所得。

（2）中国境外企业以及其他组织支付且负担的稿酬所得。

（3）许可各种特许权在中国境外使用而取得的所得。

（4）在中国境外从事生产、经营活动而取得的与生产、经营活动相关的所得。

（5）从中国境外企业、其他组织以及非居民个人取得的利息、股息、红利所得。

（6）将财产出租给承租人在中国境外使用而取得的所得。

（7）转让中国境外的不动产、转让对中国境外企业以及其他组织投资形成的股票、股权以及其他权益性资产（以下称权益性资产）或者在中国境外转让其他财产取得的所得。但转让对中国境外企业以及其他组织投资形成的权益性资产，该权益性资产被转让前三年（连续36个公历月份）内的任一时间，被投资企业或其他组织的资产公允价值50%以上直接或间接来自位于中国境内的不动产的，取得的所得为来源于中国境内的所得。

（8）中国境外企业、其他组织以及非居民个人支付且负担的偶然所得。

（9）财政部、税务总局另有规定的，按照相关规定执行。

案例043：将工资适当转化为职工福利

一、客户基本情况（客户基本方案）

甲公司共有员工1万余人，目前没有给员工提供任何职工福利，该公司员工的年薪比同行业其他公司略高，平均为20万元。其中，税法允许的税前扣除额人均约13万元，人均年应纳税所得额为7万元。

二、客户方案纳税金额计算

甲公司人均年应纳个人所得税：70 000×10%–2 520=4 480（元）。

☛ 简明法律依据

（1）《个人所得税法》；

（2）《个人所得税法实施条例》。

三、纳税筹划方案纳税金额计算

建议甲公司充分利用税法规定的职工福利费、职工教育经费等，为职工提供上下班交通工具、三顿工作餐、工作手机及相应通信费、工作电脑、职工宿舍、职工培训费、差旅补贴等选项，由每位职工根据自身需求选用。选用公司福利的员工，其工资适当调低，以弥补公司提供上述福利的成本。

假设通过上述方式，该公司50%的员工年薪由此降低10 000元，则人均年应纳个人所得税：60 000×10%–2 520=3 480（元）。

通过纳税筹划，甲公司人均年节税：4 480–3 480=1 000（元）。5 000名员工节税总额为500万元。

假设甲公司为员工缴纳"五险一金"的比例为工资总额的30%，则该项筹划为甲公司节约"五险一金"：10 000×5 000×30%=1 500（万元）。

☛ 简明法律依据

（1）《个人所得税法》；

（2）《个人所得税法实施条例》；

（3）《企业所得税法》；

（4）《企业所得税法实施条例》；

（5）《国家税务总局关于企业工资薪金及职工福利费扣除问题的通知》（国税函〔2009〕3号）；

（6）《国家税务总局关于企业所得税有关问题的公告》（国家税务总局公告2016年第80号）；

（7）《财政部 税务总局关于企业职工教育经费税前扣除政策的通知》（财税〔2018〕51号）。

四、本案例涉及的主要税收制度

（一）个人所得税法相关规定

《个人所得税法》第六条规定：居民个人的综合所得，以每一纳税年度的收入额减除费用六万元以及专项扣除、专项附加扣除和依法确定的其他扣除后的余额，为应纳税所得额。

（二）合理工资薪金制度

《企业所得税法实施条例》第三十四条规定：企业发生的合理的工资薪金支出，准予扣除。前款所称工资薪金，是指企业每一纳税年度支付给在本企业任职或者受雇的员工的所有现金形式或者非现金形式的劳动报酬，包括基本工资、奖金、津贴、补贴、年终加薪、加班工资，以及与员工任职或者受雇有关的其他支出。

《国家税务总局关于企业工资薪金及职工福利费扣除问题的通知》（国税函〔2009〕3号）规定，《企业所得税法实施条例》第三十四条所称的"合理工资薪金"，是指企业按照股东大会、董事会、薪酬委员会或相关管理机构制定的工资薪金制度规定实际发放给员工的工资薪金。税务机关在对工资薪金进行合理性确认时，可按以下原则掌握：

（1）企业制定了较为规范的员工工资薪金制度；

（2）企业所制定的工资薪金制度符合行业及地区水平；

（3）企业在一定时期所发放的工资薪金是相对固定的，工资薪金的调整是有序进行的；

（4）企业对实际发放的工资薪金，已依法履行了代扣代缴个人所得税义务；

（5）有关工资薪金的安排，不以减少或逃避税款为目的。

（三）企业职工福利费税前扣除制度

《企业所得税法实施条例》第四十条规定：企业发生的职工福利费支出，不超过工资薪金总额14%的部分，准予扣除。

《国家税务总局关于企业工资薪金及职工福利费扣除问题的通知》（国税函〔2009〕3号）规定，上述"工资薪金总额"是指企业按照上述规定实际发放的工资薪金总和，不包括企业的职工福利费、职工教育经费、工会经费以及养老保险费、医疗保险费、失业保险费、工伤保险费、生育保险费等社会保险费和住房公积金。属于国有性质的企业，其工资薪金，不得超过政府有关部门给予的限定数额；超过部分，不得计入企业工资薪金总额，也不得在计算企业应纳税所得额时扣除。

《国家税务总局关于企业所得税有关问题的公告》（国家税务总局公告2016年第80号）规定，企业职工福利费包括以下内容：

（1）尚未实行分离办社会职能的企业，其内设福利部门所发生的设备、设施和人员费用，包括职工食堂、职工浴室、理发室、医务所、托儿所、疗养院等集体福利部门的设备、设施及维修保养费用和福利部门工作人员的工资薪金、社会保险费、住房公积金、劳务费等。

（2）为职工卫生保健、生活、住房、交通等所发放的各项补贴和非货币性福利，包括

企业向职工发放的因公外地就医费用、未实行医疗统筹企业的职工医疗费用、职工供养直系亲属医疗补贴、供暖费补贴、职工防暑降温费、职工困难补贴、救济费、职工食堂经费补贴、职工交通补贴等。

（3）按照其他规定发生的其他职工福利费，包括丧葬补助费、抚恤费、安家费、探亲假路费等。

企业发生的职工福利费，应该单独设置账册，进行准确核算。没有单独设置账册准确核算的，税务机关应责令企业在规定的期限内进行改正。逾期仍未改正的，税务机关可对企业发生的职工福利费进行合理核定。

（四）职工教育经费税前扣除制度

《企业所得税法实施条例》第四十二条规定：除国务院财政、税务主管部门另有规定外，企业发生的职工教育经费支出，不超过工资薪金总额2.5%的部分，准予扣除；超过部分，准予在以后纳税年度结转扣除。

《财政部 税务总局关于企业职工教育经费税前扣除政策的通知》（财税〔2018〕51号）规定：自2018年1月1日起，企业发生的职工教育经费支出，不超过工资薪金总额8%的部分，准予在计算企业所得税应纳税所得额时扣除；超过部分，准予在以后纳税年度结转扣除。

案例044：充分利用公益慈善事业捐赠

一、客户基本情况（客户基本方案）

李先生为某地企业家，为提高自身形象与知名度，决定以个人名义长期开展一些公益捐赠。假设李先生每年综合所得应纳税所得额为1 000万元，某筹划公司为李先生设计了两套方案。方案一：每年直接向若干所希望小学捐赠500万元；方案二：通过某地民政局向贫困地区每年捐赠500万元。

二、客户方案纳税金额计算

如果不进行公益捐赠，则李先生综合所得每年应纳个人所得税：1 000×45%-18.19=431.81（万元）。

如果按照方案一进行公益捐赠，则李先生综合所得每年应纳个人所得税与上述情形相同，即无法税前扣除，公益捐赠起不到抵税的作用。

如果按照方案二进行公益捐赠，则李先生综合所得每年应纳个人所得税：（1 000–1 000×

30%）×45%-18.19=296.81（万元）。比方案一节税：431.81-296.81=135（万元）。

☞ 简明法律依据

（1）《个人所得税法》；

（2）《个人所得税法实施条例》。

三、纳税筹划方案纳税金额计算

建议李先生每年向中国红十字会或农村义务教育捐赠500万元。在此方案下，李先生综合所得每年应纳个人所得税：（1 000-500）×45%-18.19=206.81（万元）。

通过纳税筹划，李先生每年节税：431.81-206.81=225（万元）。

☞ 简明法律依据

（1）《个人所得税法》；

（2）《个人所得税法实施条例》；

（3）《财政部 国家税务总局关于企业等社会力量向红十字事业捐赠有关所得税政策问题的通知》（财税〔2000〕30号）；

（4）《财政部 国家税务总局关于纳税人向农村义务教育捐赠有关所得税政策的通知》（财税〔2001〕103号）；

（5）《财政部 税务总局关于支持新型冠状病毒感染的肺炎疫情防控有关捐赠税收政策的公告》（财政部 税务总局公告2020年第9号）。

四、本案例涉及的主要税收制度

（一）公益捐赠限额扣除制度

《个人所得税法》第六条规定：个人将其所得对教育、扶贫、济困等公益慈善事业进行捐赠，捐赠额未超过纳税人申报的应纳税所得额百分之三十的部分，可以从其应纳税所得额中扣除；国务院规定对公益慈善事业捐赠实行全额税前扣除的，从其规定。

《个人所得税法实施条例》第十九条规定：个人所得税法第六条第三款所称个人将其所得对教育、扶贫、济困等公益慈善事业进行捐赠，是指个人将其所得通过中国境内的公益性社会组织、国家机关向教育、扶贫、济困等公益慈善事业的捐赠；所称应纳税所得额，是指计算扣除捐赠额之前的应纳税所得额。

（二）公益捐赠全额扣除制度

《财政部 国家税务总局关于企业等社会力量向红十字事业捐赠有关所得税政策问题的通知》（财税〔2000〕30号）规定：个人通过非营利性的社会团体和国家机关（包括中国红十字会）向红十字事业的捐赠，在计算缴纳个人所得税时准予全额扣除。

《财政部 国家税务总局关于纳税人向农村义务教育捐赠有关所得税政策的通知》(财税〔2001〕103号）规定：个人通过非营利的社会团体和国家机关向农村义务教育的捐赠，准予在缴纳个人所得税前的所得额中全额扣除。农村义务教育的范围，是指政府和社会力量举办的农村乡镇（不含县和县级市政府所在地的镇）、村的小学和初中以及属于这一阶段的特殊教育学校。纳税人对农村义务教育与高中在一起的学校的捐赠，也享受上述所得税前扣除政策。

《财政部 税务总局关于支持新型冠状病毒感染的肺炎疫情防控有关捐赠税收政策的公告》(财政部 税务总局公告2020年第9号）规定：

自2020年1月1日起，企业和个人通过公益性社会组织或者县级以上人民政府及其部门等国家机关，捐赠用于应对新型冠状病毒感染的肺炎疫情的现金和物品，允许在计算应纳税所得额时全额扣除。

企业和个人直接向承担疫情防治任务的医院捐赠用于应对新型冠状病毒感染的肺炎疫情的物品，允许在计算应纳税所得额时全额扣除。捐赠人凭承担疫情防治任务的医院开具的捐赠接收函办理税前扣除事宜。

单位和个体工商户将自产、委托加工或购买的货物，通过公益性社会组织和县级以上人民政府及其部门等国家机关，或者直接向承担疫情防治任务的医院，无偿捐赠用于应对新型冠状病毒感染的肺炎疫情的，免征增值税、消费税、城市维护建设税、教育费附加、地方教育附加。

国家机关、公益性社会组织和承担疫情防治任务的医院接受的捐赠，应专项用于应对新型冠状病毒感染的肺炎疫情工作，不得挪作他用。

案例045：充分利用年终奖单独计税

一、客户基本情况（客户基本方案）

刘先生2022年度综合所得应纳税所得额为100万元，全部来自工资薪金。单位为其提供了四种方案供其选择：方案一，全部通过工资薪金发放，不发放年终奖；方案二，发放3.6万元年终奖，综合所得应纳税所得额为96.4万元；方案三，发放14.4万元年终奖，综合所得应纳税所得额为85.6万元；方案四，发放43万元年终奖，综合所得应纳税所得额为57万元。

二、客户方案纳税金额计算

在方案一下，刘先生综合所得应纳个人所得税：$100 \times 45\% - 18.19 = 26.81$（万元）。

在方案二下，刘先生综合所得应纳个人所得税：96.4×45%-18.19=25.19（万元）；年终奖应纳个人所得税：3.6×3%=0.11（万元）；合计应纳个人所得税：25.19+0.11=25.3（万元）。方案二比方案一节税：26.81-25.3=1.51（万元）。

在方案三下，刘先生综合所得应纳个人所得税：85.6×35%-8.59=21.37（万元）；年终奖应纳个人所得税：14.4×10%-0.02=1.42（万元）；合计应纳个人所得税：21.37+1.42=22.79（万元）。方案三比方案二节税：25.3-22.79=2.51（万元）；方案三比方案一节税：26.81-22.79=4.02（万元）。

在方案四下，刘先生综合所得应纳个人所得税：57×30%-5.29=11.81（万元）；年终奖应纳个人所得税：43×30%-0.44=12.46（万元）；合计应纳个人所得税：11.81+12.46=24.27（万元）。方案四比方案三多纳税：24.27-22.79=1.48（万元）；方案四比方案二节税：25.3-24.27=1.03（万元）；方案四比方案一节税：26.81-24.27=2.54（万元）。

☛ 简明法律依据

（1）《个人所得税法》；

（2）《个人所得税法实施条例》；

（3）《国家税务总局关于调整个人取得全年一次性奖金等计算征收个人所得税方法问题的通知》（国税发〔2005〕9号）；

（4）《财政部 税务总局关于个人所得税法修改后有关优惠政策衔接问题的通知》（财税〔2018〕164号）。

三、纳税筹划方案纳税金额计算

建议单位给刘先生发放42万元年终奖，综合所得应纳税所得额为58万元。在该方案下，刘先生综合所得应纳个人所得税：58×30%-5.29=12.11（万元）；年终奖应纳个人所得税：42×25%-0.27=10.23（万元）；合计应纳个人所得税：12.11+10.23=22.34（万元）。

通过纳税筹划，刘先生节税：26.81-22.34=4.47（万元）。

☛ 简明法律依据

（1）《个人所得税法》；

（2）《个人所得税法实施条例》；

（3）《国家税务总局关于调整个人取得全年一次性奖金等计算征收个人所得税方法问题的通知》（国税发〔2005〕9号）；

（4）《国家税务总局关于中央企业负责人年度绩效薪金延期兑现收入和任期奖励征收个人所得税问题的通知》（国税发〔2007〕118号）；

（5）《财政部 税务总局关于个人所得税法修改后有关优惠政策衔接问题的通知》（财税〔2018〕164号）；

（6）《财政部 税务总局关于延续实施全年一次性奖金等个人所得税优惠政策的公告》（财政部 税务总局公告2021年第42号）。

四、本案例涉及的主要税收制度

《财政部 税务总局关于个人所得税法修改后有关优惠政策衔接问题的通知》（财税〔2018〕164号）规定：

居民个人取得全年一次性奖金，符合《国家税务总局关于调整个人取得全年一次性奖金等计算征收个人所得税方法问题的通知》（国税发〔2005〕9号）规定的，在2021年12月31日前，不并入当年综合所得，以全年一次性奖金收入除以12个月得到的数额，按照按月换算后的综合所得税率表（以下简称月度税率表，见表4-3），确定适用税率和速算扣除数，单独计算纳税。计算公式为：

$$应纳税额=全年一次性奖金收入×适用税率-速算扣除数$$

表4-3　按月换算后的综合所得税率表（月度税率表）

级数	全月应纳税所得额	税率（%）	速算扣除数
1	不超过3 000元的部分	3	0
2	超过3 000元至12 000元的部分	10	210
3	超过12 000元至25 000元的部分	20	1 410
4	超过25 000元至35 000元的部分	25	2 660
5	超过35 000元至55 000元的部分	30	4 410
6	超过55 000元至80 000元的部分	35	7 160
7	超过80 000元的部分	45	15 160

居民个人取得全年一次性奖金，也可以选择并入当年综合所得计算纳税。自2022年1月1日起，居民个人取得全年一次性奖金，应并入当年综合所得计算缴纳个人所得税。

中央企业负责人取得年度绩效薪金延期兑现收入和任期奖励，符合《国家税务总局关于中央企业负责人年度绩效薪金延期兑现收入和任期奖励征收个人所得税问题的通知》（国税发〔2007〕118号）规定的，在2021年12月31日前，参照上述规定执行；2022年1月1日之后的政策另行明确。

《国家税务总局关于调整个人取得全年一次性奖金等计算征收个人所得税方法问题的通知》（国税发〔2005〕9号）规定：

全年一次性奖金是指行政机关、企事业单位等扣缴义务人根据其全年经济效益和对雇员全年工作业绩的综合考核情况，向雇员发放的一次性奖金。上述一次性奖金也包括年终加薪、实行年薪制和绩效工资办法的单位根据考核情况兑现的年薪和绩效工资。

在一个纳税年度内，对每一个纳税人，该计税办法只允许采用一次。实行年薪制和绩效工资的单位，个人取得年终兑现的年薪和绩效工资按上述规定执行。雇员取得除全年一次性奖金以外的其他各种名目奖金，如半年奖、季度奖、加班奖、先进奖、考勤奖等，一律与当月工资、薪金收入合并，按税法规定缴纳个人所得税。

《财政部 税务总局关于延续实施全年一次性奖金等个人所得税优惠政策的公告》（财政部 税务总局公告 2021 年第 42 号）规定：《财政部 税务总局关于个人所得税法修改后有关优惠政策衔接问题的通知》（财税〔2018〕164 号）规定的全年一次性奖金单独计税优惠政策，执行期限延长至 2023 年 12 月 31 日；上市公司股权激励单独计税优惠政策，执行期限延长至 2022 年 12 月 31 日。

案例 046：充分利用股票期权所得单独计税

一、客户基本情况（客户基本方案）

董女士为某上市公司总经理，预计 2022 年度综合所得应纳税所得额为 500 万元。公司为董女士设计了三套纳税方案：方案一，不发放股票期权所得，综合所得应纳税所得额为 500 万元；方案二，发放股票期权所得 3.6 万元，综合所得应纳税所得额为 496.4 万元；方案三，发放股票期权所得 14.4 万元，综合所得应纳税所得额为 485.6 万元。

二、客户方案纳税金额计算

在方案一下，董女士应纳个人所得税：500×45%–18.19=206.81（万元）。

在方案二下，董女士股票期权所得应纳个人所得税：3.6×3%=0.11（万元）；综合所得应纳个人所得税：496.4×45%–18.19=205.19（万元）；合计应纳个人所得税：0.11+205.19=205.3（万元）。方案二比方案一节税：206.81–205.3=1.51（万元）。

在方案三下，董女士股票期权所得应纳个人所得税：14.4×10%–0.25=1.19（万元）；综合所得应纳个人所得税：485.6×45%–18.19=200.33（万元）；合计应纳个人所得税：1.19+200.33=201.52（万元）。方案三比方案二节税：205.3–201.52=3.78（万元）；方案三比方案一节税：206.81–201.52=5.29（万元）。

简明法律依据

（1）《个人所得税法》；

（2）《个人所得税法实施条例》；

（3）《财政部 国家税务总局关于个人股票期权所得征收个人所得税问题的通知》（财税〔2005〕35 号）；

（4）《财政部 税务总局关于个人所得税法修改后有关优惠政策衔接问题的通知》（财

税〔2018〕164号)。

(5)《财政部 税务总局关于延续实施全年一次性奖金等个人所得税优惠政策的公告》(财政部 税务总局公告2021年第42号)。

三、纳税筹划方案纳税金额计算

建议采取第四套方案,即发放股票期权所得250万元,综合所得应纳税所得额为250万元。

在方案四下,董女士股票期权所得应纳个人所得税:250×45%-18.19=94.31(万元);综合所得应纳个人所得税:250×45%-18.19=94.31(万元);合计应纳个人所得税:94.31+94.31=188.62(万元)。

通过纳税筹划,方案四比方案三节税:201.52-188.62=12.9(万元);方案四比方案二节税:205.3-188.62=16.68(万元);方案四比方案一节税:206.81-188.62=18.19(万元)。

> **简明法律依据**

(1)《个人所得税法》;

(2)《个人所得税法实施条例》;

(3)《财政部 国家税务总局关于个人股票期权所得征收个人所得税问题的通知》(财税〔2005〕35号);

(4)《财政部 税务总局关于个人所得税法修改后有关优惠政策衔接问题的通知》(财税〔2018〕164号);

(5)《财政部 税务总局关于延续实施全年一次性奖金等个人所得税优惠政策的公告》(财政部 税务总局公告2021年第42号)。

四、本案例涉及的主要税收制度

《财政部 税务总局关于个人所得税法修改后有关优惠政策衔接问题的通知》(财税〔2018〕164号)规定:

居民个人取得股票期权、股票增值权、限制性股票、股权奖励等股权激励(以下简称股权激励),符合《财政部 国家税务总局关于个人股票期权所得征收个人所得税问题的通知》(财税〔2005〕35号)、《财政部 国家税务总局关于股票增值权所得和限制性股票所得征收个人所得税有关问题的通知》(财税〔2009〕5号)、《财政部 国家税务总局关于将国家自主创新示范区有关税收试点政策推广到全国范围实施的通知》(财税〔2015〕116号)第四条、《财政部 国家税务总局关于完善股权激励和技术入股有关所得税政策的通知》(财税〔2016〕101号)第四条第(一)项规定的相关条件的,在2021年12月31日前,不并入当年综合所得,全额单独适用综合所得税率表,计算纳税。计算公式为:

应纳税额=股权激励收入×适用税率−速算扣除数

居民个人一个纳税年度内取得两次以上（含两次）股权激励的，应合并按上述规定计算纳税。

2022年1月1日之后的股权激励政策另行明确。

《财政部 税务总局关于延续实施全年一次性奖金等个人所得税优惠政策的公告》（财政部 税务总局公告2021年第42号）规定：《财政部 税务总局关于个人所得税法修改后有关优惠政策衔接问题的通知》（财税〔2018〕164号）规定的全年一次性奖金单独计税优惠政策，执行期限延长至2023年12月31日；上市公司股权激励单独计税优惠政策，执行期限延长至2022年12月31日。

案例047：综合利用年终奖与股票期权所得单独计税

一、客户基本情况（客户基本方案）

马先生为某上市公司总经理，预计2022年度综合所得应纳税所得额为600万元。公司为马先生设计了三套纳税方案：方案一，不发放年终奖与股票期权所得，综合所得应纳税所得额为600万元；方案二，发放年终奖3.6万元、股票期权所得3.6万元，综合所得应纳税所得额为592.8万元；方案三，发放年终奖200万元、股票期权所得200万元，综合所得应纳税所得额为200万元。

二、客户方案纳税金额计算

在方案一下，马先生年度综合所得应纳个人所得税：600×45%−18.19=251.81（万元）。

在方案二下，马先生年终奖应纳个人所得税：3.6×3%=0.11（万元）；股票期权所得应纳个人所得税：3.6×3%=0.11（万元）；综合所得应纳个人所得税：592.8×45%−18.19=248.57（万元）；合计应纳个人所得税：0.11+0.11+248.57=248.79（万元）。方案二比方案一节税：251.81−248.79=3.02（万元）。

在方案三下，马先生年终奖应纳个人所得税：200×45%−1.52=88.48（万元）；股票期权所得应纳个人所得税：200×45%−18.19=71.81（万元）；综合所得应纳个人所得税：200×45%−18.19=71.81（万元）；合计应纳个人所得税：88.48+71.81+71.81=232.1（万元）。方案三比方案二节税：248.79−232.1=16.69（万元）；方案三比方案一节税：251.81−232.1=19.71（万元）。

简明法律依据

（1）《个人所得税法》；

（2）《个人所得税法实施条例》；

（3）《财政部 税务总局关于个人所得税法修改后有关优惠政策衔接问题的通知》（财税〔2018〕164号）；

（4）《财政部 税务总局关于延续实施全年一次性奖金等个人所得税优惠政策的公告》（财政部 税务总局公告2021年第42号）。

三、纳税筹划方案纳税金额计算

建议马先生采取第四套方案，即发放年终奖96万元、股票期权所得252万元，综合所得应纳税所得额为252万元。

在方案四下，马先生年终奖应纳个人所得税：96×35%–0.72=32.88（万元）；股票期权所得应纳个人所得税：252×45%–18.19=95.21（万元）；综合所得应纳个人所得税：252×45%–18.19=95.21（万元）；合计应纳个人所得税：32.88+95.21+95.21=223.3（万元）。

通过纳税筹划，方案四比方案三节税：232.1–223.3=8.8（万元）；方案四比方案二节税：248.79–223.3=25.49（万元）；方案四比方案一节税：251.81–223.3=28.51（万元）。

简明法律依据

（1）《个人所得税法》；

（2）《个人所得税法实施条例》；

（3）《财政部 国家税务总局关于个人股票期权所得征收个人所得税问题的通知》（财税〔2005〕35号）；

（4）《财政部 税务总局关于个人所得税法修改后有关优惠政策衔接问题的通知》（财税〔2018〕164号）；

（5）《财政部 税务总局关于延续实施全年一次性奖金等个人所得税优惠政策的公告》（财政部 税务总局公告2021年第42号）。

四、本案例涉及的主要税收制度

《财政部 国家税务总局关于个人股票期权所得征收个人所得税问题的通知》（财税〔2005〕35号）规定：

实施股票期权计划企业授予该企业员工的股票期权所得，应按《个人所得税法》及其实施条例有关规定征收个人所得税。

企业员工股票期权（以下简称股票期权）是指上市公司按照规定的程序授予本公司及其控股企业员工的一项权利，该权利允许被授权员工在未来时间内以某一特定价格购买本公司一定数量的股票。

上述"某一特定价格"被称为"授予价"或"施权价"，即根据股票期权计划可以购买股票的价格，一般为股票期权授予日的市场价格或该价格的折扣价格，也可以是按照事先设定的计算方法约定的价格；"授予日"，也称"授权日"，是指公司授予员工上述权利的日期；"行权"，也称"执行"，是指员工根据股票期权计划选择购买股票的过程；员工行使上述权利的当日为"行权日"，也称"购买日"。

员工接受实施股票期权计划企业授予的股票期权时，除另有规定外，一般不作为应税所得征税。

员工行权时，其从企业取得股票的实际购买价（施权价）低于购买日公平市场价（该股票当日的收盘价，下同）的差额，是因员工在企业的表现和业绩情况而取得的与任职、受雇有关的所得，应按"工资、薪金所得"适用的规定计算缴纳个人所得税。

对因特殊情况，员工在行权日之前将股票期权转让的，以股票期权的转让净收入，作为工资薪金所得征收个人所得税。

员工行权日所在期间的工资薪金所得，应按下列公式计算工资薪金应纳税所得额：

股票期权形式的工资薪金应纳税所得额=（行权股票的每股市场价−员工取得该股票期权支付的每股施权价）×股票数量

员工将行权后的股票再转让时获得的高于购买日公平市场价的差额，是因个人在证券二级市场上转让股票等有价证券而获得的所得，应按照"财产转让所得"适用的征免规定计算缴纳个人所得税。

员工因拥有股权而参与企业税后利润分配取得的所得，应按照"利息、股息、红利所得"适用的规定计算缴纳个人所得税。

案例048：多次预缴劳务报酬

一、客户基本情况（客户基本方案）

秦先生为某大学教授，2022年度为甲公司担任税务顾问，合同约定了两种顾问费支付方案：方案一，甲公司在2022年一次性向秦先生支付全年顾问费6万元；方案二，甲公司在2022年分12次向秦先生支付全年顾问费，每次为5 000元。假设秦先生2022年度综合所得应纳税所得额（已经计算该6万元顾问费）为10万元，除该顾问费以外，尚未预缴税款。

二、客户方案纳税金额计算

在方案一下，甲公司在支付顾问费时应预扣预缴个人所得税：60 000×（1−20%）×30%−2 000=12 400（元）。秦先生2022年度综合所得应纳个人所得税：100 000×10%−

2 520=7 480（元）。秦先生应申请退税：12 400–7 480=4 920（元）。

简明法律依据
（1）《个人所得税法》；
（2）《个人所得税法实施条例》；
（3）《个人所得税扣缴申报管理办法（试行）》（国家税务总局公告 2018 年第 61 号）。

三、纳税筹划方案纳税金额计算

建议采纳方案二，甲公司在支付顾问费时应预扣预缴个人所得税：5 000×（1–20%）×20%×12=9 600（元）。秦先生 2022 年度综合所得应纳个人所得税：100 000×10%–2 520=7 480（元）。秦先生应申请退税：9 600–7 480=2 120（元）。方案二比方案一少占用秦先生资金：4 920–2 120=2 800（元）。

简明法律依据
（1）《个人所得税法》；
（2）《个人所得税法实施条例》；
（3）《个人所得税扣缴申报管理办法（试行）》（国家税务总局公告 2018 年第 61 号）。

四、本案例涉及的主要税收制度

《个人所得税法》第九条规定：个人所得税以所得人为纳税人，以支付所得的单位或者个人为扣缴义务人。纳税人有中国公民身份号码的，以中国公民身份号码为纳税人识别号；纳税人没有中国公民身份号码的，由税务机关赋予其纳税人识别号。扣缴义务人扣缴税款时，纳税人应当向扣缴义务人提供纳税人识别号。

《个人所得税法实施条例》第二十四条规定：扣缴义务人向个人支付应税款项时，应当依照个人所得税法规定预扣或者代扣税款，按时缴库，并专项记载备查。前款所称支付，包括现金支付、汇拨支付、转账支付和以有价证券、实物以及其他形式的支付。

《个人所得税扣缴申报管理办法（试行）》（国家税务总局公告 2018 年第 61 号）第八条规定：

扣缴义务人向居民个人支付劳务报酬所得、稿酬所得、特许权使用费所得时，应当按照以下方法按次或者按月预扣预缴税款：

劳务报酬所得、稿酬所得、特许权使用费所得以收入减除费用后的余额为收入额；其中，稿酬所得的收入额减按百分之七十计算。

减除费用：预扣预缴税款时，劳务报酬所得、稿酬所得、特许权使用费所得每次收入不超过四千元的，减除费用按八百元计算；每次收入四千元以上的，减除费用按收入的百分之二十计算。

应纳税所得额：劳务报酬所得、稿酬所得、特许权使用费所得，以每次收入额为预扣预缴应纳税所得额，计算应预扣预缴税额。劳务报酬所得适用表 4-4，稿酬所得、特许权使用费所得适用百分之二十的比例预扣率。

表 4-4　居民个人劳务报酬所得个人所得税预扣率表

级数	预扣预缴应纳税所得额	预扣率（%）	速算扣除数
1	不超过 20 000 元的部分	20	0
2	超过 20 000 元至 50 000 元的部分	30	2 000
3	超过 50 000 元的部分	40	7 000

居民个人办理年度综合所得汇算清缴时，应当依法计算劳务报酬所得、稿酬所得、特许权使用费所得的收入额，并入年度综合所得计算应纳税款，税款多退少补。

《个人所得税扣缴申报管理办法（试行）》第十一条规定：劳务报酬所得、稿酬所得、特许权使用费所得，属于一次性收入的，以取得该项收入为一次；属于同一项目连续性收入的，以一个月内取得的收入为一次。

案例 049：转移劳务报酬成本

一、客户基本情况（客户基本方案）

吴先生是全国著名的税法专家，每年应邀在全国巡回讲座几十次。每次讲座课酬的支付方式有两种：方案一，邀请单位支付课酬 60 000 元，各种费用均由吴先生自己负担，假设每次讲座的交通费、住宿费、餐饮费等必要费用为 10 000 元；方案二，邀请单位支付课酬 50 000 元，各种费用均由邀请单位负担。

二、客户方案纳税金额计算

如果选择方案一，则邀请单位需要预扣预缴个人所得税：60 000×（1–20%）×30%–2 000=12 400（元）。吴先生自付的 10 000 元各类费用无法税前扣除，起不到抵税的作用。

简明法律依据

（1）《个人所得税法》；

（2）《个人所得税法实施条例》；

（3）《个人所得税扣缴申报管理办法（试行）》（国家税务总局公告 2018 年第 61 号）。

三、纳税筹划方案纳税金额计算

建议选择方案二，邀请单位需要预扣预缴个人所得税：50 000×（1–20%）×30%–2 000=

10 000（元）。方案二比方案一节税：12 400–10 000=2 400（元）。

■ **简明法律依据**

（1）《个人所得税法》；

（2）《个人所得税法实施条例》；

（3）《个人所得税扣缴申报管理办法（试行）》（国家税务总局公告2018年第61号）。

四、本案例涉及的主要税收制度

《个人所得税法》第六条规定：应纳税所得额的计算……劳务报酬所得、稿酬所得、特许权使用费所得以收入减除百分之二十的费用后的余额为收入额。稿酬所得的收入额减按百分之七十计算。

案例 050：将部分劳务报酬分散至他人

一、客户基本情况（客户基本方案）

某影视明星承担了甲影视公司的某个拍摄项目，整个拍摄工作在三个月内完成，甲影视公司需要支付其劳务报酬120万元。甲影视公司设计了三套发放方案：方案一，拍摄任务完成后，一次性支付120万元劳务报酬；方案二，根据拍摄项目进度，每个月发放劳务报酬40万元；方案三，由于该影视明星雇用了10名工作人员为其服务，平均每月劳务报酬为2万元，甲影视公司每月向10名工作人员每人支付2万元劳务报酬，每月向该明星支付20万元劳务报酬。

二、客户方案纳税金额计算

在方案一下，甲影视公司需要预扣预缴个人所得税：120×（1–20%）×40%–0.7=37.7（万元）。

在方案二下，甲影视公司每月需要预扣预缴个人所得税：40×（1–20%）×40%–0.7=12.1（万元）；合计预扣预缴个人所得税：12.1×3=36.3（万元）。方案二比方案一少预扣预缴个人所得税：37.7–36.3=1.4（万元）。

■ **简明法律依据**

（1）《个人所得税法》；

（2）《个人所得税法实施条例》；

（3）《个人所得税扣缴申报管理办法（试行）》（国家税务总局公告2018年第61号）。

三、纳税筹划方案纳税金额计算

建议选择方案三，甲影视公司每月需要为该明星预扣预缴个人所得税：20×（1–20%）×40%–0.7=5.7（万元）；甲影视公司每月需要为该工作人员预扣预缴个人所得税：2×（1–20%）×20%×10=3.2（万元）；合计预扣预缴个人所得税：（5.7+3.2）×3=26.7（万元）。

通过纳税筹划，方案三比方案二少预扣预缴个人所得税：36.3–26.7=9.6（万元）。方案三比方案一少预扣预缴个人所得税：37.7–26.7=11（万元）。

☞ 简明法律依据

（1）《个人所得税法》；
（2）《个人所得税法实施条例》；
（3）《个人所得税扣缴申报管理办法（试行）》（国家税务总局公告2018年第61号）。

四、本案例涉及的主要税收制度

《个人所得税法实施条例》第六条规定：劳务报酬所得，是指个人从事劳务取得的所得，包括从事设计、装潢、安装、制图、化验、测试、医疗、法律、会计、咨询、讲学、翻译、审稿、书画、雕刻、影视、录音、录像、演出、表演、广告、展览、技术服务、介绍服务、经纪服务、代办服务以及其他劳务取得的所得。

《个人所得税扣缴申报管理办法（试行）》（国家税务总局公告2018年第61号）第二条规定：扣缴义务人，是指向个人支付所得的单位或者个人。扣缴义务人应当依法办理全员全额扣缴申报。全员全额扣缴申报，是指扣缴义务人应当在代扣税款的次月十五日内，向主管税务机关报送其支付所得的所有个人的有关信息、支付所得数额、扣除事项和数额、扣缴税款的具体数额和总额以及其他相关涉税信息资料。

《个人所得税扣缴申报管理办法（试行）》（国家税务总局公告2018年第61号）第三条规定：扣缴义务人每月或者每次预扣、代扣的税款，应当在次月十五日内缴入国库，并向税务机关报送《个人所得税扣缴申报表》。

《个人所得税扣缴申报管理办法（试行）》（国家税务总局公告2018年第61号）第十四条规定：扣缴义务人应当按照纳税人提供的信息计算税款、办理扣缴申报，不得擅自更改纳税人提供的信息。扣缴义务人发现纳税人提供的信息与实际情况不符的，可以要求纳税人修改。纳税人拒绝修改的，扣缴义务人应当报告税务机关，税务机关应当及时处理。纳税人发现扣缴义务人提供或者扣缴申报的个人信息、支付所得、扣缴税款等信息与实际情况不符的，有权要求扣缴义务人修改。扣缴义务人拒绝修改的，纳税人应当报告税务机关，税务机关应当及时处理。

案例 051：将劳务报酬转变为公司经营所得

一、客户基本情况（客户基本方案）

孙先生为某大学教授，其收入主要为所在大学的工资以及在某培训机构讲课的课酬。2022 年度，其所在大学发放工资总额为 20 万元，不考虑其他收入，由此计算的综合所得应纳税所得额为 3.6 万元。培训机构每月支付孙先生课酬 8 万元，如考虑该课酬，孙先生 2022 年度的综合所得应纳税所得额将提高至 80.4 万元。某税务咨询公司为孙先生提供了两套方案：方案一，延续以往模式，由培训机构向孙先生每月支付课酬 8 万元；方案二，孙先生成立甲公司，每月向培训机构开具 8 万元培训费发票，由甲公司取得 8 万元收入。

二、客户方案纳税金额计算

在方案一下，孙先生综合所得应纳个人所得税：80.4×35%–8.59=19.55（万元）。

简明法律依据

（1）《个人所得税法》；

（2）《个人所得税法实施条例》。

三、纳税筹划方案纳税金额计算

在方案二下，孙先生综合所得应纳个人所得税：3.6×3%=0.11（万元）；甲公司每月取得 8 万培训费，根据小微企业增值税优惠政策，不需要缴纳增值税及其附加，根据小微企业所得税优惠政策，甲公司需要缴纳企业所得税：8×12×12.5%×20%=2.4（万元）。合计纳税=0.11+2.4=2.51（万元）。

通过纳税筹划，方案二比方案一节税：19.55–2.51=17.04（万元）。

简明法律依据

（1）《个人所得税法》；

（2）《个人所得税法实施条例》；

（3）《企业所得税法》；

（4）《财政部 税务总局关于实施小微企业普惠性税收减免政策的通知》（财税〔2019〕13 号）；

（5）《财政部 税务总局关于实施小微企业和个体工商户所得税优惠政策的公告》（财政部 税务总局公告 2021 年第 12 号）。

四、本案例涉及的主要税收制度

《财政部 税务总局关于实施小微企业普惠性税收减免政策的通知》（财税〔2019〕13号）规定：自2019年1月1日至2021年12月31日，对月销售额10万元以下（含本数）的增值税小规模纳税人，免征增值税。对小型微利企业年应纳税所得额不超过100万元的部分，减按25%计入应纳税所得额，按20%的税率缴纳企业所得税；对年应纳税所得额超过100万元但不超过300万元的部分，减按50%计入应纳税所得额，按20%的税率缴纳企业所得税。

《财政部 税务总局关于实施小微企业和个体工商户所得税优惠政策的公告》（财政部 税务总局公告2021年第12号）规定：2021年1月1日至2022年12月31日，对小型微利企业年应纳税所得额不超过100万元的部分，在《财政部 税务总局关于实施小微企业普惠性税收减免政策的通知》（财税〔2019〕13号）第二条规定的优惠政策基础上，再减半征收企业所得税。

案例052：多次取得特许权使用费所得

一、客户基本情况（客户基本方案）

周先生为甲公司工程师，每年综合所得应纳税所得额为3.6万元。2022年度，周先生取得一项专利，授予乙公司使用10年，专利费总额为100万元。关于专利费支付方式，乙公司设计了三套方案：方案一，每五年支付专利费50万元，共支付两次；方案二，每两年支付专利费20万元，共支付五次；方案三，每年支付专利费10万元，共支付十次。

二、客户方案纳税金额计算

在方案一下，根据综合所得税率表，按照分级计算应纳税所得额的算法，周先生取得50万元专利费需要缴纳个人所得税：（14.4–3.6）×10%+（30–14.4）×20%+（42–30）×25%+（53.6–42）×30%=10.68（万元）；合计缴纳个人所得税：10.68×2=21.36（万元）。

在方案二下，根据综合所得税率表，按照分级计算应纳税所得额的算法，周先生取得20万元专利费需要缴纳个人所得税：（14.4–3.6）×10%+（23.6–14.4）×20%=2.92（万元）；合计缴纳个人所得税：2.92×5=14.6（万元）。方案二比方案一节税：21.36–14.6=6.76（万元）。

> **简明法律依据**
> （1）《个人所得税法》；

（2）《个人所得税法实施条例》；

（3）《个人所得税扣缴申报管理办法（试行）》（国家税务总局公告2018年第61号）。

三、纳税筹划方案纳税金额计算

建议选择方案三，周先生取得10万元专利费需要缴纳个人所得税：10×10%=1（万元）；合计缴纳个人所得税：1×10=10（万元）。

通过纳税筹划，方案三比方案二节税：14.6–10=4.6（万元）。方案三比方案一节税：21.36–10=11.36（万元）。

简明法律依据

（1）《个人所得税法》；

（2）《个人所得税法实施条例》；

（3）《个人所得税扣缴申报管理办法（试行）》（国家税务总局公告2018年第61号）。

四、本案例涉及的主要税收制度

《个人所得税法》第二条规定：下列各项个人所得，应当缴纳个人所得税……（四）特许权使用费所得……居民个人取得前款第一项至第四项所得（以下称综合所得），按纳税年度合并计算个人所得税……

《个人所得税法》第六条规定，应纳税所得额的计算：（一）居民个人的综合所得，以每一纳税年度的收入额减除费用六万元以及专项扣除、专项附加扣除和依法确定的其他扣除后的余额，为应纳税所得额……劳务报酬所得、稿酬所得、特许权使用费所得以收入减除百分之二十的费用后的余额为收入额。稿酬所得的收入额减按百分之七十计算。

案例053：在低收入年度取得稿酬所得

一、客户基本情况（客户基本方案）

赵女士在甲出版社出版了一本小说，稿酬总额为10万元。已知赵女士2021年度综合所得应纳税所得额为3.6万元，2022年度综合所得应纳税所得额为0，同时还有5万元的费用允许税前扣除。关于该笔稿酬发放的时间，甲出版社提供了两个方案：方案一，2021年年底支付10万元稿酬；方案二，2022年年初支付10万元稿酬。

二、客户方案纳税金额计算

在方案一下，该笔稿酬应当缴纳个人所得税：100 000×70%×（1–20%）×10%=5 600

（元）。

> **简明法律依据**

（1）《个人所得税法》；

（2）《个人所得税法实施条例》；

（3）《个人所得税扣缴申报管理办法（试行）》（国家税务总局公告2018年第61号）。

三、纳税筹划方案纳税金额计算

建议赵女士选择方案二，该笔稿酬应当缴纳个人所得税：[100 000×70%×（1–20%）–50 000]×3%=180（元）。

通过纳税筹划，方案二比方案一节税：5 600–180=5 420（元）。

> **简明法律依据**

（1）《个人所得税法》；

（2）《个人所得税法实施条例》；

（3）《个人所得税扣缴申报管理办法（试行）》（国家税务总局公告2018年第61号）。

四、本案例涉及的主要税收制度

《个人所得税扣缴申报管理办法（试行）》（国家税务总局公告2018年第61号）规定，扣缴义务人向居民个人支付稿酬所得时，应当按照以下方法按次或者按月预扣预缴税款：

（1）稿酬所得以收入减除费用后的余额为收入额；稿酬所得的收入额减按70%计算。

（2）预扣预缴税款时，稿酬所得每次收入不超过4 000元的，减除费用按800元计算；每次收入4 000元以上的，减除费用按收入的20%计算。

（3）稿酬所得以每次收入额为预扣预缴应纳税所得额，计算应预扣预缴税额。稿酬所得适用20%的比例预扣率。

（4）居民个人办理年度综合所得汇算清缴时，应当依法计算稿酬所得的收入额，并入年度综合所得计算应纳税款，税款多退少补。

案例054：个体工商户充分利用各项扣除

一、客户基本情况（客户基本方案）

2021年度，秦先生注册了一家个体工商户从事餐饮服务业，每月销售额为10万元，按税法规定允许扣除的各项费用为2万元。秦先生的妻子也在该餐馆帮忙，但考虑是一家人，并未领取工资。2022年度，秦先生有两个方案可供选择：方案一，继续2021年度的经营模式,即其妻子继续在餐馆帮忙,但不领取工资;方案二,秦先生的妻子每月领取5 000元的工资。

二、客户方案纳税金额计算

在方案一下,秦先生2022年度经营所得应纳税所得额:(10–2)×12=96(万元)。秦先生应当缴纳个人所得税:(96×35%–6.55)×50%=13.53(万元)。

简明法律依据

(1)《个人所得税法》;

(2)《个人所得税法实施条例》;

(3)《个体工商户个人所得税计税办法》(2014年12月27日国家税务总局令第35号公布,根据2018年6月15日《国家税务总局关于修改部分税务部门规章的决定》修正);

(4)《财政部 税务总局关于实施小微企业和个体工商户所得税优惠政策的公告》(财政部 税务总局公告2021年第12号)。

三、纳税筹划方案纳税金额计算

建议选择方案二,秦先生2022年度经营所得应纳税所得额:(10–2–0.5)×12=90(万元)。秦先生应当缴纳个人所得税:(90×35%–6.55)×50%=12.48(万元)。

通过纳税筹划,方案二比方案一节税:13.53–12.48=1.05(万元)。

简明法律依据

(1)《个人所得税法》;

(2)《个人所得税法实施条例》;

(3)《财政部 税务总局关于实施小微企业和个体工商户所得税优惠政策的公告》(财政部 税务总局公告2021年第12号)。

四、本案例涉及的主要税收制度

《个人所得税法》第二条规定:下列各项个人所得,应当缴纳个人所得税……(五)经营所得……

《个人所得税法》第三条规定:个人所得税的税率……(二)经营所得,适用百分之五至百分之三十五的超额累进税率(税率表见表4-5)……

表4-5 个人经营所得税率表

级数	全年应纳税所得额	税率(%)	速算扣除数
1	不超过30 000元的部分	5	0
2	超过30 000元至90 000元的部分	10	1 500

续表

级数	全年应纳税所得额	税率（%）	速算扣除数
3	超过 90 000 元至 300 000 元的部分	20	10 500
4	超过 300 000 元至 500 000 元的部分	30	40 500
5	超过 500 000 元的部分	35	65 500

《个人所得税法》第六条规定：应纳税所得额的计算……（三）经营所得，以每一纳税年度的收入总额减除成本、费用以及损失后的余额，为应纳税所得额……

《个人所得税法实施条例》第十五条规定：个人所得税法第六条第一款第三项所称成本、费用，是指生产、经营活动中发生的各项直接支出和分配计入成本的间接费用以及销售费用、管理费用、财务费用；所称损失，是指生产、经营活动中发生的固定资产和存货的盘亏、毁损、报废损失，转让财产损失，坏账损失，自然灾害等不可抗力因素造成的损失以及其他损失。取得经营所得的个人，没有综合所得的，计算其每一纳税年度的应纳税所得额时，应当减除费用 6 万元、专项扣除、专项附加扣除以及依法确定的其他扣除。专项附加扣除在办理汇算清缴时减除。从事生产、经营活动，未提供完整、准确的纳税资料，不能正确计算应纳税所得额的，由主管税务机关核定应纳税所得额或者应纳税额。

《个体工商户个人所得税计税办法》规定：

个体工商户包括：

（1）依法取得个体工商户营业执照，从事生产经营的个体工商户；

（2）经政府有关部门批准，从事办学、医疗、咨询等有偿服务活动的个人；

（3）其他从事个体生产、经营的个人。

个体工商户以业主为个人所得税纳税义务人。个体工商户应纳税所得额的计算，以权责发生制为原则，属于当期的收入和费用，不论款项是否收付，均作为当期的收入和费用；不属于当期的收入和费用，即使款项已经在当期收付，均不作为当期收入和费用。财政部、国家税务总局另有规定的除外。

个体工商户的生产、经营所得，以每一纳税年度的收入总额，减除成本、费用、税金、损失、其他支出以及允许弥补的以前年度亏损后的余额，为应纳税所得额。

个体工商户从事生产经营以及与生产经营有关的活动（以下简称生产经营）取得的货币形式和非货币形式的各项收入，为收入总额。包括销售货物收入、提供劳务收入、转让财产收入、利息收入、租金收入、接受捐赠收入、其他收入。其他收入包括个体工商户资产溢余收入、逾期一年以上的未退包装物押金收入、确实无法偿付的应付款项、已作坏账损失处理后又收回的应收款项、债务重组收入、补贴收入、违约金收入、汇兑收益等。

成本是指个体工商户在生产经营活动中发生的销售成本、销货成本、业务支出以及其他耗费。费用是指个体工商户在生产经营活动中发生的销售费用、管理费用和财务费用，

已经计入成本的有关费用除外。税金是指个体工商户在生产经营活动中发生的除个人所得税和允许抵扣的增值税以外的各项税金及其附加。损失是指个体工商户在生产经营活动中发生的固定资产和存货的盘亏、毁损、报废损失，转让财产损失，坏账损失，自然灾害等不可抗力因素造成的损失以及其他损失。个体工商户发生的损失，减除责任人赔偿和保险赔款后的余额，参照财政部、国家税务总局有关企业资产损失税前扣除的规定扣除。个体工商户已经作为损失处理的资产，在以后纳税年度又全部收回或者部分收回时，应当计入收回当期的收入。其他支出是指除成本、费用、税金、损失外，个体工商户在生产经营活动中发生的与生产经营活动有关的、合理的支出。

个体工商户发生的支出应当区分收益性支出和资本性支出。收益性支出在发生当期直接扣除；资本性支出应当分期扣除或者计入有关资产成本，不得在发生当期直接扣除。支出，是指与取得收入直接相关的支出。除税收法律法规另有规定外，个体工商户实际发生的成本、费用、税金、损失和其他支出，不得重复扣除。

个体工商户下列支出不得扣除：

（1）个人所得税税款；

（2）税收滞纳金；

（3）罚金、罚款和被没收财物的损失；

（4）不符合扣除规定的捐赠支出；

（5）赞助支出，即个体工商户发生的与生产经营活动无关的各种非广告性质支出；

（6）用于个人和家庭的支出；

（7）与取得生产经营收入无关的其他支出；

（8）国家税务总局规定不准扣除的支出。

个体工商户生产经营活动中，应当分别核算生产经营费用和个人、家庭费用。对于生产经营与个人、家庭生活混用难以分清的费用，其40%视为与生产经营有关费用，准予扣除。

个体工商户纳税年度发生的亏损，准予向以后年度结转，用以后年度的生产经营所得弥补，但结转年限最长不得超过五年。

个体工商户使用或者销售存货，按照规定计算的存货成本，准予在计算应纳税所得额时扣除。

个体工商户转让资产，该项资产的净值，准予在计算应纳税所得额时扣除。

个体工商户实际支付给从业人员的、合理的工资薪金支出，准予扣除。个体工商户业主的费用扣除标准，依照相关法律、法规和政策规定执行。个体工商户业主的工资薪金支出不得税前扣除。

个体工商户按照国务院有关主管部门或者省级人民政府规定的范围和标准为其业主和从业人员缴纳的基本养老保险费、基本医疗保险费、失业保险费、生育保险费、工伤保险费和住房公积金，准予扣除。个体工商户为从业人员缴纳的补充养老保险费、补充医疗保险费，分别在不超过从业人员工资总额 5%标准内的部分据实扣除；超过部分，不得扣除。个体工商户业主本人缴纳的补充养老保险费、补充医疗保险费，以当地（地级市）上年度社会平均工资的 3 倍为计算基数，分别在不超过该计算基数 5%标准内的部分据实扣除；超过部分，不得扣除。

除个体工商户依照国家有关规定为特殊工种从业人员支付的人身安全保险费和财政部、国家税务总局规定可以扣除的其他商业保险费外，个体工商户业主本人或者为从业人员支付的商业保险费，不得扣除。

个体工商户在生产经营活动中发生的合理的不需要资本化的借款费用，准予扣除。个体工商户为购置、建造固定资产、无形资产和经过 12 个月以上的建造才能达到预定可销售状态的存货发生借款的，在有关资产购置、建造期间发生的合理的借款费用，应当作为资本性支出计入有关资产的成本，并依照规定扣除。

个体工商户在生产经营活动中发生的下列利息支出，准予扣除：向金融企业借款的利息支出；向非金融企业和个人借款的利息支出，不超过按照金融企业同期同类贷款利率计算的数额的部分。

个体工商户在货币交易中，以及纳税年度终了时将人民币以外的货币性资产、负债按照期末即期人民币汇率中间价折算为人民币时产生的汇兑损失，除已经计入有关资产成本部分外，准予扣除。

个体工商户向当地工会组织拨缴的工会经费、实际发生的职工福利费支出、职工教育经费支出分别在工资薪金总额的 2%、14%、2.5%的标准内据实扣除。工资薪金总额是指允许在当期税前扣除的工资薪金支出数额。职工教育经费的实际发生数额超出规定比例当期不能扣除的数额，准予在以后纳税年度结转扣除。个体工商户业主本人向当地工会组织缴纳的工会经费、实际发生的职工福利费支出、职工教育经费支出，以当地（地级市）上年度社会平均工资的 3 倍为计算基数，在规定比例内据实扣除。

个体工商户发生的与生产经营活动有关的业务招待费，按照实际发生额的 60%扣除，但最高不得超过当年销售（营业）收入的 5‰。业主自申请营业执照之日起至开始生产经营之日止所发生的业务招待费，按照实际发生额的 60%计入个体工商户的开办费。

个体工商户每一纳税年度发生的与其生产经营活动直接相关的广告费和业务宣传费不超过当年销售（营业）收入 15%的部分，可以据实扣除；超过部分，准予在以后纳税年度结转扣除。

个体工商户代其从业人员或者他人负担的税款，不得税前扣除。

个体工商户按照规定缴纳的摊位费、行政性收费、协会会费等，按实际发生数额扣除。个体工商户参加财产保险，按照规定缴纳的保险费，准予扣除。个体工商户发生的合理的劳动保护支出，准予扣除。

个体工商户根据生产经营活动的需要租入固定资产支付的租赁费，按照以下方法扣除：以经营租赁方式租入固定资产发生的租赁费支出，按照租赁期限均匀扣除；以融资租赁方式租入固定资产发生的租赁费支出，按照规定构成融资租入固定资产价值的部分应当提取折旧费用，分期扣除。

个体工商户自申请营业执照之日起至开始生产经营之日止所发生符合本办法规定的费用，除为取得固定资产、无形资产的支出，以及应计入资产价值的汇兑损益、利息支出外，作为开办费，个体工商户可以选择在开始生产经营的当年一次性扣除，也可自生产经营月份起在不短于3年期限内摊销扣除，但一经选定，不得改变。开始生产经营之日为个体工商户取得第一笔销售（营业）收入的日期。

个体工商户通过公益性社会团体或者县级以上人民政府及其部门，用于《公益事业捐赠法》规定的公益事业的捐赠，捐赠额不超过其应纳税所得额30%的部分可以据实扣除。财政部、国家税务总局规定可以全额在税前扣除的捐赠支出项目，按有关规定执行。个体工商户直接对受益人的捐赠不得扣除。公益性社会团体的认定，按照财政部、国家税务总局、民政部有关规定执行。

个体工商户研究开发新产品、新技术、新工艺所发生的开发费用，以及研究开发新产品、新技术而购置单台价值在10万元以下的测试仪器和试验性装置的购置费准予直接扣除；单台价值在10万元以上（含10万元）的测试仪器和试验性装置，按固定资产管理，不得在当期直接扣除。

个体工商户资产的税务处理，参照企业所得税相关法律、法规和政策规定执行。

个体工商户有两处或两处以上经营机构的，选择并固定向其中一处经营机构所在地主管税务机关申报缴纳个人所得税。

个体工商户终止生产经营的，应当在注销工商登记或者向政府有关部门办理注销前向主管税务机关结清有关纳税事宜。

《财政部 税务总局关于实施小微企业和个体工商户所得税优惠政策的公告》（财政部 税务总局公告2021年第12号）规定：2021年1月1日至2022年12月31日，对个体工商户年应纳税所得额不超过100万元的部分，在现行优惠政策基础上，减半征收个人所得税。

案例 055：增加合伙企业的合伙人

一、客户基本情况（客户基本方案）

甲合伙企业 2021 年度的应纳税所得额为 100 万元，平均分配给两个合伙人。2022 年度甲合伙企业有两个方案可供选择：方案一，仍然保持两个合伙人；方案二，两个合伙人均将自己的配偶或者其他直系亲属一人增加为合伙人，合伙企业的应纳税所得额平均分配给四个合伙人。假设该四个合伙人均未取得除合伙企业利润以外的其他所得，每个合伙人的基本扣除标准均为 6 万元。

二、客户方案纳税金额计算

在方案一下，每个合伙人需要缴纳个人所得税：(50–6)×30%–4.05=9.15（万元）。合计缴纳个人所得税：9.15×2=18.3（万元）。

简明法律依据

（1）《个人所得税法》；

（2）《个人所得税法实施条例》。

三、纳税筹划方案纳税金额计算

建议选择方案二，每个合伙人需要缴纳个人所得税：(25–6)×20%–1.05=2.75（万元）。合计缴纳个人所得税：2.75×4=11（万元）。

通过纳税筹划，方案二比方案一节税：18.3–11=7.3（万元）。

简明法律依据

（1）《个人所得税法》；

（2）《个人所得税法实施条例》；

（3）《财政部 国家税务总局关于合伙企业合伙人所得税问题的通知》（财税〔2008〕159号）。

四、本案例涉及的主要税收制度

《个人所得税法实施条例》第六条规定，经营所得，是指：①个体工商户从事生产、经营活动取得的所得，个人独资企业投资人、合伙企业的个人合伙人来源于境内注册的个人独资企业、合伙企业生产、经营的所得；②个人依法从事办学、医疗、咨询以及其他有偿服务活动取得的所得；③个人对企业、事业单位承包经营、承租经营以及转包、转租取得的所得；④个人从事其他生产、经营活动取得的所得。

《财政部 国家税务总局关于合伙企业合伙人所得税问题的通知》（财税〔2008〕159号）规定：

合伙企业是指依照中国法律、行政法规成立的合伙企业。合伙企业以每一个合伙人为纳税义务人。合伙企业合伙人是自然人的，缴纳个人所得税；合伙人是法人和其他组织的，缴纳企业所得税。

合伙企业生产经营所得和其他所得采取"先分后税"的原则。生产经营所得和其他所得，包括合伙企业分配给所有合伙人的所得和企业当年留存的所得（利润）。

案例056：合伙人平均分配合伙企业利润

一、客户基本情况（客户基本方案）

甲合伙企业2022年度的应纳税所得额为100万元（假设已经扣除合伙人的个人扣除额）。甲合伙企业共有四个合伙人，有三个分配方案：方案一，四个合伙人的分配数额分别为3万元、3万元、3万元和91万元；方案二，四个合伙人的分配数额分别为3万元、9万元、30万元和58万元；方案三，四个合伙人平均分配，每人均为25万元。

二、客户方案纳税金额计算

在方案一下，全体合伙人应当缴纳个人所得税：3×5%×3+91×35%−6.55=25.75（万元）。

在方案二下，全体合伙人应当缴纳个人所得税：3×5%+9×10%−0.15+30×20%−1.05+58×35%−6.55=19.6（万元）。方案二比方案一节税：25.75−19.6=6.15（万元）。

> **简明法律依据**
>
> （1）《个人所得税法》；
>
> （2）《个人所得税法实施条例》；
>
> （3）《财政部 国家税务总局关于合伙企业合伙人所得税问题的通知》（财税〔2008〕159号）。

三、纳税筹划方案纳税金额计算

建议选择方案三，全体合伙人应当缴纳个人所得税：（25×20%−1.05）×4=15.8（万元）。

通过纳税筹划，方案三比方案二节税：19.6−15.8=3.8（万元）。方案三比方案一节税：25.75−15.8=9.95（万元）。

简明法律依据

（1）《个人所得税法》；

（2）《个人所得税法实施条例》；

（3）《财政部 国家税务总局关于合伙企业合伙人所得税问题的通知》（财税〔2008〕159号）。

四、本案例涉及的主要税收制度

《财政部 国家税务总局关于合伙企业合伙人所得税问题的通知》（财税〔2008〕159号）规定，合伙企业的合伙人按照下列原则确定应纳税所得额：

（1）合伙企业的合伙人以合伙企业的生产经营所得和其他所得，按照合伙协议约定的分配比例确定应纳税所得额。

（2）合伙协议未约定或者约定不明确的，以全部生产经营所得和其他所得，按照合伙人协商决定的分配比例确定应纳税所得额。

（3）协商不成的，以全部生产经营所得和其他所得，按照合伙人实缴出资比例确定应纳税所得额。

（4）无法确定出资比例的，以全部生产经营所得和其他所得，按照合伙人数量平均计算每个合伙人的应纳税所得额。

合伙协议不得约定将全部利润分配给部分合伙人。

案例057：利用满五唯一免税优惠转让住房

一、客户基本情况（客户基本方案）

郑先生2016年1月以300万元购买了家庭第一套住房且当月缴纳了契税，2022年2月，郑先生计划购买家庭第二套住房并出售第一套住房。关于家庭住房的换购，郑先生有两套方案可供选择：方案一，先购置第二套住房，待搬家以后，再以500万元（不含增值税）转让第一套住房；方案二，先以500万元（不含增值税）转让第一套住房，临时租房安置家具，再购买第二套住房。仅考虑个人所得税，不考虑其他税费。

二、客户方案纳税金额计算

在方案一下，郑先生转让第一套住房需要缴纳个人所得税：（500–300）×20%=40（万元）。

> 简明法律依据

（1）《个人所得税法》；

（2）《个人所得税法实施条例》。

三、纳税筹划方案纳税金额计算

建议选择方案二，郑先生转让第一套住房可以享受免征个人所得税的优惠政策。

通过纳税筹划，方案二比方案一节税 40 万元。

> 简明法律依据

（1）《个人所得税法》；

（2）《个人所得税法实施条例》；

（3）《财政部 国家税务总局关于个人所得税若干政策问题的通知》（财税〔1994〕20 号）；

（4）《财政部 国家税务总局 建设部关于个人出售住房所得征收个人所得税有关问题的通知》（财税〔1999〕278 号）。

四、本案例涉及的主要税收制度

《财政部 国家税务总局关于个人所得税若干政策问题的通知》（财税〔1994〕20 号）规定：个人转让自用达五年以上且是唯一的家庭生活用房取得的所得，暂免征收个人所得税。

《财政部 国家税务总局 建设部关于个人出售住房所得征收个人所得税有关问题的通知》（财税〔1999〕278 号）规定：对个人转让自用 5 年以上且是家庭唯一生活用房取得的所得，继续免征个人所得税。

案例 058：近亲属利用免个税优惠赠与住房

一、客户基本情况（客户基本方案）

彭大妈老伴去世多年，名下仅有一套住房。该套住房为 10 年前购置，购买价格为 100 万元，目前市场价格为 500 万元。彭大妈计划将该套住房转给其独子，未来由其儿子再将该套住房转让。有两个转移方案可供选择：方案一，彭大妈将该套住房赠与其独子，三年后，其儿子再将该套住房以 600 万元出售；方案二，彭大妈将该套住房以 500 万元的价格卖给其独子，三年后，其儿子再将该套住房以 600 万元出售。仅考虑个人所得税，不考虑其他税费。

二、客户方案纳税金额计算

在方案一下,彭大妈将该套住房赠与其独子可以享受免税政策,彭大妈的儿子出售该套住房需要缴纳个人所得税:(600–100)×20%=100(万元)。

☞ 简明法律依据

(1)《个人所得税法》;

(2)《个人所得税法实施条例》;

(3)《财政部 国家税务总局关于个人所得税若干政策问题的通知》(财税〔1994〕20号);

(4)《财政部 国家税务总局 建设部关于个人出售住房所得征收个人所得税有关问题的通知》(财税〔1999〕278号);

(5)《财政部 国家税务总局关于个人无偿受赠房屋有关个人所得税问题的通知》(财税〔2009〕78号);

(6)《财政部 税务总局关于个人取得有关收入适用个人所得税应税所得项目的公告》(财政部 税务总局公告2019年第74号)。

三、纳税筹划方案纳税金额计算

建议选择方案二,彭大妈将该套住房卖给其独子可以享受免税政策,彭大妈的儿子出售该套住房需要缴纳个人所得税:(600–500)×20%=20(万元)。

通过纳税筹划,方案二比方案一节税:100–20=80(万元)。

个人所得税的其他税收优惠政策也值得纳税人关注与利用。

☞ 简明法律依据

(1)《个人所得税法》;

(2)《个人所得税法实施条例》;

(3)《财政部 国家税务总局关于个人所得税若干政策问题的通知》(财税〔1994〕20号);

(4)《财政部 国家税务总局 建设部关于个人出售住房所得征收个人所得税有关问题的通知》(财税〔1999〕278号);

(5)《财政部 国家税务总局关于个人无偿受赠房屋有关个人所得税问题的通知》(财税〔2009〕78号);

(6)《财政部 税务总局关于个人取得有关收入适用个人所得税应税所得项目的公告》(财政部 税务总局公告2019年第74号);

(7)《财政部 税务总局关于个人所得税法修改后有关优惠政策衔接问题的通知》(财

税〔2018〕164号）。

四、本案例涉及的主要税收制度

（一）住房赠与个人所得税相关制度

《财政部 国家税务总局关于个人无偿受赠房屋有关个人所得税问题的通知》（财税〔2009〕78号）规定：受赠人转让受赠房屋的，以其转让受赠房屋的收入减除原捐赠人取得该房屋的实际购置成本以及赠与和转让过程中受赠人支付的相关税费后的余额，为受赠人的应纳税所得额，依法计征个人所得税。受赠人转让受赠房屋价格明显偏低且无正当理由的，税务机关可以依据该房屋的市场评估价格或其他合理方式确定的价格核定其转让收入。

《财政部 税务总局关于个人取得有关收入适用个人所得税应税所得项目的公告》（财政部 税务总局公告2019年第74号）规定，房屋产权所有人将房屋产权无偿赠与他人的，受赠人因无偿受赠房屋取得的受赠收入，按照"偶然所得"项目计算缴纳个人所得税。按照《财政部 国家税务总局关于个人无偿受赠房屋有关个人所得税问题的通知》（财税〔2009〕78号）第一条规定，符合以下情形的，对当事双方不征收个人所得税：

（1）房屋产权所有人将房屋产权无偿赠与配偶、父母、子女、祖父母、外祖父母、孙子女、外孙子女、兄弟姐妹；

（2）房屋产权所有人将房屋产权无偿赠与对其承担直接抚养或者赡养义务的抚养人或者赡养人；

（3）房屋产权所有人死亡，依法取得房屋产权的法定继承人、遗嘱继承人或者受遗赠人。

（二）个人所得税其他税收优惠政策

《个人所得税法》第四条规定：

下列各项个人所得，免征个人所得税：

（1）省级人民政府、国务院部委和中国人民解放军军以上单位，以及外国组织、国际组织颁发的科学、教育、技术、文化、卫生、体育、环境保护等方面的奖金；

（2）国债和国家发行的金融债券利息；

（3）按照国家统一规定发给的补贴、津贴；

（4）福利费、抚恤金、救济金；

（5）保险赔款；

（6）军人的转业费、复员费、退役金；

（7）按照国家统一规定发给干部、职工的安家费、退职费、基本养老金或者退休费、

离休费、离休生活补助费；

（8）依照有关法律规定应予免税的各国驻华使馆、领事馆的外交代表、领事官员和其他人员的所得；

（9）中国政府参加的国际公约、签订的协议中规定免税的所得；

（10）国务院规定的其他免税所得。

《个人所得税法》第五条规定：

有下列情形之一的，可以减征个人所得税，具体幅度和期限，由省、自治区、直辖市人民政府规定，并报同级人民代表大会常务委员会备案：

（1）残疾、孤老人员和烈属的所得；

（2）因自然灾害遭受重大损失的。

国务院可以规定其他减税情形，报全国人民代表大会常务委员会备案。

《财政部 税务总局关于个人所得税法修改后有关优惠政策衔接问题的通知》（财税〔2018〕164号）规定：

保险营销员、证券经纪人取得的佣金收入，属于劳务报酬所得，以不含增值税的收入减除20%的费用后的余额为收入额，收入额减去展业成本以及附加税费后，并入当年综合所得，计算缴纳个人所得税。保险营销员、证券经纪人展业成本按照收入额的25%计算。扣缴义务人向保险营销员、证券经纪人支付佣金收入时，应按照《个人所得税扣缴申报管理办法（试行）》（国家税务总局公告2018年第61号）规定的累计预扣法计算预扣税款。

个人达到国家规定的退休年龄，领取的企业年金、职业年金，符合《财政部 人力资源社会保障部 国家税务总局关于企业年金 职业年金个人所得税有关问题的通知》（财税〔2013〕103号）规定的，不并入综合所得，全额单独计算应纳税款。其中按月领取的，适用月度税率表计算纳税；按季领取的，平均分摊计入各月，按每月领取额适用月度税率表计算纳税；按年领取的，适用综合所得税率表计算纳税。个人因出境定居而一次性领取的年金个人账户资金，或个人死亡后，其指定的受益人或法定继承人一次性领取的年金个人账户余额，适用综合所得税率表计算纳税。对个人除上述特殊原因外一次性领取年金个人账户资金或余额的，适用月度税率表计算纳税。

个人与用人单位解除劳动关系取得一次性补偿收入（包括用人单位发放的经济补偿金、生活补助费和其他补助费），在当地上年职工平均工资3倍数额以内的部分，免征个人所得税；超过3倍数额的部分，不并入当年综合所得，单独适用综合所得税率表，计算纳税。

个人办理提前退休手续而取得的一次性补贴收入，应按照办理提前退休手续至法定离退休年龄之间实际年度数平均分摊，确定适用税率和速算扣除数，单独适用综合所得税率表，计算纳税。计算公式：

应纳税额={[(一次性补贴收入÷办理提前退休手续至法定退休年龄的实际年度数)-费用扣除标准]×适用税率-速算扣除数}×办理提前退休手续至法定退休年龄的实际年度数

个人办理内部退养手续而取得的一次性补贴收入，按照《国家税务总局关于个人所得税有关政策问题的通知》（国税发〔1999〕58号）规定计算纳税。

单位按低于购置或建造成本的价格出售住房给职工，职工因此而少支出的差价部分，符合《财政部 国家税务总局关于单位低价向职工售房有关个人所得税问题的通知》（财税〔2007〕13号）第2条规定的，不并入当年综合所得，以差价收入除以12个月得到的数额，按照月度税率表确定适用税率和速算扣除数，单独计算纳税。计算公式为：

应纳税额=职工实际支付的购房价款低于该房屋的购置或建造成本价格的差额×适用税率-速算扣除数

《财政部 税务总局 科技部关于科技人员取得职务科技成果转化现金奖励有关个人所得税政策的通知》（财税〔2018〕58号）规定：自2018年7月1日起，依法批准设立的非营利性研究开发机构和高等学校（以下简称非营利性科研机构和高校）根据《中华人民共和国促进科技成果转化法》规定，从职务科技成果转化收入中给予科技人员的现金奖励，可减按50%计入科技人员当月"工资、薪金所得"，依法缴纳个人所得税。

案例059：利用财产转让核定征税

一、客户基本情况（客户基本方案）

马先生25年前以100万元购置一套房产，目前准备以800万元出售。已知当地税务机关并不掌握马先生购置房产的成本信息。马先生有两套方案可供选择：方案一，按照实际成本计算缴纳个人所得税；方案二，因房产购置发票、合同等凭证丢失，申请税务机关按照3%的比率核定征收个人所得税。仅考虑个人所得税，不考虑其他税费。

二、客户方案纳税金额计算

在方案一下，马先生需要缴纳个人所得税：(800-100)×20%=140（万元）。

■ 简明法律依据

（1）《个人所得税法》；
（2）《个人所得税法实施条例》。

三、纳税筹划方案纳税金额计算

建议采纳方案二，马先生需要缴纳个人所得税：800×3%=24（万元）。

通过纳税筹划，方案二比方案一节税：140–24=116（万元）。

💡 简明法律依据

（1）《个人所得税法》；

（2）《个人所得税法实施条例》；

（3）《国家税务总局关于个人住房转让所得征收个人所得税有关问题的通知》（国税发〔2006〕108号）。

四、本案例涉及的主要税收制度

《个人所得税法》第三条规定：……（三）利息、股息、红利所得，财产租赁所得，财产转让所得和偶然所得，适用比例税率，税率为百分之二十。

《个人所得税法》第六条规定：……（五）财产转让所得，以转让财产的收入额减除财产原值和合理费用后的余额，为应纳税所得额。

《个人所得税法实施条例》第六条规定：……（八）财产转让所得，是指个人转让有价证券、股权、合伙企业中的财产份额、不动产、机器设备、车船以及其他财产取得的所得……

《个人所得税法实施条例》第十六条规定，个人所得税法第六条第一款第五项规定的财产原值，按照下列方法确定：（一）有价证券，为买入价以及买入时按照规定缴纳的有关费用；（二）建筑物，为建造费或者购进价格以及其他有关费用；（三）土地使用权，为取得土地使用权所支付的金额、开发土地的费用以及其他有关费用；（四）机器设备、车船，为购进价格、运输费、安装费以及其他有关费用。其他财产，参照前款规定的方法确定财产原值。纳税人未提供完整、准确的财产原值凭证，不能按照本条第一款规定的方法确定财产原值的，由主管税务机关核定财产原值。个人所得税法第六条第一款第五项所称合理费用，是指卖出财产时按照规定支付的有关税费。

《个人所得税法实施条例》第十七条规定：财产转让所得，按照一次转让财产的收入额减除财产原值和合理费用后的余额计算纳税。

《国家税务总局关于个人住房转让所得征收个人所得税有关问题的通知》（国税发〔2006〕108号）规定：

对住房转让所得征收个人所得税时，以实际成交价格为转让收入。纳税人申报的住房成交价格明显低于市场价格且无正当理由的，征收机关依法有权根据有关信息核定其转让收入，但必须保证各税种计税价格一致。

纳税人未提供完整、准确的房屋原值凭证，不能正确计算房屋原值和应纳税额的，税务机关可根据《中华人民共和国税收征收管理法》第三十五条的规定，对其实行核定征税，即按纳税人住房转让收入的一定比例核定应纳个人所得税额。具体比例由省级地方税务局或者省级地方税务局授权的地市级地方税务局根据纳税人出售住房的所处区域、地理位置、建造时间、房屋类型、住房平均价格水平等因素，在住房转让收入 1%～3% 的幅度内确定。

案例 060：利用不动产投资分期纳税优惠

一、客户基本情况（客户基本方案）

朱先生计划将一套店铺投资设立一家有限责任公司，已知该店铺为 5 年前以 200 万元购置，目前的市场价为 300 万元。朱先生有两个方案可供选择：方案一，在店铺过户时一次性缴纳个人所得税；方案二，在店铺过户时分五年缴纳个人所得税，前四年每年缴税 100 元。仅考虑个人所得税，不考虑其他税费。

二、客户方案纳税金额计算

在方案一下，朱先生需要在当期一次性缴纳个人所得税：（300–200）× 20%=20（万元）。

简明法律依据

（1）《个人所得税法》；

（2）《个人所得税法实施条例》。

三、纳税筹划方案纳税金额计算

建议选择方案二，朱先生仅需在当期象征性地缴纳 100 元税款，20 万元的税款可以分五年缴纳。假设五年贷款年利率为 6%，方案二比方案一节税：20×6%×5=6（万元）。

个人所得税的其他税收优惠政策也值得纳税人关注与利用。

简明法律依据

（1）《个人所得税法》；

（2）《个人所得税法实施条例》；

（3）《财政部 国家税务总局关于个人非货币性资产投资有关个人所得税政策的通知》（财税〔2015〕41 号）。

四、本案例涉及的主要税收制度

（一）个人非货币性资产投资个人所得税政策

《财政部 国家税务总局关于个人非货币性资产投资有关个人所得税政策的通知》（财

税〔2015〕41号）规定：

个人以非货币性资产投资，属于个人转让非货币性资产和投资同时发生。对个人转让非货币性资产的所得，应按照"财产转让所得"项目，依法计算缴纳个人所得税。非货币性资产，是指现金、银行存款等货币性资产以外的资产，包括股权、不动产、技术发明成果以及其他形式的非货币性资产。非货币性资产投资，包括以非货币性资产出资设立新的企业，以及以非货币性资产出资参与企业增资扩股、定向增发股票、股权置换、重组改制等投资行为。

个人以非货币性资产投资，应按评估后的公允价值确认非货币性资产转让收入。非货币性资产转让收入减除该资产原值及合理税费后的余额为应纳税所得额。个人以非货币性资产投资，应于非货币性资产转让、取得被投资企业股权时，确认非货币性资产转让收入的实现。

个人应在发生上述应税行为的次月15日内向主管税务机关申报纳税。纳税人一次性缴税有困难的，可合理确定分期缴纳计划并报主管税务机关备案后，自发生上述应税行为之日起不超过5个公历年度内（含）分期缴纳个人所得税。

个人以非货币性资产投资交易过程中取得现金补价的，现金部分应优先用于缴税；现金不足以缴纳的部分，可分期缴纳。个人在分期缴税期间转让其持有的上述全部或部分股权，并取得现金收入的，该现金收入应优先用于缴纳尚未缴清的税款。

（二）个人所得税其他税收优惠政策

《财政部 税务总局 国家发展改革委 证监会关于创业投资企业个人合伙人所得税政策问题的通知》（财税〔2019〕8号）规定：

自2019年1月1日起至2023年12月31日，创业投资企业（含创投基金，以下统称创投企业）可以选择按单一投资基金核算或者按创投企业年度所得整体核算两种方式之一，对其个人合伙人来源于创投企业的所得计算个人所得税应纳税额。创投企业选择按单一投资基金核算的，其个人合伙人从该基金应分得的股权转让所得和股息红利所得，按照20%税率计算缴纳个人所得税。创投企业选择按年度所得整体核算的，其个人合伙人应从创投企业取得的所得，按照"经营所得"项目、5%~35%的超额累进税率计算缴纳个人所得税。

创投企业年度所得整体核算，是指将创投企业以每一纳税年度的收入总额减除成本、费用以及损失后，计算应分配给个人合伙人的所得。如符合《财政部 税务总局关于创业投资企业和天使投资个人有关税收政策的通知》（财税〔2018〕55号）规定条件的，创投企业个人合伙人可以按照被转让项目对应投资额的70%抵扣其可以从创投企业应分得的经营所得后再计算其应纳税额。年度核算亏损的，准予按有关规定向以后年度结转。按照

"经营所得"项目计税的个人合伙人，没有综合所得的，可依法减除基本减除费用、专项扣除、专项附加扣除以及国务院确定的其他扣除。从多处取得经营所得的，应汇总计算个人所得税，只减除一次上述费用和扣除。

案例061：设置双层公司利用股息免税

一、客户基本情况（客户基本方案）

吴先生计划投资100万元创办甲公司，为减轻税收负担，甲公司计划未来10年的利润均不分配，预计可以累计达到1 000万元。10年后吴先生再将甲公司的股权转让给他人，转让价为1 200万元。仅考虑个人所得税，不考虑其他税费。

二、客户方案纳税金额计算

吴先生需要缴纳个人所得税：（1 200–100）×20%=220（万元）。

简明法律依据

（1）《个人所得税法》；

（2）《个人所得税法实施条例》；

（3）《股权转让所得个人所得税管理办法（试行）》（国家税务总局公告2014年第67号）。

三、纳税筹划方案纳税金额计算

建议吴先生现在创办双层公司，即吴先生投资110万元创办乙公司，乙公司再投资100万元设立甲公司。10年后，乙公司在转让甲公司之前，可以将甲公司1 000万元的未分配利润分配至乙公司。由此，甲公司的股权转让价可以降低至200万元。

假设十年后的企业所得税政策与今天相同，乙公司需要缴纳企业所得税：（200–100）×12.5%×20%=2.5（万元）。除甲公司外，吴先生投资其他公司也通过乙公司进行，这样就可以将所有投资利润均留在乙公司层面。

通过纳税筹划，吴先生节税：220–2.5=217.5（万元）。

简明法律依据

（1）《企业所得税法》；

（2）《企业所得税法实施条例》；

（3）《财政部 税务总局关于实施小微企业普惠性税收减免政策的通知》（财税〔2019〕13号）；

(4)《财政部 税务总局关于实施小微企业和个体工商户所得税优惠政策的公告》（财政部 税务总局公告2021年第12号）。

四、本案例涉及的主要税收制度

《股权转让所得个人所得税管理办法（试行）》（国家税务总局公告2014年第67号）第七条规定：股权转让收入是指转让方因股权转让而获得的现金、实物、有价证券和其他形式的经济利益。

《股权转让所得个人所得税管理办法（试行）》（国家税务总局公告2014年第67号）第八条规定：转让方取得与股权转让相关的各种款项，包括违约金、补偿金以及其他名目的款项、资产、权益等，均应当并入股权转让收入。

《股权转让所得个人所得税管理办法（试行）》（国家税务总局公告2014年第67号）第十五条规定，个人转让股权的原值依照以下方法确认：（一）以现金出资方式取得的股权，按照实际支付的价款与取得股权直接相关的合理税费之和确认股权原值；（二）以非货币性资产出资方式取得的股权，按照税务机关认可或核定的投资入股时非货币性资产价格与取得股权直接相关的合理税费之和确认股权原值；（三）通过无偿让渡方式取得股权，具备本办法第十三条第二项所列情形的，按取得股权发生的合理税费与原持有人的股权原值之和确认股权原值；（四）被投资企业以资本公积、盈余公积、未分配利润转增股本，个人股东已依法缴纳个人所得税的，以转增额和相关税费之和确认其新转增股本的股权原值；（五）除以上情形外，由主管税务机关按照避免重复征收个人所得税的原则合理确认股权原值。

案例062：利用股权代持实现股权转让目的

一、客户基本情况（客户基本方案）

刘先生持有甲公司20%的股权，该笔股权的投资成本为100万元，目前对应的公司净资产为200万元。刘先生准备以200万元转让给王先生。仅考虑个人所得税，不考虑其他税费。

二、客户方案纳税金额计算

刘先生应当缴纳个人所得税：（200−100）×20%=20（万元）。

▶ 简明法律依据

（1）《个人所得税法》；

（2）《个人所得税法实施条例》。

三、纳税筹划方案纳税金额计算

建议刘先生与王先生签订股权代持协议，刘先生作为名义股东，王先生作为实际出资人，刘先生将该20%股权的一切权利均委托王先生代为行使，同时将股权质押给王先生，为此，王先生向刘先生支付200万元。王先生每年取得甲公司的分红。

假设若干年后，因甲公司经营不善，出现亏损，甲公司20%股权对应的净资产仅为110万元。此时，刘先生再将该笔股权以110万元的名义价格（实际无须支付任何价款）转让给王先生，刘先生需要缴纳个人所得税：（110–100）×20%=2（万元）。

通过纳税筹划，节税：20–2=18（万元）。

▶ 简明法律依据

（1）《个人所得税法》；
（2）《个人所得税法实施条例》；
（3）《股权转让所得个人所得税管理办法（试行）》（国家税务总局公告2014年第67号）。

四、本案例涉及的主要税收制度

《股权转让所得个人所得税管理办法（试行）》（国家税务总局公告2014年第67号）第十九条规定：个人股权转让所得个人所得税以被投资企业所在地税务机关为主管税务机关。

《股权转让所得个人所得税管理办法（试行）》（国家税务总局公告2014年第67号）第二十条规定，具有下列情形之一的，扣缴义务人、纳税人应当依法在次月15日内向主管税务机关申报纳税：（一）受让方已支付或部分支付股权转让价款的；（二）股权转让协议已签订生效的；（三）受让方已经实际履行股东职责或者享受股东权益的；（四）国家有关部门判决、登记或公告生效的；（五）本办法第三条第四至第七项行为已完成的；（六）税务机关认定的其他有证据表明股权已发生转移的情形。

《股权转让所得个人所得税管理办法（试行）》（国家税务总局公告2014年第67号）第二十一条规定，纳税人、扣缴义务人向主管税务机关办理股权转让纳税（扣缴）申报时，还应当报送以下资料：（一）股权转让合同（协议）；（二）股权转让双方身份证明；（三）按规定需要进行资产评估的，需提供具有法定资质的中介机构出具的净资产或土地房产等资产价值评估报告；（四）计税依据明显偏低但有正当理由的证明材料；（五）主管税务机关要求报送的其他材料。

案例 063：拍卖物品选择核定征税

一、客户基本情况（客户基本方案）

陈先生酷爱收藏，若干年前在中国香港以 10 万元购得一幅古画。现陈先生通过拍卖的方式将该幅古画以 500 万元出售。陈先生有两种纳税方案可供选择：方案一，提供在香港购买古画的成本凭证，按照实际所得计算缴纳个人所得税；方案二，不提供在香港购买古画的成本凭证，由税务机关核定征税。仅考虑个人所得税，不考虑其他税费。

二、客户方案纳税金额计算

在方案一下，陈先生应缴纳个人所得税：(500–10)×20%=98（万元）。

简明法律依据

（1）《个人所得税法》；

（2）《个人所得税法实施条例》；

（3）《国家税务总局关于加强和规范个人取得拍卖收入征收个人所得税有关问题的通知》（国税发〔2007〕38 号）。

三、纳税筹划方案纳税金额计算

在方案二下，陈先生应缴纳个人所得税：500×3%=15（万元）。

通过纳税筹划，方案二比方案一节税：98-15=83（万元）。建议采纳方案二。

简明法律依据

（1）《个人所得税法》；

（2）《个人所得税法实施条例》；

（3）《国家税务总局关于加强和规范个人取得拍卖收入征收个人所得税有关问题的通知》（国税发〔2007〕38 号）。

四、本案例涉及的主要税收制度

《国家税务总局关于加强和规范个人取得拍卖收入征收个人所得税有关问题的通知》（国税发〔2007〕38 号）规定：

个人通过拍卖市场拍卖个人财产，对其取得所得按以下规定征税：

（1）根据《国家税务总局关于印发〈征收个人所得税若干问题的规定〉的通知》（国税发〔1994〕89 号），作者将自己的文字作品手稿原件或复印件拍卖取得的所得，应以其

转让收入额减除 800 元（转让收入额 4 000 元以下）或者 20%（转让收入额 4 000 元以上）后的余额为应纳税所得额，按照"特许权使用费"所得项目适用 20%税率缴纳个人所得税。

（2）个人拍卖除文字作品原稿及复印件外的其他财产，应以其转让收入额减除财产原值和合理费用后的余额为应纳税所得额，按照"财产转让所得"项目适用 20%税率缴纳个人所得税。

对个人财产拍卖所得征收个人所得税时，以该项财产最终拍卖成交价格为其转让收入额。

个人财产拍卖所得适用"财产转让所得"项目计算应纳税所得额时，纳税人凭合法有效凭证（税务机关监制的正式发票、相关境外交易单据或海关报关单据、完税证明等），从其转让收入额中减除相应的财产原值、拍卖财产过程中缴纳的税金及有关合理费用。

（1）财产原值，是指售出方个人取得该拍卖品的价格（以合法有效凭证为准）。具体为：通过商店、画廊等途径购买的，为购买该拍卖品时实际支付的价款；通过拍卖行拍得的，为拍得该拍卖品实际支付的价款及缴纳的相关税费；通过祖传收藏的，为其收藏该拍卖品而发生的费用；通过赠送取得的，为其受赠该拍卖品时发生的相关税费；通过其他形式取得的，参照以上原则确定财产原值。

（2）拍卖财产过程中缴纳的税金，是指在拍卖财产时纳税人实际缴纳的相关税金及附加。

（3）有关合理费用，是指拍卖财产时纳税人按照规定实际支付的拍卖费（佣金）、鉴定费、评估费、图录费、证书费等费用。

纳税人如不能提供合法、完整、准确的财产原值凭证，不能正确计算财产原值的，按转让收入额的 3%征收率计算缴纳个人所得税；拍卖品为经文物部门认定是海外回流文物的，按转让收入额的 2%征收率计算缴纳个人所得税。

纳税人的财产原值凭证内容填写不规范，或者一份财产原值凭证包括多件拍卖品且无法确认每件拍卖品一一对应的原值的，不得将其作为扣除财产原值的计算依据，应视为不能提供合法、完整、准确的财产原值凭证，并按上述规定的征收率计算缴纳个人所得税。

纳税人能够提供合法、完整、准确的财产原值凭证，但不能提供有关税费凭证的，不得按征收率计算纳税，应当就财产原值凭证上注明的金额据实扣除，并按照税法规定计算缴纳个人所得税。

个人财产拍卖所得应纳的个人所得税税款，由拍卖单位负责代扣代缴，并按规定向拍卖单位所在地主管税务机关办理纳税申报。

拍卖单位代扣代缴个人财产拍卖所得应纳的个人所得税税款时，应给纳税人填开完税凭证，并详细标明每件拍卖品的名称、拍卖成交价格、扣缴税款额。

主管税务机关应加强对个人财产拍卖所得的税收征管工作，在拍卖单位举行拍卖活动期间派工作人员进入拍卖现场，了解拍卖的有关情况，宣传辅导有关税收政策，审核鉴定原值凭证和费用凭证，督促拍卖单位依法代扣代缴个人所得税。

案例064：利用上市公司股息差别化优惠

一、客户基本情况（客户基本方案）

2021年12月10日，沈女士购买了甲上市公司的股票。2021年12月30日，沈女士获得了甲上市公司的股息10万元。沈女士有三种持股方案可供选择：方案一，沈女士在2022年1月10日之前转让甲上市公司的股票；方案二，沈女士在2022年1月11日以后、2022年12月10日之前转让甲上市公司的股票；方案三，沈女士在2022年12月11日以后转让甲上市公司的股票。仅考虑该10万元股息的个人所得税，不考虑其他税费。

二、客户方案纳税金额计算

在方案一下，沈女士应当缴纳个人所得税：10×20%=2（万元）。

在方案二下，沈女士应当缴纳个人所得税：10×50%×20%=1（万元）。方案二比方案一节税：2-1=1（万元）。

▶ 简明法律依据

（1）《个人所得税法》；

（2）《个人所得税法实施条例》；

（3）《财政部 国家税务总局 证监会关于上市公司股息红利差别化个人所得税政策有关问题的通知》（财税〔2015〕101号）。

三、纳税筹划方案纳税金额计算

建议选择方案三，沈女士免纳个人所得税。

通过纳税筹划，方案三比方案二节税1万元。方案三比方案一节税2万元。

个人所得税中涉及"利息、股息、红利所得"以及资本市场的其他税收优惠政策也值得纳税人关注和利用。

▶ 简明法律依据

（1）《个人所得税法》；

（2）《个人所得税法实施条例》；

（3）《财政部 国家税务总局 证监会关于上市公司股息红利差别化个人所得税政策有关问题的通知》（财税〔2015〕101号）；

(4)《财政部 国家税务总局关于促进科技成果转化有关税收政策的通知》(财税字〔1999〕45号);

(5)《财政部 国家税务总局关于证券市场个人投资者证券交易结算资金利息所得有关个人所得税政策的通知》(财税〔2008〕140号);

(6)《财政部 国家税务总局关于地方政府债券利息免征所得税问题的通知》(财税〔2013〕5号);

(7)《财政部 国家税务总局关于将国家自主创新示范区有关税收试点政策推广到全国范围实施的通知》(财税〔2015〕116号);

(8)《财政部 税务总局 海关总署关于北京2022年冬奥会和冬残奥会税收优惠政策的公告》(财政部公告2019年第92号);

(9)《财政部 税务总局 证监会关于继续执行沪港、深港股票市场交易互联互通机制和内地与香港基金互认有关个人所得税政策的公告》(财政部公告2019年第93号);

(10)《财政部 国家税务总局关于证券投资基金税收问题的通知》(财税字〔1998〕55号);

(11)《财政部 国家税务总局关于个人转让股票所得继续暂免征收个人所得税的通知》(财税〔1998〕61号);

(12)《财政部 国家税务总局关于开放式证券投资基金有关税收问题的通知》(财税〔2002〕128号);

(13)《财政部 国家税务总局 证监会关于内地与香港基金互认有关税收政策的通知》(财税〔2015〕125号);

(14)《财政部 国家税务总局 证监会关于深港股票市场交易互联互通机制试点有关税收政策的通知》(财税〔2016〕127号);

(15)《财政部 税务总局 证监会关于继续执行沪港股票市场交易互联互通机制有关个人所得税政策的通知》(财税〔2017〕78号);

(16)《财政部 税务总局 证监会关于支持原油等货物期货市场对外开放税收政策的通知》(财税〔2018〕21号);

(17)《财政部 税务总局 证监会关于个人转让全国中小企业股份转让系统挂牌公司股票有关个人所得税政策的通知》(财税〔2018〕137号);

(18)《财政部 税务总局 证监会关于继续执行内地与香港基金互认有关个人所得税政策的通知》(财税〔2018〕154号);

(19)《财政部 税务总局关于北京证券交易所税收政策适用问题的公告》(财政部 税务总局公告2021年第33号)。

四、本案例涉及的主要税收制度

（一）上市公司股息税收政策

《个人所得税法》第二条规定：下列各项个人所得，应当缴纳个人所得税……（六）利息、股息、红利所得……

《个人所得税法》第三条规定：……（三）利息、股息、红利所得，财产租赁所得，财产转让所得和偶然所得，适用比例税率，税率为百分之二十。

《个人所得税法实施条例》第六条规定：……（六）利息、股息、红利所得，是指个人拥有债权、股权等而取得的利息、股息、红利所得……

《个人所得税法实施条例》第十四条规定：……（三）利息、股息、红利所得，以支付利息、股息、红利时取得的收入为一次……

《财政部 国家税务总局 证监会关于上市公司股息红利差别化个人所得税政策有关问题的通知》（财税〔2015〕101号）规定：自2015年9月8日起，个人从公开发行和转让市场取得的上市公司股票，持股期限超过一年的，股息红利所得暂免征收个人所得税。个人从公开发行和转让市场取得的上市公司股票，持股期限在一个月以内（含一个月）的，其股息红利所得全额计入应纳税所得额；持股期限在一个月以上至一年（含一年）的，暂减按50%计入应纳税所得额；上述所得统一适用20%的税率计征个人所得税。

（二）利息股息红利所得其他税收优惠

《财政部 国家税务总局关于促进科技成果转化有关税收政策的通知》（财税字〔1999〕45号）规定：自1999年7月1日起，科研机构、高等学校转化职务科技成果以股份或出资比例等股权形式给予个人奖励，获奖人在取得股份、出资比例时，暂不缴纳个人所得税；取得按股份、出资比例分红或转让股权、出资比例所得时，应依法缴纳个人所得税。

《财政部 国家税务总局关于证券市场个人投资者证券交易结算资金利息所得有关个人所得税政策的通知》（财税〔2008〕140号）规定：自2008年10月9日起，对证券市场个人投资者取得的证券交易结算资金利息所得，暂免征收个人所得税，即证券市场个人投资者的证券交易结算资金在2008年10月9日后（含10月9日）孳生的利息所得，暂免征收个人所得税。

《财政部 国家税务总局关于地方政府债券利息免征所得税问题的通知》（财税〔2013〕5号）规定：对个人取得的2012年及以后年度发行的地方政府债券利息收入，免征个人所得税。

《财政部 国家税务总局关于将国家自主创新示范区有关税收试点政策推广到全国范围实施的通知》（财税〔2015〕116号）规定：自2016年1月1日起，全国范围内的中小高新技术企业以未分配利润、盈余公积、资本公积向个人股东转增股本时，个人股东一次缴纳个人所得税确有困难的，可根据实际情况自行制订分期缴税计划，在不超过5个公历年度内（含）分期缴纳，并将有关资料报主管税务机关备案。

《财政部 税务总局 海关总署关于北京2022年冬奥会和冬残奥会税收优惠政策的公告》（财政部公告2019年第92号）规定：对国际奥委会及其相关实体的外籍雇员、官员、教练员、训练员以及其他代表在2019年6月1日至2022年12月31日期间临时来华，从事与北京冬奥会相关的工作，取得由北京冬奥组委支付或认定的收入，免征个人所得税。

《财政部 税务总局 证监会关于继续执行沪港、深港股票市场交易互联互通机制和内地与香港基金互认有关个人所得税政策的公告》（财政部公告2019年第93号）规定：对内地个人投资者通过沪港通、深港通投资香港联交所上市股票取得的转让差价所得和通过基金互认买卖香港基金份额取得的转让差价所得，自2019年12月5日起至2022年12月31日止，继续暂免征收个人所得税。

（三）资本市场其他税收优惠

《财政部 国家税务总局关于证券投资基金税收问题的通知》（财税字〔1998〕55号）规定：对个人投资者买卖基金单位获得的差价收入，在对个人买卖股票的差价收入未恢复征收个人所得税以前，暂不征收个人所得税。

《财政部 国家税务总局关于个人转让股票所得继续暂免征收个人所得税的通知》（财税〔1998〕61号）规定：从1997年1月1日起，对个人转让上市公司股票取得的所得继续暂免征收个人所得税。

《财政部 国家税务总局关于开放式证券投资基金有关税收问题的通知》（财税〔2002〕128号）规定：对个人投资者申购和赎回基金单位取得的差价收入，在对个人买卖股票的差价收入未恢复征收个人所得税以前，暂不征收个人所得税。

《财政部 国家税务总局 证监会关于内地与香港基金互认有关税收政策的通知》（财税〔2015〕125号）规定：自2015年12月18日起，对香港市场投资者（包括企业和个人）通过基金互认买卖内地基金份额取得的转让差价所得，暂免征收所得税。

《财政部 国家税务总局 证监会关于深港股票市场交易互联互通机制试点有关税收政策的通知》（财税〔2016〕127号）规定：对内地个人投资者通过深港股票市场交易互联互通机制试点（深港通）投资香港联交所上市股票取得的转让差价所得，自2016年12月5日起至2019年12月4日止，暂免征收个人所得税。对香港市场投资者（包括企业和个人）投资深交所上市A股取得的转让差价所得，暂免征收所得税。

《财政部 税务总局 证监会关于继续执行沪港股票市场交易互联互通机制有关个人所得税政策的通知》（财税〔2017〕78号）规定：对内地个人投资者通过沪港股票市场交易互联互通机制（沪港通）投资香港联交所上市股票取得的转让差价所得，自2017年11月

17 日起至 2019 年 12 月 4 日止，继续暂免征收个人所得税。

《财政部 税务总局 证监会关于支持原油等货物期货市场对外开放税收政策的通知》（财税〔2018〕21 号）规定：自原油期货对外开放之日起，对境外个人投资者投资中国境内原油期货取得的所得，三年内暂免征收个人所得税。

《财政部 税务总局 证监会关于个人转让全国中小企业股份转让系统挂牌公司股票有关个人所得税政策的通知》（财税〔2018〕137 号）规定：自 2018 年 11 月 1 日（含）起，对个人转让新三板挂牌公司非原始股取得的所得，暂免征收个人所得税。上述所称非原始股，是指个人在新三板挂牌公司挂牌后取得的股票，以及由上述股票孳生的送、转股。

《财政部 税务总局 证监会关于继续执行内地与香港基金互认有关个人所得税政策的通知》（财税〔2018〕154 号）规定：对内地个人投资者通过基金互认买卖香港基金份额取得的转让差价所得，自 2018 年 12 月 18 日起至 2019 年 12 月 4 日止，继续暂免征收个人所得税。

《财政部 税务总局关于北京证券交易所税收政策适用问题的公告》（财政部 税务总局公告 2021 年第 33 号）规定：为支持进一步深化全国中小企业股份转让系统（以下简称新三板）改革，将精选层变更设立为北京证券交易所（以下简称北交所），新三板精选层公司转为北交所上市公司，以及创新层挂牌公司通过公开发行股票进入北交所上市后，投资北交所上市公司涉及的个人所得税、印花税相关政策，暂按照现行新三板适用的税收规定执行。涉及企业所得税、增值税相关政策，按企业所得税法及其实施条例、《财政部 国家税务总局关于全面推开营业税改征增值税试点的通知》（财税〔2016〕36 号）及有关规定执行。

案例 065：增加财产租赁所得次数

一、客户基本情况（客户基本方案）

关先生将某商场的一层对外出租，年租金为 36 万元。关先生有两个方案可供选择：方案一，将商场一层出租给某公司，月租金为 3 万元；方案二，将商场一层出租给 10 家个体工商户，每家每月租金为 3 000 元。仅考虑个人所得税，不考虑其他税费。

二、客户方案纳税金额计算

在方案一下，关先生每月需要缴纳个人所得税：30 000×（1–20%）×20%=4 800（元）。全年需要缴纳个人所得税：4 800×12=57 600（元）。

简明法律依据

（1）《个人所得税法》；

（2）《个人所得税法实施条例》。

三、纳税筹划方案纳税金额计算

在方案二下，关先生每月需要缴纳个人所得税：（3 000–800）×20%×10=4 400（元）。全年需要缴纳个人所得税：4 400×12=52 800（元）。

通过纳税筹划，方案二比方案一节税：57 600–52 800=4 800（元）。建议选择方案二。

简明法律依据

（1）《个人所得税法》；

（2）《个人所得税法实施条例》。

四、本案例涉及的主要税收制度

《个人所得税法》第二条规定：下列各项个人所得，应当缴纳个人所得税……（七）财产租赁所得……

《个人所得税法》第三条规定：……（三）利息、股息、红利所得，财产租赁所得，财产转让所得和偶然所得，适用比例税率，税率为百分之二十。

《个人所得税法》第六条规定：……（四）财产租赁所得，每次收入不超过四千元的，减除费用八百元；四千元以上的，减除百分之二十的费用，其余额为应纳税所得额……

《个人所得税法实施条例》第六条规定：……（七）财产租赁所得，是指个人出租不动产、机器设备、车船以及其他财产取得的所得……

《个人所得税法实施条例》第十四条规定：……（二）财产租赁所得，以一个月内取得的收入为一次……

案例066：利用公司取得财产租赁所得

一、客户基本情况（客户基本方案）

张先生计划出资1 000万元购置一处门面房，出租给某银行，每年取得100万元租金。张先生有两种方案可供选择：方案一，由张先生购置该处门面房，由个人出租给银行；方案二，张先生成立甲公司，由甲公司购置该处门面房并出租给银行。甲公司每年提取门面房折旧50万元。仅考虑个人所得税和企业所得税，不考虑其他税费。

二、客户方案纳税金额计算

在方案一下，张先生需要缴纳个人所得税：100×（1-20%）×20%=16（万元）。

> 简明法律依据

（1）《个人所得税法》；

（2）《个人所得税法实施条例》。

三、纳税筹划方案纳税金额计算

建议选择方案二，甲公司需要缴纳企业所得税：(100-50)×12.5%×20%=1.25（万元）。通过纳税筹划，方案二比方案一节税：16-1.25=14.75（万元）。

> 简明法律依据

（1）《企业所得税法》；

（2）《企业所得税法实施条例》；

（3）《财政部 税务总局关于实施小微企业普惠性税收减免政策的通知》（财税〔2019〕13号）；

（4）《财政部 税务总局关于实施小微企业和个体工商户所得税优惠政策的公告》（财政部 税务总局公告2021年第12号）。

四、本案例涉及的主要税收制度

《企业所得税法》第十一条规定，在计算应纳税所得额时，企业按照规定计算的固定资产折旧，准予扣除。下列固定资产不得计算折旧扣除：（一）房屋、建筑物以外未投入使用的固定资产；（二）以经营租赁方式租入的固定资产；（三）以融资租赁方式租出的固定资产；（四）已足额提取折旧仍继续使用的固定资产；（五）与经营活动无关的固定资产；（六）单独估价作为固定资产入账的土地；（七）其他不得计算折旧扣除的固定资产。

《企业所得税法实施条例》第五十七条规定：企业所得税法第十一条所称固定资产，是指企业为生产产品、提供劳务、出租或者经营管理而持有的、使用时间超过12个月的非货币性资产，包括房屋、建筑物、机器、机械、运输工具以及其他与生产经营活动有关的设备、器具、工具等。

《企业所得税法实施条例》第五十八条规定，固定资产按照以下方法确定计税基础：（一）外购的固定资产，以购买价款和支付的相关税费以及直接归属于使该资产达到预定用途发生的其他支出为计税基础；（二）自行建造的固定资产，以竣工结算前发生的支出为计税基础；（三）融资租入的固定资产，以租赁合同约定的付款总额和承租人在签订租赁合同过程中发生的相关费用为计税基础，租赁合同未约定付款总额的，以该资产的公允价值和承租人在签订租赁合同过程中发生的相关费用为计税基础；（四）盘盈的固定资产，以同类固定资产的重置完全价值为计税基础；（五）通过捐赠、投资、非货币性资产交换、债务重组等方式取得的固定资产，以该资产的公允价值和支付的相关税费为计税基础；（六）改建的固定资产，除企业所得税法第十三条第（一）项和第（二）项规定的支出外，以改建过程中发生的改建支出增加计税基础。

《企业所得税法实施条例》第五十九条规定：固定资产按照直线法计算的折旧，准予扣除。企业应当自固定资产投入使用月份的次月起计算折旧；停止使用的固定资产，应当自停止使用月份的次月起停止计算折旧。企业应当根据固定资产的性质和使用情况，合理确定固定资产的预计净残值。固定资产的预计净残值一经确定，不得变更。

《企业所得税法实施条例》第六十条规定，除国务院财政、税务主管部门另有规定外，固定资产计算折旧的最低年限如下：（一）房屋、建筑物，为 20 年；（二）飞机、火车、轮船、机器、机械和其他生产设备，为 10 年；（三）与生产经营活动有关的器具、工具、家具等，为 5 年；（四）飞机、火车、轮船以外的运输工具，为 4 年；（五）电子设备，为 3 年。

第五章

土地增值税、房产税、契税纳税筹划实战案例

案例 067：降低销售价格享受免征土地增值税优惠

一、客户基本情况（客户基本方案）

甲公司建造一栋普通标准住宅，经核算，税法规定的扣除项目金额为 5 000 万元，甲公司原定不含增值税销售价格为 6 100 万元。仅考虑土地增值税，不考虑其他税费。

二、客户方案纳税金额计算

如果按 6 100 万元销售，则该项目的增值额：6 100–5 000=1 100（万元），增值率：1 100÷5 000=22%。该项目应纳土地增值税：1 100×30%=330（万元）。

▶ 简明法律依据

（1）《中华人民共和国土地增值税暂行条例》（1993 年 12 月 13 日中华人民共和国国务院令第 138 号发布，根据 2011 年 1 月 8 日国务院令第 588 号《国务院关于废止和修改部分行政法规的决定》修订，以下简称《土地增值税暂行条例》）；

（2）《中华人民共和国土地增值税暂行条例实施细则》（财政部 1995 年 1 月 27 日发布，财法〔1995〕6 号，以下简称《土地增值税暂行条例实施细则》）。

三、纳税筹划方案纳税金额计算

建议甲公司将销售价格降低为 6 000 万元，此时增值额为 1 000 万元，增值率为 20%，可以免征土地增值税。虽然甲公司销售收入减少了 100 万元，但其节省了 330 万元的土地增值税，实际上增加利润 230 万元。

通过纳税筹划，该项目增加利润 230 万元。

简明法律依据

（1）《土地增值税暂行条例》；
（2）《土地增值税暂行条例实施细则》。

四、本案例涉及的主要税收制度

（一）土地增值税的纳税人与征税范围

《土地增值税暂行条例》第二条规定：转让国有土地使用权、地上的建筑物及其附着物（以下简称转让房地产）并取得收入的单位和个人，为土地增值税的纳税义务人（以下简称纳税人），应当依照本条例缴纳土地增值税。

《土地增值税暂行条例实施细则》第二条规定：条例第二条所称的转让国有土地使用权、地上的建筑物及其附着物并取得收入，是指以出售或者其他方式有偿转让房地产的行为。不包括以继承、赠与方式无偿转让房地产的行为。

《土地增值税暂行条例实施细则》第三条规定：条例第二条所称的国有土地，是指按国家法律规定属于国家所有的土地。

《土地增值税暂行条例实施细则》第四条规定：条例第二条所称的地上的建筑物，是指建于土地上的一切建筑物，包括地上地下的各种附属设施。条例第二条所称的附着物，是指附着于土地上的不能移动，一经移动即遭损坏的物品。

《土地增值税暂行条例实施细则》第五条规定：条例第二条所称的收入，包括转让房地产的全部价款及有关的经济收益。

《土地增值税暂行条例实施细则》第六条规定：条例第二条所称的单位，是指各类企业单位、事业单位、国家机关和社会团体及其他组织。条例第二条所称个人，包括个体经营者。

（二）土地增值税的计算

《土地增值税暂行条例》第三条规定：土地增值税按照纳税人转让房地产所取得的增值额和本条例第七条规定的税率计算征收。

《土地增值税暂行条例》第七条规定，土地增值税实行四级超率累进税率：增值额未超过扣除项目金额 50% 的部分，税率为 30%。增值额超过扣除项目金额 50%、未超过扣除项目金额100%的部分，税率为40%。增值额超过扣除项目金额100%、未超过扣除项目金额200%的部分，税率为50%。增值额超过扣除项目金额200%的部分，税率为60%。

《土地增值税暂行条例实施细则》第十条规定：

条例第七条所列四级超率累进税率，每级"增值额未超过扣除项目金额"的比例，均包括本比例数。

计算土地增值税税额，可按增值额乘以适用的税率减去扣除项目金额乘以速算扣除系数的简便方法计算，具体公式如下：

（一）增值额未超过扣除项目金额50%

$$土地增值税税额=增值额×30\%$$

（二）增值额超过扣除项目金额50%，未超过100%

$$土地增值税税额=增值额×40\%-扣除项目金额×5\%$$

（三）增值额超过扣除项目金额100%，未超过200%

$$土地增值税税额=增值额×50\%-扣除项目金额×15\%$$

（四）增值额超过扣除项目金额200%

$$土地增值税税额=增值额×60\%-扣除项目金额×35\%$$

公式中的5%、15%、35%为速算扣除系数。

（三）土地增值税的税收优惠

《土地增值税暂行条例》第八条规定，有下列情形之一的，免征土地增值税：（一）纳税人建造普通标准住宅出售，增值额未超过扣除项目金额20%的；（二）因国家建设需要依法征收、收回的房地产。

案例068：增加扣除项目享受免征土地增值税优惠

一、客户基本情况（客户基本方案）

甲公司建造一栋普通标准住宅，经核算，税法规定的扣除项目金额为5 000万元，甲公司原定不含增值税销售价格为6 500万元。仅考虑土地增值税，不考虑其他税费。

二、客户方案纳税金额计算

如果按6 500万元销售，则该项目的增值额：6 500–5 000=1 500（万元），增值率：1 500÷5 000=30%。应纳土地增值税：1 500×30%=450（万元）。

简明法律依据

（1）《土地增值税暂行条例》；

（2）《土地增值税暂行条例实施细则》。

三、纳税筹划方案纳税金额计算

如果甲公司将销售价格降低为6 000万元，虽然免征了土地增值税，但仍得不偿失。

建议甲公司加大对住宅的装修，使得扣除项目金额提高至7 500万元，但增值额仍保持1 500万元，此时的增值率为：1 500÷7 500=20%。可以免征土地增值税。

通过纳税筹划，减轻土地增值税负担450万元。

简明法律依据

（1）《土地增值税暂行条例》；

（2）《土地增值税暂行条例实施细则》。

四、本案例涉及的主要税收制度

《土地增值税暂行条例》第四条规定：纳税人转让房地产所取得的收入减除本条例第六条规定扣除项目金额后的余额，为增值额。

《土地增值税暂行条例》第五条规定：纳税人转让房地产所取得的收入，包括货币收入、实物收入和其他收入。

《土地增值税暂行条例》第六条规定，计算增值额的扣除项目：（一）取得土地使用权所支付的金额；（二）开发土地的成本、费用；（三）新建房及配套设施的成本、费用，或者旧房及建筑物的评估价格；（四）与转让房地产有关的税金；（五）财政部规定的其他扣除项目。

《土地增值税暂行条例实施细则》第十一条规定：条例第八条（一）项所称的普通标准住宅，是指按所在地一般民用住宅标准建造的居住用住宅。高级公寓、别墅、度假村等不属于普通标准住宅。普通标准住宅与其他住宅的具体划分界限由各省、自治区、直辖市人民政府规定。纳税人建造普通标准住宅出售，增值额未超过本细则第七条（一）（二）（三）（五）（六）项扣除项目金额之和百分之二十的，免征土地增值税；增值额超过扣除项目金额之和百分之二十的，应就其全部增值额按规定计税。条例第八条（二）项所称的因国家建设需要依法征用、收回的房地产，是指因城市实施规划、国家建设的需要而被政府批准征用的房产或收回的土地使用权。因城市实施规划、国家建设的需要而搬迁，由纳税人自行转让原房地产的，比照本规定免征土地增值税。符合上述免税规定的单位和个人，须向房地产所在地税务机关提出免税申请，经税务机关审核后，免予征收土地增值税。

案例069：将代收费用计入房价降低增值率

一、客户基本情况（客户基本方案）

某房地产开发企业开发一套房地产，为取得土地使用权所支付的费用为300万元，土地和房地产开发成本为800万元，允许扣除的房地产开发费用为100万元，转让房地产税费为140万元，房地产出售价格为2 500万元，为当地县级人民政府代收各种费用为100万元。现在需要确定该代收费用单独收取，还是并入房价收取。

二、客户方案纳税金额计算

如果该代收费用单独收取，则该房地产可扣除费用：300+800+100+（300+800）×20%+140=1 560（万元）；增值额：2 500–1 560=940（万元）；增值率：940÷1 560=60.25%；应纳土地增值税：940×40%–1 560×5%=298（万元）。

☞ 简明法律依据

（1）《土地增值税暂行条例》；
（2）《土地增值税暂行条例实施细则》；
（3）《财政部 国家税务总局关于土地增值税一些具体问题规定的通知》（财税〔1995〕48号）。

三、纳税筹划方案纳税金额计算

建议企业将该代收费用计入房价，则该房地产可扣除费用：300+800+100+（300+800）×20%+140+100=1 660（万元）；增值额：2 500+100–1 660=940（万元）；增值率：940÷1 660=56.63%；应纳土地增值税：940×40%–1 660×5%=293（万元）。

通过纳税筹划，减轻土地增值税负担：298–293=5（万元）。

☞ 简明法律依据

（1）《土地增值税暂行条例》；
（2）《土地增值税暂行条例实施细则》；
（3）《财政部 国家税务总局关于土地增值税一些具体问题规定的通知》（财税〔1995〕48号）。

四、本案例涉及的主要税收制度

《财政部 国家税务总局关于土地增值税一些具体问题规定的通知》（财税〔1995〕48

号）规定：对于县级及县级以上人民政府要求房地产开发企业在售房时代收的各项费用，如果代收费用是计入房价中向购买方一并收取的，可作为转让房地产所取得的收入计税；如果代收费用未计入房价中，而是在房价之外单独收取的，可以不作为转让房地产的收入。对于代收费用作为转让收入计税的，在计算扣除项目金额时，可予以扣除，但不允许作为加计20%扣除的基数；对于代收费用未作为转让房地产的收入计税的，在计算增值额时不允许扣除代收费用。

案例070：巧选利息核算方法增加扣除金额

一、客户基本情况（客户基本方案）

甲房地产企业开发一处房地产，为取得土地使用权所支付的费用为1 000万元，为开发土地和新建房及配套设施花费1 200万元，财务费用中可以按转让房地产项目计算分摊利息的利息支出为200万元，不超过商业银行同类同期贷款利率。请确定甲房地产企业是否提供金融机构证明。

乙房地产企业开发一处房地产，为取得土地使用权所支付的费用为1 000万元，为开发土地和新建房及配套设施花费1 200万元，财务费用中可以按转让房地产项目计算分摊利息的利息支出为80万元，不超过商业银行同类同期贷款利率。请确定乙房地产企业是否提供金融机构证明。

二、客户方案纳税金额计算

如果甲房地产企业不提供金融机构证明，则该企业所能扣除费用的最高额：（1 000+1 200）×10%=220（万元）。

如果乙房地产企业提供金融机构证明，则该企业所能扣除费用的最高额：80+（1 000+1 200）×5%=190（万元）。

> **简明法律依据**

（1）《土地增值税暂行条例》；
（2）《土地增值税暂行条例实施细则》。

三、纳税筹划方案纳税金额计算

建议甲房地产企业提供金融机构证明，则该企业所能扣除费用的最高额：200+（1 000+1 200）×5%=310（万元）。通过纳税筹划，甲房地产企业增加扣除金额：310−220=90（万元）。

建议乙房地产企业不提供金融机构证明，则该企业所能扣除费用的最高额：（1 000+1 200）×10%=220（万元）。通过纳税筹划，乙房地产企业增加扣除金额：220-190=30（万元）。

◼ 简明法律依据

（1）《土地增值税暂行条例》；

（2）《土地增值税暂行条例实施细则》。

四、本案例涉及的主要税收制度

《土地增值税暂行条例实施细则》第七条规定，《土地增值税暂行条例》第六条所列的计算增值额的扣除项目，具体为：

（1）取得土地使用权所支付的金额，是指纳税人为取得土地使用权所支付的地价款和按国家统一规定缴纳的有关费用。

（2）开发土地和新建房及配套设施（以下简称房地产开发）的成本，是指纳税人房地产开发项目实际发生的成本（以下简称房地产开发成本），包括土地征用及拆迁补偿费、前期工程费、建筑安装工程费、基础设施费、公共配套设施费、开发间接费用。

土地征用及拆迁补偿费，包括土地征用费、耕地占用税、劳动力安置费及有关地上、地下附着物拆迁补偿的净支出、安置动迁用房支出等。

前期工程费，包括规划、设计、项目可行性研究和水文、地质、勘察、测绘、"三通一平"等支出。

建筑安装工程费，是指以出包方式支付给承包单位的建筑安装工程费，以自营方式发生的建筑安装工程费。

基础设施费，包括开发小区内道路、供水、供电、供气、排污、排洪、通信、照明、环卫、绿化等工程发生的支出。

公共配套设施费，包括不能有偿转让的开发小区内公共配套设施发生的支出。

开发间接费用，是指直接组织、管理开发项目发生的费用，包括工资、职工福利费、折旧费、修理费、办公费、水电费、劳动保护费、周转房摊销等。

（3）开发土地和新建房及配套设施的费用（以下简称房地产开发费用），是指与房地产开发项目有关的销售费用、管理费用、财务费用。

财务费用中的利息支出，凡能够按转让房地产项目计算分摊并提供金融机构证明的，允许据实扣除，但最高不能超过按商业银行同类同期贷款利率计算的金额。其他房地产开发费用，按上述条（1）（2）项规定计算的金额之和的百分之五以内计算扣除。

凡不能按转让房地产项目计算分摊利息支出或不能提供金融机构证明的，房地产开发费用按上述（1）（2）项规定计算的金额之和的百分之十以内计算扣除。

上述计算扣除的具体比例，由各省、自治区、直辖市人民政府规定。

（4）旧房及建筑物的评估价格，是指在转让已使用的房屋及建筑物时，由政府批准设立的房地产评估机构评定的重置成本价乘以成新度折扣率后的价格。评估价格须经当地税务机关确认。

（5）与转让房地产有关的税金，是指在转让房地产时缴纳的营业税、城市维护建设税、印花税。因转让房地产缴纳的教育费附加，也可视同税金予以扣除。

（6）根据《土地增值税暂行条例》第七条（5）项规定，对从事房地产开发的纳税人可按上述（1）（2）项规定计算的金额之和，加计百分之二十的扣除。

案例 071：利用企业改制重组土地增值税优惠

一、客户基本情况（客户基本方案）

甲公司计划将一栋不动产转让给乙公司。由于该不动产增值较大，预计仅土地增值税一项税负就达 5 000 万元。仅考虑土地增值税，不考虑其他税费。

二、客户方案纳税金额计算

按照通常方式转让该不动产，甲公司需要缴纳土地增值税 5 000 万元。

简明法律依据

（1）《土地增值税暂行条例》；
（2）《土地增值税暂行条例实施细则》。

三、纳税筹划方案纳税金额计算

建议甲公司在企业改制重组的大框架下进行该项交易，将不动产转让改为不动产投资，即将该不动产出资至乙公司，持有乙公司一定份额的股权，此时即可免纳土地增值税。未来，甲公司可以通过取得股息以及转让乙公司股权等方式来获取该项投资的收益。从长期来看，与转让不动产的收益是相当的，但税负将大大降低。

通过纳税筹划，甲公司减轻土地增值税负担 5 000 万元。

简明法律依据

（1）《土地增值税暂行条例》；
（2）《土地增值税暂行条例实施细则》；
（3）《财政部 国家税务总局关于继续实施企业改制重组有关土地增值税政策的通知》（财税〔2018〕57 号）；

（4）《财政部 税务总局关于继续实施企业改制重组有关土地增值税政策的公告》（财政部 税务总局公告2021年第21号）。

四、本案例涉及的主要税收制度

《财政部 国家税务总局关于继续实施企业改制重组有关土地增值税政策的通知》（财税〔2018〕57号）规定：

自2018年1月1日至2020年12月31日，按照《中华人民共和国公司法》（以下简称《公司法》）的规定，非公司制企业整体改制为有限责任公司或者股份有限公司，有限责任公司（股份有限公司）整体改制为股份有限公司（有限责任公司），对改制前的企业将国有土地使用权、地上的建筑物及其附着物（以下统称房地产）转移、变更到改制后的企业，暂不征土地增值税。上述所称整体改制是指不改变原企业的投资主体，并承继原企业权利、义务的行为。

按照法律规定或者合同约定，两个或两个以上企业合并为一个企业，并且原企业投资主体存续的，对原企业将房地产转移、变更到合并后的企业，暂不征土地增值税。

按照法律规定或者合同约定，企业分设为两个或两个以上与原企业投资主体相同的企业，对原企业将房地产转移、变更到分立后的企业，暂不征土地增值税。

单位、个人在改制重组时以房地产作价入股进行投资，对其将房地产转移、变更到被投资的企业，暂不征土地增值税。

上述改制重组有关土地增值税政策不适用于房地产转移任意一方为房地产开发企业的情形。

企业改制重组后再转让国有土地使用权并申报缴纳土地增值税时，应以改制前取得该宗国有土地使用权所支付的地价款和按国家统一规定缴纳的有关费用，作为该企业"取得土地使用权所支付的金额"扣除。企业在改制重组过程中经省级以上（含省级）国土管理部门批准，国家以国有土地使用权作价出资入股的，再转让该宗国有土地使用权并申报缴纳土地增值税时，应以该宗土地作价入股时省级以上（含省级）国土管理部门批准的评估价格，作为该企业"取得土地使用权所支付的金额"扣除。办理纳税申报时，企业应提供该宗土地作价入股时省级以上（含省级）国土管理部门的批准文件和批准的评估价格，不能提供批准文件和批准的评估价格的，不得扣除。

企业在申请享受上述土地增值税优惠政策时，应向主管税务机关提交房地产转移双方营业执照、改制重组协议或等效文件，相关房地产权属和价值证明、转让方改制重组前取得土地使用权所支付地价款的凭据（复印件）等书面材料。

上述所称不改变原企业投资主体、投资主体相同，是指企业改制重组前后出资人不发生变动，出资人的出资比例可以发生变动；投资主体存续，是指原企业出资人必须存在于改制重组后的企业，出资人的出资比例可以发生变动。

《财政部 税务总局关于继续实施企业改制重组有关土地增值税政策的公告》（财政部税务总局公告 2021 年第 21 号）规定：

2021 年 1 月 1 日至 2023 年 12 月 31 日，企业按照《中华人民共和国公司法》有关规定整体改制，包括非公司制企业改制为有限责任公司或股份有限公司，有限责任公司变更为股份有限公司，股份有限公司变更为有限责任公司，对改制前的企业将国有土地使用权、地上的建筑物及其附着物（以下简称房地产）转移、变更到改制后的企业，暂不征土地增值税。

本公告所称整体改制是指不改变原企业的投资主体，并承继原企业权利、义务的行为。

按照法律规定或者合同约定，两个或两个以上企业合并为一个企业，且原企业投资主体存续的，对原企业将房地产转移、变更到合并后的企业，暂不征土地增值税。

按照法律规定或者合同约定，企业分设为两个或两个以上与原企业投资主体相同的企业，对原企业将房地产转移、变更到分立后的企业，暂不征土地增值税。

单位、个人在改制重组时以房地产作价入股进行投资，对其将房地产转移、变更到被投资的企业，暂不征土地增值税。

上述改制重组有关土地增值税政策不适用于房地产转移任意一方为房地产开发企业的情形。

改制重组后再转让房地产并申报缴纳土地增值税时，对"取得土地使用权所支付的金额"，按照改制重组前取得该宗国有土地使用权所支付的地价款和按国家统一规定缴纳的有关费用确定；经批准以国有土地使用权作价出资入股的，为作价入股时县级及以上自然资源部门批准的评估价格。按购房发票确定扣除项目金额的，按照改制重组前购房发票所载金额并从购买年度起至本次转让年度止每年加计 5% 计算扣除项目金额，购买年度是指购房发票所载日期的当年。

纳税人享受上述税收政策，应按税务机关规定办理。

本公告所称不改变原企业投资主体、投资主体相同，是指企业改制重组前后出资人不发生变动，出资人的出资比例可以发生变动；投资主体存续，是指原企业出资人必须存在于改制重组后的企业，出资人的出资比例可以发生变动。

案例 072：适当推迟土地增值税清算时间

一、客户基本情况（客户基本方案）

某房地产开发企业于 2020 年 1 月取得房产销售许可证，开始销售房产。2021 年年底，

该企业已经销售了86%的房产。经过企业内部初步核算，该企业需要缴纳土地增值税8 000万元。目前该企业已经预缴土地增值税2 000万元。仅考虑土地增值税，不考虑其他税费。

二、客户方案纳税金额计算

如果按照正常程序进行土地增值税清算，则该企业需要在2022年年初补缴土地增值税6 000万元。

☛ 简明法律依据

（1）《土地增值税暂行条例》；

（2）《土地增值税暂行条例实施细则》；

（3）《国家税务总局关于房地产开发企业土地增值税清算管理有关问题的通知》（国税发〔2006〕187号）。

三、纳税筹划方案纳税金额计算

建议该企业提前控制房产销售的速度和规模，将销售比例控制在84%，剩余房产可以留待以后销售或者用于出租。该企业就可以避免在2022年年初进行土地增值税的清算，可以将清算时间推迟到2023年年初。这就相当于该企业获得了6 000万元资金的一年期无息贷款。

假设一年期资金成本为8%，则该纳税筹划为企业节约利息：6 000×8%=480（万元）。

☛ 简明法律依据

（1）《土地增值税暂行条例》；

（2）《土地增值税暂行条例实施细则》；

（3）《国家税务总局关于房地产开发企业土地增值税清算管理有关问题的通知》（国税发〔2006〕187号）。

四、本案例涉及的主要税收制度

《国家税务总局关于房地产开发企业土地增值税清算管理有关问题的通知》（国税发〔2006〕187号）规定：

土地增值税以国家有关部门审批的房地产开发项目为单位进行清算，对于分期开发的项目，以分期项目为单位清算。开发项目中同时包含普通住宅和非普通住宅的，应分别计算增值额。

符合下列情形之一的，纳税人应进行土地增值税的清算：

（1）房地产开发项目全部竣工、完成销售的；

第五章　土地增值税、房产税、契税纳税筹划实战案例

（2）整体转让未竣工决算房地产开发项目的；

（3）直接转让土地使用权的。

符合下列情形之一的，主管税务机关可要求纳税人进行土地增值税清算：

（1）已竣工验收的房地产开发项目，已转让的房地产建筑面积占整个项目可售建筑面积的比例在85%以上，或该比例虽未超过85%，但剩余的可售建筑面积已经出租或自用的；

（2）取得销售（预售）许可证满三年仍未销售完毕的；

（3）纳税人申请注销税务登记但未办理土地增值税清算手续的；

（4）省税务机关规定的其他情况。

房地产开发企业将开发产品用于职工福利、奖励、对外投资、分配给股东或投资人、抵偿债务、换取其他单位和个人的非货币性资产等，发生所有权转移时应视同销售房地产，其收入按下列方法和顺序确认：

（1）按本企业在同一地区、同一年度销售的同类房地产的平均价格确定；

（2）由主管税务机关参照当地当年、同类房地产的市场价格或评估价值确定。

房地产开发企业将开发的部分房地产转为企业自用或用于出租等商业用途时，如果产权未发生转移，不征收土地增值税，在税款清算时不列收入，不扣除相应的成本和费用。

土地增值税的扣除项目如下：

（1）房地产开发企业办理土地增值税清算时计算与清算项目有关的扣除项目金额，应根据《土地增值税暂行条例》第六条及其实施细则第七条的规定执行。除另有规定外，扣除取得土地使用权所支付的金额、房地产开发成本、费用及与转让房地产有关税金，须提供合法有效凭证；不能提供合法有效凭证的，不予扣除。

（2）房地产开发企业办理土地增值税清算所附送的前期工程费、建筑安装工程费、基础设施费、开发间接费用的凭证或资料不符合清算要求或不实的，地方税务机关可参照当地建设工程造价管理部门公布的建安造价定额资料，结合房屋结构、用途、区位等因素，核定上述四项开发成本的单位面积金额标准，并据以计算扣除。具体核定方法由省税务机关确定。

（3）房地产开发企业开发建造的与清算项目配套的居委会和派出所用房、会所、停车场（库）、物业管理场所、变电站、热力站、水厂、文体场馆、学校、幼儿园、托儿所、医院、邮电通信等公共设施，按以下原则处理：建成后产权属于全体业主所有的，其成本、费用可以扣除；建成后无偿移交给政府、公用事业单位用于非营利性社会公共事业的，其成本、费用可以扣除；建成后有偿转让的，应计算收入，并准予扣除成本、费用。

（4）房地产开发企业销售已装修的房屋，其装修费用可以计入房地产开发成本。房地产开发企业的预提费用，除另有规定外，不得扣除。

（5）属于多个房地产项目共同的成本费用，应按清算项目可售建筑面积占多个项目可售总建筑面积的比例或其他合理的方法，计算确定清算项目的扣除金额。

符合上述应进行土地增值税清算的纳税人，须在满足清算条件之日起 90 日内到主管税务机关办理清算手续；符合上述主管税务机关可要求进行土地增值税清算的纳税人，须在主管税务机关限定的期限内办理清算手续。

纳税人办理土地增值税清算应报送以下资料：

（1）房地产开发企业清算土地增值税书面申请、土地增值税纳税申报表；

（2）项目竣工决算报表、取得土地使用权所支付的地价款凭证、国有土地使用权出让合同、银行贷款利息结算通知单、项目工程合同结算单、商品房购销合同统计表等与转让房地产的收入、成本和费用有关的证明资料；

（3）主管税务机关要求报送的其他与土地增值税清算有关的证明资料等。

纳税人委托税务中介机构审核鉴证的清算项目，还应报送中介机构出具的《土地增值税清算税款鉴证报告》。

税务中介机构受托对清算项目审核鉴证时，应按税务机关规定的格式对审核鉴证情况出具鉴证报告。对符合要求的鉴证报告，税务机关可以采信。税务机关要对从事土地增值税清算鉴证工作的税务中介机构在准入条件、工作程序、鉴证内容、法律责任等方面提出明确要求，并做好必要的指导和管理工作。

房地产开发企业有下列情形之一的，税务机关可以参照与其开发规模和收入水平相近的当地企业的土地增值税税负情况，按不低于预征率的征收率核定征收土地增值税：

（1）依照法律、行政法规的规定应当设置但未设置账簿的；

（2）擅自销毁账簿或者拒不提供纳税资料的；

（3）虽设置账簿，但账目混乱或者成本资料、收入凭证、费用凭证残缺不全，难以确定转让收入或扣除项目金额的；

（4）符合土地增值税清算条件，未按照规定的期限办理清算手续，经税务机关责令限期清算，逾期仍不清算的；

（5）申报的计税依据明显偏低，又无正当理由的。

在土地增值税清算时未转让的房地产，清算后销售或有偿转让的，纳税人应按规定进行土地增值税的纳税申报，扣除项目金额按清算时的单位建筑面积成本费用乘以销售或转让面积计算。

单位建筑面积成本费用=清算时的扣除项目总金额÷清算的总建筑面积

案例 073：转换房产税计税方式

一、客户基本情况（客户基本方案）

甲公司用于出租的库房有三栋，其房产原值为 2 000 万元，每年不含增值税租金收入为 400 万元。仅考虑房产税，不考虑其他税费。

二、客户方案纳税金额计算

甲公司每年应纳房产税：400×12%=48（万元）。

> 简明法律依据

（1）《中华人民共和国房产税暂行条例》（1986 年 9 月 15 日国务院发布，根据 2011 年 1 月 8 日国务院令第 588 号《国务院关于废止和修改部分行政法规的决定》修订，以下简称《房产税暂行条例》）；

（2）《财政部 国家税务总局关于营改增后契税房产税土地增值税个人所得税计税依据问题的通知》（财税〔2016〕43 号）。

三、纳税筹划方案纳税金额计算

建议对甲公司的上述经营活动进行筹划。假如年底合同到期，公司派代表与客户进行友好协商，继续利用库房为客户存放商品，但将租赁合同改为仓储保管合同，增加服务内容，配备保管人员，为客户提供 24 小时服务。这样，该公司需要增加费用支出，假设增加支出 15 万元。如果该公司在增加的服务上不盈利，即收取的仓储费为房屋租赁费加 15 万元，则客户会非常欢迎这种做法。这样，该公司提供仓储服务的不含增值税收入不变，仍然约为 400 万元，则应纳房产税：2 000×（1−30%）×1.2%=16.8（万元）。

通过纳税筹划，甲公司每年降低房产税负担：48−16.8=31.2（万元）。

房产税的税收优惠政策也值得纳税人关注与利用。

> 简明法律依据

（1）《房产税暂行条例》；

（2）《财政部 国家税务总局关于营改增后契税房产税土地增值税个人所得税计税依据问题的通知》（财税〔2016〕43 号）；

（3）《财政部 国家税务总局关于调整住房租赁市场税收政策的通知》（财税〔2000〕125 号）；

（4）《财政部 国家税务总局关于廉租住房经济适用住房和住房租赁有关税收政策的通

知》（财税〔2008〕24号）；

（5）《财政部 国家税务总局关于天然林保护工程（二期）实施企业和单位房产税、城镇土地使用税政策的通知》（财税〔2011〕90号）；

（6）《财政部 国家税务总局关于体育场馆房产税和城镇土地使用税政策的通知》（财税〔2015〕130号）；

（7）《财政部 税务总局关于去产能和调结构房产税 城镇土地使用税政策的通知》（财税〔2018〕107号）；

（8）《财政部 税务总局关于继续实行农产品批发市场农贸市场房产税城镇土地使用税优惠政策的通知》（财税〔2019〕12号）；

（9）《财政部 税务总局关于延续供热企业增值税 房产税 城镇土地使用税优惠政策的通知》（财税〔2019〕38号）；

（10）《财政部 税务总局关于延长部分税收优惠政策执行期限的公告》（财政部 税务总局公告2021年第6号）。

四、本案例涉及的主要税收制度

（一）房产税基本制度

《房产税暂行条例》第二条规定：房产税由产权所有人缴纳。产权属于全民所有的，由经营管理的单位缴纳。产权出典的，由承典人缴纳。产权所有人、承典人不在房产所在地的，或者产权未确定及租典纠纷未解决的，由房产代管人或者使用人缴纳。前款列举的产权所有人、经营管理单位、承典人、房产代管人或者使用人，统称为纳税义务人（以下简称纳税人）。

《房产税暂行条例》第三条规定：房产税依照房产原值一次减除10%至30%后的余值计算缴纳。具体减除幅度，由省、自治区、直辖市人民政府规定。没有房产原值作为依据的，由房产所在地税务机关参考同类房产核定。房产出租的，以房产租金收入为房产税的计税依据。

《房产税暂行条例》第四条规定：房产税的税率，依照房产余值计算缴纳的，税率为1.2%；依照房产租金收入计算缴纳的，税率为12%。

《财政部 国家税务总局关于营改增后契税房产税土地增值税个人所得税计税依据问题的通知》（财税〔2016〕43号）规定：房产出租的，计征房产税的租金收入不含增值税。

（二）房产税税收优惠政策

《房产税暂行条例》第五条规定，下列房产免纳房产税：

（1）国家机关、人民团体、军队自用的房产；

（2）由国家财政部门拨付事业经费的单位自用的房产；

（3）宗教寺庙、公园、名胜古迹自用的房产；

（4）个人所有非营业用的房产；

（5）经财政部批准免税的其他房产。

《财政部 国家税务总局关于调整住房租赁市场税收政策的通知》（财税〔2000〕125号）规定：对个人按市场价格出租的居民住房，其应缴纳的房产税暂减按4%的税率征收。

《财政部 国家税务总局关于廉租住房经济适用住房和住房租赁有关税收政策的通知》（财税〔2008〕24号）规定：对企事业单位、社会团体以及其他组织按市场价格向个人出租用于居住的住房，减按4%的税率征收房产税。

《财政部 国家税务总局关于天然林保护工程（二期）实施企业和单位房产税、城镇土地使用税政策的通知》（财税〔2011〕90号）规定：自2011年1月1日至2020年12月31日，对长江上游、黄河中上游地区，东北、内蒙古等国有林区天然林二期工程实施企业和单位专门用于天然林保护工程的房产免征房产税。对上述企业和单位用于其他生产经营活动的房产按规定征收房产税。对由于实施天然林二期工程造成森工企业房产闲置一年以上不用的，暂免征收房产税；闲置房产用于出租或重新用于天然林二期工程之外其他生产经营的，按规定征收房产税。用于天然林二期工程的免税房产、土地应单独划分，与其他应税房产划分不清的，按规定征收房产税。

《财政部 国家税务总局关于体育场馆房产税和城镇土地使用税政策的通知》（财税〔2015〕130号）规定：

自2016年1月1日起，国家机关、军队、人民团体、财政补助事业单位、居民委员会、村民委员会拥有的体育场馆，用于体育活动的房产，免征房产税。经费自理事业单位、体育社会团体、体育基金会、体育类民办非企业单位拥有并运营管理的体育场馆，同时符合下列条件的，其用于体育活动的房产，免征房产税：向社会开放，用于满足公众体育活动需要；体育场馆取得的收入主要用于场馆的维护、管理和事业发展；拥有体育场馆的体育社会团体、体育基金会及体育类民办非企业单位，除当年新设立或登记的以外，前一年度登记管理机关的检查结论为"合格"。企业拥有并运营管理的大型体育场馆，其用于体育活动的房产，减半征收房产税。

上述体育场馆，是指用于运动训练、运动竞赛及身体锻炼的专业性场所。上述大型体育场馆，是指由各级人民政府或社会力量投资建设、向公众开放、达到《体育建筑设计规范》（JGJ 31—2003）有关规模规定的体育场（观众座位数20 000座及以上）、体育馆（观众座位数3 000座及以上）、游泳馆、跳水馆（观众座位数1 500座及以上）等体育建筑。上述用于体育活动的房产，是指运动场地，看台、辅助用房（包括观众用房、运动员用房、竞赛管理用房、新闻媒介用房、广播电视用房、技术设备用房和场馆运营用房等）及占地，以及场馆配套设施（包括通道、道路、广场、绿化等）。享受上述税收优惠体育场馆的运动场地用于体育活动的天数不得低于全年自然天数的70%。体育场馆辅助用房及配套设施用于非体育活动的部分，不得享受上述税收优惠。高尔夫球、马术、汽车、卡丁车、摩托车的比赛场、训练场、练习场，除另有规定外，不得享受房产税优惠政策。各省、自治区、直辖市财政、税务部门可根据本地区情况适时增加不得享受优惠体育场馆的类型。符合上述减免税条件的纳税人，应当按照税收减免管理规定，持相关材料向主管税务机关办理减免税备案手续。

《财政部 税务总局关于去产能和调结构房产税 城镇土地使用税政策的通知》（财税〔2018〕107号）规定：自2018年10月1日至2020年12月31日，对按照去产能和调结构政策要求停产停业、关闭的企业，自停产停业次月起，免征房产税。企业享受免税政策的期限累计不得超过两年。按照去产能和调结构政策要求停产停业、关闭的中央企业名单由国务院国有资产监督管理部门认定发布，其他企业名单由省、自治区、直辖市人民政府确定的去产能、调结构主管部门认定发布。认定部门应当及时将认定发布的企业名单（含停产停业、关闭时间）抄送同级财政和税务部门。各级认定部门应当每年核查名单内企业情况，将恢复生产经营、终止关闭注销程序的企业名单及时通知财政和税务部门。企业享受上述免税政策，应按规定进行减免税申报，并将房产土地权属资料、房产原值资料等留存备查。

《财政部 税务总局关于继续实行农产品批发市场农贸市场房产税城镇土地使用税优惠政策的通知》（财税〔2019〕12号）规定：自2019年1月1日至2021年12月31日，对农产品批发市场、农贸市场（包括自有和承租，下同）专门用于经营农产品的房产，暂免征收房产税。对同时经营其他产品的农产品批发市场和农贸市场使用的房产，按其他产品与农产品交易场地面积的比例确定征免房产税。农产品批发市场和农贸市场，是指经工商登记注册，供买卖双方进行农产品及其初加工品现货批发或零售交易的场所。农产品包括粮油、肉禽蛋、蔬菜、干鲜果品、水产品、调味品、棉麻、活畜、可食用的林产品以及由省、自治区、直辖市财税部门确定的其他可食用的农产品。享受上述税收优惠的房产，是指农产品批发市场、农贸市场直接为农产品交易提供服务的房产。农产品批发市场、农贸市场的行政办公区、生活区，以及商业餐饮娱乐等非直接为农产品交易提供服务的房产，不属于上述规定的优惠范围，应按规定征收房产税。企业享受上述免税政策，应按规定进行免税申报，并将不动产权属证明、载有房产原值的相关材料、租赁协议、房产土地用途证明等资料留存备查。

《财政部 税务总局关于延续供热企业增值税 房产税 城镇土地使用税优惠政策的通知》（财税〔2019〕38号）规定：自2019年1月1日至2020年12月31日，对向居民供热收取采暖费的供热企业，为居民供热所使用的厂房免征房产税；对供热企业其他厂房，应当按照规定征收房产税。对专业供热企业，按其向居民供热取得的采暖费收入占全部采暖费收入的比例，计算免征的房产税。对兼营供热企业，视其供热所使用的厂房与其他生产经营活动所使用的厂房是否可以区分，按照不同方法计算免征的房产税。可以区分的，对其供热所使用厂房，按向居民供热取得的采暖费收入占全部采暖费收入的比例，计算免征的房产税。难以区分的，对其全部厂房，按向居民供热取得的采暖费收入占其营业收入的比例，计算免征的房产税。对自供热单位，按居民供热建筑面积占总供热建筑面积的比例，计算免征供热所使用的厂房的房产税。供热企业，是指热力产品生产企业和热力产品经营企业。热力产品生产企业包括专业供热企业、兼营供热企业和自供热单位。"三北"地区，是指北京市、天津市、河北省、山西省、内蒙古自治区、辽宁省、大连市、吉林省、黑龙江省、山东省、青岛市、河南省、陕西省、甘肃省、青海省、宁夏回族自治区和新疆维吾尔自治区。

《财政部 税务总局关于延长部分税收优惠政策执行期限的公告》（财政部 税务总局公告 2021 年第 6 号）规定：《财政部 税务总局关于延续供热企业增值税 房产税 城镇土地使用税优惠政策的通知》（财税〔2019〕38 号）规定的税收优惠政策，执行期限延长至 2023 年供暖期结束。

案例 074：将不动产出租变为投资

一、客户基本情况（客户基本方案）

位于城区的甲公司将其拥有的一套房屋出租给某商贸公司，租期 10 年，不含增值税租金为 200 万元/年。

二、客户方案纳税金额计算

此项交易将产生增值税：200×9%=18（万元）；城市维护建设税、教育费附加和地方教育费附加：18×12%=2.16（万元）；房产税：200×12%=24（万元）。不考虑其他税费，综合税收负担为：18+2.16+24=44.16（万元）。

> 简明法律依据

（1）《增值税暂行条例》；
（2）《房产税暂行条例》。

三、纳税筹划方案纳税金额计算

建议甲公司将房屋出租改为企业重组改制下的投资。甲公司将该房屋出资至该商贸公司，每年从该商贸公司取得股息若干元。假设该房屋的计税余值为1 000万元，则每年需要缴纳房产税：1 000×1.2%=12（万元）。企业重组改制之下的投资免于缴纳增值税及其附加、土地增值税和契税。

通过纳税筹划，甲公司减轻税收负担：44.16−12=32.16（万元）。

☞ 简明法律依据

（1）《增值税暂行条例》；

（2）《房产税暂行条例》；

（3）《财政部 国家税务总局关于继续实施企业改制重组有关土地增值税政策的通知》（财税〔2018〕57号）；

（4）《财政部 国家税务总局关于房产税、城镇土地使用税有关政策的通知》（财税〔2006〕186号）；

（5）《财政部 税务总局关于继续实施企业改制重组有关土地增值税政策的公告》（财政部 税务总局公告2021年第21号）。

四、本案例涉及的主要税收制度

《财政部 国家税务总局关于房产税、城镇土地使用税有关政策的通知》（财税〔2006〕186号）规定：对居民住宅区内业主共有的经营性房产，由实际经营（包括自营和出租）的代管人或使用人缴纳房产税。其中自营的，依照房产原值减除10%至30%后的余值计征，没有房产原值或不能将业主共有房产与其他房产的原值准确划分开的，由房产所在地地方税务机关参照同类房产核定房产原值；出租的，依照租金收入计征。

案例075：利用房产交换契税优惠

一、客户基本情况（客户基本方案）

张先生在甲市A区拥有一套价值500万元的房产，为了方便子女上学，准备在B区购置一套价值600万元的学区房，未来准备将该学区房以700万元的价格售出，在C区以800万元购置一套别墅。已知当地契税税率为4%。仅考虑契税，不考虑其他税费。

二、客户方案纳税金额计算

针对上述三次房产交易，交易当事人合计需要缴纳契税：（600+700+800）×4%=84（万元）。

简明法律依据

（1）《中华人民共和国契税法》（2020年8月11日第十三届全国人民代表大会常务委员会第二十一次会议通过，以下简称《契税法》）；

（2）《财政部 税务总局关于贯彻实施契税法若干事项执行口径的公告》（财政部 税务总局公告2021年第23号）。

三、纳税筹划方案纳税金额计算

如果张先生可以找到合适的房源，则可以考虑与对方互换房产，即用A区的房产换购B区的房产，支付100万元差价，未来再用B区房产换购C区别墅，支付100万元差价，合计仅需要缴纳契税8万元。

通过纳税筹划，减轻契税负担：84-8=76（万元）。

契税的其他税收优惠政策也值得纳税人关注与利用。

简明法律依据

（1）《契税法》；

（2）《财政部 税务总局关于贯彻实施契税法若干事项执行口径的公告》（财政部 税务总局公告2021年第23号）；

（3）《财政部 国家税务总局关于企业以售后回租方式进行融资等有关契税政策的通知》（财税〔2012〕82号）；

（4）《财政部 税务总局关于契税法实施后有关优惠政策衔接问题的公告》（财政部 税务总局公告2021年第29号）；

（5）《财政部 国家税务总局 住房城乡建设部关于调整房地产交易环节契税 营业税优惠政策的通知》（财税〔2016〕23号）。

四、本案例涉及的主要税收制度

（一）房屋交换相关契税制度

《契税法》第一条规定：在中华人民共和国境内转移土地、房屋权属，承受的单位和个人为契税的纳税人，应当依照本法规定缴纳契税。

《契税法》第二条规定：本法所称转移土地、房屋权属，是指下列行为……（三）房屋买卖、赠与、互换……

《契税法》第三条规定：契税税率为百分之三至百分之五。

《契税法》第四条规定：契税的计税依据……（二）土地使用权互换、房屋互换，为所互换的土地使用权、房屋价格的差额……

《契税法》第五条规定：契税的应纳税额按照计税依据乘以具体适用税率计算。

《财政部 税务总局关于贯彻实施契税法若干事项执行口径的公告》（财政部 税务总局公告 2021 年第 23 号）规定：……（八）土地使用权互换、房屋互换，互换价格相等的，互换双方计税依据为零；互换价格不相等的，以其差额为计税依据，由支付差额的一方缴纳契税。（九）契税的计税依据不包括增值税。

（二）契税税收优惠政策

《契税法》第六条规定，有下列情形之一的，免征契税：

（1）国家机关、事业单位、社会团体、军事单位承受土地、房屋权属用于办公、教学、医疗、科研、军事设施；

（2）非营利性的学校、医疗机构、社会福利机构承受土地、房屋权属用于办公、教学、医疗、科研、养老、救助；

（3）承受荒山、荒地、荒滩土地使用权用于农、林、牧、渔业生产；

（4）婚姻关系存续期间夫妻之间变更土地、房屋权属；

（5）法定继承人通过继承承受土地、房屋权属；

（6）依照法律规定应当予以免税的外国驻华使馆、领事馆和国际组织驻华代表机构承受土地、房屋权属。

根据国民经济和社会发展的需要，国务院对居民住房需求保障、企业改制重组、灾后重建等情形可以规定免征或者减征契税，报全国人民代表大会常务委员会备案。

《财政部 国家税务总局关于企业以售后回租方式进行融资等有关契税政策的通知》（财税〔2012〕82 号）规定：个体工商户的经营者将其个人名下的房屋、土地权属转移至个体工商户名下，或个体工商户将其名下的房屋、土地权属转回原经营者个人名下，免征契税。合伙企业的合伙人将其名下的房屋、土地权属转移至合伙企业名下，或合伙企业将其名下的房屋、土地权属转回原合伙人名下，免征契税。

《财政部 税务总局关于契税法实施后有关优惠政策衔接问题的公告》（财政部 税务总局公告 2021 年第 29 号）规定：夫妻因离婚分割共同财产发生土地、房屋权属变更的，免征契税。城镇职工按规定第一次购买公有住房的，免征契税。公有制单位为解决职工住房而采取集资建房方式建成的普通住房或由单位购买的普通商品住房，经县级以上地方人民政府房改部门批准、按照国家房改政策出售给本单位职工的，如属职工首次购买住房，比照公有住房免征契税。已购公有住房经补缴土地出让价款成为完全产权住房的，免征契税。

《财政部 国家税务总局 住房城乡建设部关于调整房地产交易环节契税 营业税优惠政策的通知》（财税〔2016〕23 号）规定：

自 2016 年 2 月 22 日起，对个人购买家庭唯一住房（家庭成员范围包括购房人、配偶以及未成年子女，下同），面积为 90 平方米及以下的，减按 1%的税率征收契税；面积为

90 平方米以上的，减按 1.5% 的税率征收契税。

北京市、上海市、广州市、深圳市以外的地区，对个人购买家庭第二套改善性住房，面积为 90 平方米及以下的，减按 1% 的税率征收契税；面积为 90 平方米以上的，减按 2% 的税率征收契税。家庭第二套改善性住房是指已拥有一套住房的家庭，购买的家庭第二套住房。

纳税人申请享受税收优惠的，根据纳税人的申请或授权，由购房所在地的房地产主管部门出具纳税人家庭住房情况书面查询结果，并将查询结果和相关住房信息及时传递给税务机关。暂不具备查询条件而不能提供家庭住房查询结果的，纳税人应向税务机关提交家庭住房实有套数书面诚信保证，诚信保证不实的，属于虚假纳税申报，按照《中华人民共和国税收征管法》的有关规定处理，并将不诚信记录纳入个人征信系统。按照便民、高效原则，房地产主管部门应按规定及时出具纳税人家庭住房情况书面查询结果，税务机关应对纳税人提出的税收优惠申请限时办结。

案例 076：利用企业改制契税优惠

一、客户基本情况（客户基本方案）

赵先生准备用自己名下的一处价值 1 000 万元的商用房投资设立一家一人有限责任公司。已知当地契税税率为 3%。仅考虑契税，不考虑其他税费。

二、客户方案纳税金额计算

如果直接投资，则该有限责任公司需要缴纳契税：1 000 × 3%=30（万元）。

☛ 简明法律依据

（1）《契税法》；

（2）《财政部 税务总局关于贯彻实施契税法若干事项执行口径的公告》（财政部 税务总局公告 2021 年第 23 号）。

三、纳税筹划方案纳税金额计算

建议赵先生先成立一家一人有限责任公司，然后将自己名下的商用房划转至该一人有限责任公司，则可以免于缴纳 30 万元的契税。

☛ 简明法律依据

（1）《契税法》；

（2）《财政部 税务总局关于贯彻实施契税法若干事项执行口径的公告》（财政部 税务

总局公告2021年第23号);

（3）《财政部 国家税务总局关于进一步支持企业 事业单位改制重组有关契税政策的通知》(财税〔2015〕37号);

（4）《财政部 国家税务总局关于继续支持企业 事业单位改制重组有关契税政策的通知》(财税〔2018〕17号);

（5）《财政部 税务总局关于继续执行企业事业单位改制重组有关契税政策的公告》(财政部 税务总局公告2021年第17号)。

四、本案例涉及的主要税收制度

《财政部 国家税务总局关于继续支持企业 事业单位改制重组有关契税政策的通知》(财税〔2018〕17号)规定：自2018年1月1日起至2020年12月31日，同一投资主体内部所属企业之间土地、房屋权属的划转，包括母公司与其全资子公司之间，同一公司所属全资子公司之间，同一自然人与其设立的个人独资企业、一人有限公司之间土地、房屋权属的划转，免征契税。母公司以土地、房屋权属向其全资子公司增资，视同划转，免征契税。

《财政部 税务总局关于继续执行企业事业单位改制重组有关契税政策的公告》(财政部 税务总局公告2021年第17号)：2021年1月1日起至2023年12月31日，同一投资主体内部所属企业之间土地、房屋权属的划转，包括母公司与其全资子公司之间，同一公司所属全资子公司之间，同一自然人与其设立的个人独资企业、一人有限公司之间土地、房屋权属的划转，免征契税。母公司以土地、房屋权属向其全资子公司增资，视同划转，免征契税。

第六章
不动产投资综合纳税筹划实战案例

案例 077：上市公司不动产收购筹划

一、客户基本情况（客户基本方案）

甲公司（房地产开发企业）以不动产投资设立 A 公司，该不动产成本（假设等于计算企业所得税的成本和土地增值税的扣除项目）是 1 亿元，估值是 2.5 亿元。乙公司（上市公司，房地产开发企业）以 2.5 亿元收购 A 公司。甲公司取得转让价款后向王先生支付 1 亿元佣金。

提示：上市房地产开发企业不允许直接收购不动产，但可以收购公司股权。因此，本案中，客户要求必须将不动产装入公司才能被上市房地产开发企业收购。客户希望整个交易过程能在半年左右的时间内完成。

二、客户方案纳税金额计算

（一）甲公司以不动产投资设立 A 公司

1. 增值税及其附加

甲公司视同销售不动产，需要缴纳增值税及其附加：25 000÷（1+5%）×5%×（1+7%+3%+2%）=1 333.33（万元）。

📖 简明法律依据

（1）《财政部 国家税务总局关于全面推开营业税改征增值税试点的通知》（财税〔2016〕36 号）；

（2）《城市维护建设税法》；

（3）《征收教育费附加的暂行规定》；

（4）《财政部关于统一地方教育附加政策有关问题的通知》（财综〔2010〕98号）。

2. 土地增值税

甲公司视同转让不动产，需要缴纳土地增值税：15 000×50%–10 000×15%=6 000（万元）。

甲公司属于房地产开发企业，无法享受企业改制免征土地增值税的优惠政策。

📖 简明法律依据

（1）《土地增值税暂行条例》；

（2）《土地增值税暂行条例实施细则》；

（3）《财政部 国家税务总局关于继续实施企业改制重组有关土地增值税政策的通知》（财税〔2018〕57号）；

（4）《财政部 税务总局关于继续执行企业事业单位改制重组有关契税政策的公告》（财政部 税务总局公告2021年第17号）。

注：因增值税价外税的影响较小，暂不考虑增值税价外税的影响。

3. 印花税

甲公司视同转让不动产产权，需要缴纳印花税：25 000×0.05%=12.5（万元）。

A公司取得实收资本2.5亿元，需要缴纳印花税：25 000×0.05%=12.5（万元）。

📖 简明法律依据

《中华人民共和国印花税法》（2021年6月10日第十三届全国人民代表大会常务委员会第二十九次会议通过，以下简称《印花税法》）。

4. 企业所得税

甲公司视同销售不动产，需要缴纳企业所得税：(25 000–10 000–1 333.33–6 000–12.5–12.5–1250)×25%=1 597.92（万元）。

企业所得税可以分五年缴纳，但由于甲公司随后将转让A公司股权，实际上无法享受分五年缴纳的优惠。

📖 简明法律依据

（1）《企业所得税法》；

（2）《企业所得税法实施条例》；

（3）《财政部 国家税务总局关于非货币性资产投资企业所得税政策问题的通知》（财税〔2014〕116号）。

5. 契税

A 公司取得不动产，需要缴纳契税：25 000÷（1+5%）×4%=952.38（万元）。

简明法律依据

（1）《契税法》；

（2）《财政部 税务总局关于贯彻实施契税法若干事项执行口径的公告》（财政部 税务总局公告 2021 年第 23 号）。

（二）甲公司向乙公司转让 A 公司的股权

1. 印花税

甲公司转让 A 公司股权，需要缴纳印花税：25 000×0.05%=12.5（万元）。

乙公司收购 A 公司股权，需要缴纳印花税：25 000×0.05%=12.5（万元）。

简明法律依据

《印花税法》。

2. 企业所得税

甲公司平价转让 A 公司股权，所得为零，不需要缴纳企业所得税。

乙公司取得 A 公司股权的计税基础（成本）为 25 000 万元。

简明法律依据

（1）《企业所得税法》；

（2）《企业所得税法实施条例》。

（三）甲公司向王先生支付佣金

1. 个人所得税

甲公司需要代扣代缴个人所得税：10 000×（1−20%）×40%−0.7=3 199.3（万元）。未来，由王先生进行个人所得税汇算清缴，实际上还需要补缴部分税款。

2. 企业所得税

甲公司向王先生支付 1 亿元佣金，在企业所得税上仅能扣除交易额的 5%，即 25 000×5%=1 250（万元）。

简明法律依据

（1）《企业所得税法》；

（2）《企业所得税法实施条例》；

（3）《财政部 国家税务总局关于企业手续费及佣金支出税前扣除政策的通知》（财税〔2009〕29 号）。

（四）合计纳税金额

（1）上述交易支付的总税款为 13 133 万元。

（2）客户（甲公司和 A 公司）亏损 4 933 万元。

（3）王先生取得税后所得 6 800 万元。

三、最佳纳税筹划方案纳税金额计算

甲公司分立，以该不动产为核心成立 A 公司，不动产成本 1 亿元，估值 1.5 亿元。王先生低价（如 100 万元）购买技术（包括专利技术、计算机软件著作权、集成电路布图设计专有权、植物新品种权、生物医药新品种），估值 1 亿元，在某工业园区设立 B 公司。B 公司以 1.5 亿元收购 A 公司。乙公司（上市公司）以 2.5 亿元收购 B 公司。

（一）甲公司分立设立 A 公司

甲公司分立，以不动产及其他必要资产和人员成立 A 公司，注册资本 1.5 亿元。

1. 增值税及其附加

甲公司通过分立的方式将不动产转移至 A 公司，不征收增值税及其附加。

> 简明法律依据

（1）《国家税务总局关于纳税人资产重组有关增值税问题的公告》（国家税务总局公告 2011 年第 13 号）；

（2）《财政部 国家税务总局关于全面推开营业税改征增值税试点的通知》（财税〔2016〕36 号）所附《营业税改征增值税试点有关事项的规定》。

2. 土地增值税

甲公司视同转让不动产，需要缴纳土地增值税：5 000×30%=1 500（万元）。

甲公司属于房地产开发企业，无法享受企业改制免征土地增值税的优惠政策。

> 简明法律依据

（1）《土地增值税暂行条例》；

（2）《土地增值税暂行条例实施细则》；

（3）《财政部 税务总局关于继续实施企业改制重组有关土地增值税政策的公告》（财政部 税务总局公告 2021 年第 21 号）。

注：因增值税价外税的影响较小，暂不考虑增值税价外税的影响。

3. 印花税

甲公司通过分立的方式将不动产转移至 A 公司，分立合同免纳印花税。

A 公司取得实收资本 1.5 亿元，需要缴纳印花税：15 000×0.05%=7.5（万元）。

简明法律依据

（1）《印花税法》；

（2）《财政部 国家税务总局关于企业改制过程中有关印花税政策的通知》（财税〔2003〕183号）。

4. 企业所得税

甲公司分立，选择一般税务处理，需要缴纳企业所得税：（15 000–10 000–1 500）×25%=875（万元）。

如果甲公司选择特殊税务处理，则可以免纳企业所得税，但需要一年后才能转让股权，无法满足客户半年左右完成交易的需求。

简明法律依据

（1）《企业所得税法》；

（2）《企业所得税法实施条例》；

（3）《财政部 国家税务总局关于企业重组业务企业所得税处理若干问题的通知》（财税〔2009〕59号）；

（4）《财政部 国家税务总局关于促进企业重组有关企业所得税处理问题的通知》（财税〔2014〕109号）。

5. 契税

甲公司通过分立的方式将不动产转移至A公司，A公司免纳契税。

简明法律依据

（1）《契税法》；

（2）《财政部 税务总局关于贯彻实施契税法若干事项执行口径的公告》（财政部 税务总局公告2021年第23号）；

（3）《财政部 税务总局关于继续执行企业事业单位改制重组有关契税政策的公告》（财政部 税务总局公告2021年第17号）。

（二）王先生设立B公司

王先生以技术出资设立B公司，技术估值1亿元，B公司注册资本1亿元。

1. 增值税及其附加

王先生用技术出资，视同转让技术，免纳增值税及其附加。

简明法律依据

（1）《增值税暂行条例》；

（2）《财政部 国家税务总局关于全面推开营业税改征增值税试点的通知》（财税

〔2016〕36号）所附《营业税改征增值税试点过渡政策的规定》。

2. 个人所得税

王先生使用技术出资，可以选择适用递延纳税优惠政策，在设立B公司时免纳个人所得税。

> 简明法律依据

（1）《个人所得税法》；

（2）《个人所得税法实施条例》；

（3）《财政部 国家税务总局关于完善股权激励和技术入股有关所得税政策的通知》（财税〔2016〕101号）。

3. 印花税

B公司实收资本1亿元，需要缴纳印花税：10 000×0.05%=5（万元）。

> 简明法律依据

《印花税法》。

（三）B公司收购A公司

B公司暂时不向甲公司实际支付收购价款，B公司对甲公司负债1.5亿元。经甲公司同意，B公司将该1.5亿元债务转移给王先生。王先生对甲公司负债1.5亿元，B公司对王先生负债1.5亿元。王先生债转股，将1.5亿元债权转为对B公司的投资，B公司的注册资本提高至2.5亿元。

1. 企业所得税

甲公司平价转让A公司股权，所得为零，不缴纳企业所得税。

B公司取得A公司股权的计税基础（成本）为1.5亿元。

> 简明法律依据

（1）《企业所得税法》；

（2）《企业所得税法实施条例》。

2. 印花税

甲公司转让A公司股权，需要缴纳印花税：15 000×0.05%=7.5（万元）。

B公司收购A公司股权，需要缴纳印花税：15 000×0.05%=7.5（万元）。

> 简明法律依据

《印花税法》。

（四）乙公司收购 B 公司

乙公司以 2.5 亿元收购 B 公司。王先生取得 2.5 亿元价款后，向甲公司支付 1.5 亿元以偿还债务。

1. 印花税

王先生转让 B 公司股权，需要缴纳印花税：25 000×0.05%=12.5（万元）。

乙公司收购 B 公司股权，需要缴纳印花税：25 000×0.05%=12.5（万元）。

● 简明法律依据

《印花税法》。

2. 个人所得税

方案一：王先生转让 B 公司股权，应缴纳当初技术出资部分的个人所得税：（10 000–100）×20%=1 980（万元）；天津某工业园区返还地方政府分享部分的 80%：1 980×40%×80%=633.6（万元）；实际纳税：1 980–633.6=1 346.4（万元）。

方案二：王先生不能提供技术原值的凭证，由税务机关核定技术的原值 3 500 万元，应缴纳个人所得税：（10 000–3 500）×20%=1 300（万元）。

注：印花税数额较小，在计算个人所得税时不考虑印花税。

● 简明法律依据

（1）《个人所得税法》；

（2）《个人所得税法实施条例》；

（3）《财政部 国家税务总局关于完善股权激励和技术入股有关所得税政策的通知》（财税〔2016〕101 号）；

（4）《股权转让所得个人所得税管理办法（试行）》（国家税务总局公告 2014 年第 67 号）。

（五）合计纳税金额

（1）上述交易支付的总税款为 3 773 万元，比方案一节税 9 360 万元。

（2）客户取得净利润 2 727 万元，比方案一多取得净利润 7 660 万元。

（3）王先生取得税后所得 8 500 万元，比方案一多取得税后所得 1 700 万元。

四、纳税筹划方案一纳税金额计算

王先生低价（如 100 万元）购买技术（包括专利技术、计算机软件著作权、集成电路布图设计专有权、植物新品种权、生物医药新品种），估值 1 亿元，在某工业园区设立 B 公司。B 公司以 1.5 亿元收购甲公司的不动产，不动产成本 1 亿元。乙公司（上市公司）

以 2.5 亿元收购 B 公司。

（一）王先生设立 B 公司

王先生以技术出资设立 B 公司，技术估值 1 亿元，B 公司注册资本 1 亿元。

1. 增值税及其附加

王先生用技术出资，视同转让技术，免纳增值税及其附加。

简明法律依据

（1）《增值税暂行条例》；

（2）《财政部 国家税务总局关于全面推开营业税改征增值税试点的通知》（财税〔2016〕36 号）所附《营业税改征增值税试点过渡政策的规定》。

2. 个人所得税

王先生使用技术出资，可以选择适用递延纳税优惠政策，在设立 B 公司时免纳个人所得税。

简明法律依据

（1）《个人所得税法》；

（2）《个人所得税法实施条例》；

（3）《财政部 国家税务总局关于完善股权激励和技术入股有关所得税政策的通知》（财税〔2016〕101 号）。

3. 印花税

B 公司实收资本 1 亿元，需要缴纳印花税：10 000×0.05%=5（万元）。

简明法律依据

《印花税法》。

（二）B 公司收购甲公司的不动产

B 公司收购甲公司的不动产，暂时不支付收购价款 1.5 亿元。B 公司对甲公司负债 1.5 亿元。经甲公司同意，B 公司将该 1.5 亿元债务转移给王先生。王先生对甲公司负债 1.5 亿元，B 公司对王先生负债 1.5 亿元。王先生债转股，将 1.5 亿元债权转为对 B 公司的投资，B 公司的注册资本提高至 2.5 亿元。

1. 增值税及其附加

甲公司销售不动产，需要缴纳增值税及其附加：15 000÷（1+5%）×5%×（1+7%+3%+2%）=800（万元）。

简明法律依据

（1）《财政部 国家税务总局关于全面推开营业税改征增值税试点的通知》（财税〔2016

36号）；

（2）《城市维护建设税法》；

（3）《征收教育费附加的暂行规定》；

（4）《财政部关于统一地方教育附加政策有关问题的通知》（财综〔2010〕98号）。

2. 土地增值税

甲公司转让不动产，需要缴纳土地增值税：5 000×30%=1 500（万元）。

☞ 简明法律依据

（1）《土地增值税暂行条例》；

（2）《土地增值税暂行条例实施细则》。

注：因增值税价外税的影响较小，暂不考虑增值税价外税的影响。

3. 印花税

甲公司转让不动产产权，需要缴纳印花税：15 000×0.05%=7.5（万元）。

B公司购买不动产产权，需要缴纳印花税：15 000×0.05%=7.5（万元）。

☞ 简明法律依据

《印花税法》。

4. 企业所得税

甲公司销售不动产，需要缴纳企业所得税：（15 000−10 000−800−1 500−7.5）×25%=673.13（万元）。

☞ 简明法律依据

（1）《企业所得税法》；

（2）《企业所得税法实施条例》。

5. 契税

B公司取得不动产，需要缴纳契税：15 000÷（1+5%）×4%=571.43（万元）。

☞ 简明法律依据

（1）《契税法》；

（2）《财政部 税务总局关于贯彻实施契税法若干事项执行口径的公告》（财政部 税务总局公告2021年第23号）。

（三）乙公司收购B公司

乙公司以2.5亿元收购B公司。王先生取得2.5亿元价款后，向甲公司支付1.5亿元以偿还债务。

1. 印花税

王先生转让 B 公司股权，需要缴纳印花税：25 000×0.05%=12.5（万元）。

乙公司收购 B 公司股权，需要缴纳印花税：25 000×0.05%=12.5（万元）。

👉 简明法律依据

《印花税法》。

2. 个人所得税

方案一：王先生转让 B 公司股权，应缴纳当初技术出资部分的个人所得税：（10 000–100）×20%=1 980（万元）；天津某工业园区返还地方政府分享部分的 80%：1 980×40%×80%=633.6（万元）；实际纳税：1 980–633.6=1 346.4（万元）。

方案二：王先生不能提供技术原值的凭证，由税务机关核定技术的原值 3 500 万元，应缴纳个人所得税：（10 000–3 500）×20%=1 300（万元）。

注：印花税数额较小，在计算个人所得税时不考虑印花税。

👉 简明法律依据

（1）《个人所得税法》；

（2）《个人所得税法实施条例》；

（3）《财政部 国家税务总局关于完善股权激励和技术入股有关所得税政策的通知》（财税〔2016〕101 号）；

（4）《股权转让所得个人所得税管理办法（试行）》（国家税务总局公告 2014 年第 67 号）。

（四）合计纳税金额

（1）上述交易支付的总税款为 4 935 万元，比方案一节税 8 198 万元。

（2）客户取得净利润 1 565 万元，比方案一多取得净利润 6 498 万元。

（3）王先生取得税后所得 8 500 万元，比方案一多取得税后所得 1 700 万元。

五、纳税筹划方案二纳税金额计算

甲公司分立，以该不动产为核心成立 A 公司，不动产成本 1 亿元，估值 1.5 亿元。王先生低价（如 100 万元）购买技术（包括专利技术、计算机软件著作权、集成电路布图设计专有权、植物新品种权、生物医药新品种），估值 1 亿元，将该技术投入 A 公司，持有 A 公司 40%的股权。乙公司（上市公司）以 2.5 亿元收购 A 公司。甲公司取得 1.5 亿元，王先生取得 1 亿元。

（一）甲公司分立设立 A 公司

甲公司分立，以不动产及其他必要资产和人员成立 A 公司，注册资本 1.5 亿元。

1. 增值税及其附加

甲公司通过分立的方式将不动产转移至 A 公司，不征收增值税及其附加。

简明法律依据

（1）《国家税务总局关于纳税人资产重组有关增值税问题的公告》（国家税务总局公告 2011 年第 13 号）；

（2）《财政部 国家税务总局关于全面推开营业税改征增值税试点的通知》（财税〔2016〕36 号）所附《营业税改征增值税试点有关事项的规定》。

2. 土地增值税

甲公司视同转让不动产，需要缴纳土地增值税：5 000×30%=1 500（万元）。

甲公司属于房地产开发企业，无法享受企业改制免征土地增值税的优惠政策。

简明法律依据

（1）《土地增值税暂行条例》；

（2）《土地增值税暂行条例实施细则》；

（3）《财政部 税务总局关于继续实施企业改制重组有关土地增值税政策的公告》（财政部 税务总局公告 2021 年第 21 号）。

注：因增值税价外税的影响较小，暂不考虑增值税价外税的影响。

3. 印花税

甲公司通过分立的方式将不动产转移至 A 公司，分立合同免纳印花税。

A 公司取得实收资本 1.5 亿元，需要缴纳印花税：15 000×0.05%=7.5（万元）。

简明法律依据

（1）《印花税法》；

（2）《财政部 国家税务总局关于企业改制过程中有关印花税政策的通知》（财税〔2003〕183 号）。

4. 企业所得税

甲公司分立，选择一般税务处理，需要缴纳企业所得税：（15 000−10 000−1 500）×25%=875（万元）。

如甲公司选择特殊税务处理，可以免纳企业所得税，但需要一年以后才能转让股权。

简明法律依据

（1）《企业所得税法》；

（2）《企业所得税法实施条例》；

（3）《财政部 国家税务总局关于企业重组业务企业所得税处理若干问题的通知》（财税〔2009〕59号）；

（4）《财政部 国家税务总局关于促进企业重组有关企业所得税处理问题的通知》（财税〔2014〕109号）。

5. 契税

甲公司通过分立的方式将不动产转移至A公司，A公司免纳契税。

简明法律依据

（1）《契税法》；

（2）《财政部 税务总局关于贯彻实施契税法若干事项执行口径的公告》（财政部 税务总局公告2021年第23号）；

（3）《财政部 税务总局关于继续执行企业事业单位改制重组有关契税政策的公告》（财政部 税务总局公告2021年第17号）。

（二）王先生增资A公司

王先生以技术出资至A公司，持股40%，技术估值1亿元。A公司注册资本增加至2.5亿元。

1. 增值税及其附加

王先生用技术出资，视同转让技术，免纳增值税及其附加。

简明法律依据

（1）《增值税暂行条例》；

（2）《财政部 国家税务总局关于全面推开营业税改征增值税试点的通知》（财税〔2016〕36号）所附《营业税改征增值税试点过渡政策的规定》。

2. 个人所得税

王先生使用技术出资，可以选择适用递延纳税优惠政策，在增资A公司时免纳个人所得税。

简明法律依据

（1）《个人所得税法》；

（2）《个人所得税法实施条例》；

（3）《财政部 国家税务总局关于完善股权激励和技术入股有关所得税政策的通知》（财税〔2016〕101号）。

3. 印花税

A 公司实收资本增加 1 亿元，需要缴纳印花税：10 000×0.05%=5（万元）。

> 📖 简明法律依据

《印花税法》。

（三）乙公司收购 A 公司

乙公司以 2.5 亿元收购 A 公司。甲公司取得 1.5 亿元，王先生取得 1 亿元。

1. 印花税

甲公司与王先生转让 A 公司股权，需要缴纳印花税：25 000×0.05%=12.5（万元）。

乙公司收购 A 公司股权，需要缴纳印花税：25 000×0.05%=12.5（万元）。

> 📖 简明法律依据

《印花税法》。

2. 企业所得税

甲公司平价转让 A 公司股权，所得为零，不缴纳企业所得税。

3. 个人所得税

方案一：王先生转让 A 公司股权，应缴纳当初技术出资部分的个人所得税：（10 000–100）×20%=1 980（万元）。

方案二：王先生不能提供技术原值的凭证，由税务机关核定技术的原值 1 000 万元，应缴纳个人所得税：（10 000–1 000）×20%=1 800（万元）。

注：印花税数额较小，在计算个人所得税时不考虑印花税。

> 📖 简明法律依据

（1）《个人所得税法》；

（2）《个人所得税法实施条例》；

（3）《财政部 国家税务总局关于完善股权激励和技术入股有关所得税政策的通知》（财税〔2016〕101 号）；

（4）《股权转让所得个人所得税管理办法（试行）》（国家税务总局公告 2014 年第 67 号）。

（四）合计纳税金额

（1）上述交易支付的总税款为 4 213 万元，比方案一节税 8 920 万元。

（2）客户取得净利润 2 687 万元，比方案一多取得净利润 7 620 万元。

（3）王先生取得税后所得 8 100 万元，比方案一多取得税后所得 1 300 万元。

六、纳税筹划方案三纳税金额计算

甲公司以不动产投资设立 A 公司，该不动产成本 1 亿元，估值 2.5 亿元。王先生低价（如 100 万元）购买技术（包括专利技术、计算机软件著作权、集成电路布图设计专有权、植物新品种权、生物医药新品种），估值 1 亿元，将该技术投入 A 公司，持有 A 公司 40% 的股权。乙公司（上市公司）以 2.5 亿元收购 A 公司。甲公司取得 1.5 亿元，王先生取得 1 亿元。

（一）甲公司以不动产投资设立 A 公司

1. 增值税及其附加

甲公司视同销售不动产，需要缴纳增值税及其附加：$15\,000 \div (1+5\%) \times 5\% \times (1+7\%+3\%+2\%) = 800$（万元）。

> 简明法律依据

（1）《财政部 国家税务总局关于全面推开营业税改征增值税试点的通知》（财税〔2016〕36 号）；

（2）《城市维护建设税法》；

（3）《征收教育费附加的暂行规定》；

（4）《财政部关于统一地方教育附加政策有关问题的通知》（财综〔2010〕98 号）。

2. 土地增值税

甲公司视同转让不动产，需要缴纳土地增值税：$5\,000 \times 30\% = 1\,500$（万元）。

甲公司属于房地产开发企业，无法享受企业改制免征土地增值税的优惠政策。

> 简明法律依据

（1）《土地增值税暂行条例》；

（2）《土地增值税暂行条例实施细则》；

（3）《财政部 税务总局关于继续实施企业改制重组有关土地增值税政策的公告》（财政部 税务总局公告 2021 年第 21 号）。

注：因增值税价外税的影响较小，暂不考虑增值税价外税的影响。

3. 印花税

甲公司视同转让不动产产权，需要缴纳印花税：$15\,000 \times 0.05\% = 7.5$（万元）。

A 公司取得实收资本 2.5 亿元，需要缴纳印花税：$15\,000 \times 0.05\% = 7.5$（万元）。

> 简明法律依据

《印花税法》。

4. 企业所得税

甲公司视同销售不动产，需要缴纳企业所得税：（15 000–10 000–800–1 500–7.5）×25%=673.13（万元）。

企业所得税可以分五年缴纳，但由于甲公司随后将转让 A 公司股权，实际上无法享受分五年缴纳的优惠。

> 简明法律依据

（1）《企业所得税法》；

（2）《企业所得税法实施条例》；

（3）《财政部 国家税务总局关于非货币性资产投资企业所得税政策问题的通知》（财税〔2014〕116 号）。

5. 契税

A 公司取得不动产，需要缴纳契税：15 000÷（1+5%）×4%=571.43（万元）。

> 简明法律依据

（1）《契税法》；

（2）《财政部 税务总局关于贯彻实施契税法若干事项执行口径的公告》（财政部 税务总局公告 2021 年第 23 号）。

（二）王先生增资 A 公司

王先生以技术出资至 A 公司，持股 40%，技术估值 1 亿元。A 公司注册资本增加至 2.5 亿元。

1. 增值税及其附加

王先生用技术出资，视同转让技术，免纳增值税及其附加。

> 简明法律依据

（1）《增值税暂行条例》；

（2）《财政部 国家税务总局关于全面推开营业税改征增值税试点的通知》（财税〔2016〕36 号）所附《营业税改征增值税试点过渡政策的规定》。

2. 个人所得税

王先生使用技术出资，可以选择适用递延纳税优惠政策，在增资 A 公司时免纳个人所得税。

> 简明法律依据

（1）《个人所得税法》；

（2）《个人所得税法实施条例》；

(3)《财政部 国家税务总局关于完善股权激励和技术入股有关所得税政策的通知》(财税〔2016〕101号)。

3. 印花税

A公司实收资本增加1亿元,需要缴纳印花税:10 000×0.05%=5(万元)。

 简明法律依据

《印花税法》。

(三)乙公司收购A公司

乙公司以2.5亿元收购A公司。甲公司取得1.5亿元,王先生取得1亿元。

1. 印花税

甲公司与王先生转让A公司股权,需要缴纳印花税:25 000×0.05%=12.5(万元)。

乙公司收购A公司股权,需要缴纳印花税:25 000×0.05%=12.5(万元)。

 简明法律依据

《印花税法》。

2. 企业所得税

甲公司平价转让A公司股权,所得为零,不缴纳企业所得税。

3. 个人所得税

方案一:王先生转让A公司股权,应缴纳当初技术出资部分的个人所得税:(10 000–100)×20%=1 980(万元)。

方案二:王先生不能提供技术原值的凭证,由税务机关核定技术的原值1 000万元,应缴纳个人所得税:(10 000–1 000)×20%=1 800(万元)。

注:印花税数额较小,在计算个人所得税时不考虑印花税。

 简明法律依据

(1)《个人所得税法》;

(2)《个人所得税法实施条例》;

(3)《财政部 国家税务总局关于完善股权激励和技术入股有关所得税政策的通知》(财税〔2016〕101号);

(4)《股权转让所得个人所得税管理办法(试行)》(国家税务总局公告2014年第67号)。

(四)合计纳税金额

(1)上述交易支付的总税款为5 389万元,比方案一节税7 744万元。

（2）客户取得净利润 1 511 万元，比方案一多取得净利润 6 444 万元。

（3）王先生取得税后所得 8 100 万元，比方案一多取得税后所得 1 300 万元。

七、本案例涉及的主要税收制度

（一）手续费及佣金企业所得税扣除制度

《财政部 国家税务总局关于企业手续费及佣金支出税前扣除政策的通知》（财税〔2009〕29 号）规定：

企业发生与生产经营有关的手续费及佣金支出，不超过以下规定计算限额以内的部分，准予扣除；超过部分，不得扣除：保险企业以外的其他企业按与具有合法经营资格中介服务机构或个人（不含交易双方及其雇员、代理人和代表人等）所签订服务协议或合同确认的收入金额的 5%计算限额。

企业应与具有合法经营资格中介服务企业或个人签订代办协议或合同，并按国家有关规定支付手续费及佣金。除委托个人代理外，企业以现金等非转账方式支付的手续费及佣金不得在税前扣除。企业为发行权益性证券支付给有关证券承销机构的手续费及佣金不得在税前扣除。

企业不得将手续费及佣金支出计入回扣、业务提成、返利、进场费等费用。

企业已计入固定资产、无形资产等相关资产的手续费及佣金支出，应当通过折旧、摊销等方式分期扣除，不得在发生当期直接扣除。

企业支付的手续费及佣金不得直接冲减服务协议或合同金额，并如实入账。

（二）非货币性资产投资企业所得税制度

《财政部 国家税务总局关于非货币性资产投资企业所得税政策问题的通知》（财税〔2014〕116 号）规定：

居民企业（以下简称企业）以非货币性资产对外投资确认的非货币性资产转让所得，可在不超过 5 年期限内，分期均匀计入相应年度的应纳税所得额，按规定计算缴纳企业所得税。

企业以非货币性资产对外投资，应对非货币性资产进行评估并按评估后的公允价值扣除计税基础后的余额，计算确认非货币性资产转让所得。企业以非货币性资产对外投资，应于投资协议生效并办理股权登记手续时，确认非货币性资产转让收入的实现。

企业以非货币性资产对外投资而取得被投资企业的股权，应以非货币性资产的原计税成本为计税基础，加上每年确认的非货币性资产转让所得，逐年进行调整。被投资企业取得非货币性资产的计税基础，应按非货币性资产的公允价值确定。

企业在对外投资 5 年内转让上述股权或投资收回的，应停止执行递延纳税政策，并就递延期内尚未确认的非货币性资产转让所得，在转让股权或投资收回当年的企业所得税年度汇算清缴时，一次性计算缴纳企业所得税；企业在计算股权转让所得时，可按本通知第三条第一款规定将股权的计税基础一次调整到位。企业在对外投资 5 年内注销的，应停止执行递延纳税政策，并就递延期内尚未确认的非货币性资产转让所得，在注销当年的企业所得税年度汇算清缴时，一次性计算缴纳企业所得税。

非货币性资产，是指现金、银行存款、应收账款、应收票据以及准备持有至到期的债券投资等货币性资产以外的资产。非货币性资产投资，限于以非货币性资产出资设立新的居民企业，或将非货币性资产注入现存的居民企业。

企业发生非货币性资产投资，符合《财政部 国家税务总局关于企业重组业务企业所得税处理若干问题的通知》（财税〔2009〕59 号）等文件规定的特殊性税务处理条件的，也可选择按特殊性税务处理规定执行。

（三）股权转让个人所得税制度

《股权转让所得个人所得税管理办法（试行）》（国家税务总局公告 2014 年第 67 号）规定：

股权是指自然人股东（以下简称个人）投资于在中国境内成立的企业或组织（以下统称被投资企业，不包括个人独资企业和合伙企业）的股权或股份。

股权转让是指个人将股权转让给其他个人或法人的行为，包括以下情形：

（1）出售股权；

（2）公司回购股权；

（3）发行人首次公开发行新股时，被投资企业股东将其持有的股份以公开发行方式一并向投资者发售；

（4）股权被司法或行政机关强制过户；

（5）以股权对外投资或进行其他非货币性交易；

（6）以股权抵偿债务；

（7）其他股权转移行为。

股权转让收入是指转让方因股权转让而获得的现金、实物、有价证券和其他形式的经济利益。转让方取得与股权转让相关的各种款项，包括违约金、补偿金以及其他名目的款项、资产、权益等，均应当并入股权转让收入。纳税人按照合同约定，在满足约定条件后取得的后续收入，应当作为股权转让收入。

股权转让收入应当按照公平交易原则确定。符合下列情形之一的，主管税务机关可以核定股权转让收入：

（1）申报的股权转让收入明显偏低且无正当理由的；

（2）未按照规定期限办理纳税申报，经税务机关责令限期申报，逾期仍不申报的；

（3）转让方无法提供或拒不提供股权转让收入的有关资料；

（4）其他应核定股权转让收入的情形。

符合下列情形之一，视为股权转让收入明显偏低：

（1）申报的股权转让收入低于股权对应的净资产份额的，其中，被投资企业拥有土地使用权、房屋、房地产企业未销售房产、知识产权、探矿权、采矿权、股权等资产的，申报的股权转让收入低于股权对应的净资产公允价值份额的；

（2）申报的股权转让收入低于初始投资成本或低于取得该股权所支付的价款及相关税费的；

（3）申报的股权转让收入低于相同或类似条件下同一企业同一股东或其他股东股权转让收入的；

（4）申报的股权转让收入低于相同或类似条件下同类行业的企业股权转让收入的；

（5）不具合理性的无偿让渡股权或股份；

（6）主管税务机关认定的其他情形。

符合下列条件之一的股权转让收入明显偏低，视为有正当理由：

（1）能出具有效文件，证明被投资企业因国家政策调整，生产经营受到重大影响，导致低价转让股权；

（2）继承或将股权转让给其能提供具有法律效力身份关系证明的配偶、父母、子女、祖父母、外祖父母、孙子女、外孙子女、兄弟姐妹以及对转让人承担直接抚养或者赡养义务的抚养人或者赡养人；

（3）相关法律、政府文件或企业章程规定，并有相关资料充分证明转让价格合理且真实的本企业员工持有的不能对外转让股权的内部转让；

（4）股权转让双方能够提供有效证据证明其合理性的其他合理情形。

主管税务机关应依次按照下列方法核定股权转让收入：

（1）净资产核定法。股权转让收入按照每股净资产或股权对应的净资产份额核定。被投资企业的土地使用权、房屋、房地产企业未销售房产、知识产权、探矿权、采矿权、股权等资产占企业总资产比例超过 20%的，主管税务机关可参照纳税人提供的具有法定资质的中介机构出具的资产评估报告核定股权转让收入。6 个月内再次发生股权转让且被投资企业净资产未发生重大变化的，主管税务机关可参照上一次股权转让时被投资企业的资产评估报告核定此次股权转让收入。

（2）类比法。参照相同或类似条件下同一企业同一股东或其他股东股权转让收入核定；参照相同或类似条件下同类行业企业股权转让收入核定。

（3）其他合理方法。主管税务机关采用以上方法核定股权转让收入存在困难的，可以采取其他合理方法核定。

（四）个人技术成果入资税收优惠

《财政部 国家税务总局关于完善股权激励和技术入股有关所得税政策的通知》（财税〔2016〕101号）规定：

企业或个人以技术成果投资入股到境内居民企业，被投资企业支付的对价全部为股票（权）的，企业或个人可选择继续按现行有关税收政策执行，也可选择适用递延纳税优惠政策。选择技术成果投资入股递延纳税政策的，经向主管税务机关备案，投资入股当期可暂不纳税，允许递延至转让股权时，按股权转让收入减去技术成果原值和合理税费后的差额计算缴纳所得税。

企业或个人选择适用上述任一项政策，均允许被投资企业按技术成果投资入股时的评估值入账并在企业所得税前摊销扣除。

技术成果是指专利技术（含国防专利）、计算机软件著作权、集成电路布图设计专有权、植物新品种权、生物医药新品种，以及科技部、财政部、国家税务总局确定的其他技术成果。

技术成果投资入股，是指纳税人将技术成果所有权让渡给被投资企业、取得该企业股票（权）的行为。

（五）印花税相关制度

《印花税法》第一条规定：在中华人民共和国境内书立应税凭证、进行证券交易的单位和个人，为印花税的纳税人，应当依照本法规定缴纳印花税。在中华人民共和国境外书立在境内使用的应税凭证的单位和个人，应当依照本法规定缴纳印花税。

《印花税法》第二条规定：本法所称应税凭证，是指本法所附《印花税税目税率表》列明的合同、产权转移书据和营业账簿。

《印花税法》第四条规定：印花税的税目、税率，依照本法所附《印花税税目税率表》（见表6-1）执行。

表 6-1 印花税税目税率表

税 目		税 率	备 注
合同（指书面合同）	借款合同	借款金额的万分之零点五	指银行业金融机构、经国务院银行业监督管理机构批准设立的其他金融机构与借款人（不包括同业拆借）的借款合同
	融资租赁合同	租金的万分之零点五	
	买卖合同	价款的万分之三	指动产买卖合同（不包括个人书立的动产买卖合同）
	承揽合同	报酬的万分之三	
	建设工程合同	价款的万分之三	
	运输合同	运输费用的万分之三	指货运合同和多式联运合同（不包括管道运输合同）
	技术合同	价款、报酬或者使用费的万分之三	不包括专利权、专有技术使用权转让书据
	租赁合同	租金的千分之一	
	保管合同	保管费的千分之一	
	仓储合同	仓储费的千分之一	
	财产保险合同	保险费的千分之一	不包括再保险合同
产权转移书据	土地使用权出让书据	价款的万分之五	转让包括买卖（出售）、继承、赠与、互换、分割
	土地使用权、房屋等建筑物和构筑物所有权转让书据（不包括土地承包经营权和土地经营权转移）	价款的万分之五	
	股权转让书据（不包括应缴纳证券交易印花税的）	价款的万分之五	
	商标专用权、著作权、专利权、专有技术使用权转让书据	价款的万分之三	
营业账簿		实收资本（股本）、资本公积合计金额的万分之二点五	
证券交易		成交金额的千分之一	

案例078：企业名下土地分块投资筹划

一、客户基本情况（客户基本方案）

A 公司为建筑公司（非房地产开发企业），在某工业园区有 100 亩土地（一个土地使用权证）。A 公司的股东为甲、乙、丙三个自然人（属于配偶、父母、子女、兄弟姐妹关系的范畴）。

A 公司计划将公司名下的 100 亩土地过户到甲的名下，甲再将该块土地分别与其他人合伙建设厂房，最终形成三个厂房。经营若干年后，该三个厂房及土地使用权被转让。

已知，该 100 亩土地为 2014 年取得，取得成本为 5 000 万元，计算土地增值税的扣除项目为 6 000 万元。目前的市场价值（不含增值税销售价格）为 40 000 万元，当地适用的契税税率为 4%。

针对以上现状及未来投资方向设计税负最轻的投资方案。

说明：客户现状中最不利的状况是自然人直接持有 A 公司股权，导致很多税收优惠政策无法享受。双层公司架构是所有节税投资方案中最基本的架构。

二、客户方案纳税金额计算

（一）将 A 公司名下的 100 亩土地过户到甲的名下

1. 增值税及其附加

A 公司转让土地使用权需要缴纳增值税及其附加：（40 000–5 000）× 5% ×（1+7%+3%+2%）=1 960（万元）。

2. 土地增值税

A 公司转让土地使用权需要缴纳土地增值税：（40 000–6 000）× 60%–6 000 × 35%=18 300（万元）。

3. 印花税

A 公司转让土地使用权需要缴纳印花税：40 000 × 0.05%=20（万元）。

甲取得土地使用权需要缴纳印花税：40 000 × 0.05%=20（万元）。

4. 企业所得税

A 公司转让土地使用权需要缴纳企业所得税：(40 000–5 000–18 300–20）× 25%=4 170（万元）。

注：不考虑该土地使用权的摊销。

5. 契税

甲取得土地使用权需要缴纳契税：40 000×4%=1 600（万元）。

☞ 简明法律依据

（1）《财政部 国家税务总局关于进一步明确全面推开营改增试点有关劳务派遣服务、收费公路通行费抵扣等政策的通知》（财税〔2016〕47号）；

（2）《土地增值税暂行条例》；

（3）《印花税法》；

（4）《企业所得税法》；

（5）《契税法》。

（二）甲与其他人合作建设厂房

如果甲从厂房建设未来的收益中取得股息 1 000 万元，则应缴纳个人所得税：1 000×20%=200（万元）。

如果甲从厂房建设未来的收益中取得租金 1 000 万元，则应缴纳增值税及其附加：1 000÷（1+3%）×3%×（1+7%+3%+2%）=32.6（万元）；缴纳个人所得税：1 000÷（1+3%）×（1−20%）×20%=155（万元）；合计纳税：32.6+155=187.6（万元）。印花税数额较小，这里不予考虑。

☞ 简明法律依据

（1）《增值税暂行条例》；

（2）《个人所得税法》。

（三）未来甲转让土地使用权（不考虑地上建筑物及其增值）

未来甲以 50 000 万元价格转让土地使用权。

1. 增值税及其附加

甲转让土地使用权需要缴纳增值税及其附加：50 000÷（1+3%）×3%×（1+7%+3%+2%）=1 631（万元）。

2. 印花税

甲转让土地使用权需要缴纳印花税：50 000×0.05%=25（万元）。

取得土地使用权的另一方需要缴纳印花税：50 000×0.05%=25（万元）。

3. 土地增值税

甲转让土地使用权需要缴纳土地增值税：[50 000÷（1+3%）−40 000−1 600−20−25]×30%=

2 070（万元）。

4．个人所得税

甲转让土地使用权需要缴纳个人所得税：[50 000÷（1+3%）–40 000–20–1 600–25–2 070]×20%=966（万元）。

5．契税

取得土地使用权的另一方需要缴纳契税：50 000÷（1+3%）×4%=1 942（万元）。

☛ 简明法律依据

（1）《增值税暂行条例》；

（2）《土地增值税暂行条例》；

（3）《印花税法》；

（4）《个人所得税法》；

（5）《契税法》。

（四）合计纳税金额

（1）将A公司名下的100亩土地过户到甲的名下合计纳税26 070万元。

（2）甲与其他人合作建设厂房合计纳税200万元或者187万元。

（3）未来甲转让土地使用权合计纳税6 659万元。

（4）以上合计纳税33 116.6万元。

三、纳税筹划方案一纳税金额计算

本方案的特点是初期架构不节税，未来增值节税；方案实施速度快。

（一）自然人甲设立双层公司

自然人甲出资若干元设立B公司，B公司出资若干元设立C公司。

本过程不需要纳税，设立两家公司的成本约为0.5万元。

（二）C公司从A公司收购100亩土地

本方案中，由于C公司从A公司收购100亩土地属于关联主体间的内部交易，因此可以对土地价格评估得低一些。假设评估价值（不含增值税价格）为10 000万元。由于C公司自有资金不足，需要向甲、乙、丙借钱，或者用未来的收益分期支付收购价款。

1．增值税及其附加

A公司转让土地使用权需要缴纳增值税及其附加：（10 000–5 000）×5%×（1+7%+3%+2%）=280（万元）。

2. 土地增值税

A公司转让土地使用权需要缴纳土地增值税：（10 000–6 000）×40%–6 000×5%=1 300（万元）。

3. 印花税

A公司转让土地使用权需要缴纳印花税：10 000×0.05%=5（万元）。

甲取得土地使用权需要缴纳印花税：10 000×0.05%=5（万元）。

4. 企业所得税

A公司转让土地使用权需要缴纳企业所得税：（10 000–5 000–1 300–5）×25%=924（万元）。

注：假设单独核算该土地使用权的摊销。

5. 契税

甲取得土地使用权需要缴纳契税：10 000×4%=400（万元）。

简明法律依据

（1）《财政部 国家税务总局关于进一步明确全面推开营改增试点有关劳务派遣服务、收费公路通行费抵扣等政策的通知》（财税〔2016〕47号）；

（2）《土地增值税暂行条例》；

（3）《印花税法》；

（4）《企业所得税法》；

（5）《契税法》。

（三）B公司、C公司与他人合作建设厂房

B公司出资若干元、自然人丁出资若干元，共同设立D1公司。D1公司租用C公司100亩土地中的三分之一，在其上建设厂房。D1公司向C公司支付租金。

B公司出资若干元、自然人戊出资若干元，共同设立D2公司。D2公司租用C公司100亩土地中的三分之一，在其上建设厂房。D2公司向C公司支付租金。

B公司出资若干元、自然人己出资若干元，共同设立D3公司。D3公司租用C公司100亩土地中的三分之一，在其上建设厂房。D3公司向C公司支付租金。

1. 增值税及其附加

C公司取得1 000万元租金，需要缴纳增值税：1 000÷（1+9%）×9%=83（万元）。由于C公司可以开具增值税专用发票，该83万元增值税税款可以向D公司收取，D公司支付增值税后，可以从其销项税额中抵扣该83万元增值税，因此实际上并未增加D公司的增值税负担。该83万元可以不计入C公司的税收负担中。

C公司取得1 000万元租金,需要缴纳附加税:83×(7%+3%+2%)=10(万元)。

2. 企业所得税

C公司取得1 000万元租金,需要缴纳企业所得税:(1 000−83−10)×25%=227(万元)。

注:土地使用权的摊销在转让土地使用权时考虑,出租时不再考虑。印花税金额较小,这里不予考虑。

简明法律依据

(1)《增值税暂行条例》;

(2)《企业所得税法》。

(四)未来转让土地使用权(不考虑地上建筑物及其增值)

未来节税点:D公司从事经营,支付的租金可以入成本,如有利润,缴纳企业所得税(可以享受小微企业5%的低税率)后分配至B公司,B公司不需要缴纳企业所得税。C公司将税后利润分配至B公司,B公司也不需要缴纳企业所得税。对自然人甲而言,所有利润均留在B公司,个人的开支可以由B公司承担,个人的投资可以以B公司名义进行。

未来土地增值后,若想转让100亩土地,有三种转让方式:第一,转让D公司股权,由于D公司长期租用C公司土地(与土地使用权期限相同),持有D公司股权,就相当于获得了土地及地上建筑物的使用权;第二,转让C公司股权,持有C公司股权就相当于持有了土地的使用权及收益;第三,同时转让C公司和D公司股权,同时拥有C公司和D公司股权就相当于完整持有了土地及地上建筑物的使用权。上述三种转让方式仅需要缴纳企业所得税和印花税(万分之五,忽略),不需要缴纳增值税及其附加、土地增值税和契税。

凡是需要缴纳企业所得税的,相关企业要尽量将利润控制在300万元之内。100万元以内的部分仅需要缴纳5%的企业所得税,100万元至300万元之间的部分仅需要缴纳10%的企业所得税。

如果能在享受税收返还优惠的税收洼地设立B公司,则B公司实现利润后的税负会更轻。

1. 印花税

假设B公司转让相关公司股权时,相当于以50 000万元转让土地使用权,则就该土地使用权的转让而言,B公司需要缴纳印花税:50 000×0.05%=25(万元)。

购买方需要缴纳印花税:50 000×0.05%=25(万元)。

2. 企业所得税

假设 B 公司转让相关公司股权时，相当于以 50 000 万元转让土地使用权，则就该土地使用权的转让而言，B 公司需要缴纳企业所得税：（50 000–10 000–5–400–25）×25%=9 893（万元）。

> 简明法律依据

（1）《印花税法》；

（2）《企业所得税法》。

（五）合计纳税金额

（1）自然人甲设立双层公司合计纳税 0。

（2）C 公司从 A 公司收购 100 亩土地合计纳税 2 914 万元。

（3）B 公司、C 公司与他人合作建设厂房合计纳税 237 万元。

（4）未来转让土地使用权合计纳税 9 943 万元。

（5）以上合计纳税 13 094 万元；比客户方案节税 20 022.6 万元。

四、纳税筹划方案二纳税金额计算

本方案的特点是初期架构可以规避增值税、土地增值税和契税；方案实施时间较长。

（一）在现有架构基础上增设双层公司

甲、乙、丙出资若干元设立 B 公司，B 公司收购 A 公司股权。即甲、乙、丙全资持有 B 公司，B 公司全资持有 A 公司。甲、乙、丙需要就 A 公司股权增值部分缴纳 20% 的个人所得税。收购价格可以定低一些，以减轻税收负担。假设收购价格为 20 000 万元，增值为 10 000 万元；其中，该土地使用权估值为 10 000 万元，对应的增值为 5 000 万元。

1. 印花税

甲、乙、丙转让 A 公司股权，需要缴纳印花税：20 000×0.05%=10（万元）。

B 公司收购 A 公司股权，需要缴纳印花税：20 000×0.05%=10（万元）。

2. 个人所得税

甲、乙、丙转让 A 公司股权，需要缴纳个人所得税：10 000×2%=2 000（万元）。

> 简明法律依据

（1）《印花税法》；

（2）《个人所得税法》。

（二）公司分立

A 公司分立为 C 公司和 D 公司，其中，100 亩土地和部分债权债务、个别员工划入 C

公司，其余资产留在 D 公司，A 公司解散。B 公司全资持有 C 公司和 D 公司。

1. 增值税及其附加

A 公司分立可以享受资产重组增值税优惠，免征增值税及其附加。

2. 土地增值税

A 公司分立可以享受企业改制重组土地增值税优惠，免征土地增值税。

3. 印花税

A 公司分立可以享受企业改制重组印花税优惠，免征印花税。

4. 企业所得税

A 公司分立可以享受企业重组特殊税务处理优惠，暂时免征企业所得税。

5. 契税

A 公司分立可以享受企业改制重组契税优惠，免征契税。该交易完成后，12 个月内 B 公司不能转让所持有的 C、D 两公司的股权。

简明法律依据

（1）《国家税务总局关于纳税人资产重组有关增值税问题的公告》（国家税务总局公告 2011 年第 13 号）；

（2）《财政部 国家税务总局关于全面推开营业税改征增值税试点的通知》（财税〔2016〕36 号）；

（3）《财政部 税务总局关于继续实施企业改制重组有关土地增值税政策的公告》（财政部 税务总局公告 2021 年第 21 号）；

（4）《财政部 国家税务总局关于企业改制过程中有关印花税政策的通知》（财税〔2003〕183 号）；

（5）《财政部 国家税务总局关于企业重组业务企业所得税处理若干问题的通知》（财税〔2009〕59 号）；

（6）《财政部 税务总局关于继续执行企业事业单位改制重组有关契税政策的公告》（财政部 税务总局公告 2021 年第 17 号）。

（三）甲设立 E 公司收购 C 公司股权

自然人甲出资设立 E 公司，E 公司从 B 公司收购 C 公司的股权。完成后，甲全资持股 E 公司，E 公司全资持股 C 公司，C 公司持有 100 亩土地。

该收购行为应在上次 A 公司分立行为完成之后的 12 个月以后进行。B 公司需就 C 公司股权的增值缴纳企业所得税。收购价格可以略低，以减低税收负担。假设收购价格为

12 000 万元，其中，土地使用权对应的价值为 11 000 万元，其余资产为 1 000 万元，土地使用权对应增值为 1 000 万元，其余资产未增值。

1. 印花税

B 公司转让 C 公司的股权，需要缴纳印花税：12 000×0.05%=6（万元）。

E 公司收购 C 公司的股权，需要缴纳印花税：12 000×0.05%=6（万元）。

2. 企业所得税

B 公司转让 C 公司的股权，需要缴纳企业所得税：1 000×25%=250（万元）。

▶ 简明法律依据

（1）《印花税法》；

（2）《企业所得税法》。

（四）建设厂房收取租金

E 公司出资若干元、自然人丁出资若干元，共同设立 F1 公司。F1 公司租用 C 公司 100 亩土地中的三分之一，在其上建设厂房。F1 公司向 C 公司支付租金。

E 公司出资若干元、自然人戊出资若干元，共同设立 F2 公司。F2 公司租用 C 公司 100 亩土地中的三分之一，在其上建设厂房。F2 公司向 C 公司支付租金。

E 公司出资若干元、自然人己出资若干元，共同设立 F3 公司。F3 公司租用 C 公司 100 亩土地中的三分之一，在其上建设厂房。F3 公司向 C 公司支付租金。

1. 增值税及其附加

C 公司取得 1 000 万元租金，需要缴纳增值税：1 000÷（1+9%）×9%=83（万元）。由于 C 公司可以开具增值税专用发票，该 83 万元增值税税款可以向 F 公司收取，F 公司支付增值税后，可以从其销项税额中抵扣该 83 万元增值税，实际上并未增加 F 公司增值税负担。该 83 万元可以不计入 C 公司的税收负担之中。

C 公司取得 1 000 万元租金，需要缴纳附加税：83×（7%+3%+2%）=10（万元）。

2. 企业所得税

C 公司取得 1 000 万元租金，需要缴纳企业所得税：（1 000–83–10）×25%=227（万元）。

注：土地使用权的摊销在转让土地使用权时考虑，出租时不再考虑。印花税金额较小，这里不予考虑。

▶ 简明法律依据

（1）《增值税法》；

（2）《企业所得税法》。

（五）未来转让土地使用权（不考虑地上建筑物及其增值）

未来节税点：F 公司从事经营，支付的租金可以入成本，如有利润，缴纳企业所得税（可以享受小微企业 5%的低税率）后分配至 E 公司，E 公司不需要缴纳企业所得税。C 公司将税后利润分配至 E 公司，E 公司也不需要缴纳企业所得税。对自然人甲而言，所有利润均留在 E 公司，个人的开支可以由 E 公司承担，个人的投资可以以 E 公司名义进行。

未来土地增值后，若想转让 100 亩土地，有三种转让方式：第一，转让 F 公司股权，由于 F 公司长期租用 C 公司土地（与土地使用权期限相同），持有 F 公司股权，就相当于获得了土地及地上建筑物的使用权；第二，转让 C 公司，持有 C 公司就相当于持有了土地的使用权及收益；第三，同时转让 C 公司和 F 公司，同时拥有 C 公司和 F 公司就相当于完整持有了土地及地上建筑物。上述三种转让方式仅需要缴纳企业所得税和印花税（万分之五，忽略），不需要缴纳增值税及其附加、土地增值税和契税。

凡是需要缴纳企业所得税的，相关企业要尽量将利润控制在 300 万元之内。100 万元以内的部分仅需要缴纳 5%的企业所得税，100 万元至 300 万元之间的部分仅需要缴纳 10%的企业所得税。

如果能在享受税收返还优惠的税收洼地设立 E 公司，则 E 公司实现利润后的税负会更轻。

1. 印花税

假设 E 公司转让相关公司股权时，相当于以 50 000 万元转让土地使用权，则就该土地使用权的转让而言，E 公司需要缴纳印花税：50 000×0.05%=25（万元）。

购买方需要缴纳印花税：50 000×0.05%=25（万元）。

2. 企业所得税

假设 E 公司转让相关公司股权时，相当于以 50 000 万元转让土地使用权，则就该土地使用权的转让而言，E 公司需要缴纳企业所得税：(50 000–10 000–5–400–25)×25%=9 893（万元）。

☛ 简明法律依据

（1）《印花税法》；

（2）《企业所得税法》。

（六）合计纳税金额

（1）在现有架构基础上增设双层公司合计纳税 2 020 万元。

（2）公司分立合计纳税 0。

（3）甲设立 E 公司收购 C 公司股权合计纳税 262 万元。

(4) 建设厂房收取租金合计纳税 237 万元。

(5) 未来转让土地使用权合计纳税 9 943 万元。

(6) 以上合计纳税 12 462 万元, 比客户方案节税 20 654.6 万元。

五、本案例涉及的主要税收制度

(一) 增值税相关制度

《财政部 国家税务总局关于进一步明确全面推开营改增试点有关劳务派遣服务、收费公路通行费抵扣等政策的通知》(财税〔2016〕47 号)规定:纳税人转让 2016 年 4 月 30 日前取得的土地使用权,可以选择适用简易计税方法,以取得的全部价款和价外费用减去取得该土地使用权的原价后的余额为销售额,按照 5%的征收率计算缴纳增值税。

(二) 印花税相关制度

《财政部 国家税务总局关于企业改制过程中有关印花税政策的通知》(财税〔2003〕183 号)规定:

实行公司制改造的企业在改制过程中成立的新企业(重新办理法人登记的),其新启用的资金账簿记载的资金或因企业建立资本纽带关系而增加的资金,凡原已贴花的部分可不再贴花,未贴花的部分和以后新增加的资金按规定贴花。

公司制改造包括国有企业依《公司法》整体改造成国有独资有限责任公司;企业通过增资扩股或者转让部分产权,实现他人对企业的参股,将企业改造成有限责任公司或股份有限公司;企业以其部分财产和相应债务与他人组建新公司;企业将债务留在原企业,而以其优质财产与他人组建的新公司。

以合并或分立方式成立的新企业,其新启用的资金账簿记载的资金,凡原已贴花的部分可不再贴花,未贴花的部分和以后新增加的资金按规定贴花。合并包括吸收合并和新设合并。分立包括存续分立和新设分立。

企业债权转股权新增加的资金按规定贴花。

企业改制中经评估增加的资金按规定贴花。

企业其他会计科目记载的资金转为实收资本或资本公积的资金按规定贴花。

企业改制前签订但尚未履行完的各类应税合同,改制后需要变更执行主体的,对仅改变执行主体、其余条款未作变动且改制前已贴花的,不再贴花。

企业因改制签订的产权转移书据免予贴花。

(三) 契税相关制度

《财政部 税务总局关于继续执行企业事业单位改制重组有关契税政策的公告》(财政部 税务总局公告 2021 年第 17 号)规定:

自 2021 年 1 月 1 日起至 2023 年 12 月 31 日，企业按照《中华人民共和国公司法》有关规定整体改制，包括非公司制企业改制为有限责任公司或股份有限公司，有限责任公司变更为股份有限公司，股份有限公司变更为有限责任公司，原企业投资主体存续并在改制（变更）后的公司中所持股权（股份）比例超过 75%，且改制（变更）后公司承继原企业权利、义务的，对改制（变更）后公司承受原企业土地、房屋权属，免征契税。

事业单位按照国家有关规定改制为企业，原投资主体存续并在改制后企业中出资（股权、股份）比例超过 50% 的，对改制后企业承受原事业单位土地、房屋权属，免征契税。

两个或两个以上的公司，依照法律规定、合同约定，合并为一个公司，且原投资主体存续的，对合并后公司承受原合并各方土地、房屋权属，免征契税。

公司依照法律规定、合同约定分立为两个或两个以上与原公司投资主体相同的公司，对分立后公司承受原公司土地、房屋权属，免征契税。

企业依照有关法律法规规定实施破产，债权人（包括破产企业职工）承受破产企业抵偿债务的土地、房屋权属，免征契税；对非债权人承受破产企业土地、房屋权属，凡按照《中华人民共和国劳动法》等国家有关法律法规政策妥善安置原企业全部职工规定，与原企业全部职工签订服务年限不少于三年的劳动用工合同的，对其承受所购企业土地、房屋权属，免征契税；与原企业超过 30% 的职工签订服务年限不少于三年的劳动用工合同的，减半征收契税。

对承受县级以上人民政府或国有资产管理部门按规定进行行政性调整、划转国有土地、房屋权属的单位，免征契税。同一投资主体内部所属企业之间土地、房屋权属的划转，包括母公司与其全资子公司之间，同一公司所属全资子公司之间，同一自然人与其设立的个人独资企业、一人有限公司之间土地、房屋权属的划转，免征契税。母公司以土地、房屋权属向其全资子公司增资，视同划转，免征契税。

经国务院批准实施债权转股权的企业，对债权转股权后新设立的公司承受原企业的土地、房屋权属，免征契税。

以出让方式或国家作价出资（入股）方式承受原改制重组企业、事业单位划拨用地的，不属上述规定的免税范围，对承受方应按规定征收契税。

在股权（股份）转让中，单位、个人承受公司股权（股份），公司土地、房屋权属不发生转移，不征收契税。

本公告所称企业、公司，是指依照我国有关法律法规设立并在中国境内注册的企业、公司。本公告所称投资主体存续，是指原改制重组企业、事业单位的出资人必须存在于改制重组后的企业，出资人的出资比例可以发生变动。本公告所称投资主体相同，是指公司分立前后出资人不发生变动，出资人的出资比例可以发生变动。

案例 079：个人投资商铺筹划

一、客户基本情况（客户基本方案）

张先生手中有若干闲置资金，计划以个人名义在某商业圈购置两处商铺，对外出租，价格合适时再对外出售。

假设两处商铺性质完全相同，市场价合计为 1 000 万元。购置后出租，每年取得租金 100 万元。五年之后以 1 500 万元的价格将两处商铺出售。当地契税适用税率为 3%。个人转让不动产，土地增值税按 3%核定征收。

二、客户方案纳税金额计算

（一）以张先生的名义购置商铺

以张先生的名义购置商铺，张先生需要缴纳契税：1 000÷（1+9%）×3%=27.52（万元）。

■ 简明法律依据

《契税法》。

（二）张先生出租商铺取得租金

1. 增值税及其附加

张先生出租商铺取得租金，需要缴纳增值税及其附加：100÷（1+5%）×5%×（1+7%+3%+2%）=5.33（万元）。

2. 房产税

张先生出租商铺取得租金，需要缴纳房产税：100÷（1+5%）×12%=11.43（万元）。

3. 个人所得税

张先生出租商铺取得租金，需要缴纳个人所得税：[100÷（1+5%）–11.43]×（1–20%）×20%=13.41（万元）。

注：印花税税率为万分之五，因数额较小，这里不再考虑。

■ 简明法律依据

（1）《增值税暂行条例》；

（2）《财政部 国家税务总局关于全面推开营业税改征增值税试点的通知》（财税〔2016〕36号）；

（3）《房产税暂行条例》；

（4）《个人所得税法》。

（三）五年后张先生出售商铺

1. 增值税及其附加

五年后张先生出售商铺，需要缴纳增值税及其附加：[1 500÷（1+5%）－1 000÷（1+9%）]×5%×（1+7%+3%+2%）=28.62（万元）。

2. 土地增值税

五年后张先生出售商铺，需要缴纳土地增值税：1 500÷（1+5%）×3%=42.86（万元）。

3. 个人所得税

五年后张先生出售商铺，需要缴纳个人所得税：[1 500÷（1+5%）－1 000–27.52–42.86]×20%=71.64（万元）。

4. 契税

五年后张先生出售商铺，购买方需要缴纳契税：1 500÷（1+5%）×3%=42.86（万元）。

> 简明法律依据

（1）《增值税暂行条例》；

（2）《土地增值税暂行条例》；

（3）《个人所得税法》；

（4）《契税法》。

（四）合计纳税金额

（1）以张先生的名义购置商铺合计纳税 27.52 万元。

（2）张先生出租商铺取得租金合计纳税 30.17 万元。

（3）五年后张先生出售商铺合计纳税 185.98 万元。

（4）以上合计纳税 243.67 万元。

三、纳税筹划方案纳税金额计算

张先生设立张氏投资公司，张氏投资公司之下设立甲、乙两公司，每家公司各购置一处商铺，以公司名义经营和转让商铺。

（一）甲、乙两公司购置商铺

甲、乙两公司购置商铺，需要缴纳契税：1 000÷（1+9%）×3%=27.52（万元）。

📖 简明法律依据

《契税法》。

（二）甲、乙两公司出租商铺

1. 增值税及其附加

甲、乙两公司出租商铺取得租金，需要缴纳增值税及其附加：100÷（1+5%）×5%×（1+7%+3%+2%）=5.33（万元）。

2. 房产税

甲、乙两公司出租商铺取得租金，需要缴纳房产税：100÷（1+5%）×12%=11.43（万元）。

3. 企业所得税

甲、乙两公司出租商铺取得租金，需要缴纳企业所得税：[100÷（1+5%）−11.43]×12.5%×20%=2.1（万元）。

注：印花税税率为万分之五，因数额较小，这里不再考虑。商铺的折旧在转让时一并考虑，出租时不再考虑折旧。

📖 简明法律依据

（1）《增值税暂行条例》；

（2）《房产税暂行条例》；

（3）《企业所得税法》；

（4）《财政部 税务总局关于实施小微企业普惠性税收减免政策的通知》（财税〔2019〕13号）；

（5）《财政部 税务总局关于实施小微企业和个体工商户所得税优惠政策的公告》（财政部 税务总局公告2021年第12号）。

（三）张氏投资公司转让甲、乙两公司的股权

张氏投资公司以1 500万元的价格转让甲、乙两公司的股权。在转让之前，先将甲、乙两公司的未分配利润全部分配给张氏投资公司。假设甲、乙两公司的实收资本等于购置两处商铺的金额，即1 000万元。

1. 印花税

张氏投资公司转让甲、乙两公司的股权，需要缴纳印花税：1 500×0.05%=0.75（万元）。

购买方需要缴纳印花税：1 500×0.05%=0.75（万元）。

> 简明法律依据

《印花税法》。

2. 企业所得税

张氏投资公司分两年转让甲、乙两公司的股权，第一年应纳税所得额：750-500-0.375=249.62（万元）；应纳企业所得税：100×12.5%×20%+（249.62-100）×25%×20%=9.98（万元）；两年合计缴纳企业所得税：9.98×2=19.96（万元）。

> 简明法律依据

（1）《印花税法》；

（2）《企业所得税法》；

（3）《财政部 税务总局关于实施小微企业普惠性税收减免政策的通知》（财税〔2019〕13号）；

（4）《财政部 税务总局关于实施小微企业和个体工商户所得税优惠政策的公告》（财政部 税务总局公告2021年第12号）；

（5）《财政部 税务总局关于进一步实施小微企业所得税优惠政策的公告》（财政部 税务总局公告2022年第13号）。

（四）合计纳税金额

（1）甲、乙两公司购置商铺合计纳税27.52万元。

（2）甲、乙两公司出租商铺合计纳税18.86万元。

（3）张氏投资公司转让甲、乙两公司的股权合计纳税20.71万元。

（4）以上合计纳税67.09万元，比客户方案节税176.58万元。

四、本案例涉及的主要税收制度

《财政部 国家税务总局关于全面推开营业税改征增值税试点的通知》（财税〔2016〕36号）附件2《营业税改征增值税试点有关事项的规定》规定：

销售不动产按以下规定执行：

（1）一般纳税人销售其2016年4月30日前取得（不含自建）的不动产，可以选择适用简易计税方法，以取得的全部价款和价外费用减去该项不动产购置原价或者取得不动产时的作价后的余额为销售额，按照5%的征收率计算应纳税额。纳税人应按照上述计税方法在不动产所在地预缴税款后，向机构所在地主管税务机关进行纳税申报。

（2）一般纳税人销售其2016年4月30日前自建的不动产，可以选择适用简易计税方法，以取得的全部价款和价外费用为销售额，按照5%的征收率计算应纳税额。纳税人应按照上述计税方法在不动产所在地预缴税款后，向机构所在地主管税务机关进行纳税申报。

（3）一般纳税人销售其2016年5月1日后取得（不含自建）的不动产，应适用一般计税方法，以取得的全部价款和价外费用为销售额计算应纳税额。纳税人应以取得的全部价款和价外费用减去该项不动产购置原价或者取得不动产时的作价后的余额，按照5%的预征率在不动产所在地预缴税款后，向机构所在地主管税务机关进行纳税申报。

（4）一般纳税人销售其2016年5月1日后自建的不动产，应适用一般计税方法，以取得的全部价款和价外费用为销售额计算应纳税额。纳税人应以取得的全部价款和价外费用，按照5%的预征率在不动产所在地预缴税款后，向机构所在地主管税务机关进行纳税申报。

（5）小规模纳税人销售其取得（不含自建）的不动产（不含个体工商户销售购买的住房和其他个人销售不动产），应以取得的全部价款和价外费用减去该项不动产购置原价或者取得不动产时的作价后的余额为销售额，按照5%的征收率计算应纳税额。纳税人应按照上述计税方法在不动产所在地预缴税款后，向机构所在地主管税务机关进行纳税申报。

（6）小规模纳税人销售其自建的不动产，应以取得的全部价款和价外费用为销售额，按照5%的征收率计算应纳税额。纳税人应按照上述计税方法在不动产所在地预缴税款后，向机构所在地主管税务机关进行纳税申报。

（7）房地产开发企业中的一般纳税人，销售自行开发的房地产老项目，可以选择适用简易计税方法按照5%的征收率计税。

（8）房地产开发企业中的小规模纳税人，销售自行开发的房地产项目，按照5%的征收率计税。

（9）房地产开发企业采取预收款方式销售所开发的房地产项目，在收到预收款时按照3%的预征率预缴增值税。

（10）个体工商户销售购买的住房，应按照附件3《营业税改征增值税试点过渡政策的规定》第五条的规定征免增值税。纳税人应按照上述计税方法在不动产所在地预缴税款后，向机构所在地主管税务机关进行纳税申报。

（11）其他个人销售其取得（不含自建）的不动产（不含其购买的住房），应以取得的全部价款和价外费用减去该项不动产购置原价或者取得不动产时的作价后的余额为销售额，按照5%的征收率计算应纳税额。

不动产经营租赁服务按以下规定执行：

（1）一般纳税人出租其2016年4月30日前取得的不动产，可以选择适用简易计税方法，按照5%的征收率计算应纳税额。纳税人出租其2016年4月30日前取得的与机构所在地不在同一县（市）的不动产，应按照上述计税方法在不动产所在地预缴税款后，向机构所在地主管税务机关进行纳税申报。

（2）公路经营企业中的一般纳税人收取试点前开工的高速公路的车辆通行费，可以选择适用简易计税方法，减按 3%的征收率计算应纳税额。试点前开工的高速公路，是指相关施工许可证明上注明的合同开工日期在 2016 年 4 月 30 日前的高速公路。

（3）一般纳税人出租其 2016 年 5 月 1 日后取得的、与机构所在地不在同一县（市）的不动产，应按照 3%的预征率在不动产所在地预缴税款后，向机构所在地主管税务机关进行纳税申报。

（4）小规模纳税人出租其取得的不动产（不含个人出租住房），应按照 5%的征收率计算应纳税额。纳税人出租与机构所在地不在同一县（市）的不动产，应按照上述计税方法在不动产所在地预缴税款后，向机构所在地主管税务机关进行纳税申报。

（5）其他个人出租其取得的不动产（不含住房），应按照 5%的征收率计算应纳税额。

（6）个人出租住房，应按照 5%的征收率减按 1.5%计算应纳税额。

一般纳税人销售其 2016 年 4 月 30 日前取得的不动产（不含自建），适用一般计税方法计税的，以取得的全部价款和价外费用为销售额计算应纳税额。上述纳税人应以取得的全部价款和价外费用减去该项不动产购置原价或者取得不动产时的作价后的余额，按照 5%的预征率在不动产所在地预缴税款后，向机构所在地主管税务机关进行纳税申报。

房地产开发企业中的一般纳税人销售房地产老项目，以及一般纳税人出租其 2016 年 4 月 30 日前取得的不动产，适用一般计税方法计税的，应以取得的全部价款和价外费用，按照 3%的预征率在不动产所在地预缴税款后，向机构所在地主管税务机关进行纳税申报。

一般纳税人销售其 2016 年 4 月 30 日前自建的不动产，适用一般计税方法计税的，应以取得的全部价款和价外费用为销售额计算应纳税额。纳税人应以取得的全部价款和价外费用，按照 5%的预征率在不动产所在地预缴税款后，向机构所在地主管税务机关进行纳税申报。

第七章
公司股权架构纳税筹划实战案例

案例 080：上市前股权架构与未来限售股减持筹划

一、客户基本情况（客户基本方案）

赵总名下有几家股份公司，均为赵总绝对控股公司，其中一家公司准备上市。上市之后，赵总主要从上市公司取得股息，在条件合适时也会减持部分上市公司的股票以获得现金收益。

请结合赵总的基本情况，允许进行适当合理假设，综合运用各种纳税筹划方法，以上市前的股权架构以及未来的限售股减持为重点，提出纳税筹划方案。

二、公司上市前的纳税筹划架构

赵总持有上市公司股份有两种选择：一是由个人直接持股；二是设立赵氏投资公司，由公司持股，个人间接持股。如果由个人直接持股，未来上市公司分红时会直接代扣代缴20%的个人所得税，赵总没有纳税筹划的空间。赵总取得的上市公司股权属于限售股，未来解禁以后，转让限售股需要按照差价缴纳20%的个人所得税，相应税款由证券公司直接代扣代缴，纳税筹划的空间也比较小。为了给上市之后创造更多纳税筹划空间，赵总在上市之前必须构建合理的股权架构。

从未来取得股息的角度考虑，赵总至少应通过一家公司间接持有上市公司的股权，即采取赵总全资控股赵氏投资公司、赵氏投资公司持股上市公司的模式。此种模式可以为未来提供至少三个方面的纳税筹划空间：

第一，未来上市公司的分红将直接进入赵氏投资公司，不需要缴纳企业所得税，从而实现延迟纳税的目的；

第二，在赵氏投资公司层面，赵总便于将个人支出转化为公司支出；

第三，便于将赵氏投资公司迁移至税收洼地，享受当地的税收优惠。

如果在赵总和上市公司之间仅设一层赵氏投资公司，未来在进行纳税筹划时也会受到诸多限制，如不方便将赵氏投资公司股权转让给他人，不方便让赵氏投资公司产生亏损从而与限售股减持的所得相抵扣，不方便将赵氏投资公司迁移至两个税收洼地等。鉴于此，在赵总与上市公司之间应建立多家、多层的控股公司，它们在未来可以分别成为不同纳税筹划方案的操作平台。

第一条持股线（直接持股线）：为了能在上市公司中出现个人股东的名字以及实现其他目标，赵总可以个人名义持有上市公司的少数股权，如 5%，该部分股权原则上是不转让的。

第二条持股线（一层间接持股线）：为了单纯以公司持股或者为了限售股减持或者公益捐赠等目的，赵总100%持有 A 公司，A 公司持有上市公司少数股权，如5%；该持股线可以为一条，也可以为相同的若干条，即赵总100%持有 $A_1 \sim A_n$ 公司，$A_1 \sim A_n$ 公司持有上市公司少数股权。

第三条持股线（多层间接持股线）：为了能间接转让上市公司股权以及将中间层公司迁移至税收洼地或者便于在某个中间层公司上引入新股东，需要建立两层以上中间层公司，即赵总100%持有 B 公司股权，B 公司100%持有 C 公司股权，C 公司100%持有 D 公司股权，D 公司持有上市公司股权。该持股线可以是一条，也可以是多条，即多家 B 公司，或者一家 B 公司，或者多家 C 公司，或者多家 D 公司。

第四条持股线（关联方持股线）：可以在上市之前将部分股权转移给家庭其他成员，其持有方式可以采取前三条持股线中的一条或多条。

📖 简明法律依据

（1）《个人所得税法》；

（2）《企业所得税法》；

（3）《财政部 国家税务总局关于公益股权捐赠企业所得税政策问题的通知》（财税〔2016〕45 号）。

三、限售股转让的纳税筹划

赵总在上市前持有的原始股成本为每股1元。假设上市后，赵总减持限售股的转让价为每股20元，第一次减持1 000万股，不考虑减持中的其他税费，则应纳个人所得税：(20-1)×1 000×20%=3 800（万元）。

在上市前搭建了合理股权架构的情形下,可以通过三种方案进行限售股减持的纳税筹划。

第一种方案:弥补亏损法。赵总持有 A 公司股权,A 公司持有 B 公司股权,B 公司持有上市公司的限售股。由 B 公司转让上市公司限售股,取得应纳税所得额。赵总控制的企业中,只有 B 公司有亏损,或者事先将相关亏损业务通过企业重组转移至 B 公司,用亏损抵减限售股减持的所得。

第二种方案:利用税收洼地法。将 B 公司迁移至(或者在上市前的股权架构中就直接设立在)新疆困难地区、霍尔果斯等有特殊税收优惠的税收洼地,可以享受免税优惠。由 B 公司转让上市公司限售股,取得的所得免税。

第三种方案:公益捐赠法。由 B 公司将部分限售股进行公益捐赠,在计算应纳税所得额时,股权公益捐赠的收入为成本价,即股权公益捐赠的应纳税所得额为零。部分股权捐赠可以为赵总本人或者赵总名下的公司进行公益宣传,相当于广告费支出。赵总还可以成立赵氏慈善基金,由 B 公司将上市公司股权捐赠给赵氏慈善基金。这样既可实现转让限售股不纳税,同时还可以将上市公司股权控制在赵总手中。该方案充分借鉴了比尔·盖茨、扎克伯格等慈善裸捐模式。

简明法律依据

(1)《财政部 国家税务总局关于个人转让上市公司限售股所得征收个人所得税有关问题的通知》(财税〔2009〕167 号);

(2)《财政部 国家税务总局 证监会关于个人转让上市公司限售股所得征收个人所得税有关问题的补充通知》(财税〔2010〕70 号);

(3)《财政部 国家税务总局 海关总署关于深入实施西部大开发战略有关税收政策问题的通知》(财税〔2011〕58 号);

(4)《国家税务总局关于深入实施西部大开发战略有关企业所得税问题的公告》(国家税务总局公告 2012 年第 12 号);

(5)《财政部 海关总署 国家税务总局关于赣州市执行西部大开发税收政策问题的通知》(财税〔2013〕4 号);

(6)《财政部 税务总局 国家发展改革委关于延续西部大开发企业所得税政策的公告》(财政部 税务总局 国家发展改革委公告 2020 年第 23 号);

(7)《财政部 税务总局关于新疆困难地区及喀什、霍尔果斯两个特殊经济开发区新办企业所得税优惠政策的通知》(财税〔2021〕27 号)。

四、本案例涉及的主要税收制度

(一)限售股转让个人所得税制度

《财政部 国家税务总局关于个人转让上市公司限售股所得征收个人所得税有关问题的通知》(财税〔2009〕167号)规定,自2010年1月1日起,对个人转让限售股取得的所得,按照"财产转让所得",适用20%的比例税率征收个人所得税。

上述所称限售股,包括:

(1)上市公司股权分置改革完成后股票复牌日之前股东所持原非流通股股份,以及股票复牌日至解禁日期间由上述股份孳生的送、转股(以下统称股改限售股);

(2)2006年股权分置改革新老划断后,首次公开发行股票并上市的公司形成的限售股,以及上市首日至解禁日期间由上述股份孳生的送、转股(以下统称新股限售股);

(3)财政部、税务总局、法制办和证监会共同确定的其他限售股。

个人转让限售股,以每次限售股转让收入,减除股票原值和合理税费后的余额,为应纳税所得额。即:

$$应纳税所得额=限售股转让收入-(限售股原值+合理税费)$$

$$应纳税额=应纳税所得额\times 20\%$$

上述所称限售股转让收入,是指转让限售股股票实际取得的收入。限售股原值,是指限售股买入时的买入价及按照规定缴纳的有关费用。合理税费,是指转让限售股过程中发生的印花税、佣金、过户费等与交易相关的税费。如果纳税人未能提供完整、真实的限售股原值凭证的,不能准确计算限售股原值的,主管税务机关一律按限售股转让收入的15%核定限售股原值及合理税费。

限售股转让所得个人所得税,以限售股持有者为纳税义务人,以个人股东开户的证券机构为扣缴义务人。限售股个人所得税由证券机构所在地主管税务机关负责征收管理。

《财政部 国家税务总局 证监会关于个人转让上市公司限售股所得征收个人所得税有关问题的补充通知》(财税〔2010〕70号)规定,限售股,包括:

(1)财税〔2009〕167号文件规定的限售股;

(2)个人从机构或其他个人受让的未解禁限售股;

(3)个人因依法继承或家庭财产依法分割取得的限售股;

(4)个人持有的从代办股份转让系统转到主板市场(或中小板、创业板市场)的限售股;

(5)上市公司吸收合并中,个人持有的原被合并方公司限售股所转换的合并方公司股份;

(6)上市公司分立中,个人持有的被分立方公司限售股所转换的分立后公司股份;

（7）其他限售股。

个人转让限售股或发生具有转让限售股实质的其他交易，取得现金、实物、有价证券和其他形式的经济利益均应缴纳个人所得税。限售股在解禁前被多次转让的，转让方对每一次转让所得均应按规定缴纳个人所得税。对具有下列情形的，应按规定征收个人所得税：

（1）个人通过证券交易所集中交易系统或大宗交易系统转让限售股；

（2）个人用限售股认购或申购交易型开放式指数基金（ETF）份额；

（3）个人用限售股接受要约收购；

（4）个人行使现金选择权将限售股转让给提供现金选择权的第三方；

（5）个人协议转让限售股；

（6）个人持有的限售股被司法扣划；

（7）个人因依法继承或家庭财产分割让渡限售股所有权；

（8）个人用限售股偿还上市公司股权分置改革中由大股东代其向流通股股东支付的对价；

（9）其他具有转让实质的情形。

（二）股权公益捐赠企业所得税制度

《财政部 国家税务总局关于公益股权捐赠企业所得税政策问题的通知》（财税〔2016〕45号）规定：

企业向公益性社会团体实施的股权捐赠，应按规定视同转让股权，股权转让收入额以企业所捐赠股权取得时的历史成本确定。股权，是指企业持有的其他企业的股权、上市公司股票等。

企业实施股权捐赠后，以其股权历史成本为依据确定捐赠额，并依此按照《企业所得税法》有关规定在所得税前予以扣除。公益性社会团体接受股权捐赠后，应按照捐赠企业提供的股权历史成本开具捐赠票据。

公益性社会团体，是指注册在中华人民共和国境内，以发展公益事业为宗旨且不以营利为目的，并经确定为具有接受捐赠税前扣除资格的基金会、慈善组织等公益性社会团体。

股权捐赠行为，是指企业向中华人民共和国境内公益性社会团体实施的股权捐赠行为。企业向中华人民共和国境外的社会组织或团体实施的股权捐赠行为不适用上述规定。

案例 081：企业集团内部利润转移

一、客户基本情况（客户基本方案）

甲集团下属 100 多家公司，均适用 25%的企业所得税税率。集团预计 2022 年度的利润总额为 10 亿元，假设无纳税调整事项。在这 100 多家公司中仅有 2 家公司比较接近高新技术企业的条件。

二、客户方案纳税金额计算

甲集团 2022 年度应缴纳企业所得税：100 000 × 25%=25 000（万元）。

👉 简明法律依据

（1）《企业所得税法》；

（2）《企业所得税法实施条例》。

三、纳税筹划方案纳税金额计算

建议甲集团对其所属 100 多家公司进行重组改造，集中优势资源，将其中 1 家公司——乙公司改造为高新技术企业，同时将相关利润率较高的业务转移至乙公司。其他公司在与乙公司进行业务往来时，向其进行适当利润转移。假设 2022 年度，乙公司的利润总额为 5 000 万元。

建议甲集团增设 10 家小型微利企业，将集团的部分业务分别装入该 10 家小型微利企业，使得每家企业的利润总额保持在 300 万元以内，10 家企业合计利润总额为 3 000 万元。

建议甲集团设立 1 家从事免税业务的公司——丙公司，如从事农、林、牧、渔业项目，集团其他公司在与丙公司从事相关业务时，适当向其转移利润。假设丙公司 2022 年度实现利润总额 2 000 万元。

上述公司累计实现利润总额 1 亿元，集团内其他公司实现利润总额 9 亿元。甲集团 2022 年度应纳企业所得税：5 000 × 15%+（100 × 12.5% × 20%+200 × 25% × 20%）× 10+90 000 × 25%=23 375（万元）。

通过纳税筹划，甲集团减轻企业所得税负担：25 000–23 375=1 625（万元）。

👉 简明法律依据

（1）《企业所得税法》；

（2）《企业所得税法实施条例》；

（3）《科技部 财政部 国家税务总局关于修订印发〈高新技术企业认定管理办法〉的通

知》(国科发火〔2016〕32号);

(4)《财政部 税务总局关于实施小微企业普惠性税收减免政策的通知》(财税〔2019〕13号);

(5)《财政部 税务总局关于实施小微企业和个体工商户所得税优惠政策的公告》(财政部 税务总局公告2021年第12号);

(6)《财政部 税务总局关于进一步实施小微企业所得税优惠政策的公告》(财政部 税务总局公告2022年第13号)。

四、本案例涉及的主要税收制度

(一)高新技术企业税收优惠

《企业所得税法》第二十八条规定:符合条件的小型微利企业,减按20%的税率征收企业所得税。国家需要重点扶持的高新技术企业,减按15%的税率征收企业所得税。

《企业所得税法实施条例》第九十三条规定,企业所得税法第二十八条第二款所称国家需要重点扶持的高新技术企业,是指拥有核心自主知识产权,并同时符合下列条件的企业:(一)产品(服务)属于《国家重点支持的高新技术领域》规定的范围;(二)研究开发费用占销售收入的比例不低于规定比例;(三)高新技术产品(服务)收入占企业总收入的比例不低于规定比例;(四)科技人员占企业职工总数的比例不低于规定比例;(五)高新技术企业认定管理办法规定的其他条件。《国家重点支持的高新技术领域》和高新技术企业认定管理办法由国务院科技、财政、税务主管部门商国务院有关部门制定,报国务院批准后公布施行。

《科技部 财政部 国家税务总局关于修订印发〈高新技术企业认定管理办法〉的通知》(国科发火〔2016〕32号)规定:

高新技术企业是指:在《国家重点支持的高新技术领域》内,持续进行研究开发与技术成果转化,形成企业核心自主知识产权,并以此为基础开展经营活动,在中国境内(不包括港、澳、台地区)注册的居民企业。

认定为高新技术企业须同时满足以下条件:

(1)企业申请认定时须注册成立一年以上;

(2)企业通过自主研发、受让、受赠、并购等方式,获得对其主要产品(服务)在技术上发挥核心支持作用的知识产权的所有权;

(3)对企业主要产品(服务)发挥核心支持作用的技术属于《国家重点支持的高新技术领域》规定的范围;

(4)企业从事研发和相关技术创新活动的科技人员占企业当年职工总数的比例不低于10%;

（5）企业近三个会计年度（实际经营期不满三年的按实际经营时间计算，下同）的研究开发费用总额占同期销售收入总额的比例符合如下要求：最近一年销售收入小于5 000万元（含）的企业，比例不低于5%；最近一年销售收入在5 000万元至2亿元（含）的企业，比例不低于4%；最近一年销售收入在2亿元以上的企业，比例不低于3%。其中，企业在中国境内发生的研究开发费用总额占全部研究开发费用总额的比例不低于60%；

（6）近一年高新技术产品（服务）收入占企业同期总收入的比例不低于60%；

（7）企业创新能力评价应达到相应要求；

（8）企业申请认定前一年内未发生重大安全、重大质量事故或严重环境违法行为。

高新技术企业认定程序如下：

第一阶段：企业申请。企业对照《高新技术企业认定管理办法》进行自我评价。认为符合认定条件的在"高新技术企业认定管理工作网"注册登记，向认定机构提出认定申请。申请时提交下列材料：

（1）高新技术企业认定申请书；

（2）证明企业依法成立的相关注册登记证件；

（3）知识产权相关材料、科研项目立项证明、科技成果转化、研究开发的组织管理等相关材料；

（4）企业高新技术产品（服务）的关键技术和技术指标、生产批文、认证认可和相关资质证书、产品质量检验报告等相关材料；

（5）企业职工和科技人员情况说明材料；

（6）经具有资质的中介机构出具的企业近三个会计年度研究开发费用和近一个会计年度高新技术产品（服务）收入专项审计或鉴证报告，并附研究开发活动说明材料；

（7）经具有资质的中介机构鉴证的企业近三个会计年度的财务会计报告（包括会计报表、会计报表附注和财务情况说明书）；

（8）近三个会计年度企业所得税年度纳税申报表。

第二阶段，专家评审。认定机构应在符合评审要求的专家中，随机抽取组成专家组。专家组对企业申报材料进行评审，提出评审意见。

第三阶段，审查认定。认定机构结合专家组评审意见，对申请企业进行综合审查，提出认定意见并报领导小组办公室。认定企业由领导小组办公室在"高新技术企业认定管理工作网"公示10个工作日，无异议的，予以备案，并在"高新技术企业认定管理工作网"公告，由认定机构向企业颁发统一印制的"高新技术企业证书"；有异议的，由认定机构进行核实处理。

企业获得高新技术企业资格后，应每年5月底前在"高新技术企业认定管理工作网"填报上一年度知识产权、科技人员、研发费用、经营收入等年度发展情况报表。

对于涉密企业，按照国家有关保密工作规定，在确保涉密信息安全的前提下，按认定工作程序组织认定。

（二）部分行业免税优惠

《企业所得税法》第二十七条规定，企业的下列所得，可以免征、减征企业所得税：（一）从事农、林、牧、渔业项目的所得；（二）从事国家重点扶持的公共基础设施项目投资经营的所得；（三）从事符合条件的环境保护、节能节水项目的所得；（四）符合条件的技术转让所得；（五）本法第三条第三款规定的所得。

《企业所得税法实施条例》第八十六条规定，企业所得税法第二十七条第（一）项规定的企业从事农、林、牧、渔业项目的所得，可以免征、减征企业所得税，是指：（一）企业从事下列项目的所得，免征企业所得税：①蔬菜、谷物、薯类、油料、豆类、棉花、麻类、糖料、水果、坚果的种植；②农作物新品种的选育；③中药材的种植；④林木的培育和种植；⑤牲畜、家禽的饲养；⑥林产品的采集；⑦灌溉、农产品初加工、兽医、农技推广、农机作业和维修等农、林、牧、渔服务业项目；⑧远洋捕捞。（二）企业从事下列项目的所得，减半征收企业所得税：①花卉、茶以及其他饮料作物和香料作物的种植；②海水养殖、内陆养殖。企业从事国家限制和禁止发展的项目，不得享受本条规定的企业所得税优惠。

（三）关联企业转让定价制度

《企业所得税法》第四十一条规定：企业与其关联方之间的业务往来，不符合独立交易原则而减少企业或者其关联方应纳税收入或者所得额的，税务机关有权按照合理方法调整。企业与其关联方共同开发、受让无形资产，或者共同提供、接受劳务发生的成本，在计算应纳税所得额时应当按照独立交易原则进行分摊。

《企业所得税法》第四十二条规定：企业可以向税务机关提出与其关联方之间业务往来的定价原则和计算方法，税务机关与企业协商、确认后，达成预约定价安排。

《企业所得税法实施条例》第一百零九条规定，企业所得税法第四十一条所称关联方，是指与企业有下列关联关系之一的企业、其他组织或者个人：（一）在资金、经营、购销等方面存在直接或者间接的控制关系；（二）直接或者间接地同为第三者控制；（三）在利益上具有相关联的其他关系。

《企业所得税法实施条例》第一百一十条规定：企业所得税法第四十一条所称独立交易原则，是指没有关联关系的交易各方，按照公平成交价格和营业常规进行业务往来遵循的原则。

《企业所得税法实施条例》第一百一十一条规定，企业所得税法第四十一条所称合理方法，包括：（一）可比非受控价格法，是指按照没有关联关系的交易各方进行相同或者

类似业务往来的价格进行定价的方法；（二）再销售价格法，是指按照从关联方购进商品再销售给没有关联关系的交易方的价格，减除相同或者类似业务的销售毛利进行定价的方法；（三）成本加成法，是指按照成本加合理的费用和利润进行定价的方法；（四）交易净利润法，是指按照没有关联关系的交易各方进行相同或者类似业务往来取得的净利润水平确定利润的方法；（五）利润分割法，是指将企业与其关联方的合并利润或者亏损在各方之间采用合理标准进行分配的方法；（六）其他符合独立交易原则的方法。

《企业所得税法实施条例》第一百一十二条规定：企业可以依照企业所得税法第四十一条第二款的规定，按照独立交易原则与其关联方分摊共同发生的成本，达成成本分摊协议。企业与其关联方分摊成本时，应当按照成本与预期收益相配比的原则进行分摊，并在税务机关规定的期限内，按照税务机关的要求报送有关资料。企业与其关联方分摊成本时违反本条第一款、第二款规定的，其自行分摊的成本不得在计算应纳税所得额时扣除。

案例 082：利用小微企业转让个人持有的股权

一、客户基本情况（客户基本方案）

周先生计划投资 100 万元持有甲公司 10% 的股权，若干年后再以 200 万元的价格转让该 10% 的股权。

二、客户方案纳税金额计算

周先生应当缴纳个人所得税：（200-100）×20%=20（万元）。

简明法律依据

（1）《个人所得税法》；

（2）《个人所得税法实施条例》；

（3）《股权转让所得个人所得税管理办法（试行）》（国家税务总局公告 2014 年第 67 号）。

三、纳税筹划方案纳税金额计算

建议周先生在投资甲公司时采取双层公司结构，即周先生投资设立乙公司，乙公司投资 100 万元持有甲公司 10% 的股权，若干年后乙公司以 200 万元的价格转让该 10% 的股权。乙公司应当缴纳企业所得税：（200-100）×12.5%×20%=2.5（万元）。

通过纳税筹划，节税：20-2.5=17.5（万元）。

> 简明法律依据

（1）《企业所得税法》；

（2）《企业所得税法实施条例》；

（3）《财政部 税务总局关于实施小微企业普惠性税收减免政策的通知》（财税〔2019〕13号）；

（4）《财政部 税务总局关于实施小微企业和个体工商户所得税优惠政策的公告》（财政部 税务总局公告2021年第12号）。

四、本案例涉及的主要税收制度

《股权转让所得个人所得税管理办法（试行）》（国家税务总局公告2014年第67号）规定，股权是指自然人股东（以下简称个人）投资于在中国境内成立的企业或组织（以下统称被投资企业，不包括个人独资企业和合伙企业）的股权或股份。

股权转让是指个人将股权转让给其他个人或法人的行为，包括以下情形：

（1）出售股权；

（2）公司回购股权；

（3）发行人首次公开发行新股时，被投资企业股东将其持有的股份以公开发行方式一并向投资者发售；

（4）股权被司法或行政机关强制过户；

（5）以股权对外投资或进行其他非货币性交易；

（6）以股权抵偿债务；

（7）其他股权转移行为。

个人转让股权，以股权转让收入减除股权原值和合理费用后的余额为应纳税所得额，按"财产转让所得"缴纳个人所得税。合理费用是指股权转让时按照规定支付的有关税费。

案例083：利用借款取得公司未分配利润

一、客户基本情况（客户基本方案）

马先生投资设立了一人有限责任公司——甲公司。甲公司每年产生100万元的未分配利润。关于该未分配利润的使用方式，马先生有三种方案可供选择：方案一，甲公司直接向马先生分配100万元的股息；方案二，马先生将甲公司的未分配利润以借款的形式取出，等公司解散时再归还；方案三，马先生在年初将甲公司的未分配利润借出，年底予以归还，第二年年初再将甲公司的未分配利润借出，年底再予以归还，循环往复。仅考虑该100万元未分配利润的个人所得税，不考虑其他税费。

二、客户方案纳税金额计算

在方案一下，马先生需要缴纳个人所得税：100×20%=20（万元）。

在方案二下，马先生需要缴纳个人所得税：100×20%=20（万元）。如果马先生未能主动缴纳税款，未来被税务机关查处时还面临每日万分之五的滞纳金（相当于年利息18.25%）以及罚款。

☛ 简明法律依据

（1）《个人所得税法》；

（2）《个人所得税法实施条例》；

（3）《财政部 国家税务总局关于规范个人投资者个人所得税征收管理的通知》（财税〔2003〕158号）。

三、纳税筹划方案纳税金额计算

建议选择方案三，马先生不需要缴纳个人所得税。

通过纳税筹划，方案三比方案一、方案二节税20万元。

☛ 简明法律依据

（1）《个人所得税法》；

（2）《个人所得税法实施条例》；

（3）《财政部 国家税务总局关于规范个人投资者个人所得税征收管理的通知》（财税〔2003〕158号）。

四、本案例涉及的主要税收制度

《财政部 国家税务总局关于规范个人投资者个人所得税征收管理的通知》（财税〔2003〕158号）规定：纳税年度内个人投资者从其投资企业（个人独资企业、合伙企业除外）借款，在该纳税年度终了后既不归还，又未用于企业生产经营的，其未归还的借款可视为企业对个人投资者的红利分配，依照"利息、股息、红利所得"项目计征个人所得税。

第八章
企业重组清算纳税筹划实战案例

案例 084：兼并亏损企业利用未扣除坏账损失

一、客户基本情况（客户基本方案）

甲公司账面应收款达 8 000 万元，多数债权虽经法院判决，但债务人大多已经被吊销营业执照或者下落不明，这些债权基本上没有收回的希望。经过初步估计可以扣除的资产损失为 7 800 万元。甲公司全部资产的计税基础为 9 000 万元，公允价值为 2 000 万元。乙公司与甲公司的经营范围基本相同，乙公司 2021 纳税年度实现利润总额 8 000 万元，预计 2022 纳税年度将实现利润总额 9 000 万元。假设无纳税调整事项。

二、客户方案纳税金额计算

乙公司 2022 年度应缴纳企业所得税：9 000×25%=2 250（万元）。

🍀 简明法律依据

（1）《企业所得税法》；
（2）《企业所得税法实施条例》。

三、纳税筹划方案纳税金额计算

建议乙公司和甲公司的股东达成协议，甲公司和乙公司合并组成新的乙公司，甲公司的全部资产和负债并入乙公司，甲公司的股东取得乙公司 10%的股权，该 10%股权的公允价值为 2 000 万元。甲公司和乙公司的合并符合特殊企业合并的条件，乙公司取得甲公司资产的计税基础为9 000万元，甲公司的股东取得乙公司股权的计税基础也为9 000万元。

乙公司可以将甲公司的资产损失7 800万元予以确认并在企业所得税税前扣除，由此可以少缴企业所得税：7 800×25%=1 950（万元）。

甲公司的股东可以在若干年后转让乙公司的股权，假设该10%的股权公允价值已经增加到9 000万元。由于甲公司的股东取得该股权的计税基础就是9 000万元，甲公司的股东转让该股权没有所得，不需要缴纳所得税。因此，甲公司的股东获得的所得为：9 000–2 000=7 000（万元）。

简明法律依据

（1）《企业所得税法》；

（2）《企业所得税法实施条例》；

（3）《财政部 国家税务总局关于企业资产损失税前扣除政策的通知》（财税〔2009〕57号）；

（4）《企业资产损失所得税税前扣除管理办法》（国家税务总局公告2011年第25号）；

（5）《财政部 国家税务总局关于企业重组业务企业所得税处理若干问题的通知》（财税〔2009〕59号）；

（6）《国家税务总局关于企业所得税资产损失资料留存备查有关事项的公告》（国家税务总局公告2018年第15号）。

四、本案例涉及的主要税收制度

（一）企业资产损失税前扣除制度

《财政部 国家税务总局关于企业资产损失税前扣除政策的通知》（财税〔2009〕57号）规定：

资产损失，是指企业在生产经营活动中实际发生的、与取得应税收入有关的资产损失，包括现金损失，存款损失，坏账损失，贷款损失，股权投资损失，固定资产和存货的盘亏、毁损、报废、被盗损失，自然灾害等不可抗力因素造成的损失以及其他损失。

企业清查出的现金短缺减除责任人赔偿后的余额，作为现金损失在计算应纳税所得额时扣除。

企业将货币性资金存入法定具有吸收存款职能的机构，因该机构依法破产、清算，或者政府责令停业、关闭等，确实不能收回的部分，作为存款损失在计算应纳税所得额时扣除。

企业除贷款类债权外的应收、预付账款符合下列条件之一的，减除可收回金额后确认的无法收回的应收、预付款项，可以作为坏账损失在计算应纳税所得额时扣除：①债务人依法宣告破产、关闭、解散、被撤销，或者被依法注销、吊销营业执照，其清算财产不足

清偿的;②债务人死亡,或者依法被宣告失踪、死亡,其财产或者遗产不足清偿的;③债务人逾期3年以上未清偿,并且有确凿证据证明已无力清偿债务的;④与债务人达成债务重组协议或法院批准破产重整计划后,无法追偿的;⑤因自然灾害、战争等不可抗力导致无法收回的;⑥国务院财政、税务主管部门规定的其他条件。

企业经采取所有可能的措施和实施必要的程序之后,符合下列条件之一的贷款类债权,可以作为贷款损失在计算应纳税所得额时扣除:①借款人和担保人依法宣告破产、关闭、解散、被撤销,并终止法人资格,或者已完全停止经营活动,被依法注销、吊销营业执照,对借款人和担保人进行追偿后,未能收回的债权;②借款人死亡,或者依法被宣告失踪、死亡,依法对其财产或者遗产进行清偿,并对担保人进行追偿后,未能收回的债权;③借款人遭受重大自然灾害或者意外事故,损失巨大且不能获得保险补偿,或者以保险赔偿后,确实无力偿还部分或者全部债务,对借款人财产进行清偿和对担保人进行追偿后,未能收回的债权;④借款人触犯刑律,依法受到制裁,其财产不足归还所借债务,又无其他债务承担者,经追偿后确实无法收回的债权;⑤由于借款人和担保人不能偿还到期债务,企业诉诸法律,经法院对借款人和担保人强制执行,借款人和担保人均无财产可执行,法院裁定执行程序终结或终止(中止)后,仍无法收回的债权;⑥由于借款人和担保人不能偿还到期债务,企业诉诸法律后,经法院调解或经债权人会议通过,与借款人和担保人达成和解协议或重整协议,在借款人和担保人履行完还款义务后,无法追偿的剩余债权;⑦由于上述①项至⑥项原因借款人不能偿还到期债务,企业依法取得抵债资产,抵债金额小于贷款本息的差额,经追偿后仍无法收回的债权;⑧开立信用证、办理承兑汇票、开具保函等发生垫款时,凡开证申请人和保证人由于上述①项至⑦项原因,无法偿还垫款,金融企业经追偿后仍无法收回的垫款;⑨银行卡持卡人和担保人由于上述①项至⑦项原因,未能还清透支款项,金融企业经追偿后仍无法收回的透支款项;⑩助学贷款逾期后,在金融企业确定的有效追索期限内,依法处置助学贷款抵押物(质押物),并向担保人追索连带责任后,仍无法收回的贷款;⑪经国务院专案批准核销的贷款类债权;⑫国务院财政、税务主管部门规定的其他条件。

企业的股权投资符合下列条件之一的,减除可收回金额后确认的无法收回的股权投资,可以作为股权投资损失在计算应纳税所得额时扣除:①被投资方依法宣告破产、关闭、解散、被撤销,或者被依法注销、吊销营业执照的;②被投资方财务状况严重恶化,累计发生巨额亏损,已连续停止经营3年以上且无重新恢复经营改组计划的;③对被投资方不具有控制权,投资期限届满或者投资期限已超过10年,并且被投资单位因连续3年经营亏损导致资不抵债的;④被投资方财务状况严重恶化,累计发生巨额亏损,已完成清算或清算期超过3年以上的;⑤国务院财政、税务主管部门规定的其他条件。

对企业盘亏的固定资产或存货,以该固定资产的账面净值或存货的成本减除责任人赔偿后的余额，作为固定资产或存货盘亏损失在计算应纳税所得额时扣除。

对企业毁损、报废的固定资产或存货，以该固定资产的账面净值或存货的成本减除残值、保险赔款和责任人赔偿后的余额，作为固定资产或存货毁损、报废损失在计算应纳税所得额时扣除。

对企业被盗的固定资产或存货，以该固定资产的账面净值或存货的成本减除保险赔款和责任人赔偿后的余额，作为固定资产或存货被盗损失在计算应纳税所得额时扣除。

企业因存货盘亏、毁损、报废、被盗等不得从增值税销项税额中抵扣的进项税额，可以与存货损失一起在计算应纳税所得额时扣除。

企业在计算应纳税所得额时已经扣除的资产损失，在以后纳税年度全部或者部分收回时，其收回部分应当作为收入计入收回当期的应纳税所得额。

企业境内、境外营业机构发生的资产损失应分开核算，对境外营业机构由于发生资产损失而产生的亏损，不得在计算境内应纳税所得额时扣除。

企业对其扣除的各项资产损失，应当提供能够证明资产损失确属已实际发生的合法证据，包括具有法律效力的外部证据、具有法定资质的中介机构的经济鉴证证明、具有法定资质的专业机构的技术鉴定证明等。

《企业资产损失所得税税前扣除管理办法》（国家税务总局公告2011年第25号）规定：

资产是指企业拥有或者控制的、用于经营管理活动相关的资产，包括现金、银行存款、应收及预付款项（包括应收票据、各类垫款、企业之间往来款项）等货币性资产，存货、固定资产、无形资产、在建工程、生产性生物资产等非货币性资产，以及债权性投资和股权（权益）性投资。

准予在企业所得税税前扣除的资产损失，是指企业在实际处置、转让上述资产过程中发生的合理损失（以下简称实际资产损失），以及企业虽未实际处置、转让上述资产，但符合财税〔2009〕57号通知规定条件计算确认的损失（以下简称法定资产损失）。企业实际资产损失，应当在其实际发生且会计上已作损失处理的年度申报扣除；法定资产损失，应当在企业向主管税务机关提供证据资料证明该项资产已符合法定资产损失确认条件，并且会计上已作损失处理的年度申报扣除。企业发生的资产损失，应按规定的程序和要求向主管税务机关申报后方能在税前扣除。未经申报的损失，不得在税前扣除。

《国家税务总局关于企业所得税资产损失资料留存备查有关事项的公告》（国家税务总局公告2018年第15号）规定：企业向税务机关申报扣除资产损失，仅需填报企业所得税年度纳税申报表《资产损失税前扣除及纳税调整明细表》，不再报送资产损失相关资料。相关资料由企业留存备查。企业应当完整保存资产损失相关资料，保证资料的真实性、合法性。

（二）企业重组所得税处理制度

《财政部 国家税务总局关于企业重组业务企业所得税处理若干问题的通知》（财税〔2009〕59号）规定：

企业合并，企业股东在该企业合并发生时取得的股权支付金额不低于其交易支付总额的85%，以及同一控制下且不需要支付对价的企业合并，可以选择按以下规定处理：①合并企业接受被合并企业资产和负债的计税基础，以被合并企业的原有计税基础确定；②被合并企业合并前的相关所得税事项由合并企业承继；③可由合并企业弥补的被合并企业亏损的限额=被合并企业净资产公允价值×截至合并业务发生当年年末国家发行的最长期限的国债利率；④被合并企业股东取得合并企业股权的计税基础，以其原持有的被合并企业股权的计税基础确定。

案例085：企业债务重组选择特殊税务处理

一、客户基本情况（客户基本方案）

甲公司欠乙公司8 000万元债务。甲公司和乙公司准备签署一项债务重组协议：甲公司用购买价格7 000万元、账面净值6 000万元、公允价值8 000万元的不动产抵偿乙公司的债务。不考虑印花税、附加税等数额较小税种。

二、客户方案纳税金额计算

在该交易中，甲公司需要缴纳增值税：（8 000−7 000）×5%=50（万元）；需要缴纳土地增值税（暂按3%核定）：8 000×3%=240（万元）；需要缴纳企业所得税：（8 000−6 000−240）×25%=440（万元）。乙公司需要缴纳契税：8 000×3%=240（万元）。两个公司合计纳税：50+240+440+240=970（万元）。

> **简明法律依据**
> （1）《增值税暂行条例》；
> （2）《土地增值税暂行条例》；
> （3）《企业所得税法》；
> （4）《契税法》。

三、纳税筹划方案纳税金额计算

建议乙公司将其债权转化为股权并且遵守特殊债务重组的其他条件，则甲公司和乙公司不需要缴纳任何税款。即使将来乙公司再将该股权转让给甲公司或者其他企业，也只需要缴纳企业所得税，不需要缴纳增值税、土地增值税和契税。

通过纳税筹划，甲公司和乙公司节税：970-440=530（万元）。

☞ 简明法律依据

（1）《增值税暂行条例》；

（2）《土地增值税暂行条例》；

（3）《企业所得税法》；

（4）《契税法》；

（5）《财政部 国家税务总局关于企业重组业务企业所得税处理若干问题的通知》（财税〔2009〕59号）；

（6）《企业重组业务企业所得税管理办法》（国家税务总局公告2010年第4号）；

（7）《国家税务总局关于企业重组业务企业所得税征收管理若干问题的公告》（国家税务总局公告2015年第48号）。

四、本案例涉及的主要税收制度

《财政部 国家税务总局关于企业重组业务企业所得税处理若干问题的通知》（财税〔2009〕59号）规定：

企业重组，是指企业在日常经营活动以外发生的法律结构或经济结构重大改变的交易，包括企业法律形式改变、债务重组、股权收购、资产收购、合并、分立等。

债务重组，是指在债务人发生财务困难的情况下，债权人按照其与债务人达成的书面协议或者法院裁定书，就其债务人的债务做出让步的事项。

企业重组的税务处理区分不同条件分别适用一般性税务处理规定和特殊性税务处理规定。

企业重组，除符合适用特殊性税务处理规定的外，按以下规定进行税务处理：

企业债务重组，相关交易应按以下规定处理：

（1）以非货币资产清偿债务，应当分解为转让相关非货币性资产、按非货币性资产公允价值清偿债务两项业务，确认相关资产的所得或损失。

（2）发生债权转股权的，应当分解为债务清偿和股权投资两项业务，确认有关债务清偿所得或损失。

（3）债务人应当按照支付的债务清偿额低于债务计税基础的差额，确认债务重组所得；债权人应当按照收到的债务清偿额低于债权计税基础的差额，确认债务重组损失。

（4）债务人的相关所得税纳税事项原则上保持不变。

企业重组同时符合下列条件的，适用特殊性税务处理规定：

（1）具有合理的商业目的，且不以减少、免除或者推迟缴纳税款为主要目的。

（2）被收购、合并或分立部分的资产或股权比例符合本通知规定的比例。

（3）企业重组后的连续12个月内不改变重组资产原来的实质性经营活动。

（4）重组交易对价中涉及股权支付金额符合本通知规定比例。

（5）企业重组中取得股权支付的原主要股东，在重组后连续12个月内，不得转让所取得的股权。

企业重组符合规定条件的，交易各方对其交易中的股权支付部分，可以按以下规定进行特殊性税务处理：

企业债务重组确认的应纳税所得额占该企业当年应纳税所得额50%以上，可以在5个纳税年度的期间内，均匀计入各年度的应纳税所得额。

企业发生债权转股权业务，对债务清偿和股权投资两项业务暂不确认有关债务清偿所得或损失，股权投资的计税基础以原债权的计税基础确定。企业的其他相关所得税事项保持不变。

案例086：企业资产收购选择特殊税务处理

一、客户基本情况（客户基本方案）

甲公司准备用8 000万元现金收购乙公司80%的资产。这些资产包括购进价格2 000万元、账面净值1 000万元、公允价值3 000万元的不动产以及账面净值6 000万元、公允价值5 000万元的无形资产。不考虑印花税、附加税等数额较小税种。

二、客户方案纳税金额计算

在该交易中，乙公司应当缴纳增值税：（3 000–2 000）×5%+5 000×6%=350（万元）；应当缴纳土地增值税（暂按3%核定）：3 000×3%=90（万元）；应当缴纳企业所得税：（3 000–1 000+5 000–6 000–90）×25%=227.5（万元）。甲公司应当缴纳契税：3 000×3%=90（万元）。两公司合计纳税：350+90+227.5+90=757.5（万元）。

▶ 简明法律依据

（1）《增值税暂行条例》；

（2）《土地增值税暂行条例》；

（3）《企业所得税法》；

（4）《契税法》。

三、纳税筹划方案纳税金额计算

建议甲公司用自己的股权来收购乙公司的资产，则乙公司不需要缴纳任何税款。即使将来乙公司再将该股权转让给甲公司或者其他企业，也只需要缴纳企业所得税，不需要缴纳增值税、土地增值税和契税。

通过纳税筹划，甲公司和乙公司节税：757.5–227.5=530（万元）。

☞ 简明法律依据

（1）《增值税暂行条例》；

（2）《土地增值税暂行条例》；

（3）《企业所得税法》；

（4）《契税法》；

（5）《财政部 国家税务总局关于企业重组业务企业所得税处理若干问题的通知》（财税〔2009〕59号）；

（6）《企业重组业务企业所得税管理办法》（国家税务总局公告2010年第4号）；

（7）《财政部 国家税务总局关于促进企业重组有关企业所得税处理问题的通知》（财税〔2014〕109号）；

（8）《国家税务总局关于企业重组业务企业所得税征收管理若干问题的公告》（国家税务总局公告2015年第48号）。

四、本案例涉及的主要税收制度

《财政部 国家税务总局关于企业重组业务企业所得税处理若干问题的通知》（财税〔2009〕59号）规定：

资产收购，是指一家企业（以下称为受让企业）购买另一家企业（以下称为转让企业）实质经营性资产的交易。受让企业支付对价的形式包括股权支付、非股权支付或两者的组合。

股权支付，是指企业重组中购买、换取资产的一方支付的对价中，以本企业或其控股企业的股权、股份作为支付的形式。非股权支付，是指以本企业的现金、银行存款、应收款项、本企业或其控股企业股权和股份以外的有价证券、存货、固定资产、其他资产以及承担债务等作为支付的形式。

企业重组，除符合适用特殊性税务处理规定的外，按以下规定进行税务处理：

企业股权收购、资产收购重组交易，相关交易应按以下规定处理：

（1）被收购方应确认股权、资产转让所得或损失。

（2）收购方取得股权或资产的计税基础应以公允价值为基础确定。

（3）被收购企业的相关所得税事项原则上保持不变。

企业重组符合规定条件的，交易各方对其交易中的股权支付部分，可以按以下规定进行特殊性税务处理：

资产收购，受让企业收购的资产不低于转让企业全部资产的75%，并且受让企业在该资产收购发生时的股权支付金额不低于其交易支付总额的85%，可以选择按以下规定处理：

（1）转让企业取得受让企业股权的计税基础，以被转让资产的原有计税基础确定。

（2）受让企业取得转让企业资产的计税基础，以被转让资产的原有计税基础确定。

《财政部 国家税务总局关于促进企业重组有关企业所得税处理问题的通知》（财税〔2014〕109号）规定：自2014年1月1日起，将财税〔2009〕59号文件第六条第（三）项中有关"资产收购，受让企业收购的资产不低于转让企业全部资产的75%"规定调整为"资产收购，受让企业收购的资产不低于转让企业全部资产的50%"。

案例087：企业股权收购选择特殊税务处理

一、客户基本情况（客户基本方案）

甲公司准备用8 000万元现金收购乙公司80%的股权。乙公司80%股权的计税基础为4 000万元。不考虑印花税、附加税等数额较小税种。

二、客户方案纳税金额计算

在该交易中，如果乙公司的股东是企业，应当缴纳企业所得税：（8 000-4 000）×25%=1 000（万元）。

▶ 简明法律依据

（1）《企业所得税法》；

（2）《企业所得税法实施条例》。

三、纳税筹划方案纳税金额计算

建议甲公司采取免税股权收购的方式取得乙公司的股权，可以向乙公司的股东支付本公司10%的股权（公允价值为8 000万元）。由于股权支付额占交易总额的比例为100%，因此属于免税股权收购，在当期节省企业所得税1 000万元。乙公司可以在未来再将该股权转让给甲公司或者其他企业，这样可以取得延期纳税的利益。

简明法律依据

（1）《企业所得税法》；

（2）《企业所得税法实施条例》。

（3）《财政部 国家税务总局关于企业重组业务企业所得税处理若干问题的通知》（财税〔2009〕59号）；

（4）《企业重组业务企业所得税管理办法》（国家税务总局公告2010年第4号）；

（5）《财政部 国家税务总局关于促进企业重组有关企业所得税处理问题的通知》（财税〔2014〕109号）；

（6）《国家税务总局关于企业重组业务企业所得税征收管理若干问题的公告》（国家税务总局公告2015年第48号）。

四、本案例涉及的主要税收制度

《财政部 国家税务总局关于企业重组业务企业所得税处理若干问题的通知》（财税〔2009〕59号）规定：

股权收购，是指一家企业（以下称为收购企业）购买另一家企业（以下称为被收购企业）的股权，以实现对被收购企业控制的交易。收购企业支付对价的形式包括股权支付、非股权支付或两者的组合。

企业重组，除符合适用特殊性税务处理规定的外，按以下规定进行税务处理：

企业股权收购、资产收购重组交易，相关交易应按以下规定处理：

（1）被收购方应确认股权、资产转让所得或损失。

（2）收购方取得股权或资产的计税基础应以公允价值为基础确定。

（3）被收购企业的相关所得税事项原则上保持不变。

企业重组符合规定条件的，交易各方对其交易中的股权支付部分，可以按以下规定进行特殊性税务处理：

股权收购，收购企业购买的股权不低于被收购企业全部股权的75%，并且收购企业在该股权收购发生时的股权支付金额不低于其交易支付总额的85%，可以选择按以下规定处理：

（1）被收购企业的股东取得收购企业股权的计税基础，以被收购股权的原有计税基础确定。

（2）收购企业取得被收购企业股权的计税基础，以被收购股权的原有计税基础确定。

（3）收购企业、被收购企业的原有各项资产和负债的计税基础和其他相关所得税事项保持不变。

《财政部 国家税务总局关于促进企业重组有关企业所得税处理问题的通知》（财税

〔2014〕109号）规定：

自2014年1月1日起，将《财政部 国家税务总局关于企业重组业务企业所得税处理若干问题的通知》（财税〔2009〕59号）第六条第（二）项中有关"股权收购，收购企业购买的股权不低于被收购企业全部股权的75%"规定调整为"股权收购，收购企业购买的股权不低于被收购企业全部股权的50%"。

对100%直接控制的居民企业之间，以及受同一或相同多家居民企业100%直接控制的居民企业之间按账面净值划转股权或资产，凡具有合理商业目的、不以减少、免除或者推迟缴纳税款为主要目的，股权或资产划转后连续12个月内不改变被划转股权或资产原来实质性经营活动，并且划出方企业和划入方企业均未在会计上确认损益的，可以选择按以下规定进行特殊性税务处理：

（1）划出方企业和划入方企业均不确认所得。
（2）划入方企业取得被划转股权或资产的计税基础，以被划转股权或资产的原账面净值确定。
（3）划入方企业取得的被划转资产，应按其原账面净值计算折旧扣除。

案例088：企业合并选择特殊税务处理

一、客户基本情况（客户基本方案）

甲公司与乙公司合并为新的甲公司，乙公司注销。甲公司向乙公司的股东——丙公司支付8 000万元现金，乙公司所有资产的账面净值为6 000万元，公允价值为8 000万元。仅考虑企业所得税，不考虑其他税费。

二、客户方案纳税金额计算

在该交易中，乙公司需要进行清算，应当缴纳企业所得税：(8 000–6 000)×25%=500（万元）。丙公司从乙公司剩余资产中取得的股息部分可以免税，取得的投资所得部分需要缴纳25%的企业所得税。假设丙公司取得投资所得部分为1 000万元，则丙公司需要缴纳企业所得税：1 000×25%=250（万元）。整个交易的税收负担：500+250=750（万元）。

📌 简明法律依据
（1）《企业所得税法》；
（2）《企业所得税法实施条例》。

三、纳税筹划方案纳税金额计算

建议甲公司用自己的股权来收购乙公司的资产,即丙公司成为新的甲公司的股东,则乙公司和丙公司不需要缴纳任何税款。即使将来丙公司再将该股权转让给甲公司或者其他企业,也能取得延期纳税的利益。

简明法律依据

(1)《企业所得税法》;

(2)《企业所得税法实施条例》;

(3)《财政部 国家税务总局关于企业重组业务企业所得税处理若干问题的通知》(财税〔2009〕59号);

(4)《企业重组业务企业所得税管理办法》(国家税务总局公告2010年第4号);

(5)《国家税务总局关于企业重组业务企业所得税征收管理若干问题的公告》(国家税务总局公告2015年第48号)。

四、本案例涉及的主要税收制度

(一)清算所得的所得税处理

《企业所得税法》第五十五条规定:企业在年度中间终止经营活动的,应当自实际经营终止之日起六十日内,向税务机关办理当期企业所得税汇算清缴。企业应当在办理注销登记前,就其清算所得向税务机关申报并依法缴纳企业所得税。

《企业所得税法实施条例》第十一条规定:企业所得税法第五十五条所称清算所得,是指企业的全部资产可变现价值或者交易价格减除资产净值、清算费用以及相关税费等后的余额。投资方企业从被清算企业分得的剩余资产,其中相当于从被清算企业累计未分配利润和累计盈余公积中应当分得的部分,应当确认为股息所得;剩余资产减除上述股息所得后的余额,超过或者低于投资成本的部分,应当确认为投资资产转让所得或者损失。

(二)企业合并的所得税处理

《财政部 国家税务总局关于企业重组业务企业所得税处理若干问题的通知》(财税〔2009〕59号)规定:

合并,是指一家或多家企业(以下称为被合并企业)将其全部资产和负债转让给另一家现存或新设企业(以下称为合并企业),被合并企业股东换取合并企业的股权或非股权支付,实现两个或两个以上企业的依法合并。

企业重组,除符合适用特殊性税务处理规定的外,按以下规定进行税务处理:

企业合并,当事各方应按下列规定处理:

(1)合并企业应按公允价值确定接受被合并企业各项资产和负债的计税基础。

（2）被合并企业及其股东都应按清算进行所得税处理。

（3）被合并企业的亏损不得在合并企业结转弥补。

企业重组符合规定条件的，交易各方对其交易中的股权支付部分，可以按以下规定进行特殊性税务处理：

企业合并，企业股东在该企业合并发生时取得的股权支付金额不低于其交易支付总额的 85%，以及同一控制下且不需要支付对价的企业合并，可以选择按以下规定处理：

（1）合并企业接受被合并企业资产和负债的计税基础，以被合并企业的原有计税基础确定。

（2）被合并企业合并前的相关所得税事项由合并企业承继。

（3）可由合并企业弥补的被合并企业亏损的限额=被合并企业净资产公允价值×截至合并业务发生当年年末国家发行的最长期限的国债利率。

（4）被合并企业股东取得合并企业股权的计税基础，以其原持有的被合并企业股权的计税基础确定。

案例 089：企业分立选择特殊税务处理

一、客户基本情况（客户基本方案）

甲公司将其一家分公司（其计税基础为 5 000 万元，公允价值为 8 000 万元）变为独立的乙公司。甲公司的股东取得乙公司 100%的股权，同时取得 2 000 万元现金。仅考虑企业所得税，不考虑其他税费。

二、客户方案纳税金额计算

在该交易中，非股权支付额占整个交易的比例：2 000÷8 000=25%，不符合免税企业分立的条件。如果甲公司的股东是公司，取得 2 000 万元现金，视同分配股息，免税，则甲公司应缴纳企业所得税：（8 000–5 000）×25%=750（万元）。

简明法律依据

（1）《企业所得税法》；

（2）《企业所得税法实施条例》；

（3）《财政部 国家税务总局关于企业重组业务企业所得税处理若干问题的通知》（财税〔2009〕59 号）。

三、纳税筹划方案纳税金额计算

建议甲公司的股东取得乙公司的全部股权，不取得现金，这样就符合企业分立适用特殊税务处理的条件。甲公司将免于缴纳 750 万元的企业所得税。甲公司的股东可以通过取得股息的方式取得现金，这种方式是免税的；或者 12 个月以后，转让乙公司的部分股权，取得现金，这种方式需要缴纳企业所得税，但可以获得延期纳税的利益。

☞ 简明法律依据

（1）《企业所得税法》；

（2）《企业所得税法实施条例》；

（3）《财政部 国家税务总局关于企业重组业务企业所得税处理若干问题的通知》（财税〔2009〕59 号）。

四、本案例涉及的主要税收制度

《财政部 国家税务总局关于企业重组业务企业所得税处理若干问题的通知》（财税〔2009〕59 号）规定：

分立，是指一家企业（以下称为被分立企业）将部分或全部资产分离转让给现存或新设的企业（以下称为分立企业），被分立企业股东换取分立企业的股权或非股权支付，实现企业的依法分立。

企业重组，除符合规定适用特殊性税务处理规定的外，按以下规定进行税务处理：

企业分立，当事各方应按下列规定处理：

（1）被分立企业对分立出去资产应按公允价值确认资产转让所得或损失。

（2）分立企业应按公允价值确认接受资产的计税基础。

（3）被分立企业继续存在时，其股东取得的对价应视同被分立企业分配进行处理。

（4）被分立企业不再继续存在时，被分立企业及其股东都应按清算进行所得税处理。

（5）企业分立相关企业的亏损不得相互结转弥补。

企业重组符合规定条件的，交易各方对其交易中的股权支付部分，可以按以下规定进行特殊性税务处理：

企业分立，被分立企业所有股东按原持股比例取得分立企业的股权，分立企业和被分立企业均不改变原来的实质经营活动，并且被分立企业股东在该企业分立发生时取得的股权支付金额不低于其交易支付总额的 85%，可以选择按以下规定处理：

（1）分立企业接受被分立企业资产和负债的计税基础，以被分立企业的原有计税基础确定。

（2）被分立企业已分立出去资产相应的所得税事项由分立企业承继。

（3）被分立企业未超过法定弥补期限的亏损额可按分立资产占全部资产的比例进行分配，由分立企业继续弥补。

（4）被分立企业的股东取得分立企业的股权（以下简称"新股"），如需部分或全部放弃原持有的被分立企业的股权（以下简称"旧股"），"新股"的计税基础应以放弃"旧股"的计税基础确定。如不需放弃"旧股"，则其取得"新股"的计税基础可从以下两种方法中选择确定：直接将"新股"的计税基础确定为零；或者以被分立企业分立出去的净资产占被分立企业全部净资产的比例先调减原持有的"旧股"的计税基础，再将调减的计税基础平均分配到"新股"上。

案例 090：合理选择企业的清算日期

一、客户基本情况（客户基本方案）

甲公司董事会于 2022 年 8 月 20 日向股东会提交了公司解散申请书。股东会 8 月 22 日通过决议，决定公司于 8 月 31 日宣布解散，并于 9 月 1 日开始正常清算。甲公司在成立清算组前进行的内部清算中发现，2022 年 1 月至 8 月公司预计盈利 600 万元（企业所得税税率 25%），预计 9 月甲公司将发生费用 180 万元，清算所得预计为 –80 万元。

二、客户方案纳税金额计算

甲公司以 9 月 1 日为清算日期，2022 年 1 月至 8 月盈利 600 万元，应纳企业所得税：600×25%=150（万元）。清算所得为 –80 万元，不需要纳税。

简明法律依据

（1）《企业所得税法》；

（2）《企业所得税法实施条例》；

（3）《财政部 国家税务总局关于企业清算业务企业所得税处理若干问题的通知》（财税〔2009〕60 号）。

三、纳税筹划方案纳税金额计算

建议甲公司将部分费用在清算之前发生，这样可以将清算期间的亏损提前实现并在企业所得税税前扣除。甲公司可以在公告和进行纳税申报之前，由股东会再次通过决议将公司解散日期推迟至 10 月 1 日，并于 10 月 2 日开始清算。甲公司在 9 月 1 日至 9 月 30 日共发生费用 180 万元。假设其他费用不变，清算所得将变成 100 万元。此时，甲公司在 2022 年 1 月至 9 月的应纳税所得额：600–180=420（万元），应当缴纳企业所得税：420×25%=105

（万元）。清算所得为100万元，应当缴纳企业所得税：100×25%=25（万元）。

通过纳税筹划，甲公司减轻税收负担：150-105-25=20（万元）。

● 简明法律依据

（1）《企业所得税法》；

（2）《企业所得税法实施条例》；

（3）《财政部 国家税务总局关于企业清算业务企业所得税处理若干问题的通知》（财税〔2009〕60号）。

四、本案例涉及的主要税收制度

《财政部 国家税务总局关于企业清算业务企业所得税处理若干问题的通知》（财税〔2009〕60号）规定，企业清算的所得税处理，是指企业在不再持续经营，发生结束自身业务、处置资产、偿还债务以及向所有者分配剩余财产等经济行为时，对清算所得、清算所得税、股息分配等事项的处理。

下列企业应进行清算的所得税处理：①按《公司法》《企业破产法》等规定需要进行清算的企业；②企业重组中需要按清算处理的企业。

企业清算的所得税处理包括以下内容：①全部资产均应按可变现价值或交易价格，确认资产转让所得或损失；②确认债权清理、债务清偿的所得或损失；③改变持续经营核算原则，对预提或待摊性质的费用进行处理；④依法弥补亏损，确定清算所得；⑤计算并缴纳清算所得税；⑥确定可向股东分配的剩余财产、应付股息等。

企业的全部资产可变现价值或交易价格，减除资产的计税基础、清算费用、相关税费，加上债务清偿损益等后的余额，为清算所得。企业应将整个清算期作为一个独立的纳税年度计算清算所得。

企业全部资产的可变现价值或交易价格减除清算费用，职工的工资、社会保险费用和法定补偿金，结清清算所得税、以前年度欠税等税款，清偿企业债务，按规定计算可以向所有者分配的剩余资产。被清算企业的股东分得的剩余资产的金额，其中相当于被清算企业累计未分配利润和累计盈余公积中按该股东所占股份比例计算的部分，应确认为股息所得；剩余资产减除股息所得后的余额，超过或低于股东投资成本的部分，应确认为股东的投资转让所得或损失。被清算企业的股东从被清算企业分得的资产应按可变现价值或实际交易价格确定计税基础。

《企业所得税法》第五十三条规定：……企业依法清算时，应当以清算期间作为一个纳税年度。

第九章
企业海外投资纳税筹划实战案例

案例 091：外国企业选择是否设立机构场所

一、客户基本情况（客户基本方案）

甲公司为在美国成立的跨国公司，其计划在中国设立一个分支机构。该分支机构主要负责甲公司的专利、商标等特许权在中国的许可运营。预计每年取得各类特许权使用费 1 000 万元，设立分支机构的各项可以税前扣除的支出约 200 万元。如果甲公司不在中国设立分支机构，该 200 万元的费用可以由总公司负担。设立分支机构与不设立分支机构的其他开支基本相当。

二、客户方案纳税金额计算

如果甲公司设立分支机构，则每年应在中国缴纳企业所得税：（1 000–200）× 25%=200（万元）。

 简明法律依据

（1）《企业所得税法》；

（2）《企业所得税法实施条例》。

三、纳税筹划方案纳税金额计算

建议甲公司暂时不在中国设立分支机构，则每年应在中国缴纳企业所得税：1 000 × 10%=100（万元）。

通过纳税筹划，甲公司减轻所得税负担：200-100=100（万元）。

简明法律依据

（1）《企业所得税法》；

（2）《企业所得税法实施条例》。

四、本案例涉及的主要税收制度

《企业所得税法》第二条规定：企业分为居民企业和非居民企业。本法所称居民企业，是指依法在中国境内成立，或者依照外国（地区）法律成立但实际管理机构在中国境内的企业。本法所称非居民企业，是指依照外国（地区）法律成立且实际管理机构不在中国境内，但在中国境内设立机构、场所的，或者在中国境内未设立机构、场所，但有来源于中国境内所得的企业。

《企业所得税法》第三条规定：居民企业应当就其来源于中国境内、境外的所得缴纳企业所得税。非居民企业在中国境内设立机构、场所的，应当就其所设机构、场所取得的来源于中国境内的所得，以及发生在中国境外但与其所设机构、场所有实际联系的所得，缴纳企业所得税。非居民企业在中国境内未设立机构、场所的，或者虽设立机构、场所但取得的所得与其所设机构、场所没有实际联系的，应当就其来源于中国境内的所得缴纳企业所得税。

《企业所得税法》第十九条规定，非居民企业取得本法第三条第三款规定的所得，按照下列方法计算其应纳税所得额：（一）股息、红利等权益性投资收益和利息、租金、特许权使用费所得，以收入全额为应纳税所得额；（二）转让财产所得，以收入全额减除财产净值后的余额为应纳税所得额；（三）其他所得，参照前两项规定的方法计算应纳税所得额。

《企业所得税法实施条例》第五条规定，企业所得税法第二条第三款所称机构、场所，是指在中国境内从事生产经营活动的机构、场所，包括：（一）管理机构、营业机构、办事机构；（二）工厂、农场、开采自然资源的场所；（三）提供劳务的场所；（四）从事建筑、安装、装配、修理、勘探等工程作业的场所；（五）其他从事生产经营活动的机构、场所。非居民企业委托营业代理人在中国境内从事生产经营活动的，包括委托单位或者个人经常代其签订合同，或者储存、交付货物等，该营业代理人视为非居民企业在中国境内设立的机构、场所。

《企业所得税法实施条例》第九十一条规定：非居民企业在中国境内未设立机构、场所的，或者虽设立机构、场所但取得的所得与其所设机构、场所没有实际联系的，其来源于中国境内的所得，减按10%的税率征收企业所得税。

案例 092：利用境外投资者以分配利润直接投资免税

一、客户基本情况（客户基本方案）

法国的甲公司计划与中国的乙公司合资成立 A 公司，预计每年可以从 A 公司取得股息 1 000 万元，该笔股息未来仍主要投资于中国。甲公司计划将从 A 公司取得的股息汇到法国，在具备投资条件时再汇到中国增加对 A 公司的投资或者重新设立新的子公司。仅考虑企业所得税，不考虑其他税费。

二、客户方案纳税金额计算

在现有方案下，甲公司需要缴纳预提所得税：1 000 × 10%=100（万元）。

> 简明法律依据

（1）《企业所得税法》；
（2）《企业所得税法实施条例》。

三、纳税筹划方案纳税金额计算

建议甲公司将利润暂时留在 A 公司，待具备投资条件时，再增加对 A 公司的投资或者重新设立新的子公司，这样每年可以节约预提所得税 100 万元。

> 简明法律依据

（1）《企业所得税法》；
（2）《企业所得税法实施条例》；
（3）《财政部 税务总局 国家发展改革委 商务部关于扩大境外投资者以分配利润直接投资暂不征收预提所得税政策适用范围的通知》（财税〔2018〕102 号）。

四、本案例涉及的主要税收制度

《财政部 税务总局 国家发展改革委 商务部关于扩大境外投资者以分配利润直接投资暂不征收预提所得税政策适用范围的通知》（财税〔2018〕102 号）规定：

自 2018 年 1 月 1 日起，对境外投资者从中国境内居民企业分配的利润，用于境内直接投资暂不征收预提所得税政策的适用范围，由外商投资鼓励类项目扩大至所有非禁止外商投资的项目和领域。

境外投资者暂不征收预提所得税须同时满足以下条件：

（1）境外投资者以分得利润进行的直接投资，包括境外投资者以分得利润进行的增资、新建、股权收购等权益性投资行为，但不包括新增、转增、收购上市公司股份（符合条件的战略投资除外）。具体是指：新增或转增中国境内居民企业实收资本或者资本公积；在中国境内投资新建居民企业；从非关联方收购中国境内居民企业股权；财政部、税务总局规定的其他方式。境外投资者采取上述投资行为所投资的企业统称为被投资企业。

（2）境外投资者分得的利润属于中国境内居民企业向投资者实际分配已经实现的留存收益而形成的股息、红利等权益性投资收益。

（3）境外投资者用于直接投资的利润以现金形式支付的，相关款项从利润分配企业的账户直接转入被投资企业或股权转让方账户，在直接投资前不得在境内外其他账户周转；境外投资者用于直接投资的利润以实物、有价证券等非现金形式支付的，相关资产所有权直接从利润分配企业转入被投资企业或股权转让方，在直接投资前不得由其他企业、个人代为持有或临时持有。

境外投资者符合上述规定条件的，应按照税收管理要求进行申报并如实向利润分配企业提供其符合政策条件的资料。利润分配企业经适当审核后认为境外投资者符合上述规定的，可暂不按照《企业所得税法》第三十七条规定扣缴预提所得税，并向其主管税务机关履行备案手续。

税务部门依法加强后续管理。境外投资者已享受上述规定的暂不征收预提所得税政策，经税务部门后续管理核实不符合规定条件的，除属于利润分配企业责任外，视为境外投资者未按照规定申报缴纳企业所得税，依法追究延迟纳税责任，税款延迟缴纳期限自相关利润支付之日起计算。

境外投资者按照上述规定可以享受暂不征收预提所得税政策但未实际享受的，可在实际缴纳相关税款之日起三年内申请追补享受该政策，退还已缴纳的税款。

境外投资者通过股权转让、回购、清算等方式实际收回享受暂不征收预提所得税政策待遇的直接投资，在实际收取相应款项后7日内，按规定程序向税务部门申报补缴递延的税款。

境外投资者享受上述规定的暂不征收预提所得税政策待遇后，被投资企业发生重组符合特殊性重组条件，并实际按照特殊性重组进行税务处理的，可继续享受暂不征收预提所得税政策待遇，不按上述规定补缴递延的税款。

上述所称"境外投资者"，是指适用《企业所得税法》第三条第三款规定的非居民企业；上述所称"中国境内居民企业"，是指依法在中国境内成立的居民企业。

案例093：利用国际避税港转移利润

一、客户基本情况（客户基本方案）

某企业 A 的业务模式是通过制造子公司 B 进行产品生产，再由销售子公司 C 通过购买 B 公司的制造产品向海外出售来实现利润。由于两个子公司要分别缴纳 25% 的所得税，企业税收负担比较重。2022 年度，B 公司预计实现利润 1 000 万元，C 公司预计实现利润 800 万元。

二、客户方案纳税金额计算

B 公司需要缴纳企业所得税：1 000×25%=250（万元）。C 公司需要缴纳企业所得税：800×25%=200（万元）。合计缴纳企业所得税：250+200=450（万元）。

 简明法律依据

（1）《企业所得税法》；
（2）《企业所得税法实施条例》。

三、纳税筹划方案纳税金额计算

由于该企业的主要销售对象均位于海外，因此该企业可以考虑将 C 公司设置在所得税率比较低的避税港，假设为 D 公司。D 公司的企业所得税税率为 10%。B 公司的产品以比较低的价格销售给 D 公司，D 公司再将其销售给海外客户。假设 2022 年度，B 公司实现利润 500 万元，将 500 万元的利润转移至 D 公司，D 公司实现利润 1 300 万元。这样，B 公司需要缴纳企业所得税：500×25%=125（万元）。D 公司需要缴纳企业所得税：1 300×10%=130（万元）。合计缴纳企业所得税：125+130=255（万元）。

通过纳税筹划，减轻税收负担：450-255=195（万元）。

需要注意的是，利润转移需要有合理商业目的。国际纳税筹划常用的手段是知识产权策略，即将相关知识产权放在 D 公司名下。由于拥有知识产权就可以取得相应的利润，而且利润率比较高，因此本案中的 D 公司取得相关利润就具有了合理依据。

 简明法律依据

（1）《企业所得税法》；
（2）《企业所得税法实施条例》。

四、本案例涉及的主要税收制度

避税港（Tax Haven）是跨国公司非常热衷的地方。形形色色的避税港又由于地理位置、经济发展水平、商业环境和税收协议缔结的情况各不相同，因此跨国公司会有选择。目前，世界上实行低税率的避税港有百慕大、开曼群岛、巴哈马、马恩岛、英属维尔京群岛、美属萨摩亚群岛、中国香港等。

判断是否属于避税港的一般标准为：①不征税或税率很低，特别是所得税和资本利得税；②实行僵硬的银行或商务保密法，为当事人保密，不得通融；③外汇开放，毫无限制，资金来去自由；④拒绝与外国税务当局进行任何合作；⑤一般不定税收协定或只有很少的税收协定；⑥非常便利的金融、交通和信息中心。

避税港的种类有：①无税避税港，不征个人所得税、企业所得税、资本利得税和财产税，如百慕大群岛、巴哈马、瓦努阿图、开曼群岛等；②低税避税港，以低于一般国际水平的税率征收个人所得税、企业所得税、资本利得税和财产税等税种，如列支敦士登、英属维尔京群岛、荷属安的列斯群岛、中国香港、中国澳门等；③特惠避税港，在国内税法的基础上采取特别的税收优惠措施，如爱尔兰的香农、菲律宾的巴丹、新加坡的裕廊等。

国外对华投资中大量利用避税港。2008年1月1日，中国新企业所得税法实施，对外资实行国民待遇，外资利用避税港来华投资的倾向非常明显。2008年对华投资前十位的国家/地区（以实际投入外资金额计，下同）依次为：中国香港（410.36亿美元）、英属维尔京群岛（159.54亿美元）、新加坡（44.35亿美元）、日本（36.52亿美元）、开曼群岛（31.45亿美元）、韩国（31.35亿美元）、美国（29.44亿美元）、萨摩亚（25.5亿美元）、中国台湾（18.99亿美元）和毛里求斯（14.94亿美元）。前十位国家/地区实际投入外资金额占全国实际使用外资金额的86.85%。2009年对华投资前十位的国家/地区依次为：中国香港（539.93亿美元）、中国台湾（65.63亿美元）、日本（41.17亿美元）、新加坡（38.86亿美元）、美国（35.76亿美元）、韩国（27.03亿美元）、英国（14.69亿美元）、德国（12.27亿美元）、中国澳门（10亿美元）和加拿大（9.59亿美元）。前十位国家/地区实际投入外资金额占全国实际使用外资金额的88.3%。2010年对华投资前十位的国家/地区依次为：中国香港（674.74亿美元）、中国台湾（67.01亿美元）、新加坡（56.57亿美元）、日本（42.42亿美元）、美国（40.52亿美元）、韩国（26.93亿美元）、英国（16.42亿美元）、法国（12.39亿美元）、荷兰（9.52亿美元）和德国（9.33亿美元）。前十位国家/地区实际投入外资金额占全国实际使用外资金额的90.1%。2019年对华投资前十位的国家/地区依次为：中国香港（963亿美元）、新加坡（75.9亿美元）、韩国（55.4亿美元）、英属维尔京群岛（49.6亿美元）、日本（37.2亿美元）、美国（26.9亿美元）、开曼群岛（25.6亿美元）、荷兰（18亿美元）、澳门地区（17.4亿美元）和德国（16.6亿美元）。

第九章 企业海外投资纳税筹划实战案例

百慕大地处北美洲，位于北大西洋西部群岛，是一个典型的避税港。在百慕大注册一个公司，两天内就可以完成全部手续。并且，政府不征收企业所得税、个人所得税和普通销售税，只对遗产课征 2%～5% 的印花税；按雇主支付的薪金课征 5% 的就业税、4% 的医疗税和一定的社会保障税；对进口货物一般课征 20% 的关税。另外，百慕大针对旅游业兴盛的特点，征收税负较轻的饭店使用税和空海运乘客税。

百慕大的政治及经济一直都非常稳定，因而受到跨国公司的普遍青睐。百慕大的银行、会计、工商等服务的品质，在所有的纳税筹划天堂中都居于领导地位。再加上百慕大是 OECD（经济合作与发展组织）的成员国之一，在百慕大当地有许多国际化、专业化的律师、会计师，使百慕大得以成为国际主要金融中心之一，其境外公司也广为各国政府及大企业所接受。

国美电器是中国大陆最大的家电零售连锁企业，它是在百慕大注册、在中国香港上市的公司。

开曼群岛位于加勒比海西北部，毗邻美国。开曼群岛的两大经济支柱分别是金融和旅游。金融收入约占政府总收入的 40%、国内生产总值的 70%、外汇收入的 75%。开曼群岛只课征进口税、印花税、工商登记税、旅游者税等几种简单的税种，没有课征个人所得税、企业所得税、资本利得税、不动产税、遗产税等直接税。各国货币在此自由流通，外汇进出自由，资金的投入与抽出完全自由，外国人的资产所有权得到法律保护，交通运输设施健全，现已成为西半球离岸融资业的最大中心。

目前，全世界最大的 25 家跨国银行几乎都在那里设立了子公司或分支机构。在岛内设立的金融、信托类企业的总资产已超过 2 500 亿美元，占欧洲美元交易总额的 7%，涉及 56 个国家/地区。开曼群岛的商业条件非常健全，银行、律师事务所、会计师事务所相当发达，并且有大量的保险管理人才。

在开曼群岛注册的银行和信托公司有 278 家，对冲基金 9 000 多家，各类公司 10 万家。阿格兰屋是位于开曼群岛南教堂街上的一幢 5 层办公大楼，为 18 857 家公司提供办公地址，包括百度、希捷、汇源果汁、可口可乐、甲骨文、新浪、联通、联想等。阿里巴巴、新东方、小米等公司均在开曼群岛注册了公司。

英属维尔京群岛位于波多黎各以东 60 英里（1 英里 ≈ 1609 米），是一个自治管理、通过独立立法会议立法的、政治稳定的英属殖民地，它已经成为发展海外商务活动的重要中心。该岛的两个支柱产业是旅游业和海外离岸公司注册。世界众多大银行的进驻及先进的通信交通设施使英属维尔京群岛成为理想的离岸金融中心。目前，已有超过 25 万家跨国公司在英属维尔京群岛注册，这使英属维尔京群岛成为世界上发展最快的海外离岸投资中心之一。

英属维尔京群岛的公司注册处设备先进而且工作相当高效。岛上有完善的通信系统，交通和邮政服务也是一流的。在英属维尔京群岛注册的公司，在全球所赚取的利润均无须向当地政府缴税，印花税也被免除；岛上没有任何外汇管制，对于任何货币的流通都没有限制。跨国公司除了每年向政府缴纳一笔营业执照续牌费，无须缴纳任何其他费用。公司无须每年提交公司账册或做周年申报，也无须每年召开董事会。股票公司可以发行有票面价值和无票面价值的股票、记名股票或不记名股票、可回购以及有表决权和无表决权股票。政府对注册公司给予了最大限度的财产保护，允许自由的资金转移。

百度是全球最大的中文搜索引擎，注册地是北京市中关村。百度在开曼群岛和英属维尔京群岛均有公司，2005年在美国纳斯达克上市（包括海外公司）。

百慕大、开曼群岛、英属维尔京群岛都是以对各类所得实行低税率为主要特点的避税港。另外，有一些国家/地区则是因税收协议网络发达和对外资有较为优惠的政策而成为"准避税港"，成为国际控股公司、投资公司、中介性金融公司和信托公司建立的热点地区。这些国家/地区有荷兰、瑞士、荷属安第列斯、塞浦路斯等。跨国公司在这些地区设立控股公司、投资公司和中介性金融公司，利用这些国家税收协议的发达网络，获得较多的税收协议带来的好处。

例如，荷兰已同德、法、日、英、美、俄等40多个国家缔结了全面税收协议，对以上协议国均实施低税率的预提税。例如，该国的股息是25%，但对协议国则降为5%、7.5%、10%或15%；对利息和特许权使用费则不征税。其中，对丹麦、芬兰、爱尔兰、意大利、挪威、瑞典、英国、美国等国家的股息预提税限定为零。此外，对汇出境外的公司利润，也可以比照股息享受低税或免税的优惠。荷兰税法规定，居民公司所取得的股息和资本利得按35%的企业所得税课征，但对符合一定条件的公司中的外资部分所取得的股息和资本利得按所占比例全额免征公司税。

中国移动集团公司是国资委所属央企，总部位于北京，它100%持股中国移动（香港）集团公司，该集团100%持股中国移动香港有限公司，中国移动香港有限公司控股中国移动有限公司，中国移动有限公司是中国香港和美国上市公司，其100%持有中国内地31省的移动子公司。

苹果公司是注册在美国的企业，但其在爱尔兰、荷兰和加勒比群岛设立若干子公司，其收入的三分之二归属于这些海外公司。2012财年，苹果以557.6亿美元的全年税前收入，仅缴纳了140亿美元税款。综合计算，总税率仅为22%，远低于美国联邦税率。

案例094：利用境外不同组织形式的税收待遇

一、客户基本情况（客户基本方案）

中国一家跨国公司 A 欲在甲国投资设立一家花草种植加工企业。A 公司于 2021 年年底派遣一名顾问去甲国进行投资情况考察。该顾问在选择分公司还是子公司时，专门向有关部门进行了投资与涉外税收政策方面的咨询。根据预测分析，A 公司的总公司在 2022 年应纳税所得额为 5 000 万美元，按我国企业所得税的规定应缴纳 25% 的企业所得税；2022 年在甲国投资的 B 公司发生亏损额 300 万美元；A 公司在乙国有一家子公司 C，2022 年 C 公司的应纳税所得额为 1 000 万美元，乙国的企业所得税税率为 40%。仅考虑企业所得税，不考虑其他税费。

二、客户方案纳税金额计算

从投资活动和纳税筹划角度分析，对于 C 公司在甲国投资所设立的从属机构，其设立的形式不同，投资对象不同，税负是不一样的。具体有三种方案可供选择。

方案一：由 A 公司或 C 公司在甲国投资设立子公司 B，此时 B 公司的亏损由该公司在以后年度弥补，A 公司和 C 公司纳税总额：5 000×25%+1 000×40%=1 650（万美元）。

方案二：由 A 公司在甲国投资设立分公司 B，B 公司的亏损同样不能在 A 公司内弥补，B 公司的亏损由该公司在以后年度弥补，A 公司和 C 公司纳税总额：5 000×25%+1 000×40%=1 650（万美元）。

☞ 简明法律依据

（1）《企业所得税法》；

（2）《企业所得税法实施条例》。

三、纳税筹划方案纳税金额计算

建议采纳方案三：由 C 公司在甲国投资设立分公司 B，B 公司的亏损可以在 C 公司内弥补，A 公司和 C 公司纳税总额：5 000×25%+（1 000–300）×40%=1 530（万美元）。

通过纳税筹划，减轻所得税负担：1 650–1 530=120（万美元）。

☞ 简明法律依据

（1）《企业所得税法》；

（2）《企业所得税法实施条例》。

四、本案例涉及的主要税收制度

《企业所得税法》第五十条规定：……居民企业在中国境内设立不具有法人资格的营业机构的，应当汇总计算并缴纳企业所得税。

《企业所得税法》第五十一条规定：非居民企业取得本法第三条第二款规定的所得，以机构、场所所在地为纳税地点。非居民企业在中国境内设立两个或者两个以上机构、场所，符合国务院税务主管部门规定条件的，可以选择由其主要机构、场所汇总缴纳企业所得税。非居民企业取得本法第三条第三款规定的所得，以扣缴义务人所在地为纳税地点。

案例 095：避免在境外构成常设机构

一、客户基本情况（客户基本方案）

中国某建筑公司到 A 国从事安装工程，工程所需时间约 10 个月。根据中国和 A 国的双边税收协定，建筑工程达到 6 个月以上的即构成常设机构。该公司进行该安装工程的总成本为 1 000 万美元，工程总收入为 1 500 万美元。A 国对安装工程要征收劳务税，税率为 5%，A 国对来源于本国的所得要征收企业所得税，税率为 40%。

二、客户方案纳税金额计算

该建筑公司在 A 国从事安装工程，应当在 A 国缴纳劳务税：1 500×5%=75（万美元）。该工程时间为 10 个月，超过了中国与 A 国税收协定规定的 6 个月，构成 A 国的常设机构，应当和 A 国的企业一样缴纳 A 国的所得税：(1 500–1 000–75)×40%=170（万美元）。税后利润：1 500–1 000–75–170=255（万美元）。该笔所得汇回中国以后，由于已经在国外纳过税，而且缴纳的税率超过我国的 25% 的税率，因此不需要向中国税务机关补缴企业所得税。该公司的这一安装工程的纯利润为 255 万美元。

☞ 简明法律依据

（1）《企业所得税法》；

（2）《企业所得税法实施条例》；

（3）中国与 109 个国家、3 个地区签署的对所得和财产消除双重征税和防止逃避税的协定（安排、协议）。

三、纳税筹划方案纳税金额计算

由于安装工程构成常设机构必须以"连续"为标准，因此该公司完全可以将安装工程分成两个阶段进行，第一个阶段进行 5 个月，然后休息 1 个月，第二阶段再进行 5 个月，这样，该安装工程就不构成 A 国的常设机构，不需要在 A 国缴纳所得税，但仍需要在 A 国缴纳劳务税：1 500×5%=75（万美元）。利润总额：1 500-1 000-75=425（万美元）。该笔所得汇回中国以后，需要按照我国税法规定缴纳企业所得税：425×25%=106.25（万美元）。该公司的这一安装工程的税后利润：425-106.25=318.75（万美元）。

通过纳税筹划，该公司增加净利润：318.75-255=63.75（万美元）。

☛ 简明法律依据

（1）《企业所得税法》；

（2）《企业所得税法实施条例》；

（3）中国与 109 个国家、3 个地区签署的对所得和财产消除双重征税和防止逃避税的协定（安排、协议）。

四、本案例涉及的主要税收制度

是否构成常设机构是一个国家判断某项经营所得是否应当在本国纳税的核心标准。如果纳税人在某个国家构成了常设机构，那么，来自该常设机构的一切所得，都应当在该国纳税。

关于常设机构的判断标准，要具体看两国税收协定的规定，但一般而言，都是大同小异的。目前，发达国家遵循的都是《OECD 税收协定范本》所规定的常设机构标准，发展中国家遵循的则是《联合国税收协定范本》（UN 范本）所规定的常设机构标准。

《OECD 税收协定范本》第五条规定了常设机构的标准。

（1）该协定中"常设机构"一语是指一个企业进行全部或部分营业的固定营业场所。

（2）"常设机构"一语特别包括：管理场所；分支机构；办事处；工厂；作业场所；矿场、油井或气井、采石场或者任何其他开采自然资源的场所。

（3）"常设机构"一语包括建筑工地或者建筑，但安装工程仅以连续 12 个月以上的为限。（与 UN 范本不同）

（4）虽有本条以上各项规定，"常设机构"一语应认为不包括：①专为储存、陈列或交付本企业货物或商品的目的而使用的场所；（与 UN 范本不同）②专为储存、陈列或交付的目的而保存本企业货物或商品的库存；（与 UN 范本不同）③专为通过另一企业加工的目的而保存本企业货物或商品的库存；④专为本企业采购货物或商品或者收集情报的目的而设有的营业固定场所；⑤专为本企业进行任何其他准备性质或辅助性质活动的目的而设有的营业固定场所；⑥专为①~⑤各项活动的结合而设有的营业固定场所，如果由于这种结合使营业固定场所全部活动属于准备性质或辅助性质。

（5）虽有第 1 项和第 2 项的规定，如一个人（适用第 6 项的独立地位代理人除外）代表缔约国另一方的企业在缔约国一方活动，有权并经常行使这种权力以企业的名义签订合同，对于这个人为企业进行的任何活动，应认为该企业在该国设有常设机构，但这个人的活动仅限于第 4 项的规定，即使通过营业固定场所进行活动，按照该项规定，并不得使这一营业固定场所成为常设机构。

（6）一个企业仅由于通过经纪人、一般佣金代理人或其他独立地位代理人在缔约国一方进行营业，而这些代理人又按常规进行其本身业务的，应不认为在该国设有常设机构。

（7）缔约国一方居民公司，控制或被控制于缔约国另一方居民公司或者在缔约国另一方进行营业的公司（不论是否通过常设机构），此项事实不能据以使任何一公司成为另一公司的常设机构。

《联合国税收协定范本》与《OECD 税收协定范本》的规定基本相同，但存在一些差异。例如，关于建筑工地或者建筑，根据《OECD 税收协定范本》的规定，安装工程仅以连续 12 个月以上的为限，而根据《联合国税收协定范本》这一期限是 6 个月。目前我国与大部分国家签订的双边税收协定规定的一般也是 6 个月。纳税人应当充分利用这里规定的条件，避免使自己成为某国的常设机构。

案例 096：将利润保留境外规避预提所得税

一、客户基本情况（客户基本方案）

中国的甲公司在 A 国设立了一家子公司乙公司。2020 年度，乙公司获得利润总额 3 000 万元，2021 年度，乙公司获得利润总额 4 000 万元。A 国企业所得税税率为 30%。中国和 A 国税收协定规定的预提所得税税率为 10%。乙公司将税后利润全部分配给甲公司。甲公司计划在 2022 年度投资 3 000 万元在 B 国设立另外一家子公司丙公司。

二、客户方案纳税金额计算

乙公司 2020 年度需要向 A 国缴纳企业所得税：3 000×30%=900（万元）。将利润分配给甲公司，需要缴纳预提所得税：900×10%=90（万元）。甲公司获得该笔利润需要向中国缴纳企业所得税：3 000×25%=750（万元）。由于该笔所得已经在国外缴纳了 990 万元（900+90）的所得税，因此，不需要向中国缴纳任何税款。

乙公司 2021 年度需要向 A 国缴纳企业所得税：4 000×30%=1 200（万元）。将利润分配给甲公司，需要缴纳预提所得税：1 200×10%=120（万元）。甲公司获得该笔利润需要向中国缴纳企业所得税：4 000×25%=1 000（万元）。由于该笔所得已经在国外缴纳了 1 320 万元（1 200+120）的所得税，因此，不需要向中国缴纳任何税款。

甲公司两年一共获得净利润：3 000+4 000−990−1 320=4 690（万元）。

简明法律依据

（1）《企业所得税法》；

（2）《企业所得税法实施条例》。

三、纳税筹划方案纳税金额计算

建议甲公司将净利润一直留在乙公司，则 2020 年度和 2021 年度乙公司一共需要缴纳企业所得税：（3 000+4 000）×30%=2 100（万元）。净利润：7 000-2 100= 4 900（万元）。2022 年度，乙公司可以用该笔利润直接投资设立丙公司，设立过程中不需要缴纳任何税款。

通过纳税筹划，甲公司减轻了所得税负担：4 900-4 690=210（万元）。

简明法律依据

（1）《企业所得税法》；

（2）《企业所得税法实施条例》；

（3）《特别纳税调整实施办法（试行）》（国税发〔2009〕2号）；

（4）《国家税务总局关于简化判定中国居民股东控制外国企业所在国实际税负的通知》（国税函〔2009〕37号）。

四、本案例涉及的主要税收制度

纳税人在境外投资的所得必须汇回本国才需要向本国缴纳企业所得税，如果留在投资国，则不需要向本国缴纳企业所得税。纳税人可以在一定程度上将利润留在境外，从而避免或者推迟向本国缴纳企业所得税的时间，获得纳税筹划的利益。特别是当企业需要继续在海外进行投资时，就更不需要将利润汇回本国，可以将其他企业的利润直接投资于新的企业，这样可以减轻税收负担。

当然，这种纳税筹划方法应当保持在一定的限度内，超过一定的限度将被税务机关进行纳税调整。《企业所得税法》第四十五条规定：由居民企业，或者由居民企业和中国居民控制的设立在实际税负明显低于本法第四条第一款规定税率水平的国家（地区）的企业，并非由于合理的经营需要而对利润不作分配或者减少分配的，上述利润中应归属于该居民企业的部分，应当计入该居民企业的当期收入。

《特别纳税调整实施办法（试行）》（国税发〔2009〕2号）规定：

中国居民，是指根据《个人所得税法》的规定，就其从中国境内、境外取得的所得在中国缴纳个人所得税的个人。

居民企业，或者由居民企业和中国居民控制，包括：①居民企业或者中国居民直接或者间接单一持有外国企业10%以上有表决权股份，并且由其共同持有该外国企业50%以上股份。中国居民股东多层间接持有股份按各层持股比例相乘计算，中间层持有股份超过

50%的，按100%计算；②居民企业，或者居民企业和中国居民持股比例没有达到第①项规定的标准，但在股份、资金、经营、购销等方面对该外国企业构成实质控制。

受控外国企业是指由居民企业，或者由居民企业和居民个人（以下统称中国居民股东，包括中国居民企业股东和中国居民个人股东）控制的设立在实际税负低于《企业所得税法》第四条第（一）款规定税率水平50%的国家（地区），并非出于合理经营需要对利润不作分配或减少分配的外国企业。

计入中国居民企业股东当期的视同受控外国企业股息分配的所得，应按以下公式计算：

中国居民企业股东当期所得=视同股息分配额×实际持股天数÷受控外国企业纳税年度天数×股东持股比例

中国居民股东多层间接持有股份的，股东持股比例按各层持股比例相乘计算。

受控外国企业与中国居民企业股东纳税年度存在差异的，应将视同股息分配所得计入受控外国企业纳税年度终止日所属的中国居民企业股东的纳税年度。

计入中国居民企业股东当期所得已在境外缴纳的企业所得税税款，可按照所得税法或税收协定的有关规定抵免。

受控外国企业实际分配的利润已根据《企业所得税法》第四十五条规定征税的，不再计入中国居民企业股东的当期所得。

中国居民企业股东能够提供资料证明其控制的外国企业满足以下条件之一的，可免于将外国企业不作分配或减少分配的利润视同股息分配额，计入中国居民企业股东的当期所得：①设立在国家税务总局指定的非低税率国家（地区）；②主要取得积极经营活动所得；③年度利润总额低于500万元人民币。

《国家税务总局关于简化判定中国居民股东控制外国企业所在国实际税负的通知》（国税函〔2009〕37号）规定：

中国居民企业或居民个人能够提供资料证明其控制的外国企业设立在美国、英国、法国、德国、日本、意大利、加拿大、澳大利亚、印度、南非、新西兰和挪威的，可免于将该外国企业不作分配或者减少分配的利润视同股息分配额，计入中国居民企业的当期所得。

案例097：巧用不同国家之间的税收优惠

一、客户基本情况（客户基本方案）

A国和B国签订了双边税收协定，其中规定A国居民从B国取得的投资所得可以免

征预提所得税，B 国居民从 A 国取得的投资所得也可以免征预提所得税。中国和 A 国签订了双边税收协定，规定中国居民与 A 国居民从对方国家取得的投资所得同样可以免征预提所得税。但中国和 B 国之间没有税收协定，中国和 B 国规定的预提所得税税率都是 20%。中国的甲公司在 B 国投资设立一子公司乙，乙公司 2022 年度预计税后利润为 1 000 万元，准备将其中的 60%分配给甲公司。

二、客户方案纳税金额计算

乙公司该笔利润汇回中国需要在 B 国缴纳预提所得税：1 000×60%×20%=120（万元）。

简明法律依据

（1）《企业所得税法》；

（2）《企业所得税法实施条例》；

（3）中国与 109 个国家、3 个地区签署的对所得和财产消除双重征税和防止逃避税的协定（安排、协议）。

三、纳税筹划方案纳税金额计算

为了避免缴纳该笔税款，甲公司可以考虑首先在 A 国设立一家全资子公司丙，将甲公司在 B 国乙公司中的股权转移到 A 国的丙公司，由 A 国的丙公司控制 B 国的乙公司。这样，B 国的乙公司将利润分配给 A 国的丙公司时，根据 A 国和 B 国的双边税收协定，该笔利润不需要缴纳预提所得税；同样，当 A 国的丙公司将该笔利润全部分配给甲公司时，根据中国和 A 国的双边税收协定，也不需要缴纳预提所得税。

通过纳税筹划，乙公司每年可以减轻 120 万元的税收负担。

简明法律依据

（1）《企业所得税法》；

（2）《企业所得税法实施条例》；

（3）中国与 109 个国家、3 个地区签署的对所得和财产消除双重征税和防止逃避税的协定（安排、协议）。

四、本案例涉及的主要税收制度

不同国家之间签订的双边税收协定往往规定了避免双重征税的措施，或者规定了一些鼓励双边投资的税收优惠政策。但是这种税收优惠往往只给予签订协定的两个国家的居民，第三国的居民不能享受该税收优惠政策。如果第三国居民和其中一个国家签订了税收协定并且规定了相关优惠政策，那么，第三国居民为了享受与另一个国家的该税收优惠政策必须首先在其中一个国家设立一个居民公司，由该居民公司从事相关业务就可以享受该税收协定所规定的优惠政策。

案例 098：利用出口贸易将境外投资利润转移出境

一、客户基本情况（客户基本方案）

中国的甲公司到非洲乙国投资，经营效益良好，每年取得相当于 1 000 万元人民币的利润。但乙国实行严格外汇管制，甲公司在乙国取得的利润无法兑换成美元或者其他货币汇出乙国，只能继续在乙国投资。如果该问题无法解决，甲公司在乙国的投资及其收益将永远无法汇出乙国，只能在乙国投资或者消费，将严重影响甲公司未来的投资预期。甲公司原计划直接以乙国货币的形式汇到境外，再寻找其他准备至乙国投资的企业，与其兑换乙国货币。已知，甲公司目前已经累计获取 5 000 万元人民币的利润，汇出乙国需要缴纳预提所得税 20%。

二、客户方案纳税金额计算

甲公司的利润汇出乙国需要在乙国缴纳预提所得税：5 000×20%＝1 000（万元）。

■ 简明法律依据

（1）乙国企业所得税法；

（2）乙国外汇管理法。

三、纳税筹划方案纳税金额计算

建议甲公司在乙国投资设立丙公司，丙公司采购乙国原材料专门生产适宜出口的产品，甲公司在某避税港（如毛里求斯）设立丁公司，丙公司生产的产品以成本价或者微利的价格销售给丁公司，丁公司再将产品销往世界各地，取得美元、欧元等通用货币，该利润可以直接汇回中国或者留在丁公司向其他国家投资。由此可以将甲公司的利润转移至丙公司，丙公司再将利润转移至丁公司。

甲公司投资设立丙公司不需要纳税，丙公司将产品从乙国出口至丁公司所在国家也不需要纳税。由此，利润在从甲公司流向丙公司，再从丙公司流向丁公司的过程中，避免了 1 000 万元的预提所得税，同时解决了无法在短期内将乙国货币兑换成国际通用货币的难题。

■ 简明法律依据

（1）乙国企业所得税法；

（2）乙国外汇管理法。

四、本案例涉及的主要税收制度

在考虑与非洲进行投资贸易时，中国投资者需要从税收、法律和商业角度构建项目和交易。毛里求斯是中国对非洲投资的区域中心，是最有利的目的地之一。毛里求斯已与其他国家签订了 50 个避免双重征税协定，其中，43 个已生效，7 个等待批准。除此之外，还有 5 个协定等待执行，18 个正在协商中。29 个非洲国家是这些双重征税协定的缔约国。现享受双重征税协定的是埃及、赞比亚、刚果共和国、博茨瓦纳、马达加斯加、乌干达和津巴布韦等国家；中国投资者可能从刚果共和国获得 10.5% 的税收，从乌干达获得的资本利得则为 30%。

在国内，毛里求斯拥有独特的法语和英语法律体系，为国外投资者提供了一个稳定的法律和监管框架。没有外汇管制，资金可以从毛里求斯汇出，不受政府和金融机构的任何阻碍。在大多数非洲国家，资金的自由流动可能无法实现。此外，毛里求斯与其他国家缔结了 45 个投资促进和保护协定，其中 23 个是与非洲国家缔结的。对于尚未与中国达成双边投资协定的非洲国家，如布隆迪、赞比亚和塞内加尔，我们强烈推荐以毛里求斯作为赴非洲投资的目的地与中转地。

案例 099：利用税收饶让抵免制度

一、客户基本情况（客户基本方案）

中国和 A 国签订的双边税收协定有税收饶让抵免制度，并且对缔约国居民来源于本国的投资所得免征预提所得税，A 国企业所得税税率为 30%，中国和 B 国的双边税收协定没有税收饶让抵免制度，预提所得税税率为 10%，但 A 国和 B 国的双边税收协定具有税收饶让抵免制度，并且对缔约国居民来源于本国的投资所得免征预提所得税。中国甲公司在 B 国有一个子公司乙，2022 年度预计获得利润总额 2 000 万元，根据 B 国税法规定，企业所得税税率为 30%，但是对外资可以适用 10% 的低税率。

二、客户方案纳税金额计算

乙公司在 B 国应当缴纳企业所得税：2 000×10%=200（万元）；净利润：2 000-200=1 800（万元）；汇出 B 国需要缴纳预提所得税：1 800×10%=180（万元）。该笔所得按照我国税法规定应当缴纳企业所得税：2 000×25%=500（万元）。由于该笔所得已经在国外缴纳了所得税：200+180=380（万元），因此在我国只需要缴纳所得税：500-380=120（万元）。净

利润：2 000–200–180–120=1 500（万元）。

 简明法律依据

（1）《企业所得税法》；

（2）《企业所得税法实施条例》；

（3）中国与109个国家、3个地区签署的对所得和财产消除双重征税和防止逃避税的协定（安排、协议）。

三、纳税筹划方案纳税金额计算

建议甲公司首先在A国设立一个丙公司，将其持有的乙公司的股权转移给丙公司持有，乙公司的利润首先分配给丙公司，然后再由丙公司将利润分配给甲公司，这样就可以享受税收饶让抵免的优惠政策。乙公司在B国应当缴纳企业所得税：2 000×10%=200（万元）；净利润：2 000–200=1 800（万元）。乙公司将利润全部分配给丙公司，不需要缴纳预提所得税。该笔利润在A国需要缴纳企业所得税：2 000×30%=600（万元）。由于该笔所得按照B国税法本来应当缴纳600万元（2 000×30%）的税款，因此该笔税款不需要向A国缴纳任何税款。丙公司再将该笔利润全部分配给甲公司，中间不需要缴纳预提所得税。该笔所得需要向中国缴纳企业所得税：2 000×25%=500（万元）。由于在A国已经缴纳了600万元的税款，因此不需要向中国缴纳所得税。甲公司取得净利润：2 000–200=1 800（万元）。

通过纳税筹划，甲公司增加了净利润：1 800–1 500=300（万元）。

 简明法律依据

（1）《企业所得税法》；

（2）《企业所得税法实施条例》；

（3）中国与109个国家、3个地区签署的对所得和财产消除双重征税和防止逃避税的协定（安排、协议）。

四、本案例涉及的主要税收制度

纳税人来源于境外的所得首先要在来源地国纳税，回到居民国以后还要向居民国纳税，这就产生了重复征税。为了避免重复征税，居民国的税法一般都允许纳税人来源于境外的所得已经缴纳的税款可以在应当向本国缴纳的税款中予以扣除，但一般都有一个上限，即不能超过该笔所得根据本国税法规定应当缴纳的税款。有时，国家为了吸引外资而给予外资一定的税收优惠。外资回到本国时对于该税收优惠有两种处理方式：一种是将税收优惠视为来源地国给予外资的优惠，虽然本国纳税人没有实际缴纳该税款，仍然视为已经缴纳予以扣除，这种方式就是税收饶让抵免；另一种是对该税收优惠不予考虑，仅对纳

税人在来源地国实际缴纳的税款予以扣除，这样，来源地国给予外资的税收优惠就无法被外资所享受。目前，我国与绝大多数国家的税收协定都规定了税收饶让抵免制度，只有美国等少数国家没有该项制度。在没有税收饶让抵免制度的情况下，可以通过在具有税收饶让抵免制度的国家设立居民公司来享受该项优惠政策。

案例 100：利用外国公司转移所得来源地

一、客户基本情况（客户基本方案）

甲公司准备投资 1 亿元购买一幢写字楼，持有 3 年以后转让，预计转让价款 1.3 亿元。

二、客户方案纳税金额计算

甲公司转让不动产需要缴纳增值税及其附加：（13 000–10 000）÷（1+5%）×5%×（1+7%+3%+2%）=160（万元）；需要缴纳印花税：13 000×0.05%=6.5（万元）；需要缴纳土地增值税（假设按 3%核定）：13 000×3%=390（万元）。购买该不动产的公司需要缴纳契税：13 000÷（1+5%）×3%=371.43（万元）。不考虑其他成本，甲公司取得转让所得：13 000–10 000–160–6.5–390=2 443.5（万元）。应当缴纳企业所得税：2 443.5×25%=610.88（万元）。净利润：2 443.5–610.88=1 832.62（万元）。

> 简明法律依据

（1）《企业所得税法》；
（2）《企业所得税法实施条例》；
（3）《财政部 国家税务总局关于全面推开营业税改征增值税试点的通知》（财税〔2016〕36 号）；
（4）《土地增值税暂行条例》；
（5）《契税法》；
（6）《印花税法》。

三、纳税筹划方案纳税金额计算

建议甲公司先在某避税港投资 1.1 亿元设立乙公司，由乙公司以 1 亿元的价格购置该不动产并持有，3 年以后，甲公司以 1.4 亿元的价格转让乙公司。假设该避税港企业所得税税率为 10%，印花税税率为 0.05%，股权转让在该避税港不涉及其他税收。甲公司需要在该避税港缴纳印花税：14 000×0.05%=7（万元）。需要缴纳所得税：（14 000–11 000–7）×10%=299.3（万元）；净利润：（14 000–11 000–7）×90%=2 693.7（万元）。

通过纳税筹划，甲公司增加净利润：2 693.7–1 832.62=861.08（万元）。

购买乙公司并间接购买该不动产的公司也节约了 371.43 万元的契税。

简明法律依据

（1）《企业所得税法》；

（2）《企业所得税法实施条例》；

（3）《印花税法》。

四、本案例涉及的主要税收制度

《企业所得税法》第三条规定：居民企业应当就其来源于中国境内、境外的所得缴纳企业所得税。非居民企业在中国境内设立机构、场所的，应当就其所设机构、场所取得的来源于中国境内的所得，以及发生在中国境外但与其所设机构、场所有实际联系的所得，缴纳企业所得税。非居民企业在中国境内未设立机构、场所的，或者虽设立机构、场所但取得的所得与其所设机构、场所没有实际联系的，应当就其来源于中国境内的所得缴纳企业所得税。

《企业所得税法实施条例》第七条规定，企业所得税法第三条所称来源于中国境内、境外的所得，按照以下原则确定：（一）销售货物所得，按照交易活动发生地确定；（二）提供劳务所得，按照劳务发生地确定；（三）转让财产所得，不动产转让所得按照不动产所在地确定，动产转让所得按照转让动产的企业或者机构、场所所在地确定，权益性投资资产转让所得按照被投资企业所在地确定；（四）股息、红利等权益性投资所得，按照分配所得的企业所在地确定；（五）利息所得、租金所得、特许权使用费所得，按照负担、支付所得的企业或者机构、场所所在地确定，或者按照负担、支付所得的个人的住所地确定；（六）其他所得，由国务院财政、税务主管部门确定。

案例 101：通过"香港—卢森堡"投资享受税收优惠

一、客户基本情况（客户基本方案）

美国某电动汽车生产企业甲公司来上海设立全资子公司乙公司。甲公司计划直接设立乙公司，甲公司每年从乙公司取得股息 5 000 万元。

二、客户方案纳税金额计算

甲公司每年从乙公司取得股息需要缴纳 10% 的预提所得税，每年缴纳企业所得税：5 000×10%=500（万元）。

📍 简明法律依据

（1）《企业所得税法》；

（2）《企业所得税法实施条例》；

（3）《国家税务总局关于下发协定股息税率情况一览表的通知》（国税函〔2008〕112号）。

三、纳税筹划方案纳税金额计算

建议甲公司先在中国香港设立丙公司，由丙公司投资设立乙公司，则乙公司每年向丙公司分配股息，仅需要缴纳5%的预提所得税。丙公司每年缴纳企业所得税：5 000×5%=250（万元）。

香港实行来源地管辖权，对于丙公司从乙公司取得的股息不征收所得税。香港没有股息汇出的预提所得税，因此，丙公司将股息再分配给甲公司时，不需要在香港缴纳预提所得税。

通过纳税筹划，甲公司每年节税：500-250=250（万元）。

📍 简明法律依据

（1）《企业所得税法》；

（2）《企业所得税法实施条例》；

（3）《国家税务总局关于下发协定股息税率情况一览表的通知》（国税函〔2008〕112号）。

四、本案例涉及的主要税收制度

根据《企业所得税法》及其实施条例的规定，2008年1月1日起，非居民企业从我国居民企业获得的股息将按照10%的税率征收预提所得税，但是，我国政府同外国政府订立的关于对所得避免双重征税和防止偷漏税的协定以及内地与中国香港、中国澳门间的税收安排（以下统称协定），与国内税法有不同规定的，依照协定的规定办理。为方便协定的执行，国家税务总局印发了"协定股息税率情况一览表"（见表9-1）。表中协定税率高于我国法律法规规定税率的，可以按国内法律法规规定的税率执行。纳税人申请执行协定税率时必须提交享受协定待遇申请表。各地税务机关应严格审批协定待遇申请，防范协定适用不当。

表 9-1 协定股息税率情况一览表

税　　率	与下列国家（地区）协定
0	格鲁吉亚（直接拥有支付股息公司至少 50%股份并在该公司投资达到 200 万欧元情况下）
5%	科威特、蒙古、毛里求斯、斯洛文尼亚、牙买加、南斯拉夫、苏丹、老挝、南非、克罗地亚、马其顿、塞舌尔、巴巴多斯、阿曼、巴林、沙特、文莱、墨西哥
5%（直接拥有支付股息公司至少 10%股份情况下）	委内瑞拉、格鲁吉亚（并在该公司投资达到 10 万欧元）（与上述国家协定规定直接拥有支付股息公司股份低于 10%情况下税率为 10%）
5%（直接拥有支付股息公司至少 25%股份情况下）	卢森堡、韩国、乌克兰、亚美尼亚、冰岛、立陶宛、拉脱维亚、爱沙尼亚、爱尔兰、摩尔多瓦、古巴、特多、中国香港、新加坡（与上述国家或地区协定规定直接拥有支付股息公司股份低于 25%情况下税率为 10%）
7%	阿联酋
7%（直接拥有支付股息公司至少 25%股份情况下）	奥地利（直接拥有支付股息公司股份低于 25%情况下税率为 10%）
8%	埃及、突尼斯、墨西哥
10%	日本、美国、法国、英国、比利时、德国、马来西亚、丹麦、芬兰、瑞典、意大利、荷兰、捷克、波兰、保加利亚、巴基斯坦、瑞士、塞浦路斯、西班牙、罗马尼亚、奥地利、匈牙利、马耳他、俄罗斯、印度、白俄罗斯、以色列、越南、土耳其、乌兹别克斯坦、葡萄牙、孟加拉国、哈萨克斯坦、印尼、伊朗、吉尔吉斯、斯里兰卡、阿尔巴尼亚、阿塞拜疆、摩洛哥、中国澳门
10%（直接拥有支付股息公司至少 10%股份情况下）	加拿大、菲律宾（与上述国家协定规定直接拥有支付股息公司股份低于 10%情况下税率为 15%）
15%	挪威、新西兰、巴西、巴布亚新几内亚
15%（直接拥有支付股息公司至少 25%股份情况下）	泰国（直接拥有支付股息公司股份低于 25%情况下税率为 20%）

如果某国与我国之间的预提所得税税率为 10%，该国投资者就可以考虑通过在香港设立子公司间接来华投资，从而享受较低的预提所得税税率。

中资企业在卢森堡、新加坡、巴巴多斯和塞浦路斯投资较多，另有爱尔兰、荷兰、瑞士、希腊。卢森堡不仅是进入欧洲的门户，更是进行全球投资的最佳控股工具之一，超五星的声誉、完善的金融体系、丰富而有弹性的双边税务协定让注册卢森堡公司成为高端客户海外投资运作的首选。中国工商银行欧洲总部和中国华为的欧洲总部均位于卢森堡。

卢森堡有卓越的地理环境，位于邻近法兰克福和巴黎的欧洲心脏地带，方便往来于德

国、法国、比利时与荷兰；有相对安全和稳定的政治环境、欧洲最重要的经济和政治机构主管部门的成员、多种语言并行的一级市场；有欧洲最出名的银行业，是全球第七大金融中心，并且，可为外国公司和投资者提供匿名、安全的银行服务；可为外国公司提供免税优惠，为跨国公司提供最优惠税制；有欧洲最低的增值税，基本税率为15%，低税率为12%、6%、3%，银行、保险等行业一般免税；鼓励利用卢森堡—中国的相关税务协议，承认在中国可能波动的税率；中国产品在卢森堡享受海关优惠政策。

包括开曼、英属维尔京群岛在内的大多数离岸地都被欧盟国家、美国和OECD国家列入了黑名单，在这些国家，离岸公司很可能被征税，而卢森堡有良好信誉，不曾被任何一个国家列入黑名单。离岸公司不能享受双边税收协定优惠，因此，向股东支付股息时会产生5%~10%的预提所得税，而卢森堡控股公司，作为在岸公司可享受卢森堡与近50个国家签订的双边税收协定优惠，因此，在支付股息时不需要缴纳预提所得税。

煤炭、新能源、航空航天等很多领域的私营企业和国有企业在欧洲投资时，都注册了卢森堡公司，采用了"香港—卢森堡—欧洲"间接投资模式。2008年9月，中国长沙中联重工并购意大利CIFA公司所使用的正是"香港—卢森堡"结构。

香港与卢森堡之间版税（特许权使用费）及利润税税率为0。股息及资本利得的税率为0（视情况而定）。卢森堡与欧洲公司之间股息税率0。卢森堡与非欧洲公司之间适用双边税收协定，具有广泛的税务网络。表9-2展示了"香港—卢森堡"投资模式的税收优势。

表9-2　"香港—卢森堡"投资模式的税收优势　　　　　　　单位：%

项　　目	投资英国		投资法国	
	经香港投资	经香港—卢森堡投资	经香港投资	经香港—卢森堡投资
股息税率	0	0	25	0
利润税率	20	0	16	0
版税税率	22	5	33.3	0
资本利得税率	0	0	0	0

反侵权盗版声明

电子工业出版社依法对本作品享有专有出版权。任何未经权利人书面许可，复制、销售或通过信息网络传播本作品的行为；歪曲、篡改、剽窃本作品的行为，均违反《中华人民共和国著作权法》，其行为人应承担相应的民事责任和行政责任，构成犯罪的，将被依法追究刑事责任。

为了维护市场秩序，保护权利人的合法权益，我社将依法查处和打击侵权盗版的单位和个人。欢迎社会各界人士积极举报侵权盗版行为，本社将奖励举报有功人员，并保证举报人的信息不被泄露。

举报电话：（010）88254396；（010）88258888
传　　真：（010）88254397
E-mail：dbqq@phei.com.cn
通信地址：北京市万寿路173信箱
　　　　　电子工业出版社总编办公室
邮　　编：100036